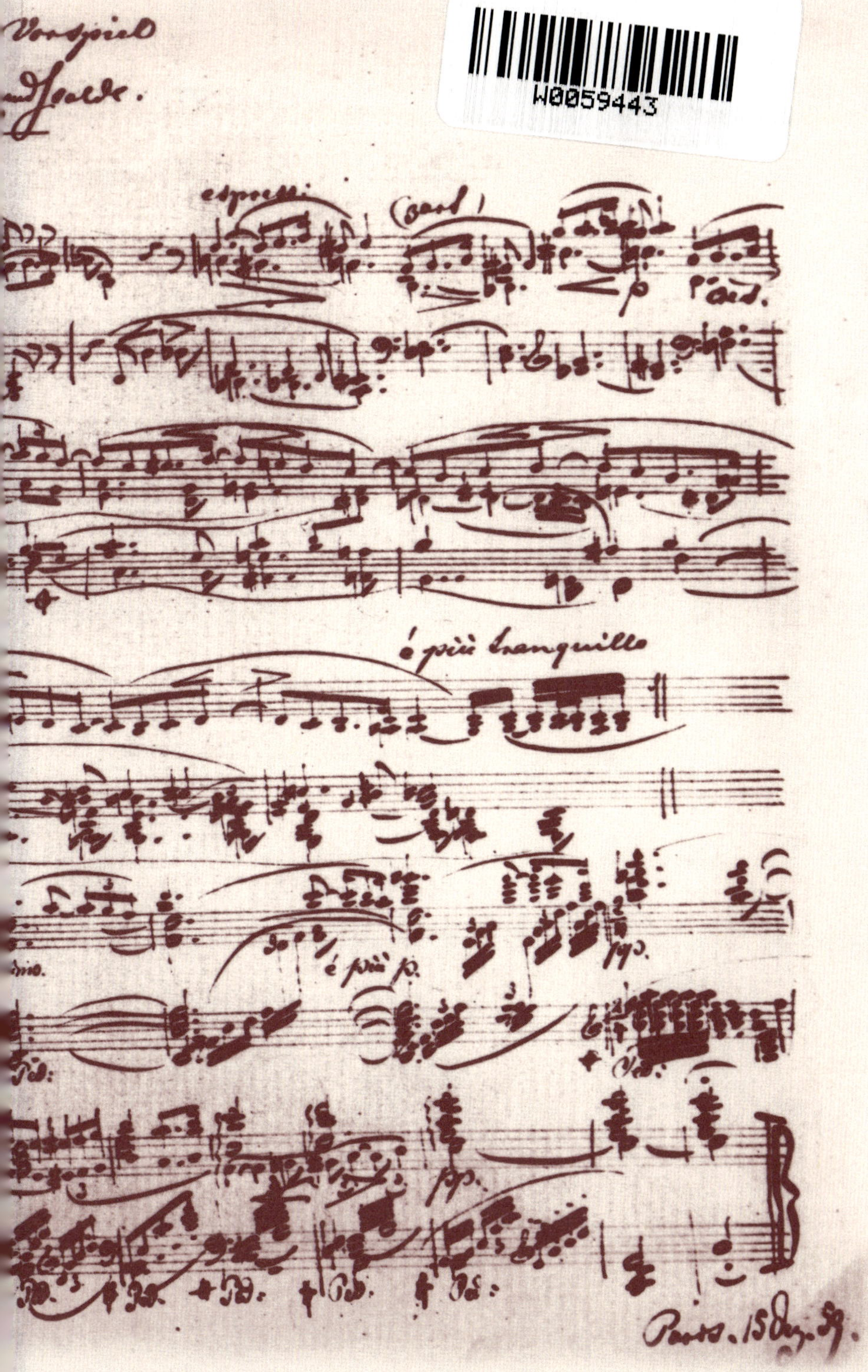
espress.
è più tranquillo
è più p.
Paris. 15 Dez. 59.

Kerstin Decker

Nietzsche und Wagner

P
V

Kerstin Decker

Nietzsche und Wagner

Geschichte
einer
Hassliebe

Propyläen

Alle Zitate aus Friedrich Nietzsches Werken, Notizen und
Briefen sind kursiv gesetzt, alle Zitate aus dem Werk und Nachlass
anderer Personen mit Anführungszeichen versehen.
Die Orthographie des jeweiligen Originals wurde beibehalten.

Propyläen ist ein Verlag der Ullstein Buchverlage GmbH
www.propylaeen-verlag.de

ISBN 978-3-549-07424-4

Lektorat: Jürgen Engler
Gesetzt aus der Sabon und Frutiger
bei LVD GmbH, Berlin
Druck und Bindearbeiten: GGP Media GmbH, Pößneck
Printed in Germany

INHALT

*Dem Andenken
meiner Eltern*

Ihn allein habe ich geliebt.

FRIEDRICH NIETZSCHE ÜBER RICHARD WAGNER

Er muß heiraten oder eine Oper schreiben.

RICHARD WAGNER ÜBER FRIEDRICH NIETZSCHE

Vorbemerkung

Zwei Sachsen sind verantwortlich für die sublimsten, zartesten Laute, die in ihrem Jahrhundert zu Musik und Sprache wurden, weit hinüberwehend zu uns. Welche bis dahin – und noch immer – unerhörten Einführungen ins Dasein! Beide verstanden sich neben allerleisesten Tönen auch auf Kriegsrufe und fielen durch lang nachwirkende Grobheiten auf.

Nietzsche und Wagner, zwei große Seelen(ver)führer. Wendungen, in denen das Wort »Führer« vorkommt, haben in unseren Ohren keinen guten Klang. Beide gehören bis heute zum Kreis der Personen, vor denen am meisten gewarnt wird. Aber nur wer zurückhaltend von sich denkt, hat Grund zur Sorge. Die anderen entscheiden selbst, ob und wo sie abbiegen. Jedoch: Verführungen sollte man sich überlassen.

Richard Wagner und Friedrich Nietzsche waren befreundet, nein, genauer, sie haben sich geliebt. Wer jetzt fragt »Wieso?«, mag seinen Liebesbegriff überdenken.

Dies ist, um es vorsichtig zu sagen, nicht die erste Publikation über den Bund des Musikers, der auch ein Philosoph war, mit dem Philosophen, der auch ein Musiker war. Jeder Autor, der das soundsovielte Buch über einen Gegenstand schreibt, rechtfertigt dies durch die abenteuerliche Annahme, eine lange Irrfahrt des Geistes zu beenden. Vorliegende Studie macht da keine Ausnahme; Hinweise finden sich zur Schonung des Lesers erst an Ort und Stelle. Hier nur so viel: Nuancierungen sind Grundsatzentscheidungen!

Zeitgenossen erschlugen Richard Wagner und Friedrich Nietzsche mit Titeln schwer wie Granitplatten, vorzugsweise »Geistesheros« oder »Genius«. In der Formulierung kaum, aber in der Sache haben sie recht: Die Begegnung beider ist in der deutschen Geistesgeschichte nur der Goethes und Schillers vergleichbar.

Doch nicht nur ihr Begriff der Griechen war keineswegs klassisch. Ihr »Bund« war es auch nicht. *Mich schaudert immer bei dem Gedanken, ich könnte abseits von Ihnen liegen geblieben sein*[1], teilte der junge Friedrich Nietzsche dem mehr als dreißig Jahre Älteren mit, um sich fünfzehn Jahre später zu korrigieren: *Ist Wagner überhaupt ein Mensch? Ist er nicht eher eine Krankheit? Er macht Alles krank, woran er rührt ... Ich habe Lust, ein wenig die Fenster aufzumachen. Luft! Mehr Luft! –*[2] Es gibt nur eine Entschuldigung für solchen Sinneswandel: vollkommene Aufrichtigkeit.

Was lag hier vor? Ein Rätsel, riefen die einen. Verrat!, meinten die anderen. Konsequenz, höchste Form der Treue: Treue gegen sich selbst!, vermuteten Dritte.

Die Hinterbliebenen der ersten Nach-Nietzsche- und Nach-Wagner-Generation spezialisierten sich zumeist auf bellizistische Untersuchungen des Typs »Wer war der Schuft?«. Zwei Damen bewachten inzwischen den Hort der Toten, Nietzsches Schwester in Weimar und Cosima Wagner in Bayreuth. Letztere hielt schon die Existenz des Konkurrenzhorts Nietzsche für ein Missverständnis und sah mit ohnmächtiger Bestürzung den Resonanzraum des Jüngeren europaweit werden. Einst war er auch ihr Freund; die Lektüre des »Zarathustra« fasste sie gleichwohl in den bündigen und für eine Dame mit aristokratischem Hintergrund erstaunlichen Befund: »Spasmen der Impotenz«. Welch überraschende Evaluationsebene einer Philosophie. Aber die Dame war auf der richtigen Spur.

Die Hauptpersonen dieses Buches stellten nicht zuletzt Fragen der Form: Kann der Unterleib denken? Nietzsches Philosophie ist hierauf eine Antwort. Und wenn er Musik machen würde, wie würde sie klingen? Wagners Musik ist hierauf eine Antwort.

Die exzentrischen Ausflüge der Physis weisen auf ihre akute

Erlösungsbedürftigkeit. Oder ist es die des Geistes? Man dürfte von einer Vergeistigung der Sexualität sprechen, vorausgesetzt, das eine verschwindet nicht im anderen. Im Gegenteil!

Wer je den Anfang des »Tristan« gehört hat, weiß es: Zwei gegenläufige chromatische Linien stürzen aufeinander zu, zwei Quarten verharren nur im Abstand einer Terz übereinander. Da können sie unmöglich bleiben. Da können sie aber auch nicht weg, jedenfalls nicht so, wie es die Musik bisher vorsah. Wie dann? Es ist eine schier unerträgliche Anziehung und Abstoßung zugleich. So viel Abgrund, so viel leerer Raum war noch nie in der Musik. Und zur selben Zeit so viel schmerzliche Gebundenheit. Der Tristanakkord, Tor zur Moderne in der Musik, ist eine gute Gelegenheit für einen Selbsttest. Wer Ohren hat, das zu hören, zählt zu den Erlösungsbedürftigen. Anders gesagt: Wer Ohren hat, das zu hören, hört überhaupt etwas.

Ohne Erlösungsbedürftigkeit keine Musik. Das wusste auch Friedrich Nietzsche, fähig zu äußersten Bekenntnissen in aller Beiläufigkeit: *Ich weiss keinen Unterschied zwischen Tränen und Musik zu machen.*[3]

Die tiefste Differenz zwischen diesen beiden genialen Atheisten muss demnach eine erlösungstheoretische sein.

Nietzsche wollte, wie zu zeigen ist, Wagner in genau zwei Disziplinen überholen, in denen er bis dato ungeschlagen war: als Erlöser und als Erlösungsbedürftiger. Statt Menschenrechte dachte Friedrich Nietzsche Menschenpflichten und entdeckte bei dieser Gelegenheit eine, von der noch niemand wusste: die Pflicht zur Selbsterlösung. Erlösung durch Fremde, durch Frauen gar, ist Unfug.

Das kann nicht sein!, sagt Wagners Musik.

Die folgenden dreihundert Seiten widmen sich der Frage: Wer hat recht? Und warum beide?

Nichts von dem, was hier folgt, ist fiktiv.

Eventuell romanhafte Anmutungen sind allein der Darstellungsweise geschuldet.

Zugrunde liegen Selbstzeugnisse und Briefe Friedrich Nietzsches und Richard Wagners, die maßgebliche biographische Literatur, vor allem aber: beider Werk. Alle Zitate Nietzsches sind kursiv gedruckt.

Leben heißt, beschriftet zu werden. Mit einer Tinte, die unter die Haut geht. Im Fall Richard Wagners sind dieserart Eintragungen ungewöhnlich zahlreich, und der existentielle Kalligraph ist schon 55 Jahre bei der Arbeit, als der Erneuerer der Musik und der conditio humana dem Erneuerer der Philosophie und der conditio humana begegnet. Unmöglich also, den Älteren als leeres Blatt erscheinen zu lassen. Unmöglich aber auch, die fehlenden Seiten einfach nachzuliefern, denn dann ginge es in diesem Buch mehr rück- als vorwärts.

Die Autorin gesteht, an diesem Form-Konflikt beinahe verzweifelt zu sein. Die einzig mögliche Lösung schien eine doppelte. So gibt es im Folgenden Kapitel, die etwa der Frage nachgehen: Wie und bei welcher Gelegenheit wurde Richard Wagner Richard Wagner? Man wird einsehen, dass dies eine dem Thema nicht ganz äußerliche Erkundigung ist, gleichwohl wird der Leser jedes Mal rechtzeitig gewarnt. Weglassen ist möglich! Es soll nicht behauptet werden, dass es ohne Verluste möglich wäre, aber es ist ohne Irritation möglich!

Wir wissen, wie es mit denen, die vor uns waren, weiter- und ausging. Sie aber wussten das nicht. Darum gilt es, etwas zu rekonstruieren, was nicht auf den ersten Blick Aufgabe des Biographen zu sein scheint: die Dunkelheit. Mit Blochs schönem Wort: das Dunkel des gelebten Augenblicks.

LEIPZIGER VORSPIEL

Der Kanonier Friedrich Nietzsche,
23 Jahre alt, drei Monate vor
seiner ersten Begegnung mit
Richard Wagner.

Die Einladung

> Von dem Augenblick an, wo es einen Klavierauszug
> des Tristan gab – mein Kompliment,
> Herr von Bülow! –, war ich Wagnerianer.
>
> FRIEDRICH NIETZSCHE, ECCE HOMO

Am frühen Abend des 8. November 1868 steht ein durchnässter
Schneidergeselle vor der Tür eines Leipziger Studenten, überm
Arm die Lieferung seines Meisters. Ein rätselhafter Ausdruck
von Dankbarkeit, ja von grenzenloser Erleichterung erscheint im
Gesicht des Hereinbittenden.

Er hatte schon den ganzen Nachmittag gewartet und einem
Freund, der sich nicht davon abbringen ließ, ihm Wissenswertes
über die Entwicklung des Gottesbegriffs bis Aristoteles mitzuteilen, nicht recht zuhören können. Was ging ihn jetzt – bei Aristo-

teles oder sonst wem – das Höchste oder der Höchste an? Für ihn war das im Augenblick sein Schneider, und der hielt es genau wie jener andere gewöhnlich: Er erschien nicht.

Als es dunkel wurde, hatte der Student schließlich in höchster Ungeduld sein etwas zu großes, etwas zu leeres Zimmer in der Lessingstraße 22, zweiter Stock, verlassen, war durch Schnee, Regen und Wind gelaufen, um mit einer Miene, die weltuntergangskündender war als das Wetter, die Werkstatt des Schneiders zu betreten. *Ich … fand seine Sclaven heftig mit meinem Anzuge beschäftigt.*[4] Keine Stunde mehr, und er sei fertig, versicherte der Meister.

Am Sonntag, hatte er gesagt, könne er liefern. Da wusste der studentische Auftraggeber der Festgarderobe noch nicht, wie dringend er sie genau an diesem Sonntag schon brauchen würde. Denn er ist eingeladen. Eingeladen, dem Mann zu begegnen, dem er alles auf Erden verdankt. Etwa die Tatsache, dass er seine Jugend überlebt hat.[5] Ja, dem Gastgeber in spe ist es zu verdanken, dass der zu Bekleidende eine Heimat hat. Denn nur in Noten kommt der Mensch wirklich nach Hause.

Diese Überzeugung wird der Student der Altphilologie Friedrich Nietzsche ein Leben lang nicht aufgeben. Dabei bringt der Mann, dem er noch an diesem Abend gegenüberstehen soll, sie nur in eine höchst eigenwillige, viel beargwöhnte Reihenfolge. Dennoch, der Student könnte sogar so weit gehen wie ein anderer, fast gleichaltriger junger Mann – ein König sogar – und den Einladenden den »Grund meines Daseins« nennen. Nie hat er das tiefer empfunden als eben jetzt.

Vor ein paar Tagen erst, Ende Oktober, als die Leipziger »Winterkonzerte« begannen, hörte er das »Tristan«- und das »Meistersinger«-Vorspiel wieder. Ein Kritiker meinte bei Letzterem direkt dem Untergang Pompejis beizuwohnen, auch der Student spürte das Beben, aber wer sagt denn, dass Untergänge nicht die wahren Aufgänge sind: … *jede Faser, jeder Nerv zuckt an mir, und ich habe lang nicht ein solch andauerndes Gefühl von Entrücktheit gehabt.*[6] Das war eine durchaus riskante Befindlichkeit, denn der Zuhörer wusste sich in unnachsichtigster Gesellschaft. Wenn seine Mitakademiker und er im Theater sitzen, so sitzen sie zu

Gericht: *unmittelbar vor mir ... Bernsdorf, jenes signalisirte Scheusal, links neben mir Dr. Paul, jetzt Tageblattheld, 2 Plätze rechts mein Freund Stade, der für die Brendelsche Musikzeitung kritische Gefühle produzirt: es ist eine scharfe Ecke: und wenn wir Vier einmüthig mit dem Kopfe schütteln, so bedeutet es ein Unglück.*[7] Machten die anderen gar Pompeji-Gesichter? Und er, gewöhnlich weder zu Milde noch Schonung bereit, begabt mit einem Verstand wie ein Rasiermesser – er brachte die einfache Bewegung des Kopfes nicht zustande.

Vielleicht fiel es ihm schon schwer genug, einen möglichst überlegenen Gesichtsausdruck zu wahren, wie ihn nur besitzt, wer über den Dingen steht und sich nicht mitten in ihnen befindet. Dingen? Nein, nichts Festes mehr; das war ein Meer, ein Meer aus Lust und Schmerz, und er war nichts als ein Stück Treibgut darin, ausgeliefert jedem neuen Wellenschlag. Das war sehr kränkend. Das war vollkommen inakzeptabel. Und doch, sollte das Glück am Ende eine Kränkung sein? Alles kam darauf an, seinen spastischen Zustand vor den drei Großkritikern zu verbergen.

Drei Viertelstunden noch, und der Frack ist fertig? Es gelang dem Schneider, seinen ungehaltenen Kunden zu besänftigen. Den Rückweg begann dieser betont langsam, um die längste aller Stunden abzukürzen. Schnee und Regen spürte er kaum noch, er flanierte durch das Jahresendtiefdruckgebiet. In seinem Lieblingscafé Kintschy überflog er die neueste Ausgabe des »Kladderadatsch«. Sie meldet, dass Richard Wagner in der Schweiz ist. Der Student lächelte leise. Das weiß er aber besser.

Niemand darf erfahren, dass Richard Wagner in Leipzig ist, schon gar nicht die Presse. Deshalb flüstern es sich die Leipziger nur zu; *alle Dienstboten Brockhausens, bei dem er wohnt, sind stumm gemacht wie Gräber in Livree*[8]*,* und auch er hatte zwei Tage zuvor nur eine Flüsterkarte erhalten, auf der stand: *Willst du Richard Wagner kennenlernen, so komme um ½ 4 in das Café théatre.* Er erschien, der Kontaktmann raunte: Morgen Nachmittag bei Brockhaus! Er kam, natürlich kam er, aber der Meister war schon wieder weg. Ausgegangen *mit einem ungeheuren Hute auf dem großen Schädel,* seinem Wotanshut.

War Friedrich Nietzsche enttäuscht? Oder fühlte er nicht vielmehr seinen Realitätssinn bestätigt? Selbst wenn einer wie Wagner tatsächlich in der Lage sein sollte, Menschengestalt anzunehmen, lässt sich diese doch nicht einfach so stellen, am Sonnabendnachmittag im Salon Brockhaus. Nun also Sonntag, Sonntagabend. Und der begann jetzt.

Alles Glück will Ewigkeit, will tiefe, tiefe Ewigkeit, wird er kurz vor Ende seines bewussten Lebens notieren. Das eben ist der Unterschied: Das Glück will diese Frist nur, das Warten aber nimmt sie sich einfach, und wenn es nicht einmal eine Stunde ist. Zurück in der Lessingstraße 22, war der Schneider noch immer nicht da. Er zwang sich, eine Dissertation zu lesen: Die Vandalen plündern Rom und entführen Eudocia, die Tochter des weströmischen Kaisers Valentian III. Gellendes Läuten drang in kurzen Abständen in die Plünderung Roms und die Verzweiflung Eudocias. Bis der Student begriff, dass der Vandalenlärm nicht aus dem Rom des Jahres 455 kam, sondern von seiner Gartenpforte. Und wirklich, da stand er, ein dünner Alter mit Paket, schon sehr ungeduldig. Und er besaß keinen Schlüssel für die hintere Pforte. Der Student rief. Er winkte. Er schrie. Das ganze Haus geriet in Aufruhr. Nur der Bote hörte nichts.

Dann endlich zählte nur noch eins: Er war da – der neue Frack, die Ballgarderobe, sicher durch Regen, Schnee und Wind getragen, endlich!

*

Richard Wagner bestärkt nicht zuletzt Friedrich Nietzsches Ahnung, dass es mehr auf dieser Welt geben muss als die Altphilologie. Für einen Beststudenten der Altphilologie ist das kein ganz selbstverständliches Bewusstsein, andererseits hat er soeben auch erkannt, wer *der wahre Heilige der Philologie* ist, und einen alten Schulfreund gefragt: *Weißt Du, wie er heißt? Wagner, Wagner, Wagner!*[9]

Friedrich Nietzsche darf sicher sein, dass niemand außer ihm darauf gekommen wäre, den Empfänger des *Wagner, Wagner, Wagner!*-Briefes ausdrücklich eingeschlossen und seinen Professor erst recht. Aber das beunruhigt ihn nicht. Er hält die meisten

Philologen ohnehin für Idioten, und selbst die größten seien am Ende nur *Fabrikarbeiter*, bis auf diesen *einen echten und wirklichen Philologen*[10].

Dennoch, und das beobachtet er schon länger, meinen die geistigen Fabrikarbeiter – gerade sie –, ein Recht zu haben, *auf ihn zu pissen*. Also sprach der Student. Aber nun ist das vorbei, jetzt ist er da. Er passt auf. Er pisst zurück. Vielleicht hätte Friedrich Nietzsche diese Formulierung gebilligt.

… jede Faser, jeder Nerv zuckt an mir … Es ist wohl wahr, der Urheber solch physiologischer Unordnung – der Betroffene wird diese Erfahrung bald in die unverfänglichere Wendung einer *Rechtfertigung des Lebens durch die Kunst* fassen – kann nicht nur die Welt der Körper durcheinanderbringen, sondern auch die der Zeit. Er komponiert sie einfach weg. Nichts anderes ist Erlösung. Doch im Augenblick kann niemand unerlöster sein als sein dankbarster Hörer.

Denn heute Abend wird der Meister nicht komponieren, heute wird er warten. Und zwar nicht zuletzt auf ihn. Das bedeutet Chronos statt Kairos, das bedeutet härtesten Wettlauf gegen die Uhr. Der noch immer Unbekleidete wird im Bericht dieses Abends gewissenhaft genug sein, die Zeit zu notieren. Es ist genau *halb 7 Uhr, Zeit meine Sachen anzuziehn und Toilette zu machen*[11]. Was, wenn die Festgarderobe nicht passt?

Welche Erleichterung, als er unter den dienstfertigen Handgriffen des Boten das Gegenteil feststellen darf. Ein Frack, der passt – auch das kann Erlösung sein. Jetzt sollte der Retter einsichtig sein und gehen. Aber er bleibt. Worauf wartet er? Der Student weiß es nur zu genau. Er wartet auf sein Geld.

Ohne Bezahlung keine Ballgarderobe. Aber er, Friedrich Nietzsche, 24 Jahre alt, seinem Professor zufolge ein so noch nicht dagewesenes Wunder von einem Studenten, neben Ludwig II. von Bayern inzwischen größter Wagnerianer weit und breit, hat im Unterschied zu Letzterem kein Geld.

Zumindest nicht jetzt. Und nicht bar. Und nicht so viel. Friedrich Nietzsche nickt dem Schneidergesellen begütigend zu, was bedeutet, dass er die Rechnung und die in ihr ausgedrückten Sachverhalte grundsätzlich akzeptiert, um den Gehilfen dann umgehend im überlegenen Ton eines Mannes von Welt darüber aufzuklären, dass er nicht mit ihm, dem Dienstmann, sondern mit seinem Herrn einen Vertrag habe, weshalb er bei diesem direkt zu zahlen gedenke. Vor allem aber: später.

Der Geselle bekräftigt nunmehr sein Vorhaben, entweder mit der ihm zustehenden Summe oder aber ohne diese, dafür mit Anzug, die Wohnung des insolventen Auftraggebers zu verlassen. Die Beflissenheit des ältlichen Lehrlings seines Fachs wandelt sich in Herablassung und Grobheit. Das Unterbewusstsein des inzwischen wieder Unbefrackten nennt den Schneidergesellen einen *Sclaven*. Gegenüber Sklaven hilft nur – auch hierüber wird er seine Ansicht nie ändern – Entschlossenheit und notfalls Gewalt. Staub sollen sie fressen. In den Worten des Zahlungsunfähigen: *ich ergreife die Sachen und beginne sie anzuziehen, ... der Mann ergreift die Sachen und hindert mich, sie anzuziehen: Gewalt meiner Seite, Gewalt seiner Seite! Scene. Ich kämpfe im Hemde.*[12]

Er weiß, er wird nur die Randfigur einer großen Gesellschaft sein, vielleicht wird Richard Wagner seinen Anzug keines Blickes würdigen. Friedrich Nietzsche wird gewiss unbeachtet genug darüber erstaunen können, dass dieser Schöpfer bislang nie geahnter Welten in die Umrisse eines einzelnen Menschen passt.

Nicht dass er nicht in der Lage wäre, nüchtern über Richard Wagner zu urteilen. Schließlich profiliert sich die geistige Jugend Deutschlands nicht ganz zufällig im Streit um sein Für und Wider; und durch größtmögliche Abgeklärtheit sowie die Pose des Alldurchschauers aufzufallen ist ein Vorrecht der Jugend.

*

Was Friedrich Nietzsche auf ewig vertrauenswürdig macht: Er begann in professoralem Dünkel, andere enden in dieser Geisteslage. Es ist genau zwei Jahre her, da klang er so: *Die musikalische Aesthetik liegt im Argen: es fehlt ein Lessing, der ihre Grenzen gegenüber der Poesie absteckte. Nirgends fühlt man dies deutlicher als bei dem sonderbaren Dichtercomponisten, dessen jüngstes Werk hier vor uns liegt.*[13] Es war die »Walküre«

im Klavierauszug von Karl Klindworth. Der Zweiundzwanzigjährige, Echo seines Lehrers Otto Jahn, hielt das Werk für symptomatisch. Denn wo ein Prinzip große Fehler habe, träten diese gewiss dort hervor, wo dieses Prinzip am schärfsten gefasst sei. Schon der Beginn der »Walküre« erregte seinen Hohn: *Wüßten wir nicht, daß Sturm gemalt werden soll, so würden wir rathen zunächst auf ein wirbelndes Rad, dann auf einen vorbeibrausenden Dampfzug. Wir hören das Klappern der Räder, den einförmigen Rhythmus, das pausenlos dahinjagende Getöse. Es wird uns bei längerem Anhören schwindeln: der Sturm ist aber schnell vorüber ...* [14] Und am Ende war es weder Rad noch Dampfzug, sondern Siegmund auf der Flucht.

Als den Naumburger Schüler im Alter von vierzehn Jahren das sichere Gefühl überkam, dass es nun an der Zeit sei, seinen Lebensrückblick, seine Autobiografie zu verfassen, hatte er festgestellt: *Mozart und Haidn, Schubert und Mendelsohn, Beethoven und Bach das sind die Säulen auf die sich nur deutsche Musik und ich gründete.* [15] Und das Eben-noch-Kind, dessen Grammatik mindestens so eigentümlich war wie sein Selbstbewusstsein, schwor, alle Musik, die es sonst noch gibt – Franz Liszt etwa oder den unausstehlichen Berlioz – mit *unauslöschlichem Haß* zu verfolgen.

Die deutsche Musik und ich. Man mag ermessen, welche Kämpfe gegen sich selbst der musikalische Tribun inzwischen ausgefochten hat, um die Wagner-Säule hinzuzufügen, sie gar zur Hauptsäule der musikalischen Gegenwart und Zukunft zu ernennen.

Die entscheidende Weichenstellung ereignete sich schon zwei Jahre nach Niederschrift seiner Autobiografie. Der Schüler-Selbstbildungsverein »Germania« zu Schulpforta zählte drei Mitglieder. Gustav Krug hatte das Mitglied Friedrich Nietzsche 1861 gezwungen, seinen Vortrag über »einige Szenen von Tristan und Isolde« anzuhören, spielte aus dem Werk vor und gab seiner Hoffnung Ausdruck, es mit ihm gemeinsam in Weimar zu hören. Kurz darauf stellte er den Antrag, Bülows Klavierauszug anzuschaffen. Es ist nicht bekannt, ob das Mitglied Nietzsche dagegen votierte oder sich herablassend der Stimme enthielt; die »Germania« hatte sich ohnehin schon für ein anderes Werk entschieden, weshalb das Mitglied Krug keinen anderen Ausweg sah, als den Auszug statutenwidrig zu beschaffen.

Statt den disziplinlosen Wagnerianer auszuschließen, begann die »Germania« nun, das Werk zu proben, und zwar bei Nietzsche zu Hause. Ein furchtbares Getöse erhob sich am Naumburger Weingarten, unterbrochen nur von Erörterungen der Frage, ob es sich bei Wagners »Kunstwerk der Zukunft« um ein realisierbares Ideal handele oder eher nicht. Nietzsches Mutter dürfte zu einem wünschenswert klaren Urteil gelangt sein, wurde jedoch nicht gefragt. In Wien zeigten sich bei dem Versuch der Hofbühne, das noch nie gespielte Werk einzustudieren, ungefähr zur gleichen Zeit vergleichbare Schwierigkeiten.

Der Sänger des Tristan hatte, sobald er an den zweiten Aufzug ging, den ersten schon wieder vergessen, wofür sein Dirigent jedoch ein gewisses tiefes Verständnis zeigte, denn auch er versank fortwährend in diesem Notenmeer. Dann ließ sich der vergessliche Tenor wegen Krankheit entschuldigen. Er litt an der Stimme. Nach 77 Proben wurde schließlich auch dieser Versuch einer Aufführung des als unaufführbar geltenden Werks abgebrochen, die Wiener Hofbühne meldete es als »für immer zurückgelegt«. Der »Tristan«-Komponist begann nun verstärkt darüber nachzudenken, ob er nicht seinem Werk nachfolgen und auch sich selber »für immer zurücklegen« sollte. Der Gymnasiast stellte inzwischen in der »Germania« eine eigene Komposition vor, betitelt *Der Schmerz ist der Grundton der Natur*.

Er hatte da etwas gehört bei diesem Wagner, den er noch immer missbilligte, das ging ihn an. Andererseits konnte er nicht nachgeben. Es handelte sich bei *Der Schmerz ist der Grundton der Natur* also um eine Polemik in Noten. Sie fiel in der »Germania« durch. Doch das Gespür, dass in diesem Gedanken eine Entdeckung verborgen lag – und er würde derjenige sein, der sie macht, zumindest ihr Zweitentdecker würde er sein, denn Arthur Schopenhauer war in solchen Dingen immer der Erste –, hat ihn seitdem nie mehr verlassen.

Und dennoch, auch nach so vielen Jahren muss er mitunter den Wagner-Verächtern noch zustimmen. Etwa seinem früheren Gewährsmann in Sachen Musik, Otto Jahn. Zum letzten Mal geschah das auf den Tag genau vor einem Monat. Friedrich Nietzsche hat es seinem Freund und werdenden Wagnerianer Erwin Rohde so geschildert: Er gebe Jahn vielfach recht, *insbesondere darin, daß er Wagner für den Repräsentanten eines modernen, alle Kunstinteressen aufsaugenden und verdauenden Dilettantismus hält*[16], also gewissermaßen für einen viele Partikulardilettantismen in sich fassenden Gesamtdilettantismus. Und er hatte sinngemäß und in mildernder Absicht hinzugefügt, dass es sich um ein Dilettantentum der entschieden bedeutenden Art handele.

Es gehöre nun einmal etwas Enthusiasmus dazu, um einem wie Wagner gerecht zu werden. Und Jahn höre ohnehin nur mit vor Widerwillen *halbverklebten Ohren*. Dann fällt der Satz, der bei Thomas Mann noch eine so große Karriere machen wird: Dieser Jahn sei nun einmal *ein Gesunder, dem Tannhäusersage und Lohengrinatmosphäre eine verschlossene Welt sind*.[17] Heißt: Wer in dieses Reich eintreten will, muss krank genug sein. Er ist es.

Und all das stellte Friedrich Nietzsche noch vor dem Meistersinger-Tristan-Abend fest, als er die Wagner-Abwehrstellungen seiner Seele endgültig aufgab und befand, er sehe sich fürderhin außerstande, sich dieser Musik gegenüber kritisch zu verhalten.

Ja, es war eine Niederlage.

Und eine solche droht auch jetzt, im Zweikampf mit dem Faktotum der Schneiderwerkstatt. Der Mann ohne Hose versucht es mit einer Geste definitiver Überlegenheit: *Endlich Aufwand von Würde, feierliche Drohung, Verwünschung meines Schneiders und seines Helfershelfers, Racheschwur*[18]. Da gelingt es dem *Sclaven*, dem Kämpfer *im Hemde* das Objekt der Begierde zu entreißen.

Der *Sclave* flieht treppab. Mit Frack.

Die Situation des Zurückbleibenden stellt sich wie folgt dar: *ich brüte im Hemde auf dem Sofa und betrachte einen schwarzen Rock, ob er für Richard gut genug ist. Draußen gießt der Regen*.[19]

Richard?

Das ist kühn.

So nähert man sich keinem Gott.

Richard Wagner, um 1866.

Ein königlicher Meineid oder Der Meister,
Seine Majestät und die Frau des anderen

Der kategorische Imperativ seines hiesigen Befindens lautet:
Keine Besuche! »Hier freundlich doch unnütz. Vieles Sprechen
angreifend.«[20] Der Meister hadert.

Wohin mit sich?

Auch er selber hatte wohl nicht gewusst, dass er nach Leipzig
wollte. Bis zu dem Augenblick, da er in München die 1.-Klasse-
Fahrkarte in seine Heimatstadt kaufte. War er selbst in den Zug
gestiegen oder hatte er sich nur beim Einsteigen beobachtet?
Überrascht. Missbilligend. Zustimmend. –?

Niemals wieder hatte Richard Wagner München betreten wollen, kein Wunder also, dass er gleich weiterfuhr. Und doch: Niemand fährt sich selbst davon, er weiß es. Und kein Anfang
schützt vor dem, was aus einem wurde. Äußerlich ist das schon

etwas. Im Juni erst hatten die »Meistersinger« ihre Uraufführung, und es wurde der größte Triumph seines Lebens, größer noch als der von »Rienzi«.

Damals war er jung; jetzt ist er, wenn schon nicht alt, so doch ernsthaft unterwegs, es zu werden. Das wird ihm jedes Mal mit Bestürzung klar, wenn er in das Gesicht seiner Schwester schaut. Ottilie, die Vertraute seines ersten Dramas. Ottilie, die die schönsten Mädchen Prags zu Freundinnen hatte, zwei Grafentöchter, seine ersten Mädchenträume. Aber jetzt altert seine Schwester in 365 Tagen um mindestens drei Jahre. Sie ist zwei Jahre älter als er. Ja, die »Meistersinger« waren ein Triumph noch eben zur rechten Zeit.

Doch der Triumphator befindet sich in eigentümlich gedämpfter Stimmung, das wird auch sie bemerkt haben. Kommt wie seine Werke, ohne Anmeldung. Ottilie, verheiratete Brockhaus, hat ein Recht zu erschrecken, denn ihr Bruder benimmt sich nicht oft so, als ob er eine Familie besitze.

Noch in der Uraufführungsnacht der »Meistersinger« hatte ihm der König von Bayern mitgeteilt: »Ich habe das Unsterbliche mit Augen gesehen ... Durch Dich ersann ich, was ein Geist! Durch Dich erwacht, durch Dich nur dacht ich edel frei und kühn, Du ließest mich erblühn!«[21] Es waren die Worte seiner neuen Oper, jetzt galten sie ihm – und zugleich: Was für ein Spiel mit der Übertretung, mit dem Du, dieser so gewöhnlichen und zugleich so außergewöhnlichen, ja außerordentlichen, ja zärtlichen Anrede. Von Monarch zu Untertan, vom Sohn zum Vater, vom Liebenden zum Geliebten? Und der König ergänzte: »Alles, Alles verdanke ich Ihnen! ... Treu und liebend in seligem Frohlocken«, grüßte Seine Majestät und unterschrieb mit »Walther«.

Walther wie Walther von Stolzing. Aber jetzt, das wusste Richard Wagner genau, frohlockte der König nicht. Jetzt dachte er nicht edel, frei und kühn, schon gar nicht über ihn. Richard Wagner ertrug das Schweigen des Königs nicht länger. Wäre Seine Majestät doch zornig, erbost über alle Maßen, alles wäre besser als dieses Schweigen.

Am zweiten Tag seines ebenso »freundlichen« wie »unnützen« Aufenthalts hier beschloss er, den König zur Rede zu stellen: »... ob es Ihnen wohl möglich und erwünscht ist, mich alsbald auf einige Stunden zu empfangen, am liebsten wohl in Hohenschwangau. ... Ewig Ihr Eigen, Richard Wagner«[22]. Auf Hohenschwangau waren sie sich ganz nah gewesen. Auf Hohenschwangau würde er ihm alles erklären können. Obgleich es natürlich ungebührlich war, seinem König den Ort zu bestimmen, an dem er ihm begegnen will. Keine Antwort. Das ertrug er nicht. Also schrieb er gleich noch einmal, jetzt an Ludwigs Hofrat. Er musste den König sprechen.

Dass bei Brockhaus ein Brief vom bayerischen Hof eintraf, adressiert »An den großen deutschen Tondichter Richard Wagner«, weiß an diesem Sonntagabend auch längst halb Leipzig, zumindest weiß es der noch unbefrackte Friedrich Nietzsche, der Ludwig versuchsweise den »kleinen König« nennt, vielleicht, weil er fast ein ganzes Jahr älter ist und weil Größe – die Überzeugung hegt er bereits jetzt – ein Adelstitel des Geistes ist und sonst gar nichts. Doch Brief und Umschlag sind nicht von Ludwig, sondern bloß von seinem Sekretär, und was drinsteht, weiß nur Richard Wagner allein.

Richard Wagner hat sich vorgenommen, den König zu sehen, aber der König hat sich vorgenommen, ihn nicht zu sehen. Es ist erschütternd. Es ist demütigend. Ludwig erwarte die Kaiserin von Russland und sei darob verhindert. Ja, aber Maria Alexandrowna ist doch gleich wieder weg! Und dann würde er, Richard Wagner, noch immer in wartender Demut verharren. »Ausschließlich für Sie, glühend Geliebter, bin ich zur Welt gekommen, das lerne ich mit JEDEM TAGE mehr und mehr einsehen.«[23] So schreibt Ludwig. Normalerweise. Das klingt doch, sagen wir, begegnungsoffen. Und Vorherbestimmungen gehören nicht zu den flüchtigsten Dingen auf Erden. Aber Ludwig lässt ihn abweisen wegen einer russischen Vettel.

Spätherbst 1868. Leugnen hilft gar nichts, das Jahr ist gleich zu Ende. Das Jahr, in dem das Werk seines Lebens, »Der Ring des Nibelungen«, fertig sein sollte, spätestens. Das Jahr, von dem an das »Nibelungentheater« – Sempers Neuerfindung des griechischen Amphitheaters im Geiste Richard Wagners – von der Isarhöhe auf München hinabschauen sollte. Spätestens, eigentlich schon im vorigen Jahr.[24] Und mit angeschlossenem Prachtboulevard, quer durch die Hauptstadt aller Bayern, zum Ruhme eines großen Komponisten und seines kleinen Königs. Oder anders herum.

Aber da ist kein Boulevard.

Da ist auch kein »Nibelungentheater«.

Und da ist kein »Ring«.

Er sieht sich außerstande, es vor sich zu verbergen: Das Leben des größten Komponisten weit und breit ist in so großer Unordnung, wie es sich für einen Mann Mitte fünfzig nicht recht gehört. Und die zwei, drei Fehlenden sind nicht einmal die Hauptirritation, das wäre so einfach, so – soll er sagen – männlich? Er aber ist kein Mann, zumindest nicht nur. Er ist … nein, unmöglich, das zu formulieren, Menschen von gewöhnlichem Verstand missverstehen solche Dinge.

Und die Spezies der Missverstehenden wird wachsen; der junge Mann, den er gleich kennenlernt, wird aus dieser beängstigenden Erwartung bald den Kern seiner Philosophie machen – also kurzum, denen vom gewöhnlichen Verstande muss man seine spezifische Verfasstheit anders erklären, vielleicht so: Richard Wagner hat so viel Frau in sich, dass er noch mehr Mann sein muss als jeder gewöhnliche, um sie zu halten, sie auszuhalten. Oder ist es gerade anders herum? Wer hält hier wen? Er müsste seine Opern nicht schreiben, wenn das auch anders zu klären wäre.

Ein Wiener Arzt – noch ist er erst zwölf Jahre alt – wird solche wie ihn einmal Hysteriker nennen. Hystera, griech.: Gebärmutter. Es ist ehrenrührig, aber er würde sich wohl nicht einmal wehren, vorausgesetzt, dieser Arzt erkennt an, dass nur Hysteriker Werke schaffen, zumindest solche wie er. Richard Wagner weiß wohl mehr über Schwangerschaften als die meisten Mütter, über geistige Schwangerschaften, aber die sind nicht komplikationsloser, und in seinem Fall garantiert niemand, dass sie nach neun Monaten auch überstanden sind.

Es geht nicht nur in seinen Opern um die Frau und die Erlösung; es geht auch in seinem Leben um die Frau und die Erlösung, um die Erlöserin also. Und die ist nicht da. Das Leben aber ist immer da, in jedem Augenblick wieder, daher die Angst, die er so gut kennt. Gleich nach dem übergroßen Erfolg der »Meistersinger« war er krank geworden: »Eintretende grosse Klarheit über meinen Zustand u. die Lage der Dinge. Tiefste Muthlosigkeit zu irgend welcher Bewegung«[25].

*

Trotz des fehlenden »Rings« und des nicht gebauten Theaters samt Boulevard – bis vor ein paar Wochen war alles beinahe noch einfach: Er liebte Cosima, die Tochter Franz Liszts, und sie liebte ihn, der nur zwei Jahre jünger ist als ihr Vater. Aber sie liebt ihn nicht wie einen Vater, oder auch das vielleicht, ganz gewiss sogar, aber nicht nur. Darum bekamen sie, wie es Liebenden oft geschieht, auch Kinder.

Zuerst, vor drei Jahren, Isolde – genau am Tag der ersten Münchner Orchesterprobe von »Tristan und Isolde«. Dann, im letzten Jahr, Eva – noch vor der Uraufführung der »Meistersinger«, in denen Eva Hans Sachs liebt. Und soeben im September, auf ihrer gemeinsamen Italienreise, zeugten sie – ganz oben auf dem Gotthard – Siegfried. Noch vor der Uraufführung des auf beunruhigende Weise inexistenten »Ring«. Man dürfte also, trotz allem, eine sehr glückliche Familie vermuten, und ja, es ist eine sehr glückliche Familie. Aber er kann nicht mehr weiter, nicht so. Auch die junge Frau wirkt zunehmend strapaziert. Denn es gibt in ihrem Leben alles doppelt.

Die bald dreifache Mutter ist in Wirklichkeit eine bald fünffache Mutter. Sie hat schon eine Familie, und sie hat auch schon einen Mann, nämlich Wagners Freund Hans von Bülow, der gerade jene erste Orchesterprobe des »Tristan« leitete, als seine Frau ihm das erste außereheliche Kind gebar. Doch wird Hans von Bülow, Urheber des »Tristan«-Klavierauszugs, den der legendäre Schüler-Selbstbildungsverein »Germania« erwarb, niemals müde werden, für den unsterblichen Ruhm des Mannes zu streiten, der mit seiner Frau schläft. Die Kunst ist groß, weiß Bülow, und sie verlangt vom Künstler vor allem eins: Größe! So brachte seine Frau Isolde im Bett zur Welt, während er, der

Ausnahme-Dirigent, dasselbe auf der Bühne tat – es war, in gewissem Sinne, ein gemeinschaftliches, solidarisches Wirken, wie es die Pflicht von Eheleuten ist. Natürlich bekannte sich Bülow im April 1865 auch als Vater Isoldes, denn eine verheiratete Frau kann nur von ihrem Mann Kinder bekommen. Der leibliche Vater hingegen wurde Taufpate. Auf den Tag genau zwei Monate später dirigierte der Ehemann die Uraufführung von »Tristan und Isolde«. Hans von Bülow machte wahr, was Wagner längst wusste: dass eine »vollständig gute Aufführung« die Zuhörer um den Verstand bringen musste. Unter der Gewalt des zerreißenden Akkords, der am Beginn der modernen Musik steht und den Leipziger Studenten der Altphilologie dem eigenen Ur- und Abgrund aussetzte, schraken selbst die Münchner aus ihrer Bierruhe auf.

Im Juni darauf bat von Bülow den König jedoch um Entlassung. Sie wurde gewährt. Nun aber wurden die »Meistersinger« geboren, bald nach Tochter Eva – vorerst auf dem Papier des Komponisten. Wagner am 24. Oktober 1867 an von Bülow: »Heute abend Schlag 8 Uhr wird das letzte C niedergeschrieben. Bitte um stille Mitfeier. Sachs«. Den Freund um stille Mitfeier der Geburt des Kindes zu bitten, das im Februar in Tribschen zur Welt gekommen war, hatte selbst Wagner nicht gewagt. Dabei wäre Mitfeier in gewissem Sinn das Natürlichste, das Naheliegende gewesen, denn sie beide waren Vater geworden: von Bülow auf dem Papier und in den Augen der Welt, Wagner in der Wirklichkeit.

Er weiß es wohl, der Dirigent, der unter seinem Eindruck das eigene Komponieren aufgegeben hatte, besaß nie auch nur die geringste Chance, sich zu entziehen, denn er war Musiker bis in den letzten Nerv hinein. Schon als seine Frau noch mit Eva schwanger ging und Wagner mit der anderen Eva, Hans Sachs und den Übrigen, wusste er genau, was da entstand: »Ich glaube mich nicht, unter dem überwältigenden Eindrucke der unmittelbaren Zeugenschaft an dem Vorrücken dieser Komposition, zu täuschen, wenn ich vermeine, daß er damit sein klassischstes ..., deutschestes, reiffstes und allgemein zugänglichstes Kunstwerk zu schaffen im Begriff ist. Von dem absolut-musikalischen

Reichthum, von der Cellini-Arbeit an allen Details können Sie sich keine annähernde Vorstellung bilden.«[26]

Ja, Bülow, der Freund, war Zeuge gewesen. Gemeinsam mit seiner Frau war er im Juni des Vorjahres zu ihm gereist. Nach Evas Geburtsdatum zu urteilen, müssen Wagner und seine Frau sich augenblicklich wieder nächstmöglich gekommen sein, während der Ehemann unter demselben Dach schlief, wo er, einschlägig unbeschäftigt in der Nacht, umso mehr Gelegenheit fand, über die Größe des Freundes nachzudenken: »Es ist mir unumstößliches Dogma: Wagner ist der größte Tondichter, ganz ebenbürtig einem Beethoven, einem Bach – und außerdem noch weit mehr. Er ist die Inkarnation des deutschen Kunstgeistes, sein unvergänglichstes Denkmal, auch wenn die deutsche Sprache, vielleicht auch die Musik, eine ›tote‹ geworden sein würde.«[27] Kann man tiefer, aussichtsloser, zukünftiger prophezeien? Der Vater einer neuen Oper und einer neuen Tochter war von solcher Erkenntnis weit entfernt.

Trotzdem sorgte er bestmöglich für seine Oper und hatte den König von Bayern vorausschauend bewegt, von Bülow zum Hofkapellmeister zu ernennen, damit er nicht mehr weglaufen kann. Bülows Rückberufung nach München im April 1867 schien umso gebotener, da es sich bei den »Meistersingern« nicht um eine Oper handelte, die aufgeführt werden konnte, wenn sie eben fertig war und der Dirigent Zeit hatte. Nein, zur Hochzeit des Königs sollte sie erklingen.

Beim ersten Gerücht, seine Frau und seinen Freund betreffend, hatte der Gatte noch Duellforderungen verschickt, nach ihrer ersten Niederkunft nicht mehr, und anlässlich der zweiten Entbindung seiner Frau war er mit den für einen Ehemann ungewöhnlichen Worten »Je pardonne«, »Ich verzeihe« an das Bett der Wöchnerin getreten, worauf die Liegende geantwortet hatte: »Il ne faut pas pardonner, il faut comprendre« – »Nicht verzeihen, verstehen!«.

Doch nicht nur Hans von Bülow leidet, nicht nur er! Warum hat die Welt so viel Verständnis für die Schmerzen betrogener Ehegatten, dürfte Richard Wagner fragen, was weiß sie von den Qualen der Ehebrecher?

33

Auch er fällt immer wieder in Verzweiflungen aller Art, selbst wenn kein Schrecken den des Frühherbstes drei Jahre zuvor übersteigen sollte: »Dein Brief, Liebe! ... Wahnsinn u. kein Ende! ... und voll Schrecken u. Bangen, Aufschreien und Vergehen! Ich kann nichts mehr sagen. Wenn es sein muss, so sei's: Ich ergebe mich. Vielleicht ist Dir das nöthig: Es gefällt dem Vater: er hat Dich gern dabei, – Du bist gern dabei. Warum bin i c h auch da? Du hast zuviel! – Ich – kann das nicht mehr mit machen.«²⁸ Sein Freund Franz Liszt – Freund?, »ein Teufel«! – hatte die Tochter und ihren Mann nach Ungarn eingeladen, zur Familienzusammenführung. Zur Pester Uraufführung seiner Komposition »Die Heilige Elisabeth«, sagte Liszt, aber ihn, Wagner, täuschte er nicht. Bis in eine Berghütte des Königs floh er damals vor seinen Fremd- und Selbstzweifeln.

Die heilige Elisabeth! »Mir ist dieser ganze katholische Kram in der Seele zuwider«, hatte er anfangs notiert – und begonnen, eine »Gegen-Elisabeth« zu entwerfen, den »Parsifal«. Das würde man noch sehen, wer sich auf »den ganzen katholischen Kram« besser versteht! Bei dieser Gelegenheit hat er erstmals erprobt, ob nicht auch der geläuterten Sinnenliebe etwas abzugewinnen ist. Unter das vorläufige Ergebnis notierte er am 27. August 1865: »So, das war Hilfe in der Noth!« Aber die wuchs trotzdem weiter, denn die Ausflügler blieben fort – so lang ist keine Wagner-Oper und schon gar kein Liszt'sches Oratorium.

Tochter Eva hat die 11.-September-Verzweiflungs-Notiz ihres Vaters überklebt, was in seinem Tagebuch folgt, hat sie vernichtet, die nächsten vier Seiten. Zwei Tage später, am 13. September, kam Cosima doch zurück. Der noch einmal Gerettete im Oktober: »O Cosima! was ich nun Alles weiss! – Florenz, Neapel, Sicilien, Spanien – Alles ist mir gleichgültig, nichts werden sie mir sein – ohne Dich, und nur dadurch, daß Du das Alles mit bist! ... Wie leicht ist der Tod: m i r ist ja bereits fast alles gestorben. Bin i c h das Gespenst oder ist es die Welt? – Wieder habe ich in die Glasscherben hineingegriffen: der flüchtigste Anblick dieses Wien, und mir sagen, daß ich hier mir einmal den Hafen hatte einrichten wollen!«²⁹ – damals, als Nietzsche Bülows Klavierauszug probte und Wagner hoffte, sein »Tristan« werde hier aufgeführt; nun war nur noch sein Zahnarzt in Wien, und darum, sehr kurz, auch er. Überall, wenn sie nicht in der Nähe ist, hat er inzwischen das »Glasgreifegefühl«: »Alles habe ich so schnell zerlebt: nichts hat gehalten, keine Täuschung.« Er hat ihr damals gesagt, und sagt ihr immer wieder, was sie ihm ist: »Du lebst immer schöner auf, so daß ich immer weniger begreifen kann, wie ich so lang fern von Dir umherirrte. O Cosima! Gewiss, Du siehst mir's nicht an, wie ich Dich liebe, wie ich mich achte und ehre, weil Du mich liebst. Nun siehst Du mich wohl gescheidt an u. lachst?«[30]

Nein, jetzt lacht sie nicht. Hilfe in der Not. Würde sie noch einmal gewährt werden?

Eines zumindest steht fest: So darf das alles nicht bleiben. So kann es gar nicht bleiben. Er hatte es schon während der »Meistersinger«-Proben gespürt: »schwere dumpfe Empfindung von der tiefen Feindseligkeit u. Entfremdung des Hans.«[31] Wie immer, wenn er in München war, hatte er bei ihnen gewohnt. Dann die Rückkehr in die Schweiz, allein, das vollständige seelische Erfrieren und: »in dem Schicksal meines Verhältnisses zu Cos. u. Hans den Grund der Unfähigkeit alles Wollens erkannt.«[32] Da beschloss er, nie mehr nach München zurückzukehren. Cosima musste zu ihm kommen, für immer.

In seinen unchristlichen Opern ist das Leben leichter. Da spinnen – wenn auch noch immer ohne Noten –, die Nornen die Lebensfäden und passen auf, dass diese nicht zu sehr durcheinanderkommen, sich nicht allzu ungebührlich verknoten. Aber genau das ist passiert. Und diesen gordischen Knoten darf er nicht zerhauen, sondern muss ihn vorsichtig auflösen, sehr schmerzvoll also. Denn es steckt noch ein Faden in diesem Knäuel. Der Königs-Faden, der Ludwig-Faden.

Er könnte leicht zum Strick werden. Er könnte reißen. Ist er schon gerissen?

Die »Meistersinger« waren zwar der Erfolg des Sommers, aber sie sind nicht, wie vorgesehen, zur Hochzeit des Königs erklungen. Der König heiratet doch nicht. Er hat das Verlöbnis mit der Schwester seiner Lieblingscousine Sissi, Kaiserin von Österreich, wieder gelöst. Nicht zuletzt, weil er Richard Wagner viel mehr liebt als er je eine Frau lieben könnte. Schon gar nicht diese. Eigentlich überhaupt keine Frau. Und jetzt empfängt er die Kaiserin von Russland!

Richard Wagner ist frei, ganz frei. Seine erste Frau Minna, kinderlos geblieben, war nach dreißigjähriger Ehe taktvoll genug gewesen, bald nach Isoldes Geburt zu sterben. Herzschlag. Sie hatte sich über die »vielfachen Verleumdungen« – wie Minna die Nachrichten nannte, die sie aus München über den Lebenswandel ihres Mannes erreichten – zu sehr aufgeregt. Er schaffte es nicht, rechtzeitig zu ihrem Begräbnis in Dresden zu erscheinen, also bat er Freunde, »der Leiche meiner unglücklichen, armen Frau in meinem Namen dieselbe Ehre« zu erweisen, »die ich ihr erzeigt haben würde, wenn sie glücklich an der Seite des von ihr beglückten Gemahls dahingeschieden wäre«. – Glücklich vom beglückten Gemahl? Richard Wagner ist nicht nur ein Virtuose der Noten, sondern durchaus auch einer der Worte. Hier verraten sie ihn, selbst wenn kein Zweifel sein kann an seiner lebenslangen Wärme für Minna, an seiner Fürsorglichkeit – bei stetig abnehmender Beglückung.

Ist er also frei, ganz frei? Nein, ist er doch nicht. Denn da ist der König, auch von Wagner meist »der kleine König« genannt, der ihm Briefe schreibt, die schon mal mit »Einziger – Herr meines Lebens!« beginnen können, um gewöhnlich mit »Treu bis in den Tod!« zu enden. König Ludwig, der den Dampfer, der seinen Namen trug, in »Tristan« umbenannte. Welchem Monarchen bei klarem Verstand fiele das ein? Ludwig, der zum Entsetzen seines Musikfreundes schon mehrmals erwog abzudanken, um sich nur noch ihm und der Musik widmen zu können.

Der Liebesbriefwechsel zwischen Richard Wagner und dem jungen König von Bayern stellt schon bis jetzt nach Umfang und Wortwahl wohl fast alles in den Schatten, was Liebende einander gewöhnlich sagen. Richard Wagner hat dafür auch eine Rechtfertigung. Er liebt den König, wie man Könige lieben soll: Voller Demut. Innig. Anbetend, ja auch das. »Unter Thränen«, ja, auch das. Aber vor allem symbolisch. Könige liebt man symbolisch. Und: im Zeichen der Kunst. Richard Wagner kann Menschen nicht widerstehen, die seiner Kunst verfallen sind, und dann noch ein junger Mann, so schön, so hoffnungsvoll. Wenn er ihn ansieht, sieht er die Zukunft, seine eigene. Und dann noch ein König!

Nun fiel es Richard Wagner nie schwer, auf Anreden wie »Erhabener! Mein Einziger!« mit »O mein König! Mein höchstes Glück!« zu antworten. War das seelische Entlastung durch gezielte Übertreibung, die der liebende kleine König, da durfte er sicher sein, gar nicht bemerken würde? Wohl kaum. Ein symbolischer Raum ist auch ein Verschmelzungsraum. Und wenige waren so begabt für Verschmelzungen wie Richard Wagner und sein König. Und die kleinen Übertritte darin, waren sie nicht wie feinste erotische Elixiere? Wirksam gerade im und durch Abstand.

Könige liebt man mit Abstand. Aber das heißt doch nicht, dass sich in diesem Abstand jemand aufhalten dürfte. Und dazu noch eine Frau. Und dazu noch die Frau seines Kapellmeisters!

Könige liebt man mit Dankbarkeit und Hoffnung und Demut. Sie waren und sind vollkommen aufrichtig. Und seine Demut ist es auch. Der so viel Ältere wusste sich Ludwig ausgeliefert, und er willigte ein, von Anbeginn: »Soll ich fortgehen? Soll ich bleiben? – Was Sie wollen, das will ich«, hatte Wagner seinem König versichert, als seine Stellung bei Hofe das erste Mal beinahe unhaltbar geworden war: »Ein Wort, und freudig erfasse ich mein Schicksal. – Doch muss sich das entscheiden, und heute noch!«[33] Natürlich, er durfte die Art der Antwort vermuten: »Theurer Freund! Bleiben Sie, bleiben Sie hier, Alles wird herrlich wie zuvor. – Ich bin beschäftigt. – Bis in den Tod Ihr Ludwig.«[34]

Doch würde auch jetzt alles herrlich werden wie zuvor? Nie schien es ungewisser. Auch wenn Ludwig die Übertreibung der Anrede »Mein angebeteter, engelgleicher Freund!« nicht bemerken sollte – wenn der innigst geliebte Wagner jetzt die Frau seines Kapellmeisters zu seiner Frau machte, so würde er das bemerken – und es gleich doppelt missbilligen. Zumal der König selbst seinem Volk gegenüber eine Ehrenerklärung für das Ehepaar Bülow und Wagner abgegeben hatte, um die Gerüchte zum Schweigen zu bringen. Prosaisch gestimmte Gemüter nennen diesen Schwur auch einen königlichen Falsch-Eid, und in der Tat war die Erklärung Ludwigs so vollendet formuliert gewesen, dass jeder den Stil erkennen konnte: Wagner.

Treu bis in den Tod? Jetzt noch? Der kleine König – sein ihm liebster Untertan weiß das – verzeiht viel, aber wie viel genau, das weiß auch Richard Wagner zu dieser Stunde nicht. Wie sollte Ludwig ihn künftig noch mit »Mein Einziger!« begrüßen, wo er doch offenkundig sein Zweiter war, wenn überhaupt. Und wer sich schon nicht einmal mehr begrüßen kann, wie soll der miteinander umgehen? Also gar nicht mehr?

Nicht, dass Richard Wagner beunruhigt wäre von sich. Er scheut nicht vor Inzestverhältnissen auf offener Bühne zurück – Siegmund und Sieglinde –, auch nicht vor Vater-Tochter-Verhältnissen, die etwas über gewöhnliche Vater-Tochter-Verhältnisse hinausgehen – Wotan und Brünnhilde. Aber das sind Götter, zumindest Halbgötter, und man kann sie zur rechten Zeit untergehen lassen. Ludwig II., der kleine König, aber darf nicht untergehen.

Nur er kann Richard Wagner die Möglichkeit schaffen, seinen noch unvollendeten »Ring« angemessen aufzuführen. Und er muss die Miete zahlen für die Tribschener Villa am Vierwaldstätter See mit Hochgebirgspanoramablick. Auch Richard Wagner hat wie der unbefrackte Student kein Geld, gemessen an seinen Bedürfnissen.

Vor seinem Brockhaus-Fenster Schnee und Regen, so ein Jahr geht eben, wie das Leben selbst, nie gut aus. Am frühesten Herbstbeginn war er mit Cosima nach Italien gefahren, um Abstand zu gewinnen. Und ihn zu halten. Richard Wagners Reisenotizen vermerken eine »Götterdämmerung auf dem Gotthardt«. Wagner war ohnehin entschlossen, Nägel mit Köpfen zu machen. Will heißen: Dort oben waren sie erdfern genug, um eine neue irdische Tatsache zu schaffen: Siegfried. Dann Genua. Könnten sie nicht einfach dort bleiben und alles ertragen, was eben kommt, wenn sie nicht wiederkommen? Das war sein Plan oder seine Verweigerung eines Plans, aber Cosima fand ihn nicht gut, nicht – vernünftig? In Vernunftfragen entschied meist sie.

Er gab nach, sie blieben nicht, sie kehrten um. Aber warum war es dann, als ob sie ihren Weg zurück nicht mehr finden sollten? Die Unwetter begannen schon in Como, während sie entschlossen, Cosimas Geburtsort Bellagio zurücklassend, weiter nach Norden vordrangen.»28. Sept. ... Überschwemmungsnachrichten: Lugano geblieben. Bellinzona Abwarten oder Umkehren?«[35] Von Bodio kamen sie nur noch zu Fuß weiter,»Ausmarsch von Giornico, furchtbares Gewitter: 1 Stunde schreckenvollster Art: Cos immer vom Sitz gesprungen. Lavorno – Schlammarsch. Laterne! Zerbrochene Brücke: durch die Wässer. Faido – Hotel de Poste!«[36] Galt das ihnen und dem, was sie von der Zukunft verlangten?

In Faido hielt sie der Tessiner Weltuntergang drei Tage fest, »drei böse, aber tiefe Tage«. Draußen nur Feindschaft, drinnen in dem einfachen Zimmer des »Hotel de Poste« sie beide. Sonst nichts. Und genau so, erklärte er ihr, ist das. So ist die Wirklichkeit. Keinen Monat ist es her, da hatte er diese Zusammenhänge ausfuhrlicher untersucht:»Zwei wahrhaft Liebende haben nur eine Religion, das Wissen von ihrer Geliebtheit. Störungen können nur aufkommen, wenn dieser Glaube in etwas wankt: das geringste Wanken hat aber für den Augenblick schon die Wirkung des völligen Einsturzes, eben weil hier Alles von ekstatischer Zartheit ist.«[37] Liebesekstase, etwas durchaus Gewaltsames also, sei nur ob solcher Zartheit möglich.»Die allermindeste Entfremdung durch Zerstreutheit, Schweigsamkeit, Übelgelauntheit, die geringste Härte im Ausdruck, eine kleine Zurechtweisung, ja selbst verborgenes Unwohlsein oder die kleinste Unwahrhaftigkeit, wie sie im Umgang mit jedem anderen Wesen kaum nur Beachtung findet«[38], stellen hier sofort alles in Frage. So kann kein Mensch leben, sagen die Abgeklärten. Genau so müssen wir leben, beschlossen die Liebenden von Faido.

Sie mussten sich also ganz auf sich konzentrieren, auf die eigenen Zartheiten. Da kann man auf andere Zartheiten wenig Rücksicht nehmen. Zart nach innen, hart nach außen. Also »plutonische und neptunische Lösungen«, die hatten sie auch schon im August beschlossen.

»Neptunisch« ist nach Goethe jede allmähliche Entwicklung. »Plutonisch« ist das Plötzliche, Gewaltsame. Pluto für Bülow! Vielleicht weinten sie beide bei der Einsicht in diese Unausweichlichkeit. Es ist der 3. Oktober, ein Sonnabend, »tiefste Stimmung. Cos schreibt«[39].

In Faido schrieb Cosima ihrem Mann den entscheidenden Brief, von dem wir ob seiner Wirkung annehmen müssen, dass es sich um einen Komme-was-da-wolle-Brief der finalen Aufrichtigkeit handelte. Aus dem nach zeitgenössischem Sprachgebrauch »gehörnten« Ehemann sollte nun ein öffentlich »gehörnter« Ehemann werden, was die Grausamkeit ins Unermessliche steigerte. Wagner selbst wollte es übernehmen, dem kleinen König anzudeuten, dass es mit seiner Sekretärin, Bülows Frau, doch eine andere Bewandtnis habe, als der König seinem Volk unter Eid verkündet hatte.

Es kann befreiend wirken, solche Schonungslosigkeiten zu frankieren, in den Briefkasten zu werfen und zu wissen, dass sie nun allein ihren Weg in die Welt finden werden.

Nietzsche wird Wotan einst den Gott des schlechten Wetters nennen. Wotan regierte weiter. Der Überlebensmarsch ging in seine nächste Etappe, meist zu Fuß. War das der Fluch des Briefkastens? Und als sie endlich, fast wider Erwarten, in Airolo ankamen, war ihnen wohl nicht danach zumute, die Gotthard-Übung des Hinwegs zu wiederholen. Was würde sie jenseits der Alpen erwarten?

Cosima von Bülow hat Richard Wagner versprochen, sich scheiden zu lassen, andererseits kann sie sich gar nicht scheiden lassen, denn sie ist katholisch. Deshalb nahm ihr Richard Wagner auch noch das Versprechen ab, wenn nicht zum Atheismus zu konvertieren, so doch wenigstens zum Protestantismus. Aber Cosimas Vater ist Abbé in Rom, und überhaupt ist sie in religiösen Dingen sehr abergläubisch und wird es immer bleiben.

Die junge, schon wieder schwangere Frau, in deren Leben es alles doppelt gibt, meint, jetzt nach Rom pilgern zu müssen. Sie will Buße tun. Ja, vielleicht wäre sie in Italien geblieben, aber nicht mit ihm allein in Genua, sondern als Büßerin, unterwegs gen Rom. Eine Pilgerfahrt zum Papst und zu ihrem Vater, dem Abbé. Zu Liszt? Unmöglich, Richard Wagner kann diesen Namen nicht mehr hören.

Er kennt die Romfahrt-Idee schon aus seinem »Tannhäuser«,

der ursprünglich Heines »Tannhäuser« gewesen war. Der Ritter darin war auch direkt vom Venusberg zum Papst gepilgert: »Der Papst hub jammernd die Händ' empor,/Hub jammernd an zu sprechen:/›Tannhäuser, unglücksel'ger Mann,/Der Zauber ist nicht zu brechen.‹« Also zieht Tannhäuser – bei Heine – zurück in den Venusberg. Was also will Cosima in Rom? Nein, er ist dagegen. Oder wie es Nietzsche ein Jahr später in anderem Zusammenhang ausdrücken würde: »*Schweig mir von Rom*«, *sagt der arme Tannhäuser, der dort zu keinem grünen Zweig gekommen war.*[40] Sagt Richard Wagner.

Und darum hat das Paar, obwohl es noch gar nicht verheiratet ist, nun bereits seinen ersten großen ernsten Streit. Rom oder nicht Rom? In seiner Verzweiflung rief Richard Wagner Cosimas Halbschwester Claire de Charnacé zu Hilfe. Sie solle ihr abraten, von Halbschwester zu Halbschwester, von Frau zu Frau. Cosima wurde halb ohnmächtig vor Zorn. So solle er ja nicht anfangen, so nicht.

Am 27. Oktober, dem Tag, als der Student der Altphilologie Friedrich Nietzsche seinem besten Freund von seinen Symptomen beim Anhören des »Meistersinger«- und des »Tristan«-Vorspiels berichtete, erreichten Richard Wagner in seiner Tribschener Nach-Italien-Einsamkeit gleich mehrere Telegramme: »Willkürliches Eingreifen macht ganze Existenz unerträglich«[41], meldete Cosima und sprach von »schmerzlichster Erbitterung« über sein Spiel mit der Ruhe einer Müden. Aber nichts hatte er weniger gewollt als mit ihrer Erschöpfung spielen. Das musste sie wissen. Wusste sie es? Nur zwei Stunden später das nächste Telegramm: »Durch Claires Ankunft mir das Widerwärtigste erzeugt, durch Weigerung nach Rom das Traurigste.«[42]

Das hielt er nicht mehr aus. Das Leben ist keine Oper. Er hatte München nie wieder betreten wollen; jetzt fuhr er hin.

Er musste zu Cosima, aber im Hause von Bülow herrschten gerade Pluto und plutonische Lösungen. Schon nach Empfang des Faido-Briefes soll sich Hans von Bülow im Pistolenschießen geübt haben, berichtet sein erster Biograph, jetzt, wo nach der inneren auch noch die äußere Schonung wegfallen sollte, die Schonung in den Augen der Welt. Der Nachteil plutonischer Lösungen ist ihre mangelnde Steuerbarkeit, und Richard Wagners Anwesenheit im Hause Bülow musste unweigerlich eine Art Kernspaltung in Gang setzen. Auch der König wollte nicht gestört werden, schon gar nicht von ihm. So fand der erste Novembertag den Komponisten. Er hat eine Frau, nein, eine schwangere Geliebte und vierfache Mutter, die als Selbstgeißlerin zum Heiligen Stuhl ziehen möchte. Er hat weiterhin einen falschschwörenden König, der ihn wohl fallenlassen wird, und einen rasenden Kapellmeistersfreund, dem er besser gar nicht erst begegnet. Richard Wagner ist nun doch voller Zweifel, ob er stark genug ist, allein gegen Rom, den Papst und den Abbé in Cosimas Seele zu bestehen. Und gegen ihren Ehemann natürlich, bei dem sie jetzt ist – bei ihm und den Kindern. Hätte er nur den Fehler mit ihrer Halbschwester nicht gemacht. Es ist, er weiß es, eine erschütternde Bilanz. Wohin sollte er sich wenden? Also Leipzig, die Stadt, wo alles anfing, einschließlich seiner selbst.

Und da sagt Sophie Ritschl, Gattin des Philologieprofessors Ritschl, Freundin seiner Schwester Ottilie, ihrerseits Gattin des Philologieprofessors Brockhaus, des Orientalisten, sie kenne die »Meistersinger« längst, zumindest das Meisterlied. Der beste Student ihres Mannes, ein großer Verehrer seiner Musik, habe es ihr vorgetragen. Er hat Nachricht von Cosima, keine guten. Er telegraphiert ihr: »Ergriffen doch unerschüttert. Reinste Klarheit des Willens. ... Reise Montag Abend direkt. ... Treuester Gruss und Segen. William.«[43] Shakespeare ist sein liebster Tarnname für die Post. Es ist Sonntagmittag.

Er erträgt jetzt wirklich keine Gäste, und morgen fährt er, in reinster Klarheit des Willens. Aber diesen Studenten, beschließt Richard Wagner, schaut er sich zur Zerstreuung doch einmal an.

Das gab es noch nie: Der Dirigent
beherrscht das Orchester.
Dionysos Wagner am Pult.

»Hilf uns o Woddan!«

Unbefrackt, *doch in gesteigerter Romanstimmung,* sei er durch
den Leipziger Novemberschneeregenabend gelaufen, berichtet
der Student. Was zu bezweifeln ist.

Wahrscheinlich ist er froh, dass seine Beine ihn tragen; auch ist
es nicht schwer, sich den Schock zu vergegenwärtigen, der den
Gast überkommen haben muss, als er feststellt, dass er gewissermaßen der Einzige ist, seinen Kontaktmann aus dem Café thea-
tre nicht mitgezählt.

Der Einzige!? Der, auf dessen ungenügenden schwarzen Geh-
rock alle Blicke sich nun richten? Die übrigen Anwesenden gehören mehr oder weniger zur Familie.

Der Student begrüßt den Gott. Aber ist das überhaupt ein Einziger, der ihm da – gewissermaßen als Existenzbeweis – die Hand
reicht? Sind es nicht zwei? Nicht wenige, die Richard Wagner

trafen, haben dessen Doppelheit bezeugt: Von vorn ist er ohne Zweifel Faust. Von der Seite ist er mehr Mephistopheles. Andere meinen, bis zur Nase – welche Stirn! was für ein Hinterkopf! – handele es sich um einen Gott, darunter beginne der Dämon: Das aus dem Gesicht stürzende Kinn, wo will es hin? Der schmale Mund wird es nie verraten.

Friedrich Nietzsche sagt vor Schreck gar nichts zur Nachwelt. Vielleicht, weil er genau dem gegenübersteht, den er erwartet hat, einem Gottteufel, wem sonst? Grund und Abgrund in einem, in Menschengestalt.

Richard Wagner mag es, fremde Leute zu erschrecken. Die Abwesenheit von Sängern und eines Orchesters hat ihn noch nie an der Aufführung einer Wagner-Oper gehindert, und er hat ein wenig Selbsterheiterung nötig. Wer annimmt, er sei nur zu zweit, wird jetzt belehrt: Richard Wagner, das sind viele. Er setzt sich ans Klavier – Nietzsches Freund Gersdorff wird später bemerken, Wagner selbst habe erklärt, er spiele Klavier »wie eine Ratte Flöte« – und übernimmt alle »Meistersinger«-Stimmen, den Schuster Sachs ebenso wie das Evchen im höchsten Sopran, den Ritter Stolzing und den Juden Beckmesser, unterbrochen stets von unabdingbaren Erläuterungen zum Werk, ohne jedoch die Musik auszusetzen.

Sein Stiefvater, der Leipziger Maler und Schauspieler Ludwig Geyer, konnte das auch schon, obgleich meist ohne Gesang und Klavierspiel: Ein Schauspieler pro Stück ist genug, musste jeder einsehen, der ihm zusah. Aber meist spielte Geyer den Liebhaber und den Verräter, den König und den Mörder doch nacheinander, schon weil die anderen Schauspieler sich sonst gelangweilt hätten. Damit er selbst sich nicht langweilte, wählte er beim nächsten Mal die nächste Rolle. Für die Spesen von Geyers Aufenthalt auf Erden bürgte indes sein Freund, Wagners Vater, zumindest bis zu seinem Tod. Oder war der malende und schauspielende Freund irgendwann gar kein Freund mehr und Richards Vater gar nicht sein Vater, sondern in Wirklichkeit eine Art Hans von Bülow? Und Richard Wagner gar nicht Friedrich Wagners Kind, sondern das des malenden Universalschauspielers Geyer? Der Mann am Klavier, in seiner Heimatstadt das eigene Werk mit sämtlichen an sich verteilten Rollen vortragend, hat es nie mit Sicherheit erfahren. Die Beunruhigung darüber wird ihn nicht verlassen.

Geringere Geister wären jetzt bestürzt: Der Urheber so vieler Zauberreiche – nur ein Spaßmacher, ein Gaukler? Aber der Student wahrt die Fassung. Wahrscheinlich versucht er, nicht zu lachen.

Vielleicht führt jeder lebenslang dasselbe Stück auf, auf die lebenslang gleiche Weise. Richard Wagner tat es zum ersten Mal an seinem zehnten Geburtstag, zumindest in der Erinnerung seiner Schwester Cäcilie. Er hätte gewarnt sein können: vor sich selbst.

Das Einzige, was bei der denkwürdigen Premiere vor über vierzig Jahren nicht von ihm stammte, war das Puppentheater, die Kinder hatten es von Stiefvater Geyer geerbt. Die inzwischen nicht nur vater-, sondern auch stiefvaterlose Restfamilie weilte im Loschwitzer Grund, der verfügte über einen Hügel, und da Ritter immer oben, niemals unten wohnen, kam kein anderer Aufführungsort des selbstverfassten Ritterdramas in Frage. Schwester Cäcilie musste schon vormittags die selbstgemachten Kulissen den Berg hinauftragen. Um vier Uhr, noch unter glühender Sonne, begann die Vorstellung, in der Ferne war ein erstes Donnergrollen vernehmbar. Schöner als Martin Gregor-Dellin kann man Richard Wagners ersten Auftritt als leibhaftiges Gesamtkunstwerk nicht erzählen: »Richard Wagner dirigierte seine selbstbekleideten Figuren und sprach für alle, und mit dem näherkommenden Donner wuchs die Leidenschaftlichkeit seiner Stimme … Plötzlich erhob sich ein Sturm und riß das leichte Theater in die Höhe, der Vorhang ging in Fetzen, die Figuren flogen nach allen Seiten davon, der Himmel öffnete sich zu einem wolkenbruchartigen Regen, und die Zuschauer flüchteten die Treppe hinab, Richard aber spielte mit tränenerstickter Stimme und fliegenden Haaren weiter, die Reste seines zerstörten Theaters mit den Armen umschlingend.«[44] –

In Paris hatte Wagner einst den Fehler gemacht, dem Impresario Carvalho, der seinen »Tannhäuser« aufführen sollte, das Werk wie jetzt im Salon Brockhaus vorzutragen, mitsamt den Erläuterungen, diese jedoch in seinem bemitleidenswerten Französisch. Der Impresario gewann den starken Eindruck, dass dieses

Werk wohl nicht auf eine Bühne, sein Schöpfer aber unbedingt in gute Pflege gehöre. – Nietzsche hört und sieht anders, auch wenn der Vortrag wohl kaum dazu angetan ist, die Symptome hervorzurufen, die er beim letzten Anhören des »Meistersinger«- und des »Tristan«-Vorspiels an sich wahrgenommen hatte.

Dafür überkommt ihn die Gewissheit, dass man schon ein Gott sein muss, um auf eine so souveräne Art Mensch zu werden. Dieser Mann hat es nicht nötig, in der Begegnung mit anderen zu seiner eigenen Statue zu werden. Er ist, das spürt Nietzsche sofort, vollkommen frei.

Ja, er ist sogar frei genug, nun über die Aufführungen des »Tristan« zu sprechen, unter besonderer Berücksichtigung Sachsens und seiner Gemütsart, und zwar im Idiom seiner Heimatstadt. Wie das schmerzt! Ausgerechnet »Tristan«. Dessen Wirkung auf die menschliche Konstitution wird Nietzsche bald in eine Frage kleiden, gerichtet an alle, die nicht ganz tauben Ohres sind: Ob sich denn ein Mensch denken lasse, *der den dritten Act von »Tristan und Isolde« ohne alle Beihülfe von Wort und Bild rein als ungeheuren symphonischen Satz zu percipiren im Stande wäre, ohne unter einem krampfartigen Ausspannen aller Seelenflügel zu verathmen?*[45] Ja, sentimentale Geister wären jetzt ernüchtert.

Dieser Mann verschont weder sich noch sein Werk. Aber Nietzsche lässt sich nicht täuschen, nur wer auch noch über seinen Schöpfungen steht, ist wirklich souverän. Thomas Mann wird im »Doktor Faustus« den ortsüblichen Dialekt einmal eine »Siebenhunderttausend-Mann-Faulheit und Ruchlosigkeit des Mundwerks mit vorgeschobenem Unterkiefer« nennen. Der Sachse Friedrich Nietzsche empfindet das ebenso – entweder man ist Altphilologe, Grieche also, oder man kommt aus Leipzig, es gibt kein Drittes. Er hat alles Sächsische, näherhin Naumburgische in sich längst abgetötet, doch ist seine früheste Jugenddichtung durchaus verräterisch:

Hilf uns o Woddan,
hilf uns im Streite
wieder die bößen
Mächte der Nacht![46]

So klang der poetische Ertrag einer Exkursion auf den Kirchberg bei Naumburg, wo sich einst eine alte germanische Opferstelle befunden haben soll. Also liefen die Pfarrerskinder auf den Berg und bauten aus Steinen und Knochen einen Altar, den Friedrich Nietzsche und seine Schwester mit brennenden Kienspänen umkreisten: »O Woddan, erhöre uns!«

Oder sollte die ältere Schreibweise des Gottes ganz von selbst das Sächsische als Maßstab gewählt haben?

Richard Wagner und Friedrich Nietzsche, zwei Sachsen, der eine in Leipzig geboren, der andere in Röcken, einem Kleinstdorf an der Landstraße nach Weißenfels. Letzterer wird bald durchaus einen Sinn dafür entwickeln, dass ein großer Mann einen etwas größeren Herkunftsort benötigt, und erklären, er habe auf dem Schlachtfeld von Lützen das Licht der Welt erblickt. Noch scheinen ihre Herkunftsorte exakt die Relation ihrer Bedeutung widerzuspiegeln.

*

Zeit fürs Dessert im Salon Brockhaus. Richard Wagner geht von der Ein-Personen-Oper zur Lesung über. Der kleine König hatte gewünscht, alles über das Leben des Mannes zu erfahren, dessen Kunst er liebt und ihn selbst gleich mit. Da hat der Bedrängte begonnen, es Cosima zu diktieren. Das hatte den Vorteil, dass niemand sich über die Zeit wunderte, die beide miteinander verbrachten, denn das zu Schildernde währt schon sehr, sehr lang. Und im Diktat wird es kaum kürzer. »Mein Leben« ist noch immer unvollendet und ungedruckt.

Der einzige Gast im strengen Sinne muss noch am nächsten Tag lachen, sobald er an den Vortrag denkt, es ist eine Szene aus Wagners *Leipziger Studienleben.*

Studienleben? Schon von einem Schulleben des jungen Richard Wagner lässt sich nur mit großer Gutwilligkeit sprechen; der doppelt Vaterlose stellte sich immer wieder vom Schulbesuch frei, schon weil bereits der Junge eine deutliche Ahnung davon besaß, dass das Leben viel zu kurz sei, um es in Anstalten zuzubringen und »in meiner freien Entwicklung mich hemmen zu lassen«[47]. Was für ein Gegensatz zum Pforta-Zögling und Musterschüler Nietzsche, der Zuhörer wird ihn spüren, selbst wenn Richard Wagner seine vorsätzliche Schulabstinenz mit keinem Wort streifen sollte.

Der Schüler Richard Wagner hatte bereits der Dresdener Kreuzschule und der Leipziger Nikolaischule den Rücken gekehrt; und dass er sich schließlich bereit erklärte, im Revolutionsjahr 1830 versuchsweise die Thomasschule zu betreten, geschah »rein in der Absicht, durch den bloßen Anschein ihres Besuchs mich bis zur Berechtigung zum Abiturienten-Examen durchzuarbeiten«.[48] Dieses wiederum benötigte er, um seinem vorläufigen Lebensziel näher zu kommen: »hemmungslos verwildern«. Endlich einer Landsmannschaft angehören dürfen!

Schon den Achtjährigen hatte nichts so beeindruckt wie die Existenzform der Studenten in ihrer altdeutschen Tracht, »mit dem schwarzen Samtbarette, den am Hals umgeschlagenen Hemdkragen und dem langen Haar«[49]. Zum ersten Mal begegnete Richard Wagner sich selbst in seinem späteren bevorzugten Erscheinungsbild, die Frisur ausgenommen.

Der Weg der Immatrikulation an der Universität war der einzige, der auf den Paukboden der Landsmannschaft »Saxonia« führte. Aus dem Zimmer des Rektors war er, den wehenden Schein in der Hand, direkt dorthin gestürzt.

Gewiss versucht der einzige Gast, nicht durch das ungebührlich mitwisserische, missdeutbar vertrauliche Lächeln des Sachverständigen aufzufallen, geht es doch um die einzige Existenzform, die er näher beurteilen kann – um ein Studentenleben. Das seine währt jetzt schon bald vier Jahre. Aber wie fremd sind ihm die, deren Nähe der Vorlesende so sehr suchte. Nietzsche sagt in seinem Bericht dieses Abends nicht genau, welche Szene Wagner vorträgt, aber es gibt fast keine andere Möglichkeit, es muss die folgende sein:

Nicht ohne eine gewisse Beklommenheit wird Friedrich Nietzsche von Gebhardt hören, diesem Leipziger Siegfried, der Fiaker anhielt wie niemand sonst, denn er griff den Wagen einfach zwischen die Speichen. Und wenn er besonders gut gelaunt war, hob er die Freunde neben sich hoch und trug sie ein Stück durch die Luft. Vielleicht auch Stötzer, zwanzigstes Semester. Oder seinen

Freund Degelow, Mecklenburger, der Richard Wagners Aufenthalt auf Erden um ein Haar jäh beendet hätte: Alle, seit unvordenklichen Zeiten studierend, also statt der üblichen drei bereits sechs oder sieben Jahre, verfügten über eine schlimme Vergangenheit, eine ebensolche Gegenwart und keine Zukunft. »Mit Bewusstsein« gehörten sie »einer dem Untergange verfallenen Welt« an, erklärt Richard Wagner. Er hat gewiss nicht die Absicht, die anwesenden Akademiker zu schonen, diesen etwas verlegenen Studenten etwa oder seinen Schwager, den Professor der Orientalistik. Oder diese Professorengattin, die Freundin seiner Schwester. Früher waren die Freundinnen seiner Schwester schöner.

Akademiker sollte man grundsätzlich nicht schonen, glaubt Richard Wagner und wird nie aufhören, die deutschen Professoren zu seinen Lieblingsfeinden zu zählen. Allerdings macht er für Hermann Brockhaus eine Ausnahme, denn es ist ihm einst gelungen, ihn und seine Schwester während eines zweitägigen Besuchs zu Schopenhauer zu bekehren, den nicht zu kennen sich der deutsche Durchschnittsakademiker noch immer als besonderes Verdienst anrechnet.[50] Ja, er bekennt sich noch immer zu jener besonderen »Kongregation verwegener und verzweifelter junger Wüstlinge«, der er einst angehörte. Bis zu dem Abend, als das Neumitglied der »Saxonia« den aufrichtig widerstrebenden Degelow dazu zwang, es zum Duell zu fordern. Auf krumme Säbel!, sprach Degelow, wahrscheinlich mehr erbleichend als der Herausgeforderte. Denn der war unsagbar stolz und noch ganz benommen von der Erkenntnis: Wovon er bislang nur gehört und gelesen hatte – es funktionierte tatsächlich! Es war ganz einfach, zum Duell gefordert zu werden. Man musste nur sagen: »Du bist ein dummer Junge!« Mit dem richtigen Nachdruck natürlich. Mit der angemessenen Entschlossenheit. Richard Wagner wusste sich unendlich erhöht.

Wie mag der junge Philologe diese Mitteilungen aufnehmen, vorausgesetzt, es sind genau diese? Würde er, Friedrich Nietzsche, es je so weit kommen lassen? Im Gegenteil, er vermeidet es sorgfältig, solchen wie Degelow, Stötzer und Gebhardt überhaupt zu begegnen.

In Bonn war Friedrich Nietzsche aus Versehen der Burschenschaft »Franconia« beigetreten, fand sie aber über alle Maßen *plebejisch und abstoßend*. Nein, er hat kein Talent zu verwildern. Jeder »Ehrgeiz nach unten«, wie Thomas Mann sagen würde, ist ihm fremd. Ja, nicht zuletzt um der »Franconia« zu entkommen, war er nach Leipzig gewechselt, von wo er ihr einen hochmütigen Abschieds- und Austrittsbrief schrieb. Sie sei seiner noch nicht würdig, sinngemäß. Möge sich das bessern.

Vielleicht hätte Friedrich Nietzsche nicht einmal die Bekanntschaft eines Schröter gemacht. Mit dem hatte Richard Wagner oft in Kintschys Schweizerhäuschen gesessen, in ebenjenem Café, das jetzt auch Nietzsches Lieblingscafé ist und in dem er erst wenige Stunden zuvor die Notiz gefunden hatte, dass Richard Wagner in der Schweiz sei. Hier hatte der Falschverortete einst durch jenen Schröter, der »nicht zu den eigentlichen Verzweifelten«[51] gehörte, seine erste Einführung in Heine erhalten, von welchem sich der Siebzehnjährige fortan »eine gewisse frivole Eleganz des Ausdrucks« borgte.

Mit solcher Eleganz kann man es wohl schaffen, zum Duell gefordert zu werden. Oder nein, im Falle Degelows war gar keine Heine'sche Provokation nötig gewesen. Der Vielsemestrige hatte seine Verehrung für eine junge Schauspielerin des Leipziger Theaters erklärt, nur kann ein Korpsstudent das nicht so schamlos direkt formulieren, weshalb er ihre Tugend lobte. Wagners Schwester Luise war auch Schauspielerin am Leipziger Theater, und der Bruder liebte Luise. Wie findest du meine Schwester?, hätte das 17-jährige Neumitglied der »Saxonia« den Veteranen des Studententums fragen können. Stattdessen fragte es sinngemäß: Und von der Tugend meiner Schwester hältst du wohl nichts? – Der Mecklenburger versuchte auszuweichen, doch der Junge war schneller und sprach so die furchtbarste aller nur denkbaren Beleidigungen: »Du bist ein dummer Junge!«

Weshalb er nun wohl für die Ehre seiner Schwester Luise den Heldentod sterben musste, gefällt von krummen Säbeln. Mag sein, der einzige Student im Raum lächelt leise. Nicht ohne Grund hatte Friedrich Nietzsche hier gleich den »Philologischen

Verein« mitgegründet, denn ein Student, so viel ist klar, muss einer Verbindung angehören, und dieser, so viel ist weiterhin klar, würde sich einer wie Degelow nicht auf zehn Schritt nähern. Nietzsche wollte seine Gesellschaft um der Klarheit willen gar »Vereinigung aller wirklich strebsamen Philologen in Leipzig«[52] nennen und war besonders besorgt, genug Pförtner zu gewinnen, wahrscheinlich, um Eindringlinge abzuwehren. Obwohl auch im Philologischen Verein Rüpel vorkommen, doch nur in Vorträgen. Eben jetzt, Anfang November, am Tag bevor er den Willst-du-Richard-Wagner-Kennenlernen?-Zettel fand, hatte Friedrich Nietzsche den Eröffnungsvortrag dieses Semesters gehalten, fast frei, über einen geistigen Rüpel der Antike, den Cyniker Menippus und die Varronischen Satiren.

Das 17-jährige Neumitglied der »Saxonia« dagegen hatte es fast dreißig Jahre zuvor nicht einmal für nötig gehalten, vor seinem Verstand Wachen aufzustellen. Es war so erhoben von sich und der Ehre, die ihm widerfahren war, dass es sich außerstande sah, den anderen seine Auserwähltheit zu verbergen, weshalb es bald noch mehr Duellforderungen in der Tasche hatte. Sein Stolz hinderte ihn daran, über die eher praktisch-herabstimmende Frage »Wie überlebe ich ein Duell?« so nachzudenken, wie es einem Neuling auf dem Felde der Ehre zukommt.

Das Duell ist der letzte übrig gebliebene völlig ehrenvolle Weg zum Selbstmord, leider ein Umschweif, und nicht einmal ein ganz sicherer[53], wird Friedrich Nietzsche einmal, lange nach ihrem Bruch, notieren und vielleicht an diesen Abend mit Richard Wagner denken.

Der furchtbare Mecklenburger konnte Richard Wagner nicht gleich erstechen, weil er erst noch nach Jena verreisen musste, wo er einer Herausforderung auf Stoßwaffen zu genügen hatte. Dort wurde er erstochen. Vielleicht wünschte sich Richard Wagner nun, er hätte nur diesen einen Gegner gehabt. Er würde bald ein großer Anhänger der Revolution werden, aber noch nie hat jemand sein frühestes Motiv bemerkt: Ein zweiter Herausforderer schloss sich durchreisenden polnischen Freiheitskämpfern an, die gen Westen zogen, wenn auch nur, um seinen Leipziger Schulden zu entkommen. Blieb ein dritter: Tischer, einer der besten Fechter der Stadt. Der Vorlesende: »Vormittags um 10 Uhr war ich bestellt, und verließ die Wohnung meiner Familie, lächelnd, mit dem Gedanken, was meine Mutter und meine Schwestern sagen würden, wenn ich, in dem vorausgesehenen erschreckenden Zustande, in einigen Stunden nach Haus gebracht werden würde. Als ich am Haus meines Seniors auf dem Brühl anlangte, grüßte mich derselbe, ein angenehmer ruhiger junger Mann, Herr v. Schönfeld, mit herabhängender Pfeife aus dem Fenster, mit den Worten: ›Du kannst heimgehen, Kleiner; es ist nichts, Tischer liegt im Spital.‹«[54] Der Herausforderer hatte betrunken in einem Bordell randaliert, weshalb ihn die Huren verprügelten und ihm eine schwere, höchst ehrenrührige Verwundung zufügten, dann warfen sie ihn aus dem Hurenhaus. Da er aber, solcherart zentral versehrt, unmöglich Mitglied einer Landsmannschaft bleiben konnte, wurde der Meisterfechter auch hier exmatrikuliert. –

Das Verschiedene ihres Naturells muss Friedrich Nietzsche schon an diesem ersten Abend klargeworden sein. Da spielt einer mit dem eigenen Leben als Einsatz und riskiert, dass der Vorhang sich vor ihm schließt wie im Theater, nur eben endgültig. Vor lauter Mutwillen. Auch der Betroffene kann sich sein Temperament mitunter nur mit seinem Namen erklären. Wagner, so heißt er nun einmal. Dass Namen Schicksal sind, werden all seine Opern verkünden. Nie sollst du mich befragen ... Und hätte Friedrich je die Witwenrente seiner Mutter verspielt?

Schulden hatte der Lebensanfänger schon damals, fast will es scheinen, als wäre er bereits mit Schulden zur Welt gekommen. Die Rente seiner Mutter zu setzen, schien ihm ein letzter Ausweg, jene zu begleichen. Er verlor. Nie konnte er so je wieder nach Hause kommen, so viel begriff er und setzte unter dem Schrecken dieser Einsicht seinen allerletzten Taler. Und gewann. Und gewann noch einmal. Wenn ich die Rente meiner Mutter zurückholen kann, spiele ich nie wieder, versprach er sich. Und er gewann weiter. Gewann so lange, bis die Bank wegen Geldmangel schließen musste. Damals überdachte Richard Wagner mit äußerster Konzentration seine Lage und kam zu dem Schluss, dass dies ein sehr guter Augenblick sei, seine Spielerkarriere zu beenden. Drei Monate hatte sie gewährt. Vielleicht hätte er später unter der Tonnenlast seiner Schulden doch an den Spieltisch zurückkehren sollen?

Es gibt noch großartigere Formen, sich selbst zu riskieren und den Einsatz der ganzen Existenz zu wagen, das wusste er damals schon: die Kunst, die Musik. Dass er nicht für einen Brotberuf studieren, sondern Musiker werde, hatte er seiner Familie bereits mitgeteilt.

Noch einmal erklingen bei Schwager Brockhaus die »Meistersinger« im Ein-Mann-Vortrag; vorher sprechen der Gastgeber und der – streng genommen – einzige Gast des Abends über Schopenhauer, den zweiten Bürgen von Nietzsches Existenz und Ahnherr des »Tristan«. Im Geiste Schopenhauers lachen beide sehr über den Philosophenkongress in Prag, denn ist ein Philosophenkongress nicht ebenso absurd wie eine Dichterakademie oder eine Komponistentagung?

Dieser Student hier gehört nicht zu den Dummen, registriert der Meister, der durchaus weiß, dass Menschen solcher Geistesverfassung unter Wagnerianern nicht ganz selten sind. Und er ist frei von jedem vorausempfundenen Dünkel seines zu erwerbenden Standes. Ein Akademiker und doch kein Akademiker. Das gefällt ihm. So einer ist er auch. Richard Wagner verabschiedet sich von Friedrich Nietzsche mit dem Vorschlag, ihn doch zu besuchen, falls ihn sein Weg einmal am Vierwaldstätter See vorbeiführen sollte.

Friedrich Nietzsche schreibt die Bilanz des Sonntags für Freund Rohde am Morgen danach. Und aus Montagssicht lässt sich der Vorabend gar nicht präziser zusammenfassen: *Richard* eben.

Der verlässt noch am selben Tag seine Heimatstadt und fährt zurück nach Tribschen.

An Cosima, unterwegs: »Schneefall, Bahnunterbrechung, grosse Verspätung. ... Trage Schicksal. Will«[55].

Eine Woche später folgt ihm Cosima, diesmal für immer. Die Wagner-Kinder sind bei ihr. Seine eigenen Töchter gibt Bülow nicht frei. Mitten in der Nacht erreichen Cosima, Isolde und die noch nicht zweijährige Eva Tribschen.

Nietzsche mit seinen Freunden
Carl von Gersdorff (Mitte)
und Erwin Rohde (links),
Oktober 1871.

Der Ruf. Professor sucht Diener

Das neue Jahr ist keine zehn Tage alt, als dem Studenten erneut
auffällt, wie sehr seine Physis zum Eigensinn neigt.

Er schreibt seinem Lieblingsfreund Erwin Rohde, dessen letzte
Nachricht ihn noch in Naumburg bei Mutter und Schwester erreicht hatte. Friedrich Nietzsche hat dem Freund im Grunde dasselbe mitzuteilen wie schon im letzten Jahr: *Wagner, wie ich
ihn jetzt kenne, aus seiner Musik, seinen Dichtungen seiner Aesthetik, zum nicht geringsten Theile aus jenem glücklichen Zu-
sammensein mit ihm, ist die leibhaftigste Illustration dessen, was
Schopenhauer ein Genie nennt ... Ach ich wollte, ich ... könnte
Dir die vielen kleinen Einzelheiten erzählen, die ich über ihn,
meistens durch seine Schwester, weiß; ich wollte, wir könnten
die Dichtungen miteinander lesen (die Romundt so hoch schätzt,
daß er R. W. für den bei weitem ersten Dichter der Generation*

hält, und über die auch Schopenhauer, wie Wagner mir erzählte, sehr gut gedacht hat) wir könnten zusammen den kühnen, ja schwindelnden Gang seiner umstürzenden und aufbauenden Aesthetik gehen, wir könnten endlich uns von dem Gefühlsschwung seiner Musik wegreißen lassen, von diesem Schopenhauerischen Tonmeere, dessen geheimsten Wellenschlag ich mitempfinde, so daß mein Anhören Wagnerischer Musik eine jubelnde Intuition, ja ein staunendes Sichselbstfinden ist.[56] Und immer so weiter.

Aber nicht *jubelnde Intuition* ist es, was ihm plötzlich die Feder aus der Hand schlägt, ihn fortlaufen und bei seiner Rückkehr bekennen lässt: *... jetzt zittre ich an allen Gliedern*[57].

Nein, so kann er nicht weiterschreiben, so nicht. Und er legt den angefangenen Brief abermals zur Seite. Er kann ihn nicht an diesem 10. Januar 1869 fortsetzen und nicht an den Tagen darauf. Es vergeht fast eine Woche, bis der Student sich wieder stark genug fühlt: *Mein lieber Freund, ich hatte neulich allen Grund, an den Gliedern zu zittern und den Brief jäh abzubrechen; denn es ist ein großer Streich auf mein Haupt gefallen, und die gemeinsamen Pariser Pläne flattern in alle Lüfte.*[58] Und dann braucht der Briefschreiber noch einmal fast eine halbe Seite, um das Unaussprechliche auszusprechen. Denn was ausgesprochen ist, ist in der Welt, irgendwie. Und er ist selbst noch nicht sicher, ob er dem glauben darf, was er schon weiß: *Lieber Freund, ich habe die wahrscheinliche, ja sichere Aussicht, allernächster Zeit an die Universität Basel berufen zu werden: ich habe mich darauf einzurichten, von Ostern an akademischer Lehrer zu sein. Mein Titel wird zunächst der eines Profess. Extraord. sein, mein Gehalt 3000 fr. betragen ...*[59] Er sei bei dieser Nachricht in eine *glückliche Bestürzung* geraten und, von Ritschl entlassen, den ganzen Nachmittag spazieren gegangen, »*Tannhäuser*«-*Melodien* singend, obgleich er nicht gerade in den Venusberg berufen wurde.

Der Erziehungsrat der Basler Universität hatte sich bei seinem Professor nach einem geeigneten Kandidaten erkundigt, und der hatte ihm einen genannt. Nur sei, sagt Nietzsche, *dieses* akademische *Ei* noch nicht ganz gelegt, weshalb er Rohde um unbedingtes Stillschweigen bittet. Mutter und Schwester, denen er am

Tag darauf schreibt, erfahren natürlich gar nichts und werden stattdessen mit Nachrichten aus der Leipziger Gesellschaft unterhalten: Mit Pastor Brockhaus gefrühstückt, im Theater ein ungeheures Weib gesehen, das nur in Männerrollen auftritt, etwa als Hamlet oder Romeo, sich vortrefflich duelliert und vielleicht gar kein Weib ist; den neuen Leipziger Theaterdirektor kennengelernt und immer so weiter.

Es ist keineswegs nur Freude, die den 24-jährigen nichtpromovierten Philologen bewegt, denn er neigt wie sein seelenverwandter Mitphilologe Rohde – Schopenhauer ist schließlich ihr Erzieher – zu einer sehr illusionslosen Beurteilung ihres Berufsstandes. Und dessen letztes längeres Porträt aus Nietzsches Feder ist keine zwei Monate alt: *Lieber Freund, jetzt wo ich wieder das wimmelnde Philologengezücht unserer Tage aus der Nähe sehe, wo ich das ganze Maulwurfstreiben, die vollen Backentaschen und die blinden Augen, die Freude ob des erbeuteten Wurms und die Gleichgültigkeit gegen die wahren, ja aufdringlichen Probleme des Lebens täglich beobachten muß*[60] – und das bei Alten wie Jungen –, sei er gewiss, dass sie beide, falls sie ihrem Genius treu bleiben, *nicht ohne mannichfache Anstöße und Quertreibereien* ihren Weg gehen werden. Nein, er besitzt nicht das Wagner'sche Talent, hemmungslos zu verwildern und nach der eigenen Freiheit geradewegs ins Nichts zu greifen, und doch kultiviert er sie längst auf die einzige ihm mögliche Weise: in der Sprache, im Geist. Da ist er Raufbold und wird es bleiben, doch mit krummen Säbeln nie.

Friedrich Nietzsche weiß demnach genau, was ihn erwartet. Die Differenz von Theorie und Praxis wird ihn dennoch erschrecken, ebenso das Ausmaß der *mannichfachen Anstöße*. Der Freund ist soeben Opfer einer akademischen Intrige geworden, eine schon angenommene Arbeit wurde doch noch zurückgewiesen, und Friedrich Nietzsche meint, den Grund genau zu kennen: *Wenn sich Philologe und Mensch nicht völlig decken, so staunt das erwähnte Gezücht erst das Mirakel an, dann ärgert es sich und endlich kratzt, bellt und beißt es: als wovon Du eben ein Beispiel erlebt hast.*[61] Und dieser Spezies will er beitreten? Und weiß sich ihr zugleich auf so außerordentliche Weise unzugehörig? Gute Voraussetzungen sind das nicht. Auch den akademischen Stellenwert der Leistung meint der Student genau zu kennen: *Denn das ist mir ganz ersichtlich, daß der Dir gespielte Streich durchaus nicht gegen Deine spezielle Leistung gerichtet ist, sondern gegen das Persönliche.* Im Übrigen sei er gewiss, bald auch einen solchen Vorgeschmack zu bekommen.

Etwa bei Gelegenheit seiner Promotionsschrift? Aber die gibt es gar nicht, obwohl sie schon im letzten Jahr fertig sein sollte.[62] Nichts gibt es, womit man üblicherweise zum Professor berufen werden kann. Im November hatte er noch verkündet, dass er *beabsichtige bis Ostern mich hier aller Habilitationsscherereien zu entledigen und zugleich bei dieser Gelegenheit zu promovieren*[63]. Er erwog eine *commentatio altera de Laertii Diogenis fontibus,* konnte sich aber auch eine Arbeit *de Aristotelis librorum indice Laertiano oder Analecta Democritea oder quaestiones Cynicae oder de fontibus Latinorum artis veterinariae scriptorum!!* vorstellen; das Ganze war selbstredend zu verfassen *mit Grazie in infinitum.*[64]

Daraus ist bis jetzt aber schon deshalb nichts geworden, weil Friedrich Nietzsche seit dem Zusammentreffen mit Richard Wagner vor allem dessen Werke zu studieren begann, mit »Oper und Drama« als Zentralgestirn. Ritschl hätte die derzeitige Hauptlektüre seines zu berufenden Meisterstudenten kaum gebilligt.

Für Ostern ist nun ein anderer Termin gesetzt; Ostern soll seine akademische Tätigkeit bereits beginnen.

Professor also, Philister also, Mitspieler statt Zuschauer wie bisher, kurz: unfrei? Dabei hatte er Rohde eben noch vorschlagen wollen, *die Philologie dorthin zu werfen, wohin sie gehört, zum Urväter-hausrath,* und gemeinsam ein Chemie-Studium zu beginnen. Der Sohn seiner Wirtsfamilie ist Chemiker in Möckern. Und vielleicht weiß die Chemie mehr über die Zusammensetzung der Dinge als Philologie und Philosophie zusammen? Mit dem besten Freund Chemie studieren in Paris!

Der unendlich offene Horizont des Lebens scheint sich vor seinen Augen auf einen Spalt verengen zu wollen.

Einen Monat später, am 12. Februar 1869, erhält der Leipziger Student der Altphilologie Friedrich Nietzsche den »Ruf« tatsächlich. So heißt es noch heute, wenn der Mensch Professor werden soll. Er beschließt, den Ruf nach Basel als Ruf des Schicksals anzusehen. Es will ihn auszeichnen, und nicht nur das, es weist ihm die Richtung. Nicht nach Paris, in die Schweiz, zu Richard Wagner. Der Ruf, ist er am Ende nicht eine Berufung? Noch am gleichen Tag entwirft er eine Visitenkarte:

FRIEDRICH NIETZSCHE.
Professor extraord. der klassischen
Philologie (mit 800 Thl. Gehalt) an
der Universität Basel.

Und schickt sie an Mutter und Schwester mit einer kurzen Anmerkung: *Zur Verbreitung!* Auch die mütterliche Verwandtschaft erhält eine Karte, allerdings ohne Gehaltsangabe, der Naumburger Oberpfarrer bekommt die Nachricht in Prosa, und Freund Rohde empfängt den Ausruf: *Es lebe die freie Schweiz, Richard Wagner und unsre Freundschaft.*

Was ist ein 24-jähriger Professor sich und seinem Bild vor der Welt schuldig? Mitte Februar meint er es zu wissen. Mutter und Schwester, bis eben eher kurz gehalten – die Ankündigung seines Weihnachtsbesuchs lautete: *Donnerstag Mittag erscheine ich, Sonntag Abend verschwinde ich. ... Übrigens geht hinreichend spazieren*[65] –, bekommen nun Arbeit: *Inzwischen könnt Ihr mir einen Gefallen thun, nämlich Euch nach einem Bedienten umsehn, den ich mitnehmen werde. Meine Wünsche resp. Bedingungen sind diese: er darf nicht zu jung sein, muß Neigungen zur Reinlichkeit und Ehrlichkeit haben. Es ist gut, wenn er Soldat war. Ich hasse den Naumburger Volksdialekt. Ein beispielloser Grad von Bornirtheit wäre mir unerwünscht. Er kann dabei ein Handwerk treiben, falls es reinlich und wohlriechend ist.*[66] Ein hochsprachlicher, wohlriechender, bornierter – aber nicht beispiellos bornierter – Handwerker mit militärischer Vergangenheit und einschlägigen *Neigungen.* Neigungen kann man nachgeben oder auch nicht. Es durfte für Mutter und Schwester nicht leicht sein, nach diesem Anforderungsprofil einen Dienstmann aufzutreiben.

Nach Paris! Diesen Ruf vernahm Friedrich Nietzsche bis eben, sobald alle äußeren Stimmen verstummten. Auch Richard Wagner hat ihn früh gehört. Und ist ihm gefolgt. Oder genauer: Der junge Richard Wagner folgte seiner Selbstberufung nach Paris. Es wurde die folgenschwerste Reise seines Lebens. Folgenschwerste Reisen sind immer solche, die der Mensch noch als irgendwer antritt und von denen er als er selbst zurückkehrt.

Zu den wenigen Sorgen, die sich Richard Wagner in Paris nicht machen musste, gehörte die um einen Bediensteten. Sonst hatte er eigentlich alle, weshalb er sich als in Paris verstorbener Musiker R. porträtierte.

Dass er gleich in mehreren Novellen seinen eigenen Nachruf schrieb, war nur Realismus. Wer sonst würde es tun? Andererseits bot diese Doppelexistenz den Vorzug, sich immer wieder als außerordentlichen Günstling des Schicksals erkennen zu dürfen: Denn im Unterschied zu R. war er, wie provisorisch es auch sein mochte, noch immer am Leben.

Das Pariser Renaissance-Theater hatte auf Meyerbeers Vermittlung hin sogar seine Erstlingsoper »Das Liebesverbot« angenommen, doch war die erste Nachricht, die ihn beim Einzug in eine neue Wohnung traf, die Mitteilung, dass das Renaissance-Theater Bankrott gemacht habe und deshalb geschlossen worden sei. Auch Richard und Minna hätten wie das Renaissance-Theater schon des Realismus halber sagen müssen: Wir schließen! Die neue Wohnung war nichts anderes als der selbst bewilligte Vorschuss auf die Erträge des »Liebesverbotes« gewesen.

Im Unterschied zu seinem Novellen-Alter-Ego R. gelang es Richard Wagner aber doch immer wieder, in Paris etwas zu verkaufen. Etwa Anfang Juli 1841 den »Holländer«-Entwurf – nach Heines »Fliegendem Holländer« – an die »Grand Opéra«, wo man umgehend einen anderen Komponisten beauftragte, ihn zu komponieren. 1842 wurde der »Holländer« von Louis Dietsch daselbst aufgeführt und strandete; Wagner hatte inzwischen auch seine Komposition beendet. »In Not und Sorgen« steht unter der abgeschlossenen Orchesterskizze.

Als Kapellmeister auf der Flucht und musikalische Unbestimmtheitsrelation hat Richard Wagner Paris betreten, als er selbst fuhr er fort, schon fast zu seinem Vollbild erstanden. Die wesentlichen Motive seiner Musik und seines Denkens nahm er mit. Doch einen ließ er in Paris zurück: den Schriftsteller Wagner von fast Heine'scher Leichtigkeit und Schwärze.

Nie wieder wird er eine so schwebende, unaffektierte Prosa schreiben wie in jenen Jahren der Not.

*

Friedrich Nietzsche wird den von aller Welt und vielleicht selbst von seinem Autor vergessenen »R.« schon im Sommer dieses Jahres kennenlernen und wissen, was er da in den Händen hält. Die eigene Jahresanfangs-Stilverwirrung unter dem Eindruck eines Amtes wird ein in dieser Form singulärer Ausfall bleiben. Der Mensch ist eben doch schöner, wenn er verehrt oder erwartet als wenn er sich spreizt und bläht. Aber – und so abgründig ist es zu denken – der Brief war an Mutter und Schwester gerichtet, und ihnen, den Kleinbürgerinnen, machen Amt, schlechter Stil und Anspruch durchaus Eindruck.

Überhaupt hat er nach der Basel-Nachricht etwas Sorge um ihren Geisteszustand: *Es wurde mir förmlich etwas Angst bei dem Enthusiasmus Eurer Briefe.*[67] Seinen Freunden gegenüber klingt er anders, so noch vor seiner Abreise in die Schweiz: *Muß selber nun Philister sein! Irgendwo hat dieser Satz immer seine Wahrheit. Man ist nicht ungestraft in Amt und Würden – es handelt sich nur darum ob die Fesseln von Eisen oder von Zwirn sind. Und ich habe noch den Muth, gelegentlich einmal eine Fessel zu zerreissen und anderwärts und auf andre Weise das bedenkliche Leben zu versuchen. ... Philister zu sein, ... – Heerdenmensch – davor behüte mich Zeus und alle Musen!*[68] All die Nietzsche-Worte sind schon da, nicht zuletzt weil es auch Schopenhauer-Worte sind. Er wird diesen Mut haben, doch der Zwiespalt, in dem er fortan existiert, wird ihn beinahe zerreißen.

Ein neuerer, zu einem gewissen seelischen Analphabetismus neigender Interpret[69], der schon darum den Anspruch erhebt, die Nietzsche-Wagner-Welt zum ersten Mal verstanden zu haben, meint den Hauptschuldigen an Nietzsches Leiden zu kennen: Richard Wagner und seine anspruchsvolle Liebe, die nur Knechte um sich erträgt. Es ist wohl wahr, der Bediente, den Nietzsche mitnehmen wollte – er wird es bald selber. Aber auf höchst freiwilliger Basis. Und der spätere Denker des Willens zur Macht, schon früh sehr empfindlich in Fragen des Dienens und Herrschens, hat diese Aufklärung über sich selbst nicht nötig. Der Starke, wird er immer sagen, besitzt einen Sinn für Hierarchien. Und zu dieser Dienerschaft – wenn es denn eine ist – wird er sich immer bekennen. Denn es ist die der Liebe und Verehrung selbst.

ERSTER AUFZUG:
TRIBSCHEN

Aufgabe unserer Zeit:
die Kultur zu unserer Musik zu finden.
<small>Friedrich Nietzsche, Ende 1870</small>

Die »Insel der Seligen«, Wagners Villa in Tribschen.

»Verwundet hat mich, der mich erweckt«

Es ist bald Mitte April, als eine Droschke vorm Naumburger Eckhaus am Weingarten 18 hält. Der Kutscher hatte bereits die Eltern Nietzsche zur Trauung gefahren, jetzt fährt er den Sohn zum Bahnhof. Vielleicht macht er eine anerkennende Bemerkung über den jungen Mann, den einstigen Zögling von Schulpforta. Wie ein Pennäler sieht er nun nicht mehr aus.

Mutter, Schwester und er selbst haben hart an seinem neuen Erscheinungsbild gearbeitet. Würdevoll sollte es werden, alles kam darauf an, ihn rapide altern zu lassen. Jetzt war es mit einer neuen Ballgarderobe nicht mehr getan; Mutter und Schwester wählten Stoffe, Kleiderschnitte und Hüte, wie sie alte Männer tragen, und der schon wieder Einzukleidende war jedes Mal einverstanden. Wahrscheinlich übt er auch schon längst ein neues, sein wahres Alter überspielendes, also vor allem würdevolles Betragen, mit dem er in Basel aufzufallen gedenkt.

Am ersten Tag kommt er bis nach Köln und findet es so abscheulich wie sein Bruder im Geiste Heinrich Heine. Aber Köln ist ohnehin nur Station auf dem Weg nach Bonn, und diese Stadt seiner frühen Studentenzeit muss er noch einmal sehen, jetzt, da er seiner Professur entgegenfährt. Von Bonn aus hatte er seiner Mutter damals mitgeteilt, dass er das Theologiestudium aufgebe und nie und nimmer Pfarrer werde. Es war keine Frage um Erlaubnis und Zustimmung gewesen, nur die Kundgebung einer längst getroffenen Entscheidung. Hier war er zuerst Ritschls Schüler geworden und dem Lehrer dann nach Leipzig gefolgt. Bonn benimmt sich, als könne es sich an ihn erinnern.

Es scheint ihm alles so vertraut. Er besteigt bei mildestem Frühlingswetter ein Dampfschiff, kommt bis Bieberich und schließlich bis nach Heidelberg. Die Reiseroute wirkt ein wenig wie Bummelei, doch er würde noch früh genug Professor werden, und was spricht dagegen, in Heidelberg unter der Schlossruine an seiner Antrittsvorlesung zu arbeiten? Und dann weiter, direkt hinunter nach Basel, das ist der Plan, aber dann wird es laut im Coupé.

Kurz vor Karlsruhe steigen junge Männer zu; noch will kein Mensch zum Fußball, noch wollen alle in die Oper. In die »Meistersinger«! Er selbst hatte sie noch im Januar, in Dresden, zum ersten Mal ganz gehört, obwohl er jede Minute an seine Dissertation wenden wollte. Aber was zählt eine Dissertations-Minute gegen eine »Meistersinger«-Minute? Gar nichts, hatte er sich gesagt, und war losgefahren.

Auch jetzt hat er nicht viel Zeit zu überlegen. Ist er nicht viel berufener als seine Mitreisenden, die »Meistersinger« zu hören? Wäre das nicht ein guter Beginn seines neuen Lebens? Es wäre ein guter Beginn, beschließt er, steigt in Karlsruhe aus und lässt die Gültigkeit seiner Fahrkarte um einen Tag verlängern.

Er nennt die Karlsruher »Meistersinger« eine *vortreffliche Aufführung,* nimmt *Abschied von deutschem Boden,* bezieht in Basel zuerst einen Gasthof, dann eine erschütternd hässliche Wohnung, die jedoch nur ein Provisorium sein soll, und denkt mit Schrecken an die rund 60 Visiten, die ihm als Neuberufenem bevorstehen.

Er erfährt, dass seine Kollegien immer morgens um sieben Uhr beginnen, auch das über griechische Lyrik, dabei ist kein Mensch, kein Gott ein Dichter morgens um sieben Uhr. Er hat sieben

Hörer, darunter ein Theologe – mehr Philologiestudenten gibt es in Basel nicht. Jeden Montag hält er ein Seminar, dazu täglich ein bis zwei Schulstunden am Pädagogium und seufzt: Was gäbe ich drum, wieder Schüler zu sein!

*

Wiesen. Bauernhöfe. Kühe. Dann eine kleine villenbestandene Anhöhe und nun gar nichts mehr, nur ein schmaler Weg. Soll er ihn gehen?

Vier Jungakademiker auf Pfingstexkursion haben den Frühzug von Basel genommen, sie wollen zur Tellsplatte. Aber das Dampfschiff fährt noch nicht. Es gibt nichts Unverfänglicheres als einen Durchreisenden. Es gibt nichts Unverbindlicheres als nachzuschauen, ob auch dieser Weg ein Ende hat. Weg und Wasser, es ist eine Landzunge, und dann, an ihrem Ende: das Haus, verborgen zwischen hohen Bäumen. Weltverlorener kann man nicht wohnen. Vom Bahnhof Luzern braucht er eine halbe Stunde. Und doch, welcher Weltaufgang, als er ans Ufer tritt: vor ihm der große See, gegenüber sanftes Land, dahinter die schroffen und düsteren Felswände des Rigi, rechts der Pilatus, links die Stadt. Und im Hintergrund die Gotthardspitzen, der vereiste Uri-Rotstock und was der Höhen ewiger Menschenleere mehr sind. Dieser Anblick macht groß. Dieser Anblick macht klein.

Durchreisende haben gewöhnlich wenig Zeit und wenig Sinn für die Ewigkeit, aber er bleibt lange stehen vor dem schönen schmalen Haus mit seinen zwei Stockwerken und dem schon jetzt altmodisch hohen Dach, das sein Hauptmieter gerade deshalb liebt. Doch es ist nicht nur dieser Weltfrieden am Vierwaldstätter See, der den Professor an jeder Bewegung hindert, es ist ein Akkord, immer derselbe, ein tiefer schmerzlicher Akkord, der alles einhüllt, See, Haus, Rigi und Pilatus.

Der Hausherr arbeitet. Er komponiert Brünnhildes Erweckung durch Siegfried: »Verwundet hat mich, der mich erweckt«.

Richard Wagner hatte die Arbeit am »Ring« einst an dieser Stelle abgebrochen und gedacht: Wie gut werde ich es haben, gerade hier weitermachen zu dürfen! Denn es ist ein Doppelaffekt,

Sieg und Niederlage, Leben und Tod in eins: So von einem Mann befreit und erobert zugleich, ist Wotans Lieblingstochter nicht mehr, was sie war. Vor allem nicht mehr göttlich, sondern ganz Weib: Beute. – Wer sollte dem Töne finden? Er, Wagner, ist der Komponist der Doppelaffekte.

Wie gut werde ich es haben, hier weitermachen zu dürfen. Er ist sich da längst nicht mehr sicher. Denn das dachte er vor zwölf Jahren. Damals hatte er auch noch geglaubt, alle Probleme des »Ring« seien gelöst. Was noch übrig bliebe, sei die Freude des Gelingens. Jetzt ist er zwölf Jahre weiser.

Freude? Gelingen? Er spürte Zweifel, ja Abneigung gegen das Riesenwerk, aus dem er schon einmal emigriert war. Würde das Vorhandene standhalten? Würde er wieder in die Arbeit hineinfinden? Freunde Wagners werden Cosima bald erklären, dass er ohne ihren Beistand nie wieder zu diesem Werk zurückgekehrt wäre. Er wird es ihr ja selbst immer wieder bekennen: »Nichts, nicht einen Ton hätte ich mehr von mir gegeben, wenn ich dich nicht gefunden hätte. Jetzt habe ich ein Leben.«[70]

Es geht schwer, manchmal leichter. Es wird.

Nein, nicht nur für den Gast vorm Haus hat der Februar Unerhörtes gebracht. Richard Wagner komponiert weiter.

Als Siegfried Brünnhilde erweckt, fühlt der Unverwundbare zum ersten Mal, was er noch nie gefühlt hat: eine große Beklommenheit. Dem Gast vorm Haus geht es nicht anders. »Verwundet hat mich, der mich erweckt.« Auch er ist befreit und erobert zugleich; ja, mehr noch: Enthält dieser Akkord bereits das ganze Schicksal ihrer Begegnung?

Lust und Schmerz, Sieg und Niederlage, Leben und Tod – nicht nacheinander, sondern in eins. Wenn Wagner der Komponist dieses Doppelakkordes ist – Friedrich Nietzsche wird sein Denker werden, denn in dieser Zerreißung ist er sich selbst begegnet.

Er bleibt unbemerkt.

Wagners Pfauen Wotan und Fricka sind taktvoll genug, die gerade erwachende Brünnhilde nicht durch ihre spitzen Schreie zu stören. Oder sie haben Angst vor Russ, dem schwarzen Neufundländer, der Wotan schon einmal hinten ganz nackt gemacht hat. Keine einzige der schönen langen Schwanzfedern ließ er dran; der Pfau schrie um Hilfe, Wagner schrie um Hilfe; Wotan schlug kein Rad mehr, genau wie der andere im Drama des Hausherrn beim jetzigen Stand der dramatisch-musikalischen Dinge. Und auch Fricka hätte beinahe alle ihre Eier verloren, wäre der Hausherr nicht nachts um zwei mit einem großen Stock gekommen, um das Nest gegen alle Feinde zu verteidigen, und man weiß, wie wenig Richard Wagner für die Frickas dieser Erde übrig hat.

Aber jetzt: Kein Wotan-, kein Russ-Laut. Und welches Recht hätte er, Professor Friedrich Nietzsche, diesen Klang zu unterbrechen? Vielleicht ist es diese Scheu, die ihn zögern lässt. Und das Empfinden, wie sicher hier ein Haus einen Menschen umgibt, der es, nicht minder sicher, ganz ausfüllt. Er ist noch immer unbemerkt. Soll er umkehren?

Friedrich Nietzsche kann nicht wissen, dass dieses Haus, dieses Sinnbild der Befriedung eines Daseins, in Wahrheit das Andenken einer großen Demütigung ist, einer Niederlage ohnegleichen. Ja, es ist das Mahnmal einer Vertreibung, der letzten bisher im Leben Richard Wagners, des »Vielverschlagenen«, wie ein mit Pathos begabter Biograph ihn nannte.

Ludwig II. von Bayern,
1867, zwei Jahre nach dem
»Tristan«-Sommer.

Der König befiehlt eine Vollbremsung

Am 1. Juli 1865 befahl der König eine Vollbremsung. Der Sonderzug stand, die Herzen der Sekretäre und Hofleute standen auch, beinahe. Was war geschehen? Der junge König – wurde er nicht von Aufführung zu Aufführung schöner? – verließ mit vollendeter Grandezza seinen Waggon. Er brauche Luft, frische Luft!, sprach er, schritt den Zug ab und stieg vorn wieder ein. In die Lokomotive! Zum Heizer! Frische Luft? Freie Fahrt für freie Könige! Auch Friedrich Nietzsche dachte damals gerade über die Freiheit nach und war zu der Erkenntnis gekommen, dass die Freiheit eine große Täuscherin sei: *Der Mensch muß Zwang haben, um die Freiheit in wenigen dem Augenblick geraubten Zügen schlürfen zu können.*[71]

Und ebendas hatte der König vor. Ludwig war glücklich. Drei Mal schon hatte er den »Tristan« gehört und dabei ähnliche

Symptome gezeigt wie der um fast ein Jahr ältere Leipziger Student. Die Vorfreude klang so: »Heute noch! wie ertrage ich die Wonne? Ewig treu, ewig liebend Ludwig.«[72] Das Ergebnis vom selben Tag klang so: »EINZIGER! – HEILIGER! – Wie wonnevoll! – VOLLKOMMEN. So angegriffen vor Entzücken. – Ertrinken ... Versinken – unbewußt – höchste Lust. – GÖTTLICHES Werk! – Ewig treu – bis über den Tod hinaus! –«[73] Das war die entscheidende Korrektur. Bisher hatte der blutjunge Mann sich meist mit »Bis in den Tod!« verabschiedet, jetzt wusste er, hinter dieser Grenze fing alles erst an, er würde das künftig gebührend berücksichtigen. Aber nein, so kann man das unmöglich sagen, müsste Friedrich Nietzsche urteilen, er besitzt schon jetzt ein genaues Gefühl in diesen Dingen, andererseits: Ludwig verstand diese Musik sofort, im Gegensatz zu seiner Hofkapelle, die anfangs fassungslos in ihre Partituren geschaut hatte. Auch ist die Wendung »so angegriffen vor Entzücken« für einen Monarchen schon beinahe ungebührlich originell. Und so sehr dieser »Tristan« ihn auch strapazieren mochte, Ludwig konnte nicht wünschen, dass dieses Entzücken aufhörte.

Aber es hatte bereits aufgehört, am 19. Juni. Elf leere Tage seitdem, und Ludwig begann vor seelischer Dürre schon, Richard Wagner zu duzen; bisher hatte er sich streng an das »Sie« gehalten: »Ich bitte Sie, erfreuen Sie mich durch Nachrichten von Ihrer Stimmung, Ihrem Leben! – Alles, Alles ja bist Du mir! – Leuchtende Liebe, lachender Tod! – Ach, für Dich zu sterben! – Dein, in Ewigkeit! Ludwig.«[74] Die drei geplanten Vorstellungen waren vorüber, die Gäste abgereist, die Sänger auch, da fiel Ludwig II. im letzten Augenblick ein, dass er der König ist. Und wenn das stimmte, lag es dann nicht bei ihm, eine neue Aufführung zu befehlen? Also würde er den »Tristan« noch einmal hören? Und darum fuhr er jetzt Lokomotive, vorn beim Heizer, unbekümmert um die königliche Garderobe, frei bis in Tod. Er sprach die ganze Fahrt über mit dem Kohlenmann.

Hatte er, mochte sich der König sagen, nicht gar die Verpflichtung gehabt, diese Surplus-Vorstellung zu befehlen nach allem, was vorausgegangen war? Die Generalprobe am 11. Mai 1865 war selbst Wagner zufolge der »Erfüllung des Unmöglichen« gleichgekommen. Aber um ihr zu trauen, um den allerletzten Zweifel zu tilgen, hatte er noch eine »geheime Generalprobe« am 13. Mai folgen lassen. Und da geschah es. Isolde bekam eine Erkältung und Herzschmerzen.

Isolde mit Schnupfen und Kreislaufproblemen? Die Voraussetzung, dass ein Frauenherz auf der Bühne nach allen Regeln Wagner'scher Kunst brechen konnte, war ohne Zweifel, dass es tadellos funktionierte. Also Absage der Premiere im letzten Augenblick. Abreise des Ehepaars Malwine und Ludwig Schnorr von Carolsfeld zur Kur in Bad Reichenhall. Abreise verstimmter Nichtpremierengäste. Wieso waren sie aus dem letzten Winkel Europas angereist, um ein Werk zu sehen, von dem man doch längst wusste, dass es nicht aufführbar war?

Tristan und Isolde auf Kur? Wagner teilte seinem König mit, für diese Welt nicht zu taugen. Der Assistent des Heizers auf der »Tristan«-Lokomotive aber hatte schon damals die Nerven behalten und begonnen, den Mann zu trösten, der sein Vater hätte sein können. Wagner wiederum tröstete Tristan und Isolde, sein »vielgeliebtes Hummelpaar«, begabt »bis zum Erstaunen«, und hoffentlich bald ebenso gesund. Und dann geschah es wirklich. Ludwig schickte seine So-angegriffen-vor-Entzücken-Depesche. Was für ein Jubel des Untergangs, von Vorstellung zu Vorstellung sich steigernd! Für die vierte, zu der Ludwig nun eilte, boten Münchner und Gäste mitunter gar das Zehnfache des Kartenpreises. Die Sänger hatte Wagner schon am Vortag eingewiesen: »Kinder, macht keine Streiche! – Ich sehe Euch morgen früh! Noch einmal – und – wenn's sein soll – nie wieder! Mir recht! – Aber dieses eine Mal – noch gehörig! – Wotan segne Euch! – Aus einem großen Doppelherzen – schönsten Gruß – Euer Richard.«[75] Und dann übertraf diese vierte Vorstellung alle vorherigen, so dass den Komponisten im letzten Aufzug bei Tristans Liebesfluch ein unabweisbares Gefühl des Frevels überkam, diese Leistung war zu groß: Dies sei die letzte Aufführung, und nie wieder dürfe eine gegeben werden!, verfügte er aus dem Eindruck des Augenblicks heraus.

Richard Wagner war glücklich, Ludwig war glücklich, Tristan und Isolde, Malwine und Ludwig Schnorr von Carolsfeld waren glücklich. Sie gehörten, das hatte jeder gesehen, zusammen: der Musiker der Zukunft, die Künstler der Zukunft und der Zukunfts-König. Auch das Publikum war glücklich, das Orchester war glücklich. Nur eine war nicht glücklich: die Regierung. Ja, mehr noch, Pfi und Pfo waren entschieden unglücklich, viel mehr noch: Sie waren im höchsten Maße alarmiert, selbst wenn sie die Liebesbriefe ihres Königs an seinen ersten Musikmacher nicht gelesen haben sollten.

Pfi war der bayerisch-königliche Kabinettssekretär von Pfistermeister, der, so glaubte Wagner, seine Bedeutung und Bedürftigkeit, in finanzieller Hinsicht, bisher nur unzulänglich erkannt hatte. Man könne das durch seine Entlassung sowie die Ernennung eines Intendanten für alle die Kunst betreffenden Belange ändern. Pfo hieß in Wahrheit von der Pfordten, war Erster Minister Seiner Majestät und nach Meinung des Komponisten kein bisschen besser als Pfi. Die beiden, legte Wagner dem König bald höchst anschaulich dar, seien wie Fasold und Fafner, höchst verderbliche Hüter des Horts.

Der König hatte nur noch in den Opernpausen regiert. Und nach dem Ende des letzten »Tristan« warf er seinen Sekretär aus der Equipage, er wolle allein sein. Noch fuhr Ludwig bloß Lokomotive, aber war das nicht ein Zeichen? Wohin würde diese Reise noch gehen? Und würde es an ihrem Ende das Königreich Bayern noch geben? Und wenn ja, wer würde darin herrschen? Richard Wagner, der Aufwiegler, der Revolutionär? Und würde, wenn dieses Nibelungentheater erst stand, nicht alles zu spät sein?

Der Regierungsantritt des Königs hatte beide nachhaltig irritiert. Die ersten größeren Befehle, die er erteilte, waren Zahlungsbefehle gewesen. Zuerst 4000 Gulden, auszuhändigen Herrn Richard Wagner, damit dieser seine schlimmsten Schulden bezahlen und nicht mehr wegen Zahlungsunfähigkeit verhaftet werden konnte. Natürlich handelte es sich hier nur um die Spesen seines früheren Aufenthalts auf Erden, für die gegenwärtigen und künftigen wollte Ludwig sorgen, indem er schon am 1. Mai 1864 seinem Komponisten ein Jahresgehalt von 4000 Gulden aussetzen ließ. Das war das Gehalt eines Ministerialrats. Im Juni waren noch einmal 16 500 Gulden als Geschenk gefolgt. 30 000 Gulden, erfuhren Pfi und Pfo, soll Wagner für den »Ring« erhalten, wovon 16 500 Gulden sofort fällig wurden. Und an das Theater durften sie gar nicht erst denken! Ludwig saß kaum ein paar Monate auf dem Thron, es war noch nicht einmal richtig Sommer, und schon hatte der Hort Bayerns ein großes Loch. Nun war schon wieder Sommer, »Tristan«-Sommer. Allerdings hat Tristan, Ludwig Schnorr von Carolsfeld, ihn nicht überlebt. »Springende Gicht«!, lautete die Diagnose, vom Knie direkt ins Hirn. Eine Embolie, vielleicht auch Typhus. Mag sein, Pfi und Pfo wurde ein wenig leichter ums Herz. Aber Wagner lebte noch. Und dann wurde es Herbst.

Die Kabinettskasse erreichte der königliche Befehl, dem Musiker möglichst diskret 40 000 Gulden auszuzahlen. Ein Befehl ließ sich schwer umgehen. Es blieb nichts, als darauf hinzuwirken, dass der König solche Befehle künftig gar nicht mehr erteilen konnte. Die Befehlsempfänger beschlossen, die königliche Anweisung der Diskretion zu interpretieren. Und so sahen die Münchner bald einen offenen Wagen vor Wagners Haus in der Brienner Straße halten.

In dem Wagen waren lauter Säcke, und in den Säcken waren 40 000 Gulden in kleinstmöglichen Silber-Münzen. Die Nachricht, dass vor Richard Wagners Haus Geld abgeladen wird, verbreitete sich wie ein Lauffeuer in der Stadt. Die Münchner kamen von den Biertischen und Werkstätten, aus den Kinderstuben und Wohnzimmern. Sie kamen und sahen: Da sind ja unsere Steuergelder! Und sahen sie im Wagner'schen Hause verschwinden.

Man hat darauf hingewiesen, dass es sich bei den 40 000 Gulden keineswegs um ein Geschenk, sondern um ein Darlehen gehandelt habe. Doch es spricht für den Realitätssinn von Pfi und Pfo, die Summe gleich unter unwiederbringliche Verluste zu buchen. Verluste wiegen schwer. Sie sind schwer zu tragen. Und das machten die königlichen Geldträger nun, Sack für Sack voller Kleingeld luden sie in der Brienner Straße ab, bis die 40 000 vollzählig waren.

Vielleicht wussten die Augenzeugen gar nicht, was sie da bildeten, als sie so nah beieinander in der Brienner Straße standen: vielleicht noch keine öffentliche Meinung, denn die ist lauter, aber eine Vorform der öffentlichen Meinung schon. Und die würde künftige Nachrichten gleich viel besser einordnen können, etwa darüber, was am Ende der Brienner Straße entstehen soll, nämlich das Festspieltheater. Im Züricher Polytechnikum würde bald Sempers Modell ausgestellt sein und dort Begeisterung erregen;»in seinen charakteristischen Hauptzügen dem nachmaligen Bayreuther Festspielhaus entsprechend, war es doch reicher und prachtvoller in der Anlage«[76], eingefasst von einer doppelten Arkadenreihe wie bei der Bibliothek des Sansovino in Venedig. Überhaupt die Anlage: Eine steinerne Brücke würde über die Isar führen, und weiter »auf glücklich komponiertem Terrassenbau ein doppelter Weg so majestätisch hinan«[77], vergleichbar nur der Spanischen Treppe in Rom. Ludwigs Beamte hätten zur Beförderung der Meinungsbildung eben dort etwas Geld in der Wiese vergraben können, aber es fiel ihnen entweder nicht ein oder sie hatten am Ende doch Bedenken. Denn ein interpretierter Befehl ist etwas anderes als gar kein Befehl.

Nicht mehr lange, und die »Augsburger Allgemeine Zeitung« – damals eine führende Zeitung Europas – würde Artikel drucken mit Überschriften wie »Richard Wagner und die öffentliche Meinung«.

Ein Münchner Wirt nannte den Neumünchner Wagner schon jetzt nur Lolus. Den Namen verstand jeder. Die Tänzerin Lola Montez war einst die Leidenschaft von Ludwig I. gewesen; sie war aber nicht nur Tänzerin, sondern bald auch ein Hauptnebengrund der Abdankung des Königs.

Nein, es war nichts Persönliches in Pfis und Pfos Feindschaft gegenüber dem Leibmusikanten des Königs. Sie war vollkommen objektiv. Und es gab, das wussten sie, nur einen Weg, den Minderer des Horts auf Diät zu setzen: Er musste weg, ganz weg. Aber wie erklärt man das einem nicht einmal zwanzigjährigen König, dessen Freude an jedem neuen Tag in dem Gedanken lag: Er ist da! Einem König, der den Dampfer, der seinen eigenen Namen trug, in »Tristan« umbenannt hatte? Und der jetzt, nach dem »Tristan« und oft ganz »betäubt durch staatsrechtliche Studien und politische Geschäfte« (Glasenapp) nur auf einen wartete. Auf »Lohengrin«, noch in diesem Jahr in seiner Hofoper.

Hohenschwangau. Im November glaubt man morgens um 7.00 Uhr eher an den Weltuntergang als an einen neuen Tag. Aber am 12.11.1865 war das anders. Ein unbändiger Jubel drang an das Ohr des Königs, der sich in majestätischer Rücksichtslosigkeit befohlen hatte, jetzt aufzustehen. Es waren Hörner, sie antworteten einander. Als der König ans Fenster trat, sah er auf den Zinnen des Schlosses, in dem er großgeworden war, die Bläser stehen. Den Gruß hatte er zum ersten Mal gehört, als er mit fünfzehn Jahren Richard Wagners »Lohengrin« gesehen hatte, in München. Den Schwanenritter kannte er schon von den Wänden seines Vaterschlosses, im feierlichen Zug der Ritter ist auch er, das Horn blasend, um dem Kaiser seine Ankunft zu melden. Und nun gilt diese Meldung ihm. Richard Wagner war am Vortag eingetroffen und hatte eine kleine Abteilung des ersten Infanterieregiments nach Hohenschwangau abkommandiert: »In Frühn versammelt uns der Ruf/gar viel verheißet wohl der Tag!« Der König requirierte vor Begeisterung gleich noch zwanzig Mann desselben Regiments. »Guten Morgen, mein innig Geliebter!«, beginnt der Dank des Königs, und er kündigte an, seinen Leibmusikanten um 11.00 Uhr empfangen zu wollen. Auch Friedrich Nietzsche dachte an diesem 12. November 1865 gerade an Richard Wagner und beschloss, ab sofort zehn *Zukunftsmusikmatinéen* zu besuchen. Auch steht er noch eine halbe Stunde eher auf als der König, nur unbegrüßt. Im Wortlaut: *Nächsten Sonntag höre ich die erste Zukunftsmusikmatinée, auf deren Konzertprogramm für sämmtliche 10 Matinéen nur die Namen Wagner, Liszt, Berlioz sich zeigen. Ich habe nichts neues erlebt. Mein Tageslauf ist einfach. Ich stehe ½ 7 auf, arbeite bis 11 Uhr ... Wie vertreibt man Wanzen?*[78]
Wie vertreibt man Richard Wagner?
Während auf Hohenschwangau nun jeden Morgen um 7 Uhr

der Weckruf aus dem zweiten Aufzug des »Lohengrin« erklang und der König seinem Gast jeden Morgen einen schriftlichen Gruß zukommen ließ, der meist mit »Geliebter!« begann, näherte man sich in München beharrlich der Beantwortung dieser Frage, deren Dringlichkeit der »Neue Bayerische Courier« seinen Lesern bald so darlegen würde: »Das geringste Übel, das dieser Fremdling über unser Land bringt, läßt sich in bezug auf seinen unersättlichen Appetit nur mit monatelang die Sonne verfinsternden und alle unsere Fluren verzehrenden Heuschreckenschwärmen vergleichen. Dieses schreckliche Bild einer Landplage aus pharaonischen Zeiten ist aber noch gar nichts gegen das Unheil, welches dieser sich maßlos überschätzende Mensch anstiften muß, wenn er statt Zukunftsmusik auch noch Zukunftspolitik treiben kann.«[79]

Ganz haltlos war dieser Verdacht nicht.

Wozu besitzt man das Herz eines Königs, wenn nicht zum Mitregieren? Und was ist Zukunftsmusik ohne Zukunftspolitik? Der König hatte ihm geholfen, er würde ihm helfen. Dass er zum Regieren viel berufener war als der König, stand ihm außer Frage. Außerdem regierte in Wahrheit eben nicht der König, sondern Pfo. Auch musste das Befinden des Königs im Augenblick als nur bedingt geschäftsfähig gelten, denn er schrieb dem Freund von Schlossgemach zu Schlossgemach: »Wenn ich bei Ihnen bin, versagt mir die Sprache, fehlen mir die Worte, ich bebe vor Wonne. Mir schwindet die Welt ...!«[80]

Es kam darauf an, sein Reich – also das des Königs – richtig in Stellung zu bringen, zwischen Preußen und Österreich und den übrigen deutschen Staaten. Außerdem mussten Pfi und Pfo weg, überhaupt die jetzige Regierung. Unliebsame Unterbrechungen dieser vollkommenen Tage waren nur die Kabinettssekretäre, die den König störten. Manche der Sekretäre wollten den König künftig ein wenig anders regieren lassen, und da sie auf Hohenschwangau ohnehin täglich auf den Musikus trafen, weihten sie ihn als potentiellen Verbündeten ein. Es sei daran gedacht, die bayerische Verfassung von 1818 wiederherzustellen, die noch von einer absoluten Macht des Königs wusste, was von großem Vorteil sei, denn hätte Ludwig erst die absolute Macht, dann hätten sie umso mehr seine Berater. Dem Gast auf Hohenschwangau leuchtete das ein. Nur würde er dann ein Berater unter anderen sein. Und Pfi und Pfo hätten erst recht die Macht.

Wenn er hingegen den König warnte und eindringlich mahnte, sein Kabinett umzubilden, wäre er die beiden los und seine Stellung beim König wäre beinahe unerschütterlich. Die Stunde des Abschieds nahte. Ludwig an Wagner: »Ich sende Ihnen hier eine Taschenuhr mit einem Schwane ...; tragen Sie dieselbe, ich bitte Sie, zuweilen dabei des Freundes gedenkend, der Sie liebt mit aller Kraft der Seele, liebt bis in den Tod. – Wenn Sie den dunkelblauen Deckel der Uhr öffnen, werden Sie ein Bildchen (Lohengrin im Nachen) sehen; der ›Lohengrin‹ war es, der den ersten Keim der Begeisterung in mein Herz legte ... Ich lege Knöpfe mit Schwänen bei mit dem hellstrahlenden Kreuze, dem Zeichen der Erlösung, des ewigen Heils. – ... Ewig Ihr treuer Ludwig«.[81]

Er selbst blieb zurück; sein Flügeladjutant Paul von Taxis sann verzweifelt, wie er den Entschwundenen ersetzen könnte, und ließ sich selbst als Lohengrin verkleidet zur Lohengrinmusik, gespielt vom noch immer abkommandierten Regimentsorchester, nachthell angestrahlt von elektrischem Licht über den See ziehen. Die Oper hatte es in diesem Herbst nicht mehr auf die Bühne geschafft.

In München meldeten die Zeitungen inzwischen nicht nur, dass die Heuschreckenplage im alten Ägypten nichts gewesen sei gegen Richard Wagner in München. Erzbischöfe, Professoren und der bayerische Adel inklusive dessen Verwandtschaft sprachen in höchster Sorge beim König vor. Ehrbare Münchner Bürger hatten fast 4000 Unterschriften zur Rettung des bayerischen Königreiches vor dem berüchtigten Revolutionär Richard Wagner gesammelt. Das Kabinett drohte mit Rücktritt. Pfi und Pfo, Fasold und Fafner, zeigten, wer sie waren. Gegen die beiden Riesen vermochte selbst Wotan wenig.

Von der Pfordten teilte seinem König am 1. Dezember mit, dass der Augenblick der Entscheidung gekommen sei: »Eure Majestät stehen an einem verhängnisvollen Scheidewege und haben zu wählen zwischen der Liebe und Verehrung Ihres treuen Volkes und der ›Freundschaft‹ Richard Wagners.«[82] Am Tag darauf vollendete Wagner, der noch nichts wusste, die Partitur zum zweiten Aufzug des »Siegfried«, beflügelt von den Hohenschwangauer Tagen und der Aussicht auf sein Festspieltheater. Dem König war bis eben nicht minder nachschwebend zumute gewesen: »Im Himmel wähne ich zu sein, gedenke ich jener wonnevollen Tage: der Geliebte hier, bei mir gewohnt, froh und glücklich, – o Seligkeit des Gedenkens! Heldenstärke fühle ich in mir, festen Muth zum kräftigen Handeln!«

Hier täuschte sich der König. Dem Ansturm der Wirklichkeit, der ihn erwartete, war er nicht gewachsen. Einerseits hielt er die Wirklichkeit wie Wagner selbst für etwas tief Verächtliches. Andererseits musste er sich als ihr wie immer auch vorläufiges Mitglied, als ihr königliches Mitglied, in irgendein Verhältnis setzen, und sei es ein tief resigniertes. Als das Kabinett mit Rücktritt drohte, schrieb er an Pfo: »Mein Entschluß steht fest – R. Wagner muß Bayern verlassen.«

Ludwigs eigene Formulierung mag hier missverständlich sein. Es war keineswegs »sein« Entschluss, es war der Entschluss, dem sich zu beugen er sich entschlossen hatte. Der Entschluss, unter dem er selbst am meisten litt, über den Wagner am 6. Dezember noch gelacht hatte, weil er ihn für einen bösen Spaß hielt: »Mein theurer Freund! So leid es mir ist, muß ich Sie doch ersuchen, meinem Wunsche Folge zu leisten, den ich Ihnen gestern durch meinen Sekretär aussprechen ließ. – Glauben Sie mir – ich mußte so handeln. Meine Liebe zu Ihnen währt ewig; auch bitte ich Sie, bewahren Sie mir immer Ihre Freundschaft; mit gutem Gewissen darf ich sagen, ich bin Ihrer würdig. – Getrennt – wer darf uns scheiden? – Ich weiß es, Sie fühlen mit mir, können vollkommen meinen tiefen Schmerz ermessen; ich konnte nicht anders, seien Sie davon überzeugt; zweifeln Sie nie an der Treue Ihres besten Freundes. – Es ist ja nicht für immer. – Ihr treuer Ludwig. (Soviel als möglich soll die Sache geheim gehalten werden, Ihrem Wunsche gemäß.)«[83]

Pfi und Pfo blieben; Wagner aber, nur begleitet von seinem Diener und dem todkranken Hund Pohl, ging am 10. Dezember

1865 früh um sechs Uhr wieder einmal ins Exil. Diesmal immerhin mit 8000 Gulden Jahresrente, die ihm blieb.

Für die Münchner war damit »der Fall Wagner« noch keineswegs abgeschlossen. Der »Münchner Volksbote« fand heraus, dass Wagners Frau Minna in Dresden von der Armenbehörde unterstützt werden müsse, während ihr Mann sich in der Hauptstadt aller Bayern einem Heuschreckendasein gewidmet habe. Davon erfuhr auch Minna, sie war noch in der Lage, eine Ehrenerklärung für ihren Mann im »Weltboten« abzugeben, bevor sie an den Aufregungen und an ihrem kranken Herzen starb.

Der Flüchtling war in den ersten Januarwochen durch Europa gereist, auf der Suche nach einem Ort, an dem er bleiben könne. Seinen Hund hatte er in Genf gelassen. Als er am 29. Januar wiederkam, war Pohl bereits begraben. Seine alte Frau und sein alter Hund waren tot, beide in derselben Woche gestorben. Richard Wagners Vergangenheit – es gab sie nicht mehr, und er selbst war heimatlos und auf der Flucht wie immer. Was konnte er tun?

Er grub den von Fremden verscharrten Pohl aus, legte ihm sein Halsband wieder um, wickelte ihn fest in seine Hundedecke und begrub ihn noch einmal, in einer Wiese mit Blick auf den Genfer See. Seinem Hund setzte er eigenhändig einen Grabstein, seiner Frau nicht. Auf der Marmorplatte stand: »Seinem Pohl R.W.« Kurz darauf, am Karfreitag 1866, fand er an einem anderen Schweizer See das Haus, in dem er bleiben wollte.

*

Bleiben!, beschließt auch Friedrich Nietzsche. Oder er kommt gar nicht mehr dazu, weil Diener Jakob den Gratis-Hörer nun doch bemerkt. Der Diener bedauert. Der Hausherr arbeite, bis zwei Uhr, er könne jetzt keinesfalls gestört werden. Dann esse er. Und dann ruhe er. Und danach geht er mit seinen Hunden spazieren, einem Neufundländer und einem Pinscher, mit Russ und Kos. Aber das erklärt Jakob dem Fremden wohl nicht mehr. Der Durchreisende entschließt sich, seine Karte abzugeben.

Richard Wagner hat seine Erfahrungen mit Gästen, die unangemeldet und uneingeladen vor seiner Tür stehen. Einer ließ sich gar als Walther von Stolzing melden. Es war der kleine König, der die Trennung nicht ausgehalten und sich ganz früh am Morgen aus seinem Schloss geschlichen hatte, nur begleitet von seinem Flügeladjutanten Paul von Taxis, der schon als Lohengrin über den See von Hohenschwangau gefahren war. Einen ganzen Tag lang war Majestät unterwegs gewesen. Eine höchst unvorsichtige Unternehmung, denn von Heuschrecken wird man überfallen, man geht sie nicht noch besuchen, wenn man sie endlich los ist. Bei Gelegenheit der mehrtägigen skandalösen königlichen Abwesenheit vor nunmehr drei Jahren machte die Münchner Presse erstmals den Fall Bülow-Frau-von-Bülow-Wagner öffentlich, der noch immer nicht ausgestanden ist.

Der Durchreisende, auf dessen Karte das Wort Professor gewiss ebenso groß gedruckt ist wie sein Name, hatte sich schon zum Rückweg gewandt, als Jakob noch einmal vor die Tür tritt. Ob er jener November-Nietzsche aus Leipzig sei? Wenn ja, solle er zum Mittagessen wiederkommen. Da sei er schon fast bei Wilhelm Tell, lässt der Professor ausrichten. Also am Montag.

Vielleicht ist dies der richtige Augenblick, um die Passage aus Friedrich Nietzsches Autobiographie wiederzugeben, in der er seine Abrechnung mit Wagner längst hinter sich hat und auch jetzt nicht mit Worten des Abstands, der Kühle spart – soweit es um Geist und Wirkung Wagners und um Geist und beabsichtigte Wirkung des Autors geht, denn eine irgendwie reale Wirkung besitzt er noch nicht, gedenkt sie jedoch auch mittels dieser Selbsterklärungsschrift »Ecce homo«, die schon als »Selbstkreuzigungsschrift« identifiziert wurde, zu erwerben. Doch kein Autobiograph handelt lediglich vom Geist, er spricht immer auch vom Unordentlichsten, sich dem eigenen Willen und Denken Widersetzenden – dem Leben selbst. Und Friedrich Nietzsche, der die Redlichkeit eines Menschen, gar eines Denkers immer für den höchsten Maßstab halten wird, gesteht ohne jeden Vorbehalt: *Hier, wo ich von den Erholungen meines Lebens rede, habe ich ein Wort nöthig, um meine Dankbarkeit für das auszudrücken, was mich in ihm bei weitem am Tiefsten und*

Herzlichsten erholt hat. Dies ist ohne allen Zweifel der intimere Verkehr mit Richard Wagner gewesen. Ich lasse den Rest meiner menschlichen Beziehungen billig; ich möchte um keinen Preis die Tage von Tribschen aus meinem Leben weggeben, Tage des Vertrauens, der Heiterkeit, der sublimen Zufälle – der t i e f e n Augenblicke ... [84].

Und diese Tage beginnen jetzt.

Bonaventura Genellis »Dionysos, erzogen von den Musen
des Apoll«, das Schicksals-Aquarell, das Richard Wagner
schon als Kind sah.

Das Bild

Am Pfingstmontag nimmt Friedrich Nietzsche das Morgenschiff
nach Tribschen und findet sich bald in Gesellschaft einer im
höchsten Grade schwangeren Frau, der Baronin von Bülow, deren Zustand mit dem Mann, dessen Namen sie trägt, wie er annehmen darf, nicht das Geringste zu tun hat, dafür aber umso
mehr mit dem Gastgeber.

Außerdem sind noch vier kleine Mädchen im Haus – und
wahrscheinlich ahnt der Besuch, dass es sich hier nicht nur um
Bülow-Kinder, sondern auch um Wagner-Kinder handeln muss.
Hans von Bülow hatte im April endgültig aufgegeben und seiner
Frau auch die Töchter Daniela und Blandine geschickt.

Möglicherweise irritiert den Gast noch mehr als die Zusammensetzung dieser Familie das Bild, unter dem sie schließlich,
aus dem Speisezimmer kommend, im Salon Platz nehmen. Es ist
ein Aquarell des klassizistischen Malers Bonaventura Genelli,
auf dem sich Dionysos, der griechische Gott der Ausschweifung,

inmitten der Musen Apolls wiederfindet. Nie ist es den Verehrern der Griechen bisher eingefallen, die Namen beider Götter zugleich zu nennen, sie gar auf demselben Bild zu zeigen. Das gab schon Richard Wagner zu denken. Findet der leicht benommene Professor der Klassischen Philologie hier nicht den Inhalt seiner ersten großen Schrift in nuce abgebildet? Er braucht sie also nur noch zu schreiben, was jedoch fast drei Jahre in Anspruch nehmen wird. Das Bild gehört zu Richard Wagners Kindheit, er hatte es schon als Junge mit Faszination betrachtet; das Weltursprungsbild – denn so empfand er es – gehörte dem Verlagsbuchhändler Friedrich Brockhaus, jenem zweiten Brockhaus, der seine Schwester Luise geheiratet hatte, für deren Ehre Richard Wagner beinahe unter krummen Säbeln verblutet wäre. Cosima ließ »Dionysos unter den Musen des Apoll« aus dem Nachlass von Friedrich Brockhaus holen.

Heiterkeit, Vertrauen und alles, was Nietzsche an den Tagen, den Jahren von Tribschen so unverlierbar bleiben wird, befinden sich indes erst in Vorbereitung. Der Hausherr ist leicht verdrießlich gestimmt, auch beginnt es am Nachmittag leicht zu regnen. Das Paar bringt den Gast gegen vier schon wieder zum Dampfer. Doch die Hausherrin notiert in das gemeinsame Journal, das sie mit ihrem endgültigen Einzug in Tribschen zu führen begann: »Ein ruhiger, angenehmer Besuch.«

Das ist ein enormes Lob, denn nicht nur, dass die Schwangere die meisten Menschen unangenehm findet, sie kann sich auch aus geringerem Anlass so benehmen, dass kein Gast Lust hat, seinen Besuch zu wiederholen. Und Nietzsche kann unmöglich ahnen, in welche Zweisamkeit er hier eindringt – gemacht aus unbedingtem Beistand, Liebe, Not, Schlaflosigkeiten, Schuldgefühl, Angst vor der Welt und Abschluss vor ihr. Eben noch hatte Cosima es wiederholt: »Ich erkenne es wohl, daß wir einzig füreinander und miteinander leben können, jede Berührung mit der Außenwelt, und sei es durch das freundlichste Medium, ist uns verderblich.«[85] Und eben das ist er, Friedrich Nietzsche: Außenwelt, Abteilung freundlichstes Medium.

Der Tagebucheintrag ist vom 5. April; genau einen Monat zuvor, am 5. März notierte sie:»Der Schnee fällt sanft und voll; die Einsamkeit wird glänzend durch ihn; wie ruhig ist es doch hier – wann haben wohl zwei Wesen so abgeschieden von der Welt ineinander und füreinander gelebt?«[86] Ein Tag im Februar:»Da es Faschingsdienstag ist, geht R. zur Stadt, um mir Pfannkuchen zu holen, doch es sind keine mehr da. Kleiner Kummer und große Freude, tiefes Liebes-Versenken. Ich immer in Tränen aufgelöst; und weiß dabei nicht, ob vor Glück oder vor Schmerz. Abends stelle ich R. die Frage, ob unsere Liebe ihm selbst nie als Unrecht erschienen sei; er versteht mich nicht ganz und glaubt, ich habe gemeint, was die Welt als Unrecht daran erkennt: den Freundes-Verrat; dann sagt er: ›Er wisse nur eines, daß, seitdem die Welt bestünde, kein Mann in seinem Alter ein Weib so geliebt habe, wie er mich.‹«[87] Die Fassungslosigkeit der jungen Frau schon bei kürzester Abwesenheit des Mannes, der nicht ihr Mann ist, ist nicht neu. 11. Januar:»Nur wenn er fort ist überfallen mich Angst und Sorge, man wird uns keine Ruhe gönnen, ich sehe uns im Elend und bösem Hohn preisgegeben. Sobald er aber wieder da ist, schwinden die üblen Gedanken. Es ist mir ein förmlicher Schmerz, nur einen Augenblick von ihm mich zu trennen.«[88] Allerdings geht es nicht nur ihr so. Am gleichen Tag gerät Richard Wagner in größten Schrecken,»weil er mich nicht hat heimkehren gehört – und zitiert Calderon: Das schrecklichste sei die glückliche Liebe, weil dann alles zu befürchten.«[89] Es ist also ein durchaus neurotisch gefährdetes Paar, in dessen Zweisamkeit der Professor da versuchsweise eindringt.

Schlafen können sie in den Nächten beide schwer, manchmal gar nicht; die junge schwangere Frau notiert eine»schlimme« und»schlimmste«Nacht nach der anderen. Und im Hintergrund ist eine dunkle Drohung allgegenwärtig. Cosima am 10. Februar:»Nicht hochmütig bin ich und immer staunend darüber, daß R. meiner bedarf, allein ich glaube es aus vollster Seele, was er mir heute bei Tisch noch einmal sagte: Daß, wenn ich ging, sein Leben und Weben, Dichten und Trachten ein Ende hätten.«[90] Sie hatte ihn gebeten, für zwei Monate nach München zurückgehen zu dürfen – sie wollte, sie musste ihre beiden älteren Kinder wiedersehen, von denen sie meist ohne Nachricht ist. Die

Antwort ist eindeutig. Das Nichtnachgeben, jetzt nicht mehr, gehört für Wagner zum Durchhalten. Irgendwann, hofft er, muss Bülow, der Freund, der fremde Freund, aufgeben.

Aber sie konnte keinen Tag und keine Nacht vergessen, dass sie eine ist, die ihre Kinder verlassen hat: »16. Januar. Heute vor zwei Monaten nahm ich Abschied von euch, Kinder – mein Herz ist schwer, denke ich daran, und ich bin ohne Nachrichten.«[91] Cosima von Bülow erschrickt noch immer vor ihrem eigenen Bild: Sie ist eine Frau, die ihren Mann und ihre Töchter verraten hat. Aber was hat diese Frau mit der zu tun, die sie kennt? Darum hat sie dieses Tagebuch begonnen, um sich Rechenschaft und Zeugnis zu geben, sich selbst, aber vor allem ihren Kindern. Für sie ist dieses Buch, »denn ich liebe euch alle, alle gleich ... und alles hätte ich euch aufgeopfert – nur das Leben dieses Einen nicht. – Die Trennung wird vorübergehend sein, und ihr seid noch so klein, daß ihr sie nicht so empfindet wie die Mutter. Das ist meine Hoffnung.«[92]

Und sie ist es noch jetzt, fast ein halbes Jahr später. Nichts ist besänftigt, nichts ist entschieden. Auch die meisten Seeuferbewohner glauben, dass auf dieser Landzungenspitze das Laster selber wohnt.

Der Professor aber scheint der liebenden Frau mit dem tiefen Schuldgefühl so vertrauenswürdig, dass sie ihn spontan zum Geburtstag ihres Mannes, nein, zu dem des Vaters eines Teils ihrer Kinder einlädt: »... ich weiss daß ich ihm eine wirkliche Freude bereite wenn ich Sie einlade an dem einfachen Tisch ein Uhr Platz zu nehmen, und den übrigen Theil des Tages auf Tribschen zuzubringen, wo Sie auch übernachten können, wenn Sie mit einem einfachen Stü(b)chen fürlieb nehmen wollen.«[93] Doch der Pfarrerssohn aus der Provinz, der Philister, der Inhaber eines Amtes in ihm erschrickt mindestens ebenso tief, wie er sich ausgezeichnet fühlt.

Ist ein Geburtstagsbesuch nicht ein gewissermaßen offizieller Besuch? In einem derart liederlichen Haus, wo nichts zusammengehört, was zusammengehört? Als er seine Schwester das erste Mal nach Tribschen mitbringt, wird er große Mühe haben, ihr die Verhältnisse dort zu erklären. Also sagt er ab; nur Rohde erfährt den wahren Grund: ... *leider mußte ich ›nein‹ sagen, als Docent, nach dem Standpunkte der Tugend.*[94] Natürlich ist der Standpunkt der Tugend nicht sein Standpunkt, wie der unmittelbare Fortgang verrät: *W. ist wirklich alles, was wir von ihm gehofft haben: ein verschwenderisch reicher und großer Geist, ein energischer Charakter und ein bezaubernd liebenswürdiger Mensch, von dem stärksten Wissenstriebe usw. Ich muß ein Ende machen: sonst singe ich einen Päan.*[95] Den singt er auch, und zwar dem Geburtstagskind selbst, bei dem er sein Fernbleiben mit der *leidigen Kette* des Berufs begründet, die ihn in seiner *Basler Hundehütte zurückhalte.*

Es ist ein Rühmungs- und Preisungs- und Dankbarkeitsbrief, auch eine Ergebenheitsadresse, ja beinahe ein Unterwürfigkeitsschreiben, und für Letzteres gibt es nur eine Entschuldigung. Es ist absolut aufrichtig.

In der Anrede war er schon einmal weiter – von wegen *Richard* –, jetzt heißt es:

Sehr verehrter Herr,

wie lange habe ich schon die Absicht gehabt, einmal ohne alle Scheu auszusprechen, welchen Grad von Dankbarkeit ... usw. usw. Es ist eine Beichte. Aber es regt sich doch ein eigener Stolz darin: *Nun habe ich es gewagt, mich unter die Zahl dieser pauci zu rechnen, nachdem ich wahrnahm, wie unfähig fast alle Welt, mit der man verkehrt, sich zeigt, wenn es gilt, Ihre Persönlichkeit als Ganzheit zu fassen, den einheitlichen, tiefethischen Strom zu fühlen, der durch Leben Schrift und Musik geht, kurz, die Atmosphäre einer ernsteren und seelenvolleren Weltanschauung zu spüren.*[96] Und gerade eben, der Gratulant weiß das nur zu genau, ist *alle Welt* schon wieder dabei zu versagen, was das Tribschener Paar ganz deutlich an der allgemeinen Aufnahme der vom Jubilar soeben neu herausgegebenen Schrift »Das Judentum in der Musik« ablesen kann. O mein Gott!, seufzten selbst die Freunde, musste das wirklich sein?

Aber Bedenken solcher Form ist der Autor nicht zugänglich. Er ist das Genie, die Avantgarde. Und die Avantgarde wird dadurch definiert, dass sie bestimmt, was an der Zeit ist.

Es ist viel über den Antisemitismus Richard Wagners gesagt worden, wir wollen es hier nicht wiederholen, nur vielleicht etwas anders fixieren. In »Die Juden sind schuld« fasst sich für Wagner alles zusammen, was ihm an der Epoche, in der er lebt, missfällt: die Kommerzialisierung fast aller Bereiche des Lebens, auch der der Kunst. Die Welt wird Betrieb, die Kunst zur Arabeske des Wohlstands – auf der anderen Seite steht die Gebundenheit, die Ohnmacht des Einzelnen, denn jetzt ist Freiheit vor allem eins: eine Geldfrage.

Er weiß, dass das Leben seiner Kindheit anders schmeckte. Und warum hat diese versunkene Zeit die größeren Dichter – Goethe und die Romantiker – und die größeren Musiker gehabt?

Von Beethoven zu Meyerbeer: War das nicht Verfall? Was Richard Wagner wie vielen anderen auffällt, ist, dass alles in dem Augenblick begann, als die Juden dank Napoleon überall in Europa die Ghettos verließen.

Vielleicht hätte er einmal mit Karl Marx darüber reden sollen, dessen »Kapital«, 1. Band, zwei Jahre zuvor erschienen war. Der Jude Karl Marx hätte ihm erklären können, dass die Freilassung der Juden nicht bewirkte, dass die Welt vor aller Augen zu einem einzigen großen Verdauungsapparat der neuen eigentlichen Weltmacht Kapital geworden ist, sondern umgekehrt: Diese immer machtvollere Entwicklung, die die Lebenswelt so verändert wie nichts zuvor, die – negativ gesehen – alle bisherigen menschlichen Bindungen auflöst, die – positiv gesehen – die Menschen befreit, alle Ständeschranken niederreißt, hat auch die Juden aus den Ghettos gespült. Da der traditionell ihnen einzig zugestandene Erwerbszweig der Geldverleih ist, musste der Anschein sie zu den Verursachern machen, zu den eigentlichen Agenten der Entwicklung.

Ein Richard Wagner wäre selbstredend klug genug gewesen, das einzusehen, ja, im Grunde sind sie sich sehr nahe, zwei Hegelianer, die wissen: Es gibt keine Emanzipation des Besonderen ohne die des Allgemeinen. Und die Emanzipation der Juden macht da keine Ausnahme. Ja, er könnte das einsehen, allein er will nicht. Er mag es, Gegner zu haben. Er ist auch gern ungerecht, so lange er sich dazu berechtigt fühlt. Wie Luther etwa, als dessen natürlicher Nachfahr er sich begreift, was Tiefe, Genie und Gemüt und nicht zuletzt die erstaunliche Verbindung von größter Zartheit und einer gewissen Grobheit betrifft. Der Gratulant weiß das nur zu genau, weshalb er bald extra vermerken wird, wenn er dem Meister ausgerechnet *am Luthertage*[97] schreibt.

Der bloße, verräterisch allgemeine Begriff Gerechtigkeit – das sieht Wagner genau wie Nietzsche, der diese Perspektive befestigen und aus dem, was bei Wagner bloße Äußerung seines überbordenden Wesens ist, gewissermaßen ein System machen wird – ist etwas für kleine Geister, für die *Heerdenmenschen*. Das große Individuum hat seine eigene Gerechtigkeit. Aber sollte die, in Wagners Fall, ihr Maß nicht im Größten haben? Mag sein, Richard Wagner kompensiert lebenslang die Selbsterniedrigung, die er sich mit seinen unausgesetzten Bittbriefen an Meyerbeer in Paris selbst zufügte. Meyerbeer hatte sich alle Mühe mit ihm gegeben, aber vielleicht machte es das im Ergebnis für den erfolglosen Gönner nur schlimmer.

Doch es ist mehr. Er weiß sich legitimiert. Das Schicksal hat ihn versehentlich zum Ahasver gemacht. Es mag ein Schicksalsfehler sein, allein er kann es sich nicht verbergen: Er, Richard Wagner, ist der ewige Jude.

Man sollte meinen, das unverheiratete, kinderreiche Paar mit der vollständig ungesicherten Einkommenslage – kein Wort vom getäuschten »kleinen König«, und ohne ihn war Tribschen nicht zu halten – hätte am frühesten Beginn des Jahres 1869 andere Sorgen haben müssen, als sich neue Feinde zu machen, sogar unter den wenigen verbliebenen Freunden. Allein Wagner besitzt einen wachen Sinn für das Kommende, er will es aufhalten. Am 3. Juli dieses Jahres 1869 noch wird die Verfassung des »Norddeutschen Bundes« verabschiedet, die die absolute Gleichberechtigung der Juden vorsieht. Zwei Jahre später wird sie mit der Gründung des Deutschen Reichs zur Reichsverfassung. Erst dann, 1871, werden die letzten Ghettos geschlossen.

Muss man betonen, dass der Antijudaismus Wagners mit dem späteren Ausrottungsantisemitismus noch nichts zu tun hatte? Der Begriff Antisemitismus wird erst zehn Jahre später zum

Schlagwort, als Wilhelm Marr das Pamphlet »Der Sieg des Judentums über das Germanentum« herausgibt. Wagners Begriff des Juden ist nicht rassisch geprägt, und er verheißt den Juden, die bereit sind, den Juden in sich zu überwinden – was auch immer das heißen mag –, etwas sehr Wagner'sches: Erlösung. Zu erlangen gemeinsam mit ihm und allen, die auf dem rechten Wege sind, im »Kunstwerk der Zukunft«. Was für eine Hegel'sche erpresserische Synthese!

Kurz, Gratulant Nietzsche erweist auch der Wagner'schen Judenfeindschaft seine Reverenz, in dem er aufzählt, wofür der Jubilar ganz allein in seiner noch unbegriffenen singulären Größe streitet – für ebenjene *ernstere und seelenvollere Weltanschauung, wie sie uns armen Deutschen durch alle möglichen Miseren, durch philosophischen Unfug und vordringendes Judenthum über Nacht abhandengekommen war. Ihnen und Schopenhauer danke ich es, wenn ich bis jetzt festgehalten habe an dem germanischen Lebensernst.*[98]

Nichts wird sich so stark wandeln wie sein Begriff vom *germanischen Lebensernst* bis hin zu der bündigen Feststellung, ein guter Deutscher zu sein, heiße sich zu *entdeutschen.* Aber auch im Augenblick braucht man sich beim *germanischen Lebensernst* des Professors nichts Böses zu denken – die Juden sind dem jungen Mann im Grunde herzlich gleichgültig, obgleich er in Leipzig schon registriert hatte, wenn die Messe zu Ende ging, denn *damit sind wir von dem Fettgeruch und den vielen Juden glücklich erlöst*[99]. Allerdings war diese Nachricht vom Oktober des vergangenen Jahres an Mutter und Schwester, denen er schließlich etwas mitteilen musste und das so, dass sie seinen Brief lesen konnten, wie Philister eben lesen – kopfnickend die Grenzen der eigenen Welt bestätigt findend. An seine Freunde, denen er wirklich etwas zu sagen hatte, hätte er kaum solche Mitteilungen verschickt.

Ja, im Grunde ist *der germanische Lebensernst,* bei dem es ihn dank Schopenhauer und Wagner bis jetzt gehalten hat, etwas sehr Schönes, nämlich die *vertiefte Betrachtung dieses so räthselvollen und bedenklichen Daseins.*

Aber die kann man doch gemeinsam fortsetzen, überlegt Wagner, und am besten bald: »Kommen Sie doch – nur mit einer Zeile vorangehender Meldung – Zum Beispiel Sonnabend Nachmittag, bleiben Sie Sonntag, und kehren Sie Montag früh zurück: das vermag doch etwa jeder Handwerker, um so viel mehr doch ein Professor.«[100] Und um Himmels willen nicht zu germanischlebensernst, eher germanisch frei. Ja, der »schöne und bedeutende Brief« des Gratulanten hat ihm gut getan. »Nun lassen Sie sehen, wie Sie sind. ... Retten Sie meinen nicht ganz unschwankenden Glauben an das, was ich mit Göthe und einigen Andren – deutsche Freiheit nenne. –«[101]

Wagner meinte einen Beispielsonnabend und einen Beispielsonntag, aber der Professor, der soeben in der vollbesetzten Aula der Basler Universität seine Antrittsvorlesung *über die Persönlichkeit Homers* gehalten und, wie er meint, Eindruck gemacht hat, versteht übermorgen. Also kündigt er an, schon am 5. Juni die deutsche Freiheit auf Tribschen erproben zu wollen.

Cosimas Kinder, um 1873
(v. l. n. r.): Isolde, Eva,
Siegfried, Blandine und
Daniela.

Siegfried!

Übermorgen? Der Hausherr zögert, er will absagen.

Er hat eine hochschwangere Frau, jeden Tag kann das Kind kommen, und niemand, nicht einmal Richard Wagner, vermag sich unter so fortgeschrittenen anderen Umständen auf Gäste zu konzentrieren. Doch Cosima wehrt ab; der Professor muss ihr wirklich sehr gut gefallen haben. Der Besuch werde sie zerstreuen, er solle nur kommen. Das ist die vorerst letzte Eintragung ihrer Hand im Tribschener Haustagebuch, dessen Schriftführerin sie ist. Danach schreibt Wagner selbst weiter. 5. Juni: »Heil dem Tage.« Das ist aus »Siegfried«. Anlass zu solcher Notiz kann unmöglich der Professor sein.

Die werdende Mutter unterhält sich durchaus gut in der Gesellschaft ihres Mannes und des Gastes, sie genießt die Ablenkung des Besuchs, bis sie sich zunehmend von der Ablenkung abgelenkt sieht. In ihr gerät zu viel in Bewegung, gegen elf Uhr geht sie zur Ruhe, während der Gast ihrem Mann Briefe seines Mitwagnerianers Rohde vorträgt.

Ruhe? Kurz nach Mitternacht verlässt sie ihr Schlafzimmer im ersten Stock, vielleicht will sie den Hausgast in seiner ersten Tribschener Nacht nicht zu sehr erschrecken. Sie trägt Kissen und Bettdecke in die untere Kammer, zu Wagner. Wenn es nach ihm gegangen wäre, hätte sie das längst tun müssen. Der große Schlafzimmerstreit des Tribschener Paares liegt gerade zwei Tage zurück: Wagner war der Ansicht gewesen, dass Cosima auch in der Nacht zu ihm gehöre, also bei ihm im Erdgeschoss schlafen müsse, aber sie lehnte das ab. Unmöglich, vor den Augen ihrer Kinder, der Bülow-Mädchen, bei einem Mann zu schlafen, der nicht ihr Vater war! Das wäre Sünde. O mein Gott!, dachte Wagner, formulierte das nur etwas drastischer. Es war nicht ihre einzige Uneinigkeit der letzten Wochen. »Fern von hier« und »geheim« wollte sie ihr Wochenbett halten. Immer wieder hat sie darum gebeten. Aber ihn machte dieser Wunsch traurig, er kränkte ihn. Er war dagegen. Und nun?

Nun muss sie, wenn schon nicht vor den Augen, so doch vor den Ohren eines ganz und gar Fremden ihr Kind bekommen.

Sie weckt Wagner, der gerade zu Bett gegangen ist, wieder auf, um ihm mitzuteilen, dass er ganz ruhig bleiben soll: Die Wehen hätten begonnen. Er lässt die Hebamme holen und bleibt an Cosimas Bett. Die Hebamme kommt gegen drei Uhr in der Nacht und muss vorerst im Nebenzimmer warten. Es ist nicht bekannt, ob der Hausgast im ersten Stock bei dem nächtlichen Aufruhr im Haus gefragt hat, ob er irgendwie behilflich sein könne. Pferdenaturen hätten wahrscheinlich die Ankunft Siegfrieds verschlafen, aber die besitzt er nicht, und gut schlafen konnte er noch nie. Und dann noch im Hause des Genius selbst, unter seinem Dach! Hätte er nicht jeden ausgelacht, der ihm das noch vor Jahresfrist angekündigt hätte? Wahrscheinlich beschließt Friedrich Nietzsche hellwach, sich auf den Standpunkt der Tugend zu stellen, nein, zu legen und nichts zu sehen und nichts zu hören.

Das Kind erschrickt nun wohl auch über seinen Weltankunfts-
vorwitz und verschiebt seine Ankunft auf Erden. Sein Vater weiß
viel von der bergenden Nacht des Mutterschoßes, der eigentlichen Heimat des Menschen, und darüber, wie leichtsinnig es
ist, ihn zu verlassen. Das einmal entbundene Leben wird nicht
zuletzt ein Sich-Zurücksehnen sein. Und weil er alldem Noten
fand, ahnen es nun viele. Der werdende Vater, der seine Frau in
Obhut der Amme weiß, geht versuchsweise wieder schlafen, nur
um kurz darauf wieder in die Kammer zu stürzen, in der die Ge-
bärende und die Amme längst in den urtümlichsten Rhythmus
überhaupt verstrickt sind. Cosima erschrickt bei seinem Eintritt,
vielleicht lässt es auch das Schamgefühl der Baronin nicht zu,
sich in einer derart kreatürlich-ursprünglichen Lage vor einem
Mann zu zeigen. Doch auf solche Empfindlichkeiten kann er
jetzt nicht Rücksicht nehmen, allerdings scheinen Entsetzen und
Schmerz nunmehr ihm zu gelten; sie wendet sich ab, das tut ihm
weh, er stürzt wieder hinaus in den angrenzenden offenen Salon.
Der Professor verharrt, hellwach, wie wir annehmen dürfen,
noch immer auf dem Standpunkt der Tugend. Oder er ist schon
jetzt erfahren im Herbeiführen des künstlichen Schlafs und hat
für alle Fälle Chloral genommen.

Als die Amme kurz das Zimmer verlässt, ist Richard Wagner
wieder am Bett der Niederkommenden, Cosima fasst seinen Arm
wie eine Ertrinkende, doch die zurückkehrende Amme weist ihn
wieder hinaus. Im Zimmer nebenan vernimmt Richard Wagner
dann ein Finale, dessen Steigerungen nur Dissonanzen kennen,
die er schwer erträgt.

Gegen vier Uhr ist es vollbracht. Siegfried ist da! »Heil sei dem
Tage!« Dem nunmehr dreifachen Vater kommen die Tränen. Er
notiert die Beleuchtungsverhältnisse auf dem großen Felsen gegenüber: Die erste Sonne liegt auf dem Rigi. Die frühen Sonn-
tagsglocken läuten.

Die nunmehr fünffache Mutter findet zwar nicht die Kraft, das
Tagebuch zu führen, aber einen Brief schreibt sie doch, und zwar
an ihren Hausgast. Der will nun doch nicht – wie in Wagners
Brief über die Lebensgewohnheiten der Handwerker vorgesehen – am Montag, sondern lieber gleich abreisen: »Nun seien Sie

aber nur nicht auf Tribschen böse wegen der Neophyten-Confusion! Herzliche Grüsse CB«[102].

Neophyten-Confusion. Welch exklusive Anleihe im unverfänglicheren Reich der Botanik, um das Vorgefallene wortfähig zu machen. Eine gute Gastgeberin wählt den Zeitpunkt ihrer Niederkunft sorgfältiger.

Cosimas Ehemann wird nicht davon unterrichtet, dass seine Frau ein Kind geboren hat. Das ist auch nicht nötig, denn er wird es gleich in der Zeitung lesen und sich einmal mehr fragen, was er sich ohnehin täglich fragt: Sollte ich mich erschießen? Er könnte auch Wagner erschießen, aber man erschießt keine Genies.

Friedrich Nietzsche schreibt den Bericht dieses Wochenendes für seine Mutter: Mit Wagner *und der genialen Frau von Bülow (Tochter Liszts) zusammen habe ich nun schon mehrere glückliche Tage verlebt, z. B. die letzten wieder, Sonnabend und Sonntags. Wagner's Villa am Vierwaldstätter See gelegen, am Fuße des Pilatus, in einer bezaubernden See- und Gebirgseinsamkeit, ist wie Du Dir denken kannst, vortrefflich eingerichtet: wir leben dort zusammen in der angeregtesten Unterhaltung, im liebenswürdigsten Familienkreise und ganz entrückt von der gewöhnlichen gesellschaftlichen Trivialität.*[103]

So kann man das auch formulieren.

Die Baronin von Bülow – *genial*. Bei ihrer ersten Erwähnung überhaupt, in einem Brief an Rohde, nannte er sie *gescheut*. Das ist bemerkenswert.

Nicht mehr lange, und Friedrich Nietzsche wird sich erste Rechenschaft darüber geben, wie die Schwangerschaft und der gesellschaftliche Status der Frau zusammenhängen: *Das Weib hat zu gebären und ist damit zum besten Behufe des Menschen da, als Pflanze zu leben.* Solche Äußerungen gehen natürlich nicht zuletzt auf die Rechnung der alten Griechen, mit denen der Professor schon berufsbedingt täglichen Umgang hat. Man könnte sie die größten Frauenverächter vor dem Herrn nennen, wenn dieser Bezug kein Anachronismus wäre – und in gewissem Sinne haben die Frauen dem Herrn durchaus ihre Emanzipation von der Pflanze zu verdanken: nämlich die als rippenursprüngliches Zweitgeschöpf Gottes.

Der Professor schätzt Frauen auch deshalb nicht unbedingt, weil er in ihnen, gewissermaßen noch vor dem ersten Blick, Mutter und Schwester wiedererkennt, also die Agentinnen der Alltäglichkeit und des Philistertums. Umso erstaunlicher sind die Prädikate, die Friedrich Nietzsche für die Baronin findet. Wer hätte jemals von einer *gescheuten* Pflanze, gar einer genialen Pflanze gehört?

Nun könnte man, die Professorenlogik aufnehmend, sagen, eine Frau erreiche den ihr möglichen Grad von Genialität genau dann, wenn sie ein Kind bekommt, aber der Gast von Tribschen – *auf Tribschen,* wie er gern sagt – ist jetzt nicht boshaft gestimmt, im Gegenteil.

Und dass es sich bei jedem Zur-Welt-Bringen eines Werks in Wirklichkeit um eine Geburt handelt, ist ihm spätestens ab jetzt unverlierbare Gewissheit. Noch in diesem Sommer erfährt das auch Freund Rohde: *Sieh das ist es: wir brauchen ewig Hebammen, und um sich entbinden zu lassen, gehen die Meisten ins Wirthshaus oder zum »Collegen« und da purzeln dann wie die kleinen Katzen die Gedanklein und Plänlein heraus. Wenn wir aber trächtig sind, da ist niemand zu Hülfe, der uns bei der schweren Geburt beisteht: und finster und morose legen wir dann unsern derben ungestalten neugebornen Gedanken in irgend eine dunkle Höhle; das Sonnenlicht der Freundschaft fehlt ihm.*[104] Es ist dieser Brief an Rohde, in dem Nietzsche durchblicken lässt, dass er durchaus bemerkt hat, dass Tribschen am Morgen nach seiner ersten Nacht dort einen Bewohner mehr hatte: *Als ich das vorletzte Mal dort war, kam gerade in der Nacht meines Aufenthaltes ein kleiner Junge zur Welt, »Siegfried« zubenannt.*

Auch Richard Wagner wird bald den Umstand bedenken, dass der noch Halbfremde gewissermaßen mit an Siegfrieds Wiege stand. Gehört er so nicht vom ersten Augenblick an zur Familie? Richard Wagner ist im selben Jahr geboren wie Nietzsches Vater, er im Mai, Carl Ludwig Nietzsche, Pfarrer und Prinzessinnenerzieher zu Altenburg im Oktober 1813. Nietzsche hat seinen

Vater früh verloren, Wagner hätte wohl ein Kind, vielleicht einen Sohn in Nietzsches Alter, hätte seine erste Frau Minna Kinder bekommen. Könnte er nicht Siegfrieds Großvater sein? Sollten sie nicht gemeinsam dem kleinen Siegfried Vater sein, und er, Richard Wagner, adoptiert dafür gleich noch den Professor? Das wäre wohl das richtige Wort: insofern man denn Professoren adoptieren kann. Aber diese Gedanken kommen dem Komponisten des »Siegfried« erst im Herbst, schließlich haben sie sich bis jetzt gerade drei Mal gesehen.

Auf dem Pilatus, Rundblick vom Esel, 1885, Holzstich
von P. Bauer.

Denkstube mit Ausblick, weltverloren

Und dann ist »Bündelitag«. *Weißt Du schon, was der Baseler*
»Bündeli« ist?, fragt Nietzsche Rohde Mitte Juli: *Jedermann*
schnürt sein Bündel und läuft nach der Eisenbahn, alle Schulen,
auch die Universität machen eine Erholungspause von 4 Wo-
chen: und die Baseler Klimatologen behaupten, während dieser
Zeit sei es physisch unzuträglich, in Basel zu bleiben. Also hinaus
in die weite Welt! Aber wohin?[105]

Nach Tribschen vorerst nicht, dort hält gerade die junge Generation der französischen Wagnerianer Einzug, darunter eine
dunkle Schönheit von 20 Jahren, die dem Hausherrn fast den
Atem nimmt. Richard Wagner erkennt sie kaum wieder. Es ist
Judith, Theophile Gautiers Tochter, genannt »der Orkan«. Im
Alter von 15 Jahren hatte sie Hector Berlioz vor der Pariser Oper
verbal geohrfeigt. Berlioz hatte sich – kurz vor Beginn des
»Tannhäuser« – wagnerkritischer Bemerkungen schuldig gemacht. Und auch in diesem Frühjahr war sie wieder für ihn in die

Schlacht gezogen, diesmal schriftlich in der »Presse«. Der große Erfolg des »Rienzi« im Pariser Théatre lyrique – 26 Vorstellungen bis Anfang Juni, die »Lohengrin«-Proben liefen bereits – war auch ihr Erfolg.

Richard Wagner versucht dem Charme, der Schönheit und dem Freimut »des Orkans« sowie der jüngsten Generation der Wagnerianer der Grande Nation standzuhalten, während Baronin von Bülow beide Seiten scharf ins Auge fasst und die junge Frau bittet, ihren Mann doch nicht mit solchem Entzücken anzuschauen, schließlich sei er nicht mehr der Jüngste. Cosima hatte mit Besorgnis wahrgenommen, dass er bereits begann, auf die höchsten Tribschener Gartenbäume zu klettern. Aber wenn er heruntergefallen wäre, dann wären ganz sicher die Münchner Dekorationsmaler schuld gewesen, die sich mit ihren »Rheingold«-Entwürfen einfinden. Ludwig will das »Rheingold«. Er hat es befohlen. Noch versucht Richard Wagner sich zu sagen: Das geht mich gar nichts an! Beim Anblick der Entwürfe fällt ihm das schon schwerer. Walhall sieht aus wie eine Ritterburg, darüber spannt sich ein hölzerner Regenbogen. Meinen die das ernst? Um das »Rheingold« besser vergessen zu können, fährt er mit den Franzosen in das Land Wilhelm Tells, steht jeden Morgen als Erster auf und singt laut die »Marseillaise«, denn ein Franzose, der bei diesem Stück nicht aufsteht, muss ein toter Franzose sein. Die Pariser erweisen sich als halbtot.

Einst hatte Cosima auch für Journale schreiben wollen wie diese Judith, sie sieht sie an und sagt sich, wie verschieden sie doch sind: Sie »spricht alles aus, was ich im tiefsten Herzen glaube; daß sie es aussprechen kann, macht sie mir fremd«. Vielleicht wünscht sie sich schon jetzt die Gesellschaft des Professors zurück, er ist ein Gleichgesinnter, das spürt sie. Sie haben viel gemeinsam: Sie beide lieben Wagner, aber leiser, nicht so geradeheraus wie diese Französin. Und sie sind beide, was solche Naturen niemals sind, höchst begabte Selbstquäler.

Cosima durfte nicht nach Rom pilgern? Nun gut, sie hat Rom einfach nach innen verlegt. Geißlerzüge nach innen sind nicht weniger entbehrungs- und schmerzvoll, Nietzsche wird sie genau beobachten. Das Temperament ist ihm nah. Und tief innen muss sie ihre Not halten, denn schon bei bloßer Erwähnung des Namens Bülow wird der Herr der Apfelbäume böse, und erst recht, wenn ein Diener die Hausherrin ebenso korrekt wie versehentlich mit »Baronin von Bülow« anspricht, was Nietzsche in seinen Briefen niemals unterlässt.

Schon wenn sie nach München hinüberdenkt, ist die Qual da. Und dieser Tage findet sie noch mehr Anlass dazu als sonst. Hans von Bülow hat sich noch immer nicht erschossen; am 20. Juli dirigiert er in München den »Tristan«, um sich damit für immer von dieser Stadt und was für ihn zu ihr gehörte, zu verabschieden – von seiner Frau und seinen Kindern. Und von Wagner, dem Freund. Nach Siegfrieds Geburt hatte sie Bülow noch einmal um die Scheidung gebeten und darum, auch die beiden Töchter behalten zu dürfen. Diesmal hatte er nachgegeben.

Friedrich Nietzsche ist am »Bündeli-Tag« oder kurz darauf nach Interlaken gefahren, betrachtet dort die Jungfrau und die Jungfrauen und schreibt einen launigen *Badebrief* an die ihm so wohlgesinnte Gattin seines Professors. Hätte er ihr nicht das »Meisterlied« vorgespielt – wie anders wäre sein Leben verlaufen; wahrscheinlich kann er es schon jetzt nicht ohne Entsetzen denken.

Anfang August wird er schon einen Berg weiter sein, nämlich auf dem Pilatus, *6000 Fuß über dem Meer,* und versuchen, auf das Tribschener Haus hinunterzusehen. Aber es ist viel zu neblig und sehr kalt außerdem, da scheint es doch besser, er schaut wie noch am Tage zuvor aus seinem Tribschener Fenster auf den Pilatus. Er hat jetzt ein eigenes Zimmer dort.

Und so sitzen sie und arbeiten, Richard Wagner in seinem selbstgeschaffenen grünen Arbeitszimmer, das aus einem Teil jenes Raums besteht, in dem vormals der kleine König übernachtet hatte, und der benachbarten Küche, die Wagner inzwischen entfernen ließ. Der Hausherr hat nun einmal ein sehr besitzergreifendes Wesen: Wenn er irgendwo einzieht, verändert er nach Möglichkeit erst einmal die Grundrisse. Als Innenarchitekt und Dekorateur ist er genauso eigenwillig und kompromisslos wie in der Musik. Wagner, so »rheingold«-vergessen er kann, sitzt im grünen Arbeitszimmer und komponiert, im Bericht Friedrich Nietzsches vom 4. August schreitet er *im üppigsten Kraftgefühl eben an die Komposition der »Götterdämmerung«.*[106] Diese Arbeitsverfassung resultiert nicht zuletzt aus dem Umstand, dass er unlängst *den dritten Akt seines »Siegfried« beendet hatte,* während der jüngste Bewohner Tribschens und Träger dieses Namens ihm obendrüber ins Bewusstsein schrie, was Dissonanzen sind. Im Bericht des Gastes an den einstigen Antragsteller zum Erwerb eines »Tristan«-Klavierauszugs: *Dazu wimmelt alles von kleinen Bülows, Elsa, Isolde, Senta, Siegfried usw. die in ihrer Gesammtheit auch eine Biographie Wagner's bilden.*[107] Hier irrt Nietzsche, die älteren Mädchen heißen keineswegs Elsa – »Tannhäuser« – und Senta – »Der fliegende Holländer« –, so weit reichte die Selbstverleugnung des Dirigenten nun doch nicht, aber dass von Bülows Kinder die Biographie Wagners vervollständigen, ist gebührend feinsinnig bemerkt.

Im eigenen Arbeitszimmer, abgeschirmt vom Gewimmel, den komponierenden Hausherrn unter sich wissend, und *mit freistem Anblicke des Vierwaldstätter Sees und des Rigi,* mustert Friedrich Nietzsche *eine Anzahl Manuscripte ..., die mir Wagner übergeben hatte, eigenthümliche Novellen aus seiner ersten Pariser Zeit ...* Aber was heißt denn hier *eigenthümlich*? Großartig sind sie, von Heine'schem Biss. Nie wieder wird Richard Wagner mit so wenig Worten so viel sagen können.

Wir unterbrechen den Bericht des Lesenden an dieser Stelle für »R.«, den Nietzsche also jetzt, Anfang August, gerade kennenlernt. Ob er bemerkt, dass er hier auch dem Ur-Ur-Anfang des Riesenwerks begegnet, das Richard Wagner unter ihm gerade in Noten setzt?

*

Unter den Papieren des so früh verschiedenen Doppelgängers befindet sich nämlich auch eine große Betrachtung über den Typus des Virtuosen und des Künstlers, die beginnt so: »Nach einer alten Sage gibt es irgendwo ein unschätzbares Juwel, dessen strahlender Glanz plötzlich dem begünstigten Sterblichen, der seinen Blick darauf heftet, alle Gaben des Geistes und alles Glück eines befriedigten Gemüts gewährt.«[108] Es handelt sich demnach, wie unschwer zu erkennen ist, um das Rheingold, nur ist es noch nicht auf dem Grunde des Flusses versteckt, sondern im Innern der Erde, weshalb vornehmlich Bergleute nach ihm graben und dabei umkommen. Denn diesen Schatz hebt keiner ungestraft, nur sein Strahlen kann der Begünstigte empfangen:»Die Deutung dürfte uns leicht aufgehen, wenn wir den Wunderjuwel als den Genius der Musik auffassen.« Wer sich ihm nähert, sollte es demnach in Demut, nicht besitzheischend tun. Und schon gar nicht so wie der»gefeierte Rubini, das Wunder aller Tenöre«, der ursprünglich Schneider gewesen sein soll und noch immer so aussieht. Was»R.« wie dem Autor Gelegenheit gibt zu einer virtuosen Betrachtung des Virtuosentums.

Ob Nietzsche es liest? Noch einmal»R.«, diesmal in der Oper, sich enorm langweilend, wenn er nicht gerade lachen muss, als Einziger allerdings:»Doch blieben die Mienen des Publikums ernst; es wußte, was vorging; denn auf dem elften Gesangstakte ließ Rubini die Note F mit so plötzlicher Vehemenz anschwellen, daß die kleine zurückbleibende Passage wie ein Donnerkeil herausfuhr, um mit dem zwölften Takte gleich wieder in dem unhörbarsten Gesäusel zu verschwinden. Ich wollte laut lachen, aber alles war wieder totenstill ... Etwas Monströses schien sich vorzubereiten ... Es kam zum siebenzehnten Takte des Gesangs: Jetzt hat der Sänger drei Takte lang das F auszuhalten. Was ist mit einem F viel zu machen? Rubini wird erst göttlich auf dem B – darauf muß er kommen, wenn ein Abend in der italienischen Oper Sinn haben soll. Wie nun der Trambolinspringer (sic!) zur Vorbereitung auf dem Schwungbrette sich wiegt, so stellt sich ›Don Ottavio‹ auf sein dreitaktiges F, schwillt zwei Takte lang vorsichtig, doch unwiderstehlich an, nimmt nun aber auf dem dritten Takte den Violinen den Triller auf dem A weg, schlägt ihn selbst mit wachsender Vehemenz, sitzt mit dem vierten Takte hoch oben auf dem B, als ob es gar nichts wäre, und stürzt sich mit einer brillanten Roulade vor aller Augen wieder in das Lautlose hinab.«[109] Das war der Augenblick, um dessentwillen alle alles ertragen haben – um Zeuge zu werden, wie»Rubini auf das B sprang!« Aber vielleicht bemerkt Friedrich Nietzsche dies virtuose Stück

Virtuosenkritik gar nicht, vor ihm liegt so vieles, was er noch nicht kennt, nicht kennen kann, weil es nicht gedruckt ist: Dramenentwürfe, philosophische Aufsätze und vor allem die Broschüre »Staat und Religion«, geschrieben für den kleinen König. Sie vor allem fesselt seine Aufmerksamkeit, *sie sei von einer Höhe und Zeitentrücktheit, von einem Edelsinn und Schopenhauerischem Ernst, daß ich König zu sein wünschte, um solche Ermahnungen zu bekommen.*[110] Wenn Ludwig von Friedrich Nietzsche gewusst hätte und davon, wie selbstverständlich er in diesem Haus ein- und ausgeht, wie sehr hätte er wohl gewünscht, Philologie-Professor zu Basel zu sein statt König aller Bayern.

Niemals, urteilt Nietzsche, sei edler und tiefer zu einem Monarchen gesprochen worden. Der Musikant sei in Wirklichkeit ein gefährlicher, meistgesuchter Revolutionär, war dem König zu Ohren gekommen. Und da sich solche Dinge nicht in einem Satz erklären lassen und Wagners nagelneue Existenz als Lieblingsuntertan eines Königs ihm noch nicht erlaubt hatte zu komponieren, schrieb er für Ludwig diese kleine Einführung ins Dasein für Monarchen, zugleich als Gebrauchsanleitung für Königsthrone. Nietzsche, der keineswegs wie Platon der Meinung ist, dass die Philosophen Könige werden sollten, ist begeistert.

Wagner schrieb etwa darüber, dass der Sinn des Staates nicht der Fortschritt sei, wie er selber einst geglaubt habe, als vielmehr die Erhaltung, die Stabilität. Und der Monarch verkörpere gewissermaßen diese Bestimmung der Dauer. Aber kann er das ohne den tiefen Trost der Religion? Sie stärke das Volk wie seinen König gleichermaßen. Nur die Kunst vermag noch mehr, als Heiland nicht jenseits des Lebens, sondern »innerhalb des Lebens«, über dieses erhebend und es uns gleichsam als Spiel erscheinen lassend. Der Wahn der Kunst muss »aber vollkommen aufrichtig sein; er muß sich von vornherein als Täuschung bekennen ... in dem von mir gemeinten großen ernsten Sinne«. – »Das vorgeführte Wahngebilde darf nie Veranlassung geben, den Ernst des Lebens durch einen möglichen Streit über seine Wirklichkeit und beweisbare Tatsächlichkeit anzuregen oder zurückzurufen, wie das religiöse Dogma«[111]. In der Kunst, diesem »Lebensheiland« wird ihm, Ludwig, »endlich das unaussprechliche Traumbild der heiligsten

Offenbarung, urverwandt sinnvoll, deutlich und hell wiederkehren, – dasselbe göttliche Traumbild, das, im Disput der Kirchen und Sekten ihm immer unkenntlicher geworden, als endlich fast unverständliches Dogma ihn nur noch ängstigen konnte«.[112] Was aber passiert, wenn man sich des Glanzes selber bemächtigen will, habgierig-egoistisch wie das Kapital, oder ihn an alle verteilen wollend wie der Sozialismus? Was dann passiert, lernt man im »Rheingold«. Das heißt, bis jetzt, bis zum August 1869 hat das noch kein Mensch gelernt, denn noch hat es niemand gesehen. Aber genau das gedenkt »der kleine König« nicht länger hinzunehmen. Als die Pariser nach Hause fuhren, waren die Münchner Kostümentwürfe gekommen. Richard Wagner versuchte, die Fassung zu bewahren.

Ludwig hätte aus »Staat und Religion« entnehmen können, dass im ersten Reich zwar er, der König regiere, im zweiten aber Richard Wagner. Es handelt sich demnach um eine Parallelregentschaft, und deren oberster Grundsatz lautet: Keiner regiere ins Reich des anderen hinein! Aber in Wirklichkeit verhält es sich wohl so, wie es der begeisterte »Staat und Religion«-Leser ausdrückt, der sich wünscht, König zu sein, nur um solche Denkschriften zu bekommen: *Schade, daß der junge Mann, wie es scheint, so wenig davon gelernt hat.*[113]

Die Lage ist denkbar ernst. Die Proben haben – unter Ausschluss des Komponisten – am 11. August begonnen: als Dauerkrise. Ludwig vermutet eine Wagner-Intrige und beginnt schon, dessen Namen nur noch in Anführungszeichen zu schreiben. Er will diese Oper, und er will sie sofort, denn er ist der König. Und wenn die Leute vom Theater weiterhin Vorwände finden, ihre Aufführung zu verzögern, sich also seinen Befehlen widersetzen, so müsse, so Ludwig, »das Unkraut erbarmungslos ausgerissen werden«, und zwar: »mit der Wurzel«.

»(P)ereat Theaterpack!«[114]

Der König ist ungnädig. »Ausreißen« und Wagner in Anführungszeichen? Das gab es noch nie. Das sieht nicht gut aus. So verstimmt war der König nicht einmal bei Aufdeckung seines Falscheids.

Die Rheintöchter – ein »Hurenaquarium«?
Gemälde von Ferdinand Leeke, 1896.

Freund, wie soll das enden? oder
Das Wiegenlied der Welt

Richard Wagner weiß nur zu genau, dass er Ludwig alles verdankt, nicht zuletzt den Umstand, dass er noch am Leben ist.
Ludwig und Cosima sind die beiden Bürgen seines Noch-Da-
seins. All die Jahre nach seinem 50. Geburtstag sind ein großes
Danach, er wird das nie vergessen. Und noch als Nietzsche ihm
seine Schrift »Die Geburt der Tragödie« übergibt – es werden
mehr als zwei Jahre vergehen –, muss seine Reaktion Außenste-
henden merkwürdig scheinen: Es sei doch gut, dass er damals
nicht gestorben sei, schon um das noch zu erleben, das noch lesen zu dürfen.

Wer war er denn zuletzt, bevor Ludwig ihn rettete? Ein Flüchtling, vor sich selbst sowie vor seinen Gläubigern, ein ganz haltlos
Gewordener am Ende, der nirgends mehr eine Zuflucht hatte,
nicht einmal bei den Wesendoncks. Mathilde von Wesendonck,
der die Welt Wagners »Tristan« sowie die Wesendonck-Lieder

verdankt, hatte sich zuletzt geweigert, für ihn ihren Mann zu verlassen, und schrieb ihm längst grundvernünftige Mahnbriefe. September 1863: »Freund, wie soll das enden? Sind fünfzig Jahre nicht Erfahrung genug, und sollte da nicht endlich der Moment eintreten, wo Sie ganz mit sich im reinen wären?« Die Briefe, die er ihr sandte, kamen nun oft ungeöffnet zurück.

Mathilde-Isolde hatte recht, es ließ sich nicht leugnen, im Mai 1863 war Richard Wagner ein halbes Jahrhundert alt geworden und stand vor den Trümmern seines Lebens. Kaiserin Elisabeths – »Sissis« – Leibarzt und Förderer des »Tristan« Standhartner hatte ihn durch diesen Tag gebracht und verhindert, dass es ein Datum der Verzweiflung wurde. Aber dass fünfzig Jahre – Erfahrung oder nicht – genug sind, das begriff er nun auch. Zumal der Suizid das zuverlässigste Mittel ist, seine Schulden loszuwerden.

Er bewohnte – allein – eine ganze Villen-Etage am Schönbrunner Schlossgarten und hatte auch nicht versäumt, diese nach allen Regeln dessen, was er für Geschmack hielt, einzurichten – viel Samt, viel Seide –, allein die Miete von 1200 Gulden im Jahr überstieg seine Einkünfte um ein Beträchtliches, erst recht, da er nur zu bald gar keine mehr hatte. Und es waren auch keine zu erwarten, denn der eigentliche Grund seines Aufenthaltes, der »Tristan«, wurde, wie längst erwähnt, nach 77 Proben »auf immer zurückgelegt«. Was ihm noch mehr Kosten verursachte, denn nicht nur, dass er den langen Probenzeitraum überleben musste, er hatte auch einen Versuch unternommen, die Wiener zu bestechen. Durch Begeisterung.

Sie hatten seinen »Lohengrin« bejubelt, und er würde, das wusste er, sie wieder zum Jubeln bringen. Das würde dann auch dem »Tristan« helfen. Also ließ er Konzerte mit Stücken aus seinen noch unvollendeten Werken aufführen, aus dem »Ring« und den »Meistersingern«. Das kostete Geld, er musste neue Schulden machen. Zum ersten Konzert am 26. Dezember 1862 erschien sogar Kaiserin Elisabeth. Und die Wiener verfielen in Begeisterung, wie es wohl auch nur die Wiener können, selbst wenn der Kritiker Hanslick nun zu wissen meinte, wie es zum Untergang Pompejis gekommen war. Das jedoch lässt sich erklären, hatte doch der Komponist den Kritiker im Jahr zuvor begrüßt, als kenne er ihn gar nicht. Worauf der Tenor, der in einer Wiener »Lohengrin«-Proben-Pause beide einander zugeführt hatte, peinlich berührt die Vermutung äußerte, man müsse sich aber doch kennen. Natürlich, antwortete Wagner, natürlich erinnere er sich an Herrn Hanslick, worauf er sich ab- und wieder den Musikern zuwandte.

Richard Wagner hatte soeben zum ersten Mal seinen »Lohengrin« vollständig gehört und konnte vor Ergriffenheit kaum sprechen. Und wenn er es gekonnt hätte, dann ganz sicher nicht mit einem Kritiker, und selbst wenn sogar das, dann ganz sicher nicht mit diesem. Doch nicht nur der Komponist, auch die Stadt seines nunmehr erneuerten Aufenthalts verstanden sich auf eine gewisse Virtuosität der Abwendung, der Gleichgültigkeit. Man nennt das auch Wiener Leben.

Am Ende war alles genauso, wie er es schon zwei Jahre zuvor geahnt hatte: »Meine älteren Opern sind überall herum: mit meinen neuen Werken stoße ich auf fast – unüberwindliche Schwierigkeiten. Ich bin mit meinen neuen Arbeiten meiner Zeit und demjenigen, was unsere Theater leisten können, weit vorausgeeilt ... Kein Mensch frägt nach mir. Ich habe ganz und gar wieder von vorn anzufangen.[115]

Muss er? Nein, beschloss er, das Aufhören lag viel näher als das Anfangen. Das Einzige, was in seinem Leben noch zunahm, waren die Schulden.

Richard Wagner konnte sie schon seit längerem nur noch dadurch begleichen, dass er neue Schulden aufnahm. Die Banken schauten Richard Wagner an wie heute eine Staatsanleihe Griechenlands.

Einem wie ihm liehen ohnehin nur noch die Wucherer Geld, zu einschlägigen Zinsen. Seine jährlichen Zinsverluste betrugen bis zu 200 Prozent. Allein die Wiener Schulden beliefen sich im März 1864 auf 12 100 Gulden, eine Summe, die dem Wagner-Biographen Martin Gregor-Dellin zufolge 100 000 DM ergäbe, Stand um 1980. Im selben März war der »Tristan« endgültig abgesetzt worden. Österreich ging sehr unnachsichtig gegen Schuldner vor – die Schuldhaft, die ihm in Paris wohl doch erspart geblieben war, jetzt drohte sie wirklich, so dass ein jüngerer Onkel Franz Liszts ihm dringend riet, Wien zu verlassen, wenigstens vorübergehend. Auch war der Onkel Jurist und wollte nicht in Verlegenheit kommen, selbst gegen Wagner vorgehen zu müssen. Aber wo sollte der hin?

Zu den Wesendoncks! Immer, wenn er sich in den zurückliegenden Jahren diese Frage stellen musste, hatte er sich diese Antwort gegeben. Er fragte auch jetzt bei Otto Wesendonck an, mit folgendem Ergebnis:»Dieser schlug meine Bitte vollständig ab; worauf ich nicht umhin konnte, ihn durch eine Antwort meinerseits auf sein Unrecht aufmerksam zu machen.«[116] Unrecht? Immerhin hätte Wesendonck um ein Haar seine Frau an den um Einlass Bittenden verloren. In der Oper hat er sie verloren.

Die Wiener Freunde drängten immer stärker auf seine Flucht. »Freund, wie soll das enden?« Hauptsache, es endet. Cosima, die er damals schon mit dem vertraulichen Du ansprach, bekam einen Lebensabschiedsbrief:»Den letzten Krampf, mit dem ich vom Leben Abschied nahm, hast Du empfunden. Seitdem bin ich in ein letztes Leidensstadium getreten: ich fühle bestimmt, daß es nun bald vorbei sein wird. Noch eine traurige letzte Mühe, und es ist überstanden.«[117] Der Brief ist vom 10. März – am selben Tag war der blutjunge Ludwig Maximilian II. auf den bayerischen Thron gefolgt.

Es ist nicht leicht für einen von Schuldhaft Bedrohten, sich unbemerkt aus der Stadt seiner Gläubiger zu entfernen. Doch er hatte es schon einmal geschafft, damals in Riga, und auch jetzt wollte er es zumindest versuchen. Freund Standhartner lud ihn zum Mittagessen ein, wohin er wie jeder derart Begünstigte ohne Gepäck ging. Und ohne den alten Jagdhund Pohl, der eigentlich seinem Vermieter gehörte, aber längst Richard Wagner zu seinem neuen Herrn erwählt hatte. Sein Diener Franz stellte ihm den Koffer später zu. Franz, dessen Frau und Pohl mussten aus Tarngründen zunächst auf unbestimmte Zeit zurückbleiben.

Das Ende des Monats fand ihn schon in München, doch nicht, um den jungen König zu sehen, nur, weil er doch irgendwo sein musste und weil er hoffte, hier würde ihn keiner suchen. Er erblickte das Bild des soeben Gekrönten in einem Schaufenster, bemerkte die Schönheit des jungen Monarchen, welche ihn »mit der besonderen Rührung ergriff, die uns Schönheit und Jugend in unvermuteter ungemein schwieriger Lebenslage erweckt«.[118] Auf dem Rückweg zu seinem Hotel dichtete er seinen Grabspruch: »Hier liegt Wagner, der nichts geworden …«. Sollte er gleich oder später? Wahrscheinlich fuhr er nur aus Unentschlossenheit weiter, bat um Aufnahme – »nur für ein paar Tage« – bei einer Freundin in Mariafeld bei Zürich. Eliza Wille suchte ihn sich zu sich selbst zu ermutigen.

Vielleicht unter ihren Besänftigungen erinnerte er sich an den, der war, und begann sogar manchmal wieder wie dieser zu fühlen: »Ich bin anders organisiert, habe reizbare Nerven; Schönheit, Glanz und Licht muß ich haben! Die Welt ist mir schuldig, was ich brauche! Ich kann nicht leben auf einer elenden Organistenstelle wie Ihr Meister Bach!« – Die Freundin hatte ihm Bach als Vorbild nahegelegt, und seine Schwester Luise Brockhaus empfahl ihm per Post, sich um die frei werdende Organistenstelle in Darmstadt zu bewerben. – »Ist es denn eine unerhörte Forderung, wenn ich meine, das bißchen Luxus, das ich leiden mag, komme mir zu? Ich, der ich der Welt und Tausenden Genuß bereite?«[119]

Da es hier ohnehin längst um Geld-, Gold- und Glanzfragen geht und darum, dass Schätze am besten dort bleiben, wohin sie gehören, nämlich in den tiefsten Berg oder aber auf den Grund eines großen Flusses, ist dies vielleicht die richtige Gelegenheit, Richard Wagners intimes Verhältnis zum Luxus noch einmal neu zu betrachten.

Irgendwann war er zu der Überzeugung gelangt, dass das Mindeste, was ein Genie verlangen dürfe, darin bestehe, dass andere für die Spesen seines Aufenthalts auf Erden aufkommen. Unter dem Blickwinkel der Ewigkeit betrachtet – und welcher sonst käme in Frage? –, sollte das keine Frage sein. Oder wie Friedrich Nietzsche das in durchaus apologetischer Absicht formuliert, neigen große Genies nun einmal zu einem *drohnenartigen Dasein, den Alltagsfliegen unfassbar.*

Und noch einmal anders betrachtet: Niemand empfindet die

Sicherheit des In-der-Welt-Seins, die der Besitz gewährt, so sehr wie der Besitzlose. Auch hat sie niemand nötiger. Und wann hat man wirklich das Gefühl, Geld zu besitzen? In jedem Fall in dem Augenblick, da man es ausgibt. Und darum macht Richard Wagner das schon sehr lange und mit tiefer Überzeugung und vor allem dann, wenn er nichts besitzt als Schulden.

Eliza Wille, belehrt über seine Möglichkeiten einer Bach-Nachfolge, hatte bei den Wesendoncks nach Möbeln für Wagner angefragt – ein Fall von Nachbarschaftshilfe gewissermaßen –, und nach den Möbeln kamen diese bald auch selbst, wie es unter alten Bekannten üblich ist, wenn man einander plötzlich wieder so nahe wohnt. Aus Wien erreichte ihn inzwischen die Nachricht, dass die Freunde seine Einrichtung verkauft und mit dem Erlös seine Mietschulden bezahlt hatten, was Wagner so sehr erboste, dass er um jeden Preis zurückwollte. Auf der Stelle! Oder nein, sobald er sich neues Geld geborgt hätte für die Reise. Durch seinen Zorn gehörte er fast schon wieder dem Reich der Lebendigen an, er musste sein Ableben verschieben.

Diesen Aufschub bemerkte auch der nun von einer weiten Reise zurückkehrende Mann der Gastgeberin. Denn egal, ob Wagner ein armer Flüchtling war oder nicht – wo er sich aufhält, geht es um ihn, also auch im Hause des entfernten Freundes, der ebenfalls vieles zu erzählen gehabt hätte wie jeder, der lange nicht zu Hause war. Wille missfiel das zunehmend. Der dominante Selbstmordkandidat gibt den wachsenden Unmut des weitläufigen Freundes rückblickend so wieder:»Man wolle in seinem Hause doch auch etwas sein, gerade hier aber nicht einem anderen bloß zur Unterlage dienen.«[120] Aus dem entfernten Freund wurde ein noch weiter entfernter Freund, und Richard Wagner war wieder obdachlos.

Er hinterließ noch einen Brief für Mathilde Wesendonck, den diese ungeöffnet wieder zurückschickte, und beschloss, in Stuttgart auf neues Geld zur Wien-Rückkehr zu warten. Zur Beförderung seiner Kreditwürdigkeit, überlegte er, könnte er den 1. Aufzug der»Meistersinger«komponieren, am besten in der tiefsten Abgeschiedenheit, in der Rauhen Alb etwa. Er beorderte einen Gehilfen zu sich, der den Klavierauszug erstellen sollte, und empfing ihn mit den Worten:»Ich bin am Ende!« Das war am Sonnabend, dem 29. April 1864.

Am Montagabend wurde im Hause des Königlichen Stuttgarter Kapellmeisters Eckert, den Wagner»einen sehr gutartigen Menschen« nennt, die Karte eines Mannes abgegeben, der zufolge er Secrétaire aulique de S. M. le roi de Bavière war. Er suche Herrn Richard Wagner.

Der Gast, der sich die table d'hote in seinem Hotel nicht leisten konnte und umso dankbarer für die kapellmeisterliche Einladung zum Abendbrot war – wer weiß, wo er in der Rauhen Alb essen würde –, erschrak, dass man ihn so schnell auch hier gefunden hatte, und ließ ausrichten, er sei gar nicht da. Dass er beim König von Bayern eigentlich keine Schulden hatte, drang nicht in sein Bewusstsein, das das Bewusstsein eines verfolgten Schuldners war. Und war Bayern nicht immer für Österreich? Als er in sein Hotel zurückkehrte, das er nicht bezahlen konnte, richtete ihm der Wirt aus, dass ein Herr aus München ihn dringend zu sprechen wünsche. Vielleicht erwog der Flüchtling kurz, noch in der Nacht abzureisen – am nächsten Morgen würde er es ohnehin tun –, kapitulierte dann aber: Um 10.00 Uhr sei er bereit, den Besuch zu empfangen. Er schlief schlecht. Die Koffer waren gepackt, die Rauhe Alb würde ein guter Ort für ihn sein, denn ein rauer Alptraum war sein Dasein ohnehin, und dann trat der Hofrat seiner Majestät ein.

Nie wieder wird Franz Seraph von Pfistermeister – kein anderer als Pfi – so froh sein, Richard Wagner zu sehen. Voll unsäglicher Erleichterung, endlich den schon zwei Wochen lang überall – in Wien, in Zürich – Gesuchten gefunden zu haben, übergab er ihm einen Ring vom König, ein Bild vom König und einen Brief vom König. In den Worten des Gefundenen:»Mit wenigen, aber bis ins Herz meines Lebens dringenden Zeilen, bekannte mir der junge Monarch seine große Zuneigung für meine Kunst und seinen festen Willen mich für immer als Freund an seiner Seite jeder Unbill des Schicksals zu entziehen.«[121]

Und dann stand er vor ihm. Wagner begriff mit dem ersten Blick, wer er ist, sein ganzes Schicksal:»Er ist leider so schön und geistvoll, seelenvoll und herrlich, daß ich fürchte, sein Leben müsse wie ein flüchtiger Göttertraum in dieser gemeinen Welt zerrinnen ... er kennt und weiß alles von mir und versteht mich wie meine Seele.«[122] Und:»Mein Glück ist so groß, daß ich ganz zerschmettert davon bin.«[123]

*

Richard Wagner und Cosima hatten zu Beginn dieses Jahres bereits mit dem Gedanken einer Dachstubenexistenz in Paris experimentiert. Sie waren noch immer ohne jedes Zeichen von Ludwig, dem Falscheidschwörer. Und wenn es ein Zeichen des Unmuts gewesen wäre! Auf ein schlechtes hätte Richard Wagner reagieren können. Es lässt sich nur vermuten, welche Emotionen die Paris-Perspektive im Hausherrn von Tribschen weckte. Die Stadt seiner größten Niederlage! Cosima wiederum sah ihren Verdacht, dass es weit und breit keine größere Sünderin gäbe als sie, ergänzt durch den Umstand, dass Wagner nicht für ihre Kinder würde sorgen können – weder für die gemeinsamen wie die nicht gemeinsamen –, schon weil er unfähig ist,»sich zu beschränken«.

Mochten Richard Wagner und Ludwig II. von Bayern auch Parallelregenten sein, Herrscher in ihren jeweils eigenen Königreichen, so bestand der größte Unterschied zwischen ihnen doch unbeirrt weiter: Der eine König besaß Geld, der andere besaß keins. Und dann, zwei Tage, bevor Nietzsche seinen Ruf erhielt, erhielt auch Wagner einen von ähnlicher Bedeutsamkeit. Es war ein Zuruf aus München, ergangen am 10. Februar.

Es war ein Generalpardon, das ihm, Richard Wagner, gleichwohl zu verstehen gab, dass er von nun an eine Geisel war. Ludwig teilte ihm mit, dass er dringend einer Freude bedürfe, und er wusste auch schon welcher: der Uraufführung des»Rheingolds« bei ihm in München. Dass Wagner genau das nicht will, weiß Ludwig auch – er will es nicht so unverbunden und nicht in einem gewöhnlichen Repertoiretheater, das seinem Werk nicht gewachsen ist. Ja, vor fünf Jahren, am Beginn dieses eigentümlichsten Bündnisses zwischen einem König und einem Künstler, einem kleinen König und einem großen Künstler, hatte der kleine König den großen Befehl zum Bau des Nibelungentheaters erteilt. Jetzt will er die Nibelungen auch ohne eigenes Theater.

Er hat nicht im mindesten vor, auf die Egoismen und Empfindlichkeiten von lügnerischen Musikern Rücksicht zu nehmen. Und er braucht es auch nicht. Denn er hat den »Ring«, den es noch gar nicht gibt, längst gekauft. Dreißigtausend Gulden sollte der Komponist für sein Werk erhalten, über die Hälfte bekam er gleich. Da wird Ludwig doch wohl den Anfang von etwas aufführen können, das ohnehin ihm gehört.

Wie regiere ich einen König?, fragte sich Richard Wagner. Im Augenblick, da gibt es gar keinen Zweifel, regiert der König ihn. Das »Rheingold« ist nur ein Vorabend, die Ankündigung von etwas, was dann nicht folgen kann. Mir egal, sagt Ludwig. Er will sehen, wie der freche Nibelunge das Gold vom Rheingrund stiehlt und wie es einem Gott ergeht, wenn er sich auf teure Immobilien kapriziert, egal ob Wotan auf Walhall oder Wagner auf Tribschen. Vielleicht interessiert Ludwig das auch so unaufschiebbar, weil er in diesem Jahr zwar nicht den Grundstein zu Wagners Festtheater, aber sehr wohl den zum Schloss Neuschwanstein legen lässt.

Egal wie, den Verträgen bin ich Knecht, sagt selbst Wotan. Und der Vertrag zwischen Ludwig und Wotan Wagner lautet nun einmal: Ludwig verzeiht und bekommt dafür das »Rheingold«. Und nun, am 25. August, ausgerechnet an des Königs Geburtstag und zwei Tage vor der Hauptprobe, wirft der junge Dirigent Hans Richter alles hin und sagt, das könne er nicht länger verantworten. Die szenische Umsetzung deute auf eine Katastrophe. Bülow ist schon weg. Wagner ist ohnehin klar, dass ein herkömmliches Theater seinem Riesenwerk nicht gewachsen ist. Darum hatte er sich vorgenommen, die Münchner Vorgänge und sein Werk einfach zu ignorieren, aber jetzt ist das nicht länger möglich. Außerdem war Richters Schritt mit Wagner abgesprochen, um zu retten, was noch zu retten ist, und das heißt vor allem: Zeit gewinnen! Die Premiere muss verschoben werden! Richters Einsatz ist sein Amt.

Aber der König bleibt starrsinnig. Am 27. August findet die Hauptprobe in München in seiner Gegenwart statt, fast fünfhundert Gäste sind geladen. Richter muss dirigieren, Befehl ist Befehl, Untertan ist Untertan, danach mag er gehen, wohin er will. Neben diversem Adel, Franz Liszt und Iwan Turgenjew ist auch das junge französische Trio anwesend und depeschiert nach Tribschen, sinngemäß: Großartige Musik! Großartiges Orchester! Unmögliche Szenen! Unmögliche Dekoration! Wagner empfängt dieses Telegramm und neun weitere Depeschen – darunter eine vom verzweifelten Noch-Dirigenten und eine nicht minder derangierte vom Wotan-Sänger – während eines Essens in vertrauter Leipziger-Herbst-Erinnerungsrunde: Seine Schwester Ottilie und Brockhaus sind da, Nietzsche ist auch da, und alles könnte auf so einfache Weise gut sein, störte nicht immerzu die Post, hätte Cosima nicht den ganzen Morgen geweint, weil Hans von Bülow in München kein Lebenszeichen, keine Adresse, gar nichts für sie hinterlassen hatte, und würde Wagner nicht in Gedanken ein Gnade-für-mein-Werk-und-mich!-Telegramm nach dem anderen entwerfen. Eins davon schickt er auch ab.

Cosima findet noch die Kraft, im Tagebuch den einzigen Ruhepol in der Brandung dieses Tages zu vermerken: »Zwischen all dies Pr. Nietzsche, immer angenehm.«

*

Weia! Waga!
Woge, du Welle,
walle zur Wiege!
Wagalaweia!
Wallala weiala weia! ...
Heiala weia!

Kein Komponist vor ihm hat so Wasser komponiert. Ja, vielleicht sollte man sagen, keiner vor ihm hat überhaupt Wasser komponiert. Schubert hat einen Bach in Noten gesetzt, aber nicht Wasser, in dem man untergehen kann. Und Händels »Kleine Wassermusik« ist reine Festlands- und Weltordnungsmusik. Wirkliche

Wassermusik entsteht dann, wenn alle Weltordnung, auswendig und inwendig, durcheinandergerät.

Richard Wagners Italienreise im September 1853 bot dafür optimale Voraussetzungen. Eigentlich war sie nur eine Flucht. Er reiste, um nicht arbeiten zu müssen, und er arbeitete nicht, weil ihm nichts einfiel. In der Riesenoper, die er beginnen wollte und die vom Schatz handeln sollte, den ein habgieriger Nibelunge dem rechtmäßigen Besitzer, dem Grunde des Rheins, entwendet, musste auch dieser selbst vorkommen. Aber wie? – Auf einer Reise, sagen sich oft die, denen nichts einfällt und die nicht arbeiten wollen, wird alles besser.

In Genua eingetroffen, sah er zum ersten Mal das Mittelmeer und wusste nicht, worüber er mehr staunen sollte, über diese prächtige, selbstbewusste Stadt, die Nietzsche einmal zu seinem Hauptquartier des Südens erklären würde, oder über das Meer. Richard Wagner staunte sieben Tage lang, aß zu viel Speiseeis und beschloss, eine Meerfahrt zu unternehmen. Zur Aufregung über den Eindruck der See kam nun eine erhebliche Aufregung der Eingeweide, woran Eis und Meer gleichermaßen beteiligt waren.

Weia, Waga! Es schaukelte innen, und es schaukelte außen, an Welthierarchie, überhaupt einfachste Ordnungen war nicht zu denken. Unten war oben und oben war unten. So kam der Meerfahrer schließlich in La Spezia an; »und im allererschöpftesten Zustande, kaum mich fortzuschleppen fähig, suchte ich in Spezia den besten Gasthof auf, welcher zu meinem Schrecken in einer engen, geräuschvollen Gasse lag. Nach einer in Fieber und Schlaflosigkeit verbrachten Nacht zwang ich mich des andren Tages zu weiten Fußwanderungen durch die hügelige, von Pinienwäldern bedeckte Umgegend. Alles erschien mir nackt und öde, und ich begriff nicht, was ich hier sollte. Am Nachmittag heimkehrend, streckte ich mich todmüde auf ein hartes Ruhebett aus, um die langersehnte Stunde des Schlafes zu erwarten. Sie erschien nicht; dafür versank ich in eine Art von somnambulem Zustand, in welchem ich plötzlich die Empfindung, als ob ich in ein stark fließendes Wasser versänke, erhielt. Das Rauschen desselben stellte sich mir bald im musikalischen Klange des Es-Dur-Akkordes dar, welcher unaufhaltsam in figurierter Brechung dahin wogte; diese Brechungen zeigten sich als melodische Figurationen von zunehmender Bewegung, nie aber veränderte sich der reine Dreiklang von Es-Dur, welcher durch seine Andauer dem Elemente, darin ich versank, eine unendliche Bedeutung geben zu wollen schien. Mit der Empfindung, als ob die Wogen jetzt hoch über mich dahinbrausten, erwachte ich in jähem Schreck aus meinem Halbschlaf.«[124] Und Wagner eilte über die Alpen.

An die Arbeit! Aber in Zürich erwartete ihn Minna, der Rhein versiegte wieder in seinem Kopf, dafür kaufte er einen neuen Papagei, der bald sprechen konnte. Er sagte:»Wagner ist ein böser Mann!« Das brachte ihm Minna bei. Noch bis Anfang November herrschte Ebbe im Hirn des Italienrückkehrers, doch dann kam die Flut.

Das alles ist jetzt mehr als 16 Jahre her, kein unberufenes Ohr hat das »Rheingold« je gehört, schon gar nicht das ganze. Es ist das »Wiegenlied der Welt«, sagt Wagner zu Cosima. Und jetzt tritt da einfach ein König vor ihn hin – alle Könige sind Festlandskinder – und sagt:»Ich befehle das ›Rheingold‹!«

Am 31. August 1869 präzisiert Ludwig das noch etwas, im höchsten Maße erbost über die »nichtswürdigen und ganz unverzeihlichen Intriguen von ›Wagner‹ und Consorten«:»Ich erteile hiermit den Befehl, daß die Vorstellung am Sonntag stattfinde. ›Richter‹ ist sogleich zu entlassen. Wagt W. sich neuerdings zu widersetzen, so ist ihm der Gehalt für immer zu entziehen, und nie wieder ein Werk von ihm auf der Münchner Bühne aufzuführen.«[125]

Am Morgen des 31. August eilt der Besprochene in höchster Erregung nach München und weiter nach Schloss Berg.»Ganz gegen meinen Willen«, sagt der König, sei Wagner in München eingetroffen. Er reitet in die Berge, auf den Hochkopf. Wagner reitet schlecht, er wird ihm nicht folgen können. Wagner reist wieder ab. Wotan reist auch ab.

Wotan ist ein Vertragsgott, also gewissermaßen ein Gott des bürgerlichen Zeitalters: Was ich bin, bin ich durch Verträge. Das weiß natürlich auch der Wotan-Sänger Betz, seiner lief bis zum 31. August, also kann er jetzt gehen.

Ohne Wotan und ohne Dirigent kein »Rheingold«. Das sieht sogar der König ein, aber selbst wenn er es nicht einsähe, wären Dirigent und Wotan immer noch weg. Dies sind die Grenzen des Königtums. Ludwig »gewährt« Aufschub. Der neu gewonnene Dirigent Franz Wüllner empfängt von Wagner zum Beginn seiner Tätigkeit folgende Zeilen der Ermutigung: »Hand weg von meiner Partitur! Das rat' ich Ihnen, Herr; sonst soll Sie der Teufel holen! Taktieren Sie in Liedertafeln und Singevereinen, oder wenn Sie durchaus Opernpartituren handhaben wollen, so suchen Sie sich die von Ihrem Freunde Perfall aus.«[126] Perfall ist der Intendant, Pfi- und Pfo-Fraktion.

Der »immer angenehme« Professor zieht aus alldem zur selben Zeit seine eigenen Schlüsse, Rohde wird am 3. September über die geistige Situation Tribschens so informiert: *In letzter Zeit bin ich, kurz hintereinander, vier mal dort gewesen, und dazu fliegt fast jede Woche auch ein Brief dieselbe Bahn. Lieber Freund, was ich dort lerne und schaue, höre und verstehe, ist unbeschreiblich. Schopenhauer und Goethe, Aeschylos und Pindar leben noch, glaub es nur.*[127] Inkarniert in einer Person, die, wenn man dem Berichterstatter glauben darf, bei all dem noch Zeit findet, Cosima Nietzsches Baseler Antrittsrede über die Persönlichkeit Homers vorzulesen – Nietzsche hat sie in wenigen Exemplaren für seine Freunde drucken lassen – und dem Verfasser gegenüber zu äußern, *mit allen vorgetragnen aesthetischen Ansichten* übereinzustimmen, vor allem aber mit der Art der Problemstellung, *was ja aller Weisheit Anfang und Ende sei und woran meist gar nicht gedacht werde.*[128] Ja, wer soll das beurteilen können, wenn nicht der größte aller Philologen?

Nun ist es jedoch überhaupt nicht immer so, dass der eine Philologe die Ansichten des anderen teilt. Am 19. September kommt es zwischen ihnen zum ersten Streit. Vielleicht ist der Hausherr auch nur nervös, die »Rheingold«-Katastrophe in München steht unmittelbar bevor, und der Gast am Tisch will seine Suppe nicht essen, vielmehr: die Suppe schon, aber nicht den Braten danach.

Ich bin Pflanzenköstler, bekennt der Professor, vielleicht gar leicht errötend.

Sie sind ein Esel!, antwortet – nach dem späteren Zeugnis Cosimas – der Mann, der nach Überzeugung seines Gastes *Schopenhauer und Goethe, Aeschylos und Pindar* in einer Person ist, dazu am 15. August *Juppiter* tituliert wurde, nur um am 25. August als *größter Genius und größter Mensch dieser Zeit* identifiziert worden zu sein und immer so weiter.

Und wenn der größte Genius und größte Mensch dieser Zeit ihn einen Esel nennt, so muss Friedrich Nietzsche das zu denken geben.

Ein verrückter König in München und ein Vegetarier an seinem Tisch, das ist zu viel für Wagner. Hat der Professor seine Pariser Berichte nicht gelesen? Nun ist unter Schopenhauerianern das Vegetariertum durchaus keine abwegige Angelegenheit: Tat twam asi! Das bist auch du!, ruft alle leidende Kreatur dem Menschen zu, leidende Kreatur auch er, und jeder, der Schopenhauer gelesen hat, versteht diesen Ruf. Achtung vor dem Tier! Wagner, das aktive Mitglied des »Internationalen Vereins zur Bekämpfung der wissenschaftlichen Tierfolter«, versteht ihn natürlich auch. Wagner, der seine Frau mit aschfahlem Gesicht und tiefer Verstörtheit zu Tode erschrecken kann: Befragt nach der Ursache, stellt sich am Ende heraus, dass er in Luzern einen kranken Hund sah. Dieser Anblick! Und nicht helfen können![129]

Auch Richard Wagner hat schon mit der fleischlosen Ernährungsweise experimentiert, andererseits experimentieren die Armen allerorten erzwungenermaßen mit ihr, vom Schicksal Robbers, des Hundes, der kein Vegetarier werden wollte, nicht zu reden. Ja, Wagner ist schon einen Schritt weiter. Hochmut sei das Vegetariertum, Sektiererei. »… unsere ganze Existenz sei ein Kompromiss, den man nur dadurch sühnen kann, daß man etwas Gutes zustandebringe«, notiert die Zeugin und Schriftführerin des Haustagebuchs Cosima die Worte ihres Mannes. Asketen sind schrecklich. Und wer etwas leisten wolle in unserem Klima, der brauche Fleisch. Also sprach der Genius. Und was macht der Esel? Er sieht alles ein. Ja, wer wäre einer solchen Form des Arguments zugänglicher als gerade er?

Wie gut er gelernt hat, erfährt noch im September Freund und Baron Carl von Gersdorff, der Anstifter.

Zwar hatte Nietzsche schon einmal in Leipzig, als vor beiden zwei riesige *Coteletts mit Allerlei* standen, den Mut gefunden, dem Freund zu erklären, dass das Vegetariertum nicht ohne innere Paradoxie zu denken sei. Doch nun, nach dem Abend bei Wagner, arbeitet es mächtig in ihm. Der Pflanzenköstler möchte kein Pflanzenköstler mehr sein. Wagner habe ihm *mit kräftigster Ansprache alle die inneren Verkehrtheiten jener Theorie und Praxis vorgeführt. Das wichtigste für mich ist, daß hier wieder ein Stück jenes Optimismus zu greifen ist, der unter den wunderlichsten Formen, bald als Socialismus, bald als Totenverbrennung* – statt herkömmlicher Bestattung –, *bald als Pflanzenkostlehre ... immer wieder auftaucht: als ob nämlich mit der Beseitigung einer sündhaft-unnatürlichen Erscheinung das Glück und die Harmonie hergestellt sei.*[130]

Ja, er hat noch mehr gelernt, denn Gersdorff liest: *Der Canon, den die Erfahrung auf diesem Gebiete giebt, ist der: geistig productive und gemüthlich intensive Naturen m ü s s e n Fleisch haben. Die andre Lebensweise bleibe den Bäckern und Bauern, die nichts als Verdauungsmaschinen sind.* Die Logik des Professors ist an dieser Stelle nicht ganz verständlich: Warum sollten gerade Verdauungsmaschinen nicht auch Fleisch verdauen? Auf Wagner kann er sich an dieser Stelle nicht berufen, der hat nichts gegen Bäcker und Bauern. Und was unterscheidet Bäcker und Bauern eigentlich von Fleischern?

Nach Maßgabe seiner Einsicht hätte es noch ein harmonischer Abend bei Wagners werden können, das Fatale war nur: Der Professor sah zwar alles ein und noch viel mehr, aß den Braten aber trotzdem nicht. Er hatte Gersdorff das Pflanzenköstlertum gelobt, er gedenkt sich daran zu halten, bis – so Nietzsche an den Freund – *D u s e l b s t* mir die Erlaubnis giebst anders zu leben. Es geht Nietzsche nicht anders als Wotan: Den Verträgen bin ich nun Knecht! – Ein Esel mit Prinzipien! Nun wird der Gastgeber wirklich böse.

Und an den kleinen König darf er gar nicht denken. Denn der weiß im Grunde nur zu gut, was er ihm antut, wenn er ihm sein

Werk nimmt und es schändet. Es gehe ihm wie einem Vater, »dem man sein Kind entrissen, um es der Prostitution preiszugeben«, wird er Ludwig bald schreiben. Nur drei Tage nach dem missglückten Mittagessen, am 22. September, wird das »Rheingold« in ebenso erzwungener wie demonstrativer Abwesenheit seines Schöpfers uraufgeführt. Wagala Weia! Wallala Weiala Weia! Der Kritiker des »Münchner Vaterlands« hört die Wogen des Flusses, sieht die Rheintöchter auf seinem Grunde und ist ganz sicher, geradewegs in ein »Hurenaquarium« zu schauen. Der Sänger Heinrich Vogl erhebt wegen Ehrbeleidigung seiner Frau, einer Rheintochter, umgehend Klage.

Hörte der Kritiker des »Vaterlandes« denn nicht, dass er Zeuge der Schöpfung der Welt wurde? Schöpfung: Das weist eben nicht auf einen Töpfer bei der Arbeit, wie er einem Kind gleich Formen aus Lehm schafft, nein, das muss ein hochlöslicher Vorgang sein, ein Schweben. Wagner, der Musiker der Evolution, der Psychologe der Zukunft: Die Rheintöchter im Fluss sind von diesem noch nicht wirklich unterschieden. Es ist eine Gestaltwerdung, keine Gestalt. Darum ist es nur dieser eine Ton, nur dieses Es-Dur, minutenlang und länger. Wie viele deutsche Volkslieder hätte man singen können, bis er es endlich schafft, sich zu entwickeln – aber wohin? Vorläufig nur in seinen eigenen Dreiklang. Ja, es ist eine Frechheit, eine hochpräzise, eine geniale Frechheit. Erst wo diese Unschuld des Werdens den sexuellen Anklang bekommt – Alberich! –, wird die Differenzierung unaufhaltsam und ist der Sündenfall längst geschehen: Die Welt entsteht.

Seit wann geben Opern Evolutionstheorien in Tönen und sind in dem Augenblick zu Ende, wenn die Welt da und schon nicht mehr zu retten ist?

Noch ist kein Mensch an Fortsetzungsopern gewöhnt.

Und die Hauptmeldung des Tages mahnt an Ende, nicht an Fortgang. Die Nachrichten aus München und die vom Brand der Dresdner Semperoper treffen zeitgleich ein. Einst hatte er, Richard Wagner, Revolutionär zu Dresden, das Dresdner Opernhaus mit in Brand gesteckt, zumindest ideell. Dann wurde Sempers Oper gebaut. Dann entwarf Semper Pläne für sein eigenes, Richard Wagners, nun gut, König Ludwigs, also Richard Wagners Opernhaus mitten in München. Und nun gibt es das erste nicht mehr, und das zweite wird es wohl nie geben. Also auch den »Ring« – niemals? Das »Rheingold« glänzte trotzdem, vor allem, wenn man die Bühne nicht sah, bei geschlossenen Augen. Überhaupt sollte man nur so Musik hören, meint schon seit längerem der Pflanzenköstler. Wozu Bühne, wozu Kostüme, wozu das ganze Theater? Nichts als Ablenkung von den Noten. So fühlt er es schon jetzt. So sagt er es erst später.

Der unbekehrte bekehrte Vegetarier fährt zum ersten Mal seit seiner Ankunft in der Schweiz nach Hause zu Mutter und Schwester und erteilt zwei *Vorsichtsmaßregeln. Erstens dürft Ihr nicht vergessen, daß ich … mich für die Wintervorlesungen vorzubereiten habe: haltet mir deshalb alle irgend überflüssige Welt vom Leibe. Zweitens dürft Ihr mich in meiner Lebensweise nicht stören: … ich habe nämlich die letzte Zeit nach der Einladung von Gersdorff, von nichts als Brot Milch Weintrauben Früchten und einer Suppe gelebt.*[131]
Wie anders ist seine Welt geworden, seit er Naumburg verließ. In der altvertrauten, ihm zu engen Stadt steht der Herbst vor seinem Fenster, *der nordische Herbst, den ich so liebe … weil er so reif und wunschlos unbewußt ist. Die Frucht fällt vom Baume, ohne Windstoß. Und so ist es mit der Liebe der Freunde,* fährt Friedrich Nietzsche fort, *ohne Mahnung, ohne Rütteln, in aller Stille fällt sie nieder und beglückt. Sie begehrt nichts für sich und giebt alles von sich.*[132] Dieses Liebesherbstwort ist für Rohde, wie sehr es auch Wagner und Cosima einschließt, ahnt der Freund wohl, auch wenn der Briefschreiber dem Tribschener Pflanzenköstlerskeptiker zum ersten Mal alle Ehrentitel verweigert und ihn im selben Schreiben ein *Exemplar* nennt, aber was für eins: *Natürlich ist mir Wagner im höchsten Sinne förderlich, vornehmlich als Exemplar, das aus der bisherigen Aesthetik unfassbar ist.*[133]

Auch in Tribschen denkt man an den Freund. Der Vater nimmt seinen Sohn auf den Arm, spielt lange mit Siegfried, der noch kein halbes Jahr alt ist, und denkt schon weit voraus. Einmal, sagt er seiner Frau, werden sie ihn weggeben müssen. Wenn er zum Mann wird, so notiert Cosima Wagners Worte, »muss er unter Menschen kommen«, also den Weltwiderstand kennenlernen. Sich vielleicht sogar Duellforderungen einhandeln und das Geld seiner Mutter verspielen. Aber so konkret wird Richard Wagner nicht, er begnügt sich mit der Erwähnung von Ungezogenheiten und Schlägereien. Denn sonst würde Siegfried »zum Phantasten« wie Ludwig: ein großes egomanes Kind.

Dass Wagner zwischen den beiden Eseln mit Prinzipien, Ludwig und Friedrich, durchaus zu unterscheiden weiß, zeigt der Fortgang seines Nachdenkens. Zu Nietzsche werden sie Siegfried geben, bei ihm soll er dann leben, und – so der Vater – »wir werden von weitem zusehen, wie Wotan der Erziehung von Siegfried zusieht. Er wird bei Nietzsche zweimal die Woche Freitisch haben, und alle Sonnabende werden wir Bericht erwarten.«[134]

So nah sind sie sich bereits. Friedrich Nietzsche hat eine neue Familie, Heimat ist für ihn nicht mehr allein in Wagners Musik, sondern bei ihm zu Hause. Richard Wagner muss nicht auf Freud warten, um zu wissen, was der »Vatermord« ist, er hat ihn schon komponiert. »Geh mir aus dem Weg, Alter!«, ruft Siegfried, als ihm Wotan in den Weg tritt. Und der Junge zerbricht den Speer des Vaters.

Nietzsche ist kein Siegfried-Typ, und Wagner ist nicht Wotan. Dennoch wird genau das einmal zwischen ihnen geschehen.

Cosima und Richard
Wagner, 1872.

Parsifal und das Lebensabschlusspaar

Zu Weihnachten ist jeder bei seiner Familie. Also wird Friedrich
Nietzsche in Tribschen erwartet, und zwar »mit Jubel« (Wagner). Die Tribschener richten im Advent die »Denkstube« neu
ein, jetzt mit Bibliothek, denn Professoren, so argwöhnen sie,
können ohne Bücher nicht denken. Und da wäre es doch großartig, wenn Nietzsche in Basel »die Klassiker« bestellen könnte,
also den schriftlichen Nachlass der Griechen und Römer. Und da
es ein Vorurteil ist zu meinen, bei Büchern komme es allein auf
den Inhalt an, hat die Baronin noch einen Vorschlag. Er könne
sie auch gleich noch einbinden lassen, »und zwar die Griechen
röthlichbraun und die Römer gelblichbraun, (marmorirtes
Papier mit Lederrücken, das Papier auch mit bräunlichen Fär-
bungen, z.B. weiss, gelb, und ein kleiner brauner Fleck dar-
ein), und die Titel der Autoren auf verschiedenfarbig kleinen

Zetteln – oder wie man das nennt – damit man sie leicht unterscheiden könne.«[135] Wenn er aber nun ohnehin schon einkaufen gehe, wäre es nicht übel, er schaue gleich noch beim Spielwarenhändler in der Eisengasse vorbei. Er brauche dort nur den beiliegenden Zettel abzugeben und nachher natürlich alles, was darauf steht, abzuholen. Während Cosima die Wunschliste ausfüllt, webt Wagner unter ihr am Nornenseil.

Vielleicht wird ihm dabei bewusst, wie riskant und allzeit gefährdet sie das seine gefertigt haben – auch hat er einen Schnupfen und Unterleibsschmerzen –, außerdem verfügt er noch über kein ganz zufriedenstellendes Geschenk für die Baronin, weshalb Friedrich Nietzsche nur wenige Tage später auch Post vom Komponisten bekommt: »Vortrefflichster Freund! Ich begehe einen Akt des ausschweifendsten Vertrauens in Sie, indem ich Ihnen mit diesen Zeilen eine ziemliche Masse von Manuscript werthvollster Art, nämlich den Anfang meiner Dictate von meiner Lebenserzählung, zusende. Meine Absicht dabei ist zwiefach.«[136] Zum einen ist der »vortrefflichste Freund« zum ersten Lektor dieses Berichts eines Lebens bestimmt, wie es überbordender im guten wie im bösen Sinne kaum gedacht werden kann. Wenn aber einer ohnehin liest, kann er dann nicht auch gleich Korrektur lesen? Und wer sollte dazu berufener sein als ein Philologieprofessor? Zum anderen wäre es sehr wünschenswert, wenn er noch vor Weihnachten einen Bogen zum Druck fertig machen lassen würde – für Cosima zum Fest. Es folgt eine halbe Seite Konkretion, wie das am besten zu setzen sei.

Nur Tage später meldet sich die Baronin wieder: »Kennen Sie den Herrn K i e p e r gegenüber der Post?« Bei dem gibt es Wasserkrüge. Und was gäbe sie drum, so einen »Wasserkrug von sechs oder vier Gläsern umgeben auf gläsernem Plateau« zu bekommen. Der Buchhändler und der Buchbinder, der Puppen- und der Gläsermann mögen die Rechnungen nur direkt an sie schicken.

Außer als Christkind hat Friedrich Nietzsche auch noch ein Engagement als Professor, doch darauf kann Cosima jetzt keine Rücksicht nehmen. Was wirklich noch fehle zum Fest, teilt sie dem späteren Philosophen des Willens zur Macht und Erfinder des Übermenschen mit, das sei »Tüll mit Goldsternen oder

Pünktchen«. Das gibt's nicht in ganz Luzern. Nur er könne hier helfen, und »falls es keinen Tüll«, dann eben »Tarlatane«. Auch Mutter und Schwester erfahren, vor welchen Herausforderungen der Sohn und Bruder steht: ... *weißen Tüll mit Goldsternen, für das Christkindchen aus Paris* ... *Da hört doch alles auf!*[137] Beim Einkaufen kann man gut nachdenken. Manchmal macht Friedrich Nietzsche beim Nachhausekommen noch Notizen: *Die großen Denker des tragischen Zeitalters denken über keine anderen Phänomene nach als die, welche ebenfalls die Kunst erfasst.*[138] Oder: *Die griechische Welt eine Blüthe des Willens. Wo kamen die auflösenden Elemente her? Aus der Blüthe selbst. Der ungeheure Schönheitssinn, der die Idee der Wahrheit in sich aufsaugte, ließ sie allmählich frei. Die tragische Weltansicht ist der Grenzpunkt: Schönheit und Wahrheit halten sich die Waage.*[139]

So kurz vor dem Fest, beladen mit Tüll mit Goldsternen, denkt Friedrich Nietzsche auch über die Natur der Feste nach. Woher haben wir die? Woher hatten sie die Griechen? Und sollte nicht ein Fest der Schlüssel zur Einmaligkeit ihrer Kultur sein? Friedrich Nietzsche kommt zu folgendem Schluss: *Feste setzen Triebe voraus: später verstimmen sie durch die Convention und die Gewohnheit, beim Nachlassen der Kraft. Frühlingsfeste als Freiheits- und Gleichheitsfeste, Wiedervereinigung mit der Natur.*[140] Was aber wäre dann Weihnachten? Und wann genau beginnt es?

Aus Tribschen klingt Kritik an seinen Reiseplänen herüber. Was muss Richard Wagner hören, er wolle erst »am Freitag« in Tribschen eintreffen? Das ist schon der Geburtstag des Christkinds selbst. Auch Cosima findet den »Freitag« höchst bedenklich, er solle lieber »etwas früher« kommen und die »Äpfel und Nüsse vergolden helfen«[141]. In dem Fall würde sie ihm auch verraten, was »Iftekhar« ist, welcher soeben eingetroffen sei. Am 19. Dezember folgt noch eine Mahnung des Hausherrn: »Rüsten Sie sich mindestens wie Falstaff zu seinem Kriegszuge. Müssen Sie denn auch gerade erst Freitag um 3 Uhr kommen? – Nun, nun! Ich will nicht zanken. – ›Lobet Gott den Herrn!‹ Besten Gruss! Ihr Richard Wagner«[142].

Der Professor bleibt eigensinnig beim Freitag, trifft aber statt um 3 Uhr schon am Vormittag ein und hilft Cosima, das Puppentheater aufzubauen. Oben am Puppentheater bringen sie gemeinsam »Iftekhar« an, den Orden, den der Bey von Tunis Wagner soeben verliehen hatte, ganz aus Blech. Sie vergolden die letzten Äpfel und Nüsse.

Seelenblinde Interpreten, denen Liebe gleich Sexualität ist und der Rest Herrschaft und Knechtschaft, die nichts wissen von Nietzsches Herbstliebe, die *ohne Mahnung, ohne Rütteln, in aller Stille* niederfällt *und beglückt,* haben aus alldem Missbrauch eines Akademikers gefolgert. Sie mögen sich ihre Strafe selbst bestimmen.

Nietzsche erträgt das Banale, das Alltägliche nicht. Auch deshalb war ihm Schopenhauer wie eine Offenbarung gewesen, weil er aussprach, was der damals 21-Jährige längst ahnte: dass die meisten Menschen leben, ohne jemals die Augen aufzuschlagen, luftdicht über sich gestülpt die Alltagshaube aus Trieb, Aberglaube und Konvention, »Fabrikware der Natur« eben. Aber hier in Tribschen war dieser Alltag zugleich Festtag. Schon weil alle Beteiligten sich gleichsam auf schwebendem Grund wissen, im Gefolge des Dionysos, der von Genellis Bild auf sie hinunterschaut, Doppelgott der Verzückung und Vernichtung.

Sie existieren in einem Reich der Übergänge, das principium individuationis, das den Menschen einschließt in sich selbst, ist momentweise außer Kraft gesetzt wie in jeder Liebe und sieht sich zugleich in seine schönsten Rechte eingesetzt, in jene des schöpferischen Geistes.

Dieser Eros umgibt sie, doch als reiner Geist, und nur insofern, als er zugleich auch die Körper beseligt, vergeistigt und erhebt – eine Sphäre, in der das Wort bald an die Grenzen dessen stößt, was es noch ausdrücken kann, und eben dort übernimmt die Musik, die älter ist als die meinende Sprache. Sollte hier gar eine Weltordnung zu entdecken sein, eine älteste, fast vergessene? Und kann sie wiederkehren, insofern man nur von ihr weiß? Eine Entdeckungsreise für Musiker wie Philologen gleichermaßen. Sie erkunden das unbekannte Land als Arbeits-, Denk-, Musik- und

Lebensgemeinschaft, und Cosima ist immer eingeschlossen, in einer Lebensform also, von der die Künstler, diese großen Solisten des Daseins, erwählt und verurteilt zum Alleinschaffen, Alleinsein so oft träumen und die sich doch so selten erfüllt.

Jeder erkennt sich im anderen, noch immer ist dies die vielleicht schönste Formel der Liebe. »Wären Sie Musiker geworden, so würden Sie ungefähr das sein, was ich geworden wäre, wenn ich mich auf die Philologie«[143] geworfen hätte, sagt Wagner dem einunddreißig Jahre jüngeren Freund kurz nach diesem Weihnachten. Aber er hat es ja getan, wenn auch in nicht ganz gewöhnlichem Sinn, denn die Philologie dirigiere ihn als Musiker.

Sie sind nun so vertraut miteinander, dass Wagner und die Baronin von Bülow ihn sogar in die Gründungsurkunde ihres Bundes einweihen, und das ist in gewisser Weise der »Parsifal« – das Werk, das Nietzsche später als Grund ihres Bruchs angeben würde: Zu viel Abendmahl, zu viel Weihrauch darin?

Aber zu Weihnachten, zur Geburt des Erlösers, passt es sehr gut, also lernt er es schon jetzt kennen. Wagner liest die Urfassung seines »Parsifal« vor, und kein Laut einer Befremdung des Professors ist bezeugt.

Ob die Tribschener ihm auch die Umstände seiner Entstehung erläutert haben, ihm also ihre eigene Geschichte erzählt haben, auch sie eine Erlösungsgeschichte mit gleich zwei Erlösten und Erlösern darin?

*

In gewissem Sinn steht ihr Bund im Zeichen des Todes. Im späten Herbst seiner tiefsten Verzweiflung war Richard Wagner für einen Tag in Berlin. – Er kam von den Wesendoncks, zwischen ihnen und ihm hatten alle Zeichen auf Abschied gedeutet; er wollte weiter nach Schlesien, wo er auf Einladung des Fürsten von Hohenzollern-Hechingen mit dessen Privatorchester aufzutreten gedachte. Sein Freund Hans von Bülow hatte ihn zu dem Zwischenhalt gedrängt. Berlin liege doch gewissermaßen auf halbem Wege zwischen Zürich und Schlesien, und dürfe der Freund wirklich den Tag versäumen, an dem er, Bülow, sein neues Werk zur Uraufführung bringe, die Orchesterballade »Des Sängers Fluch«?

Wagner kam, Bülow probte noch »Des Sängers Fluch«, also unternahm er mit dessen Frau am Nachmittag eine Wagenfahrt.

Richard Wagner war der Tochter seines Freundes Franz Liszt immer wieder begegnet, er sah sie größer werden in Paris, sah sie dann plötzlich auch als Frau des jungen Hans von Bülow. Sie hatten immer den leichten, gelösten Ton miteinander gefunden, in den sich manch anderes mischte, und es war auch schon vorgekommen, dass die Baronin von Bülow, die formbewusste Cosima, ihm die Hände geküsst hatte – schließlich komponierte er nichts anderes als die Erlösung, und niemand hat diese so nötig wie eine unglücklich verheiratete Frau.

Es war ein merkwürdiges unausgesprochenes Einverständnis zwischen ihnen, aber jetzt, bei dieser Ausfahrt, fanden beide nicht in den leichten Ton, nicht ins alles Umspielende. Dabei besaßen sie bereits Erfahrung mit gemeinsamen Wagenfahrten. Bei ihrem letzten Zusammentreffen, im September 1862, hatte er Bülow und seine Frau zu ihrem Gasthof begleitet, sah unterwegs eine Handkarre mit nur einem Rad stehen und forderte Cosima freundlich auf, einzusteigen. Er wolle sie zum Hotel fahren. Das war übermütig, und er war übermütig, auch weil die junge Frau immer den Tränen nahe war, wenn sie seine Musik hörte. Diesmal hatte er ihnen eigenstimmig »Wotans Abschied« vorgesungen und auch die Wesendonck-Lieder, von denen er schon wusste, dass er nie Besseres gemacht hatte, als er sie noch komponierte. Übermut also, Zuversicht, ein unbestimmtes Gefühl des Zusammengehörens. Erstaunt war er dennoch, als die Baronin sich ohne zu zögern in die Schubkarre setzte. Vor Verwunderung verließ ihn jeder Mut; Bülow kam heran, holte sie ein und tadelte seine Frau.

Diesmal war keiner da zum Tadeln. Und sie saßen beide im selben Wagen. Sie werden die leichten Worte ausprobiert haben, nur ist, wer dabei abstürzt, dann umso schutzloser. Unmöglich, die Masken wieder aufzusetzen, und so erkannten sich zwei Verzweifelte: »Diesmal ging uns schweigend der Scherz aus: Wir blickten uns stumm in die Augen, und ein heftiges Verlangen nach eingestandener Wahrheit übermannte uns zu dem keiner Worte bedürfenden Bekenntnisse eines grenzenlosen Unglückes.« Und es folgt der Satz, der in allen Ausgaben von »Mein Leben« vor 1963 fehlte: »Unter Tränen und Schluchzen besiegelten wir das Bekenntnis, uns einzig gegenseitig anzugehören.« Die Meisterin war der Meinung, der Leser müsse nicht alles wissen und hat beherzt gestrichen.

In ihrem Tagebuch aber wird sie immer dieses Datums gedenken, so wie auch in diesem Jahr: »Sonntag 28ten November Heute vor 6 Jahren kam R. durch Berlin, und da fand es sich, daß wir uns liebten; damals glaubte ich, ich würde ihn niemals mehr sehen, wir wollten gemeinsam sterben.«[144]

Zwei Sätze von der Liebe bis zum Tod? In der Oper brauchte Richard Wagner für diesen Übergang immerhin mehrere Stunden. Und wie stirbt man gemeinsam, wenn man sich niemals mehr wiedersieht?

Briefe des Unglücks gingen hin und her. Auch sie fielen der Bayreuther Selbstzensur zum Opfer. Ein Selbstmörderbund passt nicht ins Festspiel-Bild.

Liebe? Vielleicht ist das Wort an dieser Stelle zu ungenau, zu romantisch auch. Was ihre Maskenlosigkeit voreinander bedeuten konnte, wussten sie wohl beide nicht. Es war eine Solidaritätserklärung der Seelen, eine unbedingte Beistandsverpflichtung, ein Vorbehaltslosigkeitsdekret vor dem Novemberhorizont ihres Lebens.

Der Gedanke an ein eigenmächtiges Ende begleitete auch Cosima längst. Und sie wusste, dass er es wusste. Und er wusste auch, dass sie wusste, wie bodenlos allein er war, wie er an einem Tag gleich zwei Frauen verlor – die, die er liebte, und seine Ehefrau, Mathilde Wesendonck und Minna. Er ahnte, dass sie gewiss eine gute Daseinsabschlussbegleiterin sein könnte, selbst wenn sie eine gewisse Reserve gegenüber Doppelsuiziden besaß. Auch das wusste er.

Die jung verheiratete Frau, durch deren Gesicht hindurch er noch immer das Kind sah, das er kannte, hatte ihm einst nicht nur die Hände geküsst, als ihre Wege sich in der Schweiz kreuzten. Es war eine kurze Gemeinsamkeit gewesen, in der sie im Grunde nur Randfiguren füreinander waren, aber zum Abschied lag sie auf Knien vor ihm, und seine Hände wurden nicht nur nass von ihren Küssen, sondern auch von ihren Tränen. Und war ihm die junge Ehefrau nicht schon am Vortag durch eine gewisse, nur panisch zu nennende Zärtlichkeit für ihn aufgefallen? »Erstaunt und erschrocken« habe er dem Rätsel nachgeblickt.

Man muss nicht Richard Wagner sein, um hier nähere Information zu wünschen, und die Aufklärung war nicht weit, ja, sie stand direkt neben ihm. Sein Freund Karl Ritter war mit Cosima gerade aus Genf zurückgekehrt, wo sie ihre Schwester Blandine treffen wollte. Ritter musste etwas wissen.

Und Richard Wagner erfuhr: Wie Cosima plötzlich vor Karl gestanden habe, überlebensgroß, mit einer überlebensgroßen Forderung. Er solle sie töten, hier und jetzt. Wie der Beauftragte erbleicht sei. Ob er zögerte oder seine Antwort sofort kam, ist nicht mehr aufklärbar. Nur dass sie sehr anders ausgefallen war, als die Entschlossene hoffen durfte, ist gewiss. Umbringen, warum eigentlich nicht? Hier und jetzt, warum eigentlich nicht? Erst er sie, dann er sich. Zusammen oder gar nicht. Da lehnte Cosima ab, diese Verantwortung wollte sie nicht übernehmen. Schließlich schlug sie eine Bootsfahrt auf dem Genfer See vor.

Bootsfahrten sind eine gute Gelegenheit, sich zu ertränken. Und vom Wasser aus bietet sich genau die Perspektive, die ihr einzig wahrhaftig erschien: Da ist kein Land mehr, immer weiter weicht es zurück, sie wird es nie mehr erreichen. Also würde sie springen, schon aus Realitätssinn. Sie sprach die Absicht nicht aus, trotzdem legte ihr Begleiter kühl seine Absicht dar, im selben Augenblick auch zu springen. Gemeinsam untergehen oder gar nicht. Cosima sah sich außerstande, das Ende eines weiteren Lebens zu verfügen. Also kehrten sie resigniert erst zum Ufer, dann nach Zürich zurück und verabredeten, einander über ihre Stimmung und Entschlüsse Nachricht zu geben.

Nicht dass der so Informierte die Welt nicht mehr verstanden hätte. Er war gerade dabei, einen Gemeinschaftssuizid zu komponieren, gegen den Shakespeares »Romeo und Julia« nur ein Schattenspiel, nur ein Scherenschnitt sein würde. Es gibt nichts Wirklicheres als die Welt in den Farben des Abschieds.

In Karl Ritter und Cosima hatten sich zwei unglücklich Verheiratete erkannt. Machte sie diese Erkenntnis nicht zum Paar auf Leben und Tod? Lag in dieser Erkenntnis nicht beinahe schon Liebe? Karl Ritter erklärte seinem Freund, dass er sich nun in jeder Minute bereit zu halten gedenke für Cosimas Entschluss. Der Komponist des so noch nicht dagewesenen Weltabschieds sah sich außerstande, das zu tadeln. Er teilte es Mathilde Wesendonck mit, der Frau, mit der er gerade sterben wollte, zumindest in der Musik. Er sagte Mathilde, dass er dem Freund nicht direkt abraten konnte, »denn in der Liebe zeigt ihr Frauen uns den Weg, und der Mann kann zu seiner Befreiung von der Gemeinheit des Daseins nichts Besseres thun als Euch nachzuahmen, Euch zu folgen, wenn Ihr liebt.«[145]

Doch noch kritisiert Richard Wagner das Motiv. Ist eine unglückliche Ehe nicht ein zu trivialer Grund, um den Tod zu wünschen? Schöner sterben! Und vor allem, jeder »Tristan«-Hörer weiß das, nichts übereilen: Langsamer sterben! Der Komponist kennt den Weg. Wagner an Mathilde Wesendonck: »Wie anders näherten wir uns! Wie anders lernten wir uns kennen, und wie anders gestaltete sich uns daraus die schöne Notwendigkeit, im Tode uns zu vereinigen, vereinigt zu sterben! Bei uns haben die Jahre die Blüte gereift: liebte ich Dich sogleich, wie tief und weit verzweigte sich doch erst diese Liebe bis in die feinsten Fasern meines Wesens, ehe ich bestimmt und deutlicher Dir zu gestehen wagte, daß ich mit Dir sterben wollte!«[146]

Das hatten die beiden Todesanfänger nicht berücksichtigt, dass auch das Sterben eine Kunstform ist. Dass es darauf ankommt, größer zu werden, weiter zu werden im Abschied, anstatt einfach bloß weg zu sein. Ein Genie erkennt man wohl daran, dass es in der Lage ist, seine Auffassung, die nicht die Auffassung der Welt ist, ihr trotzdem aufzuprägen. Sie für die Dauer eines Hörens vergessen zu lassen, dass sie eigentlich dagegen ist.

Aber auch Richard Wagner befindet sich durchaus nicht immer auf der Höhe der eigenen Einsicht. Inzwischen genügte es ihm sehr wohl, einfach nur weg zu sein. Und zu zweit geht man vielleicht nicht einmal schöner, aber leichter.

Damals hatte er sich ihre Küsse und Tränen doch noch erklären können: Sie hatte Abschied genommen von ihm, von dem vertrauten Gesicht, das schon über ihrer Kindheit gewesen war. Selbstmörder neigen nicht zu mittleren Gemütslagen.

Bald nach ihrer Hochzeit hatte die junge Frau begriffen, dass diese Verbindung ein Irrtum war. Mag sein, Bülow wollte vor allem seinem verehrten Lehrer und Meister Franz Liszt eine Freude machen, indem er dessen doch recht unehelicher Tochter seinen adligen Namen gab. Das Band zwischen Lehrer und Schüler wurde so noch enger. Cosima wiederum, das von wechselnden Gouvernanten aufgezogene, eigentlich elternlose Kind, war auf der Flucht vor sich selbst. Sie nennt ihr Leben vor dem Bund mit Wagner »einen wüsten, unschönen Traum«. Im Frühjahr dieses Jahres, an Blandines Geburtstag hatte sie wie so oft des 19. März sechs Jahre zuvor gedacht: »Vor sechs Jahren war mir um diese Abendstunde recht übel; übel und elend dabei. Wie stumpf und dumpf brachte ich ohne jeden Beistand das Kind zur Welt; wie gleichgültig wurde es vom Vater empfangen! Einzig war in der Ferne Richard um mich besorgt, und ich wusste es nicht. ... So elend fühlte ich mich damals, daß ich keinem sagte, daß die Geburtswehen über mich kamen.«[147] Ihr Mann war da, die Schwiegermutter auch und die ganze Dienerschaft, aber sie irrte nachts allein durch die Räume, bis sie mit einem langen Schrei zusammensackte. Man trug sie auf ihr Bett, Blandine – Boni – kam, noch bevor die Hebamme eintraf. »In jedem Haus ist die Erwartung eines Kindes eine Freude, ich wagte es Hans kaum zu sagen, daß ich schwanger sei, so unfreundlich nahm er es auf, gleichsam wie eine Störung seines Behagens. Niemandem habe ich je dies gesagt; jetzt schreibe ich es auf, nicht um Hans anzuklagen (die Mühsale des Lebens waren für ihn zu groß, und er hat nicht gewußt, was einer Frau wohl- und wehtut, da ich immer geschwiegen), sondern weil ich mit Grauen an diese Nacht in Berlin denke und mir die Erfüllung meines Schicksals an ihr recht begreiflich wird.«[148]

Erfüllung ihres Schicksals? Aber was hätte ungewisser sein können?

Der Mai des kommenden Jahres fand Richard Wagner erlöst durch den König von Bayern. Eigentlich hatte er nun keine Lebensendbündnisse mehr nötig. Der König mietete ihm eine Villa auf dem halben Wege nach Schloss Berg. Dort residierte Ludwig, der seinen Komponisten in der Nähe wissen wollte und ihn täglich erwartete, um sich vorsingen, vorspielen und vorlesen zu lassen, um mit ihm zu sprechen.

Das Dienerehepaar Anna und Franz Mrazeck sowie Pohl, den Hund, hatte Wagner bereits aus Wien in sein neues schuldenfreies Leben überführt, ins Haus Pellet in Kempfenhausen am Starnberger See. Ende Juni erwartete er Hans von Bülow, den er gern in den Diensten der bayerischen Krone wissen wollte. Außerdem vermisste der neue Leibmusikant des Königs schmerzlich eine Frau; er knüpfte schon alte, im Grunde längst beerdigte Verbindungen neu. Denn wie auch sollte er den Bund interpretieren, den er mit einer Frau hatte, die mit ihrem Mann anreisen würde?

Und dann kam Cosima allein.

Der kränkliche Hans von Bülow war plötzlich noch kränker als üblich geworden, so hatte er seine Frau und die beiden Töchter vorausgeschickt, er werde nachkommen.

Die eine Woche ohne ihn entschied alles. Richard Wagner begriff, dass er gar nicht mehr suchen, nur noch finden musste. Und die Baronin? Formulieren wir es so: Cosima von Bülow hatte keine Wahl. Sie hatte seine Musik immer geliebt, und nun konnte sie den Mann gleich dazu bekommen. Auf Beistand kam es an, unbedingt, aber nicht am Ende aller Dinge, sondern an deren neuem Beginn. Und war sie nicht jung genug, um noch einmal ganz neu anzufangen? So deuteten Richard Wagner und die Baronin von Bülow ihren Spätherbstlebensendbund neu als Frühsommerlebensanfangsbund. Wagners treues Dienerpaar überlieferte hochbetagt die einzigen Augenzeugenberichte. Wie die beiden da so Arm in Arm gegangen seien, was sie mit größter Ausdauer taten, sei nicht zu vermuten gewesen, dass sie einander bei geringeren Graden von Öffentlichkeit losgelassen hätten.

Am 7. Juli traf der Dirigent und Schöpfer von »Des Sängers Fluch« im Haus Pellet ein, noch immer krank und hoch nervös. Die beiden anderen wussten augenblicklich, dass dies nicht die Stunde sein konnte, ihn noch kränker zu machen. Allein es ließ sich auch bei rücksichtsvollstem Schweigen nicht verhindern. Als Hans von Bülow Wagners Schlafzimmertür verschlossen fand und seine Frau dahinter wusste, verlor er die Nerven. Er warf sich auf den Boden und schrie, berichtete Frau Mrazeck. Doch es ging ihm wie allen in vergleichbarer Situation. Dem Außer-sich-Seienden blieb nichts übrig, als sich wiederzufinden oder das, was von ihm geblieben war.

Richard Wagner, der sich unbegabt sah zur Bach-Nachfolge, erklärte sich seine neue Lebenssituation bald musikalisch: Er lebe mit Cosima »wie in einer Bachschen Doppelfuge«.

Nur ging das manchmal auch über seine Kräfte, etwa damals, als Franz Liszt Tochter und Schwiegersohn nach Pest zur Uraufführung seines Oratoriums »Die heilige Elisabeth« einlud, Wagner umdüstert in der Jagdhütte des Königs auf dem Hochkopf saß, in sein Braunes Buch Gedanken an und Hilferufe nach Cosima eintrug und in den letzten Augusttagen 1865 auch die erste Skizze zum »Parsifal«. Die Idee war schon älter, aber nun wurde sie zur Beschwörung. Sein »Parsifal« gegen die »Heilige Elisabeth« ihres Vaters.

Es wurde längst gesagt: Richard Wagners Furcht war nicht ganz unbegründet, denn Liszt hatte die Idee, dass Wagner ihre Ehe zerstört hatte, nie begrüßenswert gefunden. Und nun war sie ihrem Vater und ihrem Mann ganz preisgegeben – womit musste er rechnen? Es galt, ihren katholischen Seelenhorizont zu stärken. Ihren Glauben an Vergebung, Reinheit (zumindest der Absichten) und Erlösung! Und war nicht er, trotz all seiner Gottlosigkeit, der Fachmann für Erlösung? Richard Wagner liest Weihnachten 1869 den »Parsifal«. Cosima und der Professor lauschen, wie sich das für ein Werk dieses Themas an diesen Tagen gehört: andächtig. »Parsifal« verfehlt seine Wirkung auch diesmal nicht. »Erneuerter furchtbarer Eindruck«, notiert Cosima.

Wie viel Unfriede liegt hinter ihnen. Und nun ist stille Nacht überm Vierwaldstätter See, alle Kinder sind bei ihnen, alle, den

Neuankömmling dieses Jahres ausdrücklich mitgezählt. Wer käme jetzt in diesem Weihnachtsfrieden auf die Idee, dass Feste Triebe voraussetzen? Die Anwesenden unter Genellis Dionysos-Apollon-Bild ausgenommen.

Das potentielle Selbstmörderpaar schaut beinahe zuversichtlich in die Zukunft. Schon seit Monaten hat der Hausherr Cosima nicht mehr gesagt, er könne verstehen, wenn ihr das Leben zu schwer würde. Sie könne auf ihn rechnen. Er würde ihr folgen. Cosima betrachtet es inzwischen als größte »Errungenschaft ihrer Seele«, nicht mehr sterben zu wollen. Und Richard Wagner registriert neuerdings nicht ganz so beiläufig wie andere Leute, wenn er im Durchzug steht: »Wie soll man denn da alt werden?« Da hat er gerade ein neues Lebensziel entdeckt, und schon lässt sein Diener ein Fenster zu viel auf. Es beginnen, hier in Tribschen, die schönsten Jahre für Richard Wagner und Cosima von Bülow. Und für den fünfundzwanzigjährigen Tüll-mit-Sternen-Spezialisten und Nüssevergolder auch.

Es besteht erheblicher Grund zu der Annahme, dass Friedrich Nietzsche die Weihnachtsgans gegessen hat.

Sokrates, 470–399 v. Chr.,
Kupferstich nach antiker
Büste, um 1700.

Herr Nüüützsche geht aufs Eis:
Sokrates als Verhängnis des Abendlandes

Vom 3. Januar 1870 an klafft in Cosimas Tagebuch eine Lücke
von fast einer Woche. Das wird nie wieder – oder nur noch einmal – geschehen, aber sie weiß dafür eine Entschuldigung: »Die
meiste Zeit mit Pr. Nietzsche verbracht, welcher uns gestern verlassen hat.«

Das neue Jahr findet auch Wagner an einem Beginn, allerdings
am Beginn eines Endes. Er komponiert das Vorspiel zur »Götterdämmerung«.

»Sie bleiben bis zu Unserem zugleich eintretenden Tod mein
König und Gott, der Herr meines Lebens, der Grund meines Daseins«, meldet der kleine König nach Tribschen. Nein, Ludwig
hat nicht vor, den Mann zu überdauern, der seinem Leben einen
Sinn aus Tönen gegeben hat, und einen anderen, das ahnt Lud-

wig, hatte es nie und wird es nie haben. Aber so lange er lebt, also notgedrungen König ist, will er – Wagner wird das gleich erfahren –, was ihm zusteht. Am 12. Januar lesen es die Tribschener in der Zeitung: Der König befiehlt »Die Walküre«. Sein Urheber wird wohl nichts daran ändern können, und auch nichts anderes: nicht die Länge des kleinsten Tons, keine Zinne an Brünnhildes Helm.

Es ist eine Schmach. Cosima: »Die Walküre ist verhängt – nun mögen uns die Götter helfen.« Aber auf die ist, wie er aus seiner eigenen Oper wissen könnte, längst kein Verlass mehr. Also entschließt sich der Komponist zu einer Anfrage, um deren Vergeblichkeit er bereits weiß: Dürfe er, Wagner, Vater der Walküre, nicht selbst sein Kind vor dem Schlimmsten behüten und auf allerhöchsten Befehl nach München kommen? Ludwig lehnt ab. Wer hat es denn zu verantworten, dass Bülow weg ist, dass Richter weg ist ...? Der königliche Stolz wehrt sich gegen diesen unverschämtesten, gleichwohl begabtesten seiner Diener.

In Basel erwägt der Professor inzwischen, sich einen Hund zu kaufen und ihn »Perfall« zu nennen. Das ist, wie längst erwähnt, der Münchner Intendant. Aber Cosima ist dagegen: »... nur keine Ironie mit Thieren. Sie würden dem treuen ernsten Blick Ihres Hundes nicht mit gutem Gewissen entgegnen«[149], ein humoristischer Name indes sei in Ordnung. Im Übrigen rate sie sehr von der dänischen Dogge ab, an die Nietzsche denkt. Zu groß, zu lästig im Zimmer, »wogegen ein Wachtelhund oder ein schöner gescheidter Pudel Ihnen gewiss Freude machen wird«.[150] Als »Hund der Zukunft«, wie Cosima sagt.

Cosimas Anrede lautet jetzt vorzugsweise »Lieber Herr Nützsche«, denn die Kinder haben sich auf diese Aussprache seines Namens geeinigt, obwohl sie sich über den Beruf des Puppentheaterverantwortlichen durchaus uneins sind, »Fressor« sagt Eva. »Professor, er fresst ja keinen«, sagt Isolde.

Ihr Vater beginnt seinen zweiten Januarbrief nach Basel mit der Anrede »Liebster Unbedenklicher!«, um ihm »allerhand gute Entbindungen« zu wünschen. Die beiden Schwangerschaftssachverständigen wissen genau, worüber sie sprechen. Nietzsche wird in Basel gleich zwei Vorträge halten. Zur »Stillung der We-

hen« sende er, Wagner, seine neue Schrift »Über das Dirigieren«
mit. Eigentlich wollten die Tribschener selbst Entbindungszeu-
gen werden, aber Cosima zögert. Sie will nicht reisen, scheut jede
Öffentlichkeit. »Vielleicht ist es uns zum Sokrates möglich«,
tröstet sie den Professor. Aber dann kommen sie auch zum »Sokrates« nicht, denn ohne seine Frau fährt Wagner nicht, also
kommt Sokrates Anfang Februar schriftlich zu ihnen und löst
eine Wirkung aus, die akademische Vorträge nur ganz selten er-
zielen: Ungläubiges Erstaunen! Tiefe Verwirrung! Bestürzung!
Betroffenheit! Begeisterung!

Im Grunde ist man auf Tribschen immer mit Ursprungsfragen
befasst, und auch die schon etwas in die Jahre gekommene Schrift
des Hausherrn »Oper und Drama« ist eine große Untersuchung
derselben. Sie sind also mehr als vorbereitet, und doch ist es, als
entstünde die Welt noch einmal vor ihnen. Und eben: irgendwie
falsch.

Wir wagen an dieser Stelle, die Aussagen des Professors ein
wenig zusammenzufassen, schon um die Folgerichtigkeiten nicht
aus den Augen zu verlieren.

Ausgangspunkt ist die griechische Tragödie, gewissermaßen
der paradiesische Zustand, eine uranfängliche griechische Vollkommenheit, in dem der Mensch, seine Kunst und Religion und
Lebensform noch eins waren oder vielmehr: in der sie sich jenes Noch-Einsseins versichern durften. Und nun zerbrach dieser
große Spiegel des Menschseins, genauer: Die Tragödie endete
tragisch. Ohne wohlgeratene Kinder zu hinterlassen, die größer
und schöner ihren Platz einnehmen durften. Nein, es blieb nur
eine große Leere und eine ebensolche Sehnsucht nach der Ver-
blichenen. Aristophanes, auch er schon ein Hinterbliebener der
Tragödie, habe *eine innig-heiße Sehnsucht* nach ihr bekannt, und
damit wir uns das besser vorstellen können, konkretisiert der
Professor: *wie wenn jemanden ein plötzlicher starker Appetit
nach Sauerkraut anwandelt.*[151]

Aber die Tragödie blieb tot. Es gab kein hellenisches Sauerkraut mehr. Da hob eine hässliche Tochter der Verstorbenen das
Haupt; die Züge der Mutter waren noch erkennbar, aber ent-
stellt, verzerrt. Dies nun sei, erklärt Nietzsches Aufsatz den

Tribschenern, wie er selbst es vorher an der Universität dargelegt hatte, die »neue attische Comödie«, verantwortlich und schuldig: Euripides.

Euripides habe den Zuschauer auf die Bühne gebracht. Was Nietzsche meint, ist klar: In der attischen Komödie sieht das Volk sich selbst beim Volksein zu. Wir Späteren haben dafür das Fernsehen. Die Programme erklären sich aus dem Umstand, dass alles geschehen darf, nur eines niemals: Nie darf das Volk in den Ruf ausbrechen: Das bin ja gar nicht ich! So entstehen Spiralen abwärts, im Massenfernsehen wie im griechischen Theater. *Vor Euripides waren es heroisch gestimmte Menschen, denen man die Abkunft von den Göttern und Halbgöttern der ältesten Tragödie sofort anmerkte.* Nun wurde der Spiegel *treuer und damit gemeiner.* Kurz, das bürgerliche Lustspiel im attischen Gewand war geboren: *Für diese neuere Komödie ist Euripides gewissermaßen der Chorlehrer geworden.*

Welch herausragende Rolle der Chor schon bei Wagner und nun in Nietzsches Ästhetik der griechischen Tragödie spielt, wird noch zu bemerken sein; halten wir fest: Am Anfang war Chor, und sonst gar nichts. Euripides nun ist aber ein Chorlehrer nach dem Ende des Chores: denn diesmal musste *der Chor der Zuhörer* eingeübt werden. *Sobald diese euripideisch singen konnten, begann das Drama der verschuldeten jungen Herren, der leichtsinnig-gutmüthigen Alten, der Kotzebueschen Hetären, der prometheischen Haussklaven.*

Bis zu diesem Punkt dürfen die Tribschener eigene Gewissheiten auf angenehme Weise grundiert sehen oder in schärferem Relief erblicken, es besteht jedoch kein Grund zur geistigen Erregung, und das bleibt wohl auch so, während Nietzsche mehrere Seiten lang die Ästhetik des Euripides kritisiert – *der erste Dramatiker, der einer bewußten Aesthetik folgt –,* und dennoch versucht, den Autor in beinahe schon auffälliger Weise zu schonen, ja, ihn zum überaus seltenen, eigentlich unmöglichen Prototyp eines miserabel-großartigen Künstlers zu erklären, genauer: als Künstler miserabel, als Mensch großartig – was für ein Mann! Das ist nur möglich, weil für Nietzsche in Wahrheit immer ein anderer schuld ist, wenn Euripides schuld ist: Sokrates!

Im alten Athen, sagt Nietzsche, war die Meinung sehr verbreitet, dass Sokrates Euripides beim Dichten half. Und in der Tat, Euripides' *fast ungriechischer Kunstcharakter ist am kürzesten unter dem Begriff Sokratismus zu fassen: »Alles muß bewußt sein, um schön zu sein« ist der euripideische Parallelsatz zu dem sokratischen: »Alles muß bewußt sein, um gut zu sein.« Euripides ist der Dichter des sokratischen Rationalismus.*

Zu bemerken ist, dass Nietzsche Euripides das Griechentum abspricht, von Sokrates nicht zu reden.

Und erst vom Doppelstandpunkt Basel-Tribschen aus ist das nach so vielen Jahrhunderten überhaupt zu bemerken, genauer: *Von dem unendlich vertieften germanischen Bewußtsein aus erscheint jener Sokratismus als eine völlig verkehrte Welt.* Der Sauerkraut-Professor scheut jetzt nicht einmal vor einem Satz zurück wie *Die Fanatiker der Logik sind unerträglich wie Wespen.* Vielleicht hält er solch sorglose Derbheit für wagnerisch, doch sie sollte nicht über das hinwegtäuschen, was Nietzsche hier entdeckt hat: eine Art Ursprungszerreißung.

Sokrates gilt bis heute als Begründer des europäischen Sonderweges der Rationalität. Er ist nicht bloß irgendein Philosoph, er ist ein abendländischer Schicksalsmann. Der Erste, welcher sich selbst anstelle des Schicksals einsetzte, gewissermaßen der Urvater der Wissenschaft, Gewährsmann der europäischen Zivilisation. Doch schon Sokrates zahlte einen gewissen Preis. Eine Traumstimme rief immer wieder »Sokrates, treibe Musik!« in seine Nächte; wieder erwacht zu logisch-hellem Tagesbewusstsein beschloss er eine folgenreiche Ersetzung: Sollte seine Philosophie nicht viel mehr sein als jede Musik?

Bei allen produktiven, künstlerischen Naturen wirke das Unbewusste schöpferisch und affirmativ, während das Bewusstsein der große Kritiker und Kontrolleur sei. Bei Sokrates aber kehre sich dieses Verhältnis um: *Bei ihm wird der Instinkt zum Kritiker, das Bewusstsein zum Schöpfer.* Das aber sei die folgenreichste Instinktumkehr der Weltgeschichte. Und Nietzsche ernennt Sokrates zum *Vorboten und Herold der Wissenschaft.* Er versteht ihn als Symbol und weist darauf hin, dass der Sokratismus selbstredend viel älter sei als Sokrates selbst.

Und doch konnte es bald dahin kommen, dass des Sokrates gelehrigster Schüler Platon die Tragödie zu den »Schmeichelkünsten« zählte und ihr den Platz gleich neben der Putzkunst und der Kochkunst anwies.

Die Geburt der Wissenschaft ist die Geburt des Optimismus, der Machbarkeit. Und sie ist der Tod der ihrem Wesen nach tief pessimistischen Tragödie.

Friedrich Nietzsche beendete seinen Vortrag an der Baseler Universität so: *Zum Schluß eine einzige Frage. Ist das Musikdrama wirklich todt? Soll der Germane wirklich jenem entschwundenen Kunstwerk der Vergangenheit nichts anderes zur Seite stellen als die »große Oper«, ungefähr wie neben Herkules der Affe zu erscheinen pflegt? Es ist dies die ernsteste Frage unserer Kunst: und wer als Germane den Ernst dieser Frage* – an dieser Stelle brach der Vortragende jäh ab und verfiel in ein tiefes beredtes Schweigen, das Auditorium, das er nicht sehen konnte, zumindest nicht scharf, durch die dicken Gläser seiner Brille gleichwohl scharf ins Auge fassend. Die Tribschener lesen: ... *und wer als Germane den Ernst dieser Frage [+ + +]*

Richard Wagner legt die »Götterdämmerung« beiseite, vergisst die drohende »Walküre« und schreibt sofort nach Basel: »Theuerster Herr Friedrich! Gestern Abend las ich der Freundin Ihre Abhandlung vor. Darnach hatte ich sie längere Zeit zu beruhigen ... Ich für meinen Theil empfand zu meist einen Schreck über die Kühnheit, mit welcher Sie so kurz und kategorisch einem vermuthlich nicht eigentlich zur Bildung aufgelegten Publikum eine so neue Idee mittheilen ...«[152] Zu hoffen sei für die heile Haut des Vortragenden eigentlich nur, dass keiner ihn verstanden habe. »Ich – für meine Person – rufe Ihnen zwar zu: so ist es!«

Der Verfall beginnt, wie Wagner längst undeutlich ahnte, also gar nicht erst mit Goethes Tod, sondern er ist gewissermaßen schon eingesenkt in die Fundamente unserer postsokratischen Kultur?

Was ist hier geschehen? Indem Nietzsche Sokrates und Platon als Säulenheilige enttarnt und entschlossen beiseiteräumt, ist gewissermaßen eine Schnellstraße eröffnet, die von den – eben vorsokratischen, vorplatonischen – Ursprüngen der europäischen Kultur direkt zu Richard Wagner und dem Kunstwerk der Zukunft führt. Der Meister hat das sehr gut verstanden. Darum ist ihm jetzt so schwindlig. Darum ist er so voller Befürchtungen für den Architekten:»Doch habe ich Sorge um Sie, und wünsche von ganzem Herzen, dass Sie sich nicht den Hals brechen sollen.«

Wahrscheinlich hat die dreijährige Nietzschekennerin Eva Wagner recht:»War mal Herr Nützsche, gute Herr Nützsche, ging aufs Eis d i e Nützsche, Bein gebrochen« – welch Prophetie seiner akademischen Laufbahn, auch wenn Eva den Fortgang verklärt:»Johanna ... gekommen, Herr Nützsche getöstet, Bein wieder angemacht.«[153] Johanna ist Evas Kindermädchen, und der Beinbruch war wohl nur ein Sturz auf dem Eis mit einem verstauchten Fuß als Folge. Hier konnte die Kinderfrau helfen. Wagner indes erwägt bereits Hals- und Beinbruch-Prophylaxe:»Deshalb möchte ich Ihnen rathen, diese sehr unglaublichen Ansichten nicht mehr in kurzen, durch fatale Rücksichten auf leichten Effekt es absehenden, Abhandlungen zu berühren, sondern, wenn Sie so tief – wie ich es erkenne – davon durchdrungen sind, sich zu einer größeren, umfassenderen Arbeit darüber sammelten. Dann werden Sie gewiss auch das richtige Wort für die göttlichen Irrthümer des Sokrates und Platon finden, welche so überwältigend schöpferischer Natur waren, dass wir, obwohl uns von ihnen bekehrend, sie doch anbeten müssen«[154]

Der letzte Satz und die beiden folgenden sind eine Mahnung an den Freund, mit den beiden Türstehern der abendländischen Kultur etwas ehrfürchtiger zu umzugehen – wie viele Abende haben Cosima und er noch zuletzt bei der Lektüre der Platonischen Dialoge verbracht! Und schon als ebenbürtiger Geburtssachverständiger – spezialisiert auf schwierige Zangengeburten der Form: Wie bringe ich einen Gedanken zur Welt? – müsste Sokrates ihm nah sein.

»Überwältigend schöpferischer Natur« seien Sokrates und Platon gewesen, glaubt Wagner noch immer? Aber hat er, Friedrich Nietzsche, denn soeben nicht bewiesen, dass es sich um eine geradezu perverse Art des Schöpfertums handelt, das dem Versiegen des eigentlich Schöpferischen die Weichen stellte? Der Komponist hat auch das sehr gut verstanden, nur ist er der Meinung, man sollte beim Vorbeifahren vor den nunmehr gestürzten Göttern unbedingt den Hut ziehen. Er hat Erfahrung mit gestürzten Göttern, er ist auf ihrer Seite, siehe Wotan.

An den letzten Abenden, bevor der Aufsatz des Freundes eintraf, haben Richard Wagner und Cosima etwas Unvordenkliches getan, oder richtiger, sie haben etwas unterlassen: Zum ersten Mal haben sie abends nicht gemeinsam gelesen. Zu »trübgemuth« (Cosima), angefasst von einer winterlichen Spontanseelenblässe. Die Sokratische Injektion zeigt Sofortwirkung. Schon am nächsten Morgen, am 5. Februar, schickt Richard Wagner Siegfried in Begleitung »der kecksten und übermüthigsten Violinfigur auf den Rhein«, und der Abend bereits findet das Paar bei der Lektüre von Aristophanes' »Fröschen«. Nietzsche hatte auch die »Frösche« gestreift, in denen Euripides selbst auftritt und sich der Diät rühmt, die die Tragödie erst wieder in Form, also zur Spielbarkeit gebracht habe. Nach den »Fröschen« wollen sie Euripides selbst lesen.

Die Fernwirkungen von Nietzsches Sturz des Sokrates sind enorm. Ohne ihn keine Heidegger'sche Sei(y)ns-Geschichte, ohne ihn nicht Horkheimers und Adornos »Dialektik der Aufklärung«, keine französische Postmoderne usw.

Cosima hat sich nach zweitägiger wiederholter Aufsatzlektüre so weit gefasst, dass sie versteht, inwiefern Herr Nüüützsche sich diese Respektlosigkeit leisten kann: »Mit der Bemerkung, daß an Sokrates alles symbolisch sei, haben Sie für mich den bedeutendsten Zug, das Eigenthümlichste dieser für uns noch so lebendigen Figur bezeichnet.«[155]

Was Nietzsche an Sokrates auszusetzen hat, verrät, sehr persönlich gehalten, auch ein Brief an Deussen, den einstigen Mitschüler aus Pforta, der sich gerade zu Schopenhauer bekehrt hat – und es auf diesem Wege noch sehr weit bringen wird –, weshalb ihn Nietzsche bereits jetzt zu *den Unsrigen* zählt und sehr Anteil nimmt: *Wie erträgst Du die Einsamkeit? – Das Leben hat mit der Philosophie ganz und gar nichts zu tun* – na bitte, das

sagt Wagner doch – *aber man wird wahrscheinlich die Philoso-*
phie wählen und lieben, die unsre Natur am meisten erklärt.
Eine Umwandelung des Wesens durch Erkenntnis ist der ge-
meine Irrthum des Rationalismus, mit Sokrates an der
Spitze.[156]

Rohde erfährt, dass sich sein Freund Schritt für Schritt einer
Gesammtanschauung des griechischen Altertums nähere, die
noch größeren Schrecken erregen wird als sein Vortrag. Dagegen
habe dieser *das Band mit meinen Tribschener Freunden noch*
enger geknüpft. Ich werde noch zur wandelnden Hoffnung: auch
Richard Wagner hat mir in der rührendsten Weise zu verstehen
gegeben, welche Bestimmung er mir vorgezeichnet sieht.[157] Wagner formuliert das so: »Ich habe jetzt niemanden, mit dem ich es
so ernst nehmen könnte, als mit Ihnen, – die Einzige ausgenommen. Gott weiss, wie ich es sonst noch anfange! ... Sie könnten
mir nun viel, ja ein ganzes Halbtheil meiner Bestimmung abneh-
men. Und dabei gingen Sie vielleicht ganz Ihrer Bestimmung
nach.«[158] Die Aufgabe lautet: »Nun zeigen Sie denn, zu was die
Philologie da ist und helfen Sie mir, die grosse ›Renaissance‹ zu
Stande zu bringen, in welcher Platon den Homer umarmt.«[159]
Und zwar so, dass der alte Schlachtenberichterstatter dabei ganz
ideensinnig wird. Wagners Nibelungen sind schließlich kaum geringere Raufbolde als die der Ilias. Sollten die wirklich geist-
durchlässig, beseelbar sein? Um die große Versöhnung von Wissen und Kunst geht es, um eine Centauren-Geburt. Wagner
nennt Nietzsches »Sokrates« bereits den »Centauren-Vortrag«.
Ob jetzt dem Referenten schwindlig wird?

»Melencolia I«,
Kupferstich von Albrecht
Dürer, Nietzsches
Geschenk für Cosima 1870.

Der Professor darf nicht »Musikdrama« sagen

An der Baseler Universität schöpft man noch keinen Generalverdacht gegen den nach akademischen Maßstäben doch recht unordentlichen Professor. *Wissenschaft Kunst und Philosophie wachsen jetzt so sehr in mir zusammen, daß ich jedenfalls einmal Centauren gebären werde*[160], bekennt er. Die Universität ernennt den derart Schwangeren im April zum »ordentlichen« Professor, was zu bereuen sie noch Gelegenheit finden wird und was den Geehrten nicht davon abhält, noch im gleichen Monat anzukündigen, in welchen Äon er nun einzutreten gedenkt: *Es beginnt nun für mich die Periode des Anstoßes, nachdem ich eine Zeit lang leidliches Wohlgefallen erregt habe. ... Thema und Titel des Zukunftsbuches: »Sokrates und die Tragödie«*.[161]

Erst einmal aber ist an Zukunftsbücher nicht zu denken, denn das Arbeitspensum des Professors wächst. *Unser Philologenbe-*

stand hat eine gewisse Höhe erreicht, die hier sehr anerkannt wird, 14 Mann.[162] Das sind doppelt so viele wie im Vorjahr, als er kam, das ist wohl nicht zuletzt sein Verdienst. *Welche Misère!*, fügt er an, auch wenn doppelt so viele Philologen nicht zwangsläufig doppelt so viel Arbeit bedeuten. Aber die hat er trotzdem, weil er eine Vertretung am Pädagogium übernehmen muss, wo er inzwischen schon eine Klasse *zur Universität befördert* hat. 20 Wochenstunden Unterricht, und die wollen vorbereitet sein.

In Tribschen fällt inzwischen immer häufiger der Name einer kleinen bayrischen, oberfränkischen Stadt, durch die Wagner in seiner Jugend einmal gereist war, ohne sie doch recht zu sehen. Er muss dem König den »Ring« entziehen, er muss ihm den Rahmen geben, den er braucht. Kurz, er muss seine eigenen Festspiele gründen. Und wenn er daran denkt, denkt er immer an Bayreuth. Sie schauen im Conversationslexikon nach, betreiben bald förmliche Bayreuth-Studien. Friedrich Nietzsche wird es nicht ohne Wehmut sehen. Es gibt keine Philologieprofessuren in Bayreuth.

Die »Walküren«-Bedrückung wächst. Kann Ludwig nicht leben ohne seine Weltuntergangstonreiche?

Allmählich macht sich Richard Wagner Sorgen um die jungen Leute. Haben die alle zu viel Schopenhauer gelesen und zu viel Wagneropern gehört? Ein König, der nur von Oper zu Oper existiert, der zu müde und zu scheu ist zum Regieren – Politik ist aktive Gestaltung des Weltwillens, statt Schopenhauerische Abkehr! Dazu ein Freund, der gar nicht erst zu leben, sondern nur zu denken scheint. Er, Richard Wagner, hat den Schopenhauer'schen Pessimismus als Form des Denkens und der Anschauung begriffen, aber sich in seinem Weltgenuss nie davon beirren lassen. Die Jungen aber scheinen sich aus ihm eine Art Weltvermeidungsideologie, ja eine – so Wagner zu Cosima am 17. April 1870 – ganz »praktische Hoffnungslosigkeit« zu bilden. Immerhin hat sich die Bekehrung des Vegetariers und Nietzsche-Freundes Baron Carl von Gersdorff entweder schon ereignet oder steht unmittelbar bevor, denn anders ist kaum zu erklären, dass Richard

Wagner persönlich einen »Meistersinger«-Platz für ihn in Berlin reservieren lässt.

Und auch über Friedrich Nietzsche kann er sich im Grunde nicht gut beklagen. Auch wenn er nur leben sollte, insofern er denkt, ist doch das, was er denkt, entschieden erfreulich, erst recht im Hinblick auf die bevorstehende und von ihm, Richard Wagner, ins Werk zu setzende Erneuerung des Lebens und der Kunst, des Kunstlebens, der Lebenskunst. Wagner weiß es, er zieht beängstigend viele Schwärmer an, deren Gemüt mitunter so weich ist wie ihr Verstand. Aber hier ist einer, der weich und hart ist zugleich, einer, der das denkt, was er selber denkt, nur noch viel klarer, in mancher Hinsicht. Es ist erstaunlich.

Einer seiner großen Erben – Gottfried Benn – wird einmal erklären, das, was lebt, sei etwas anderes als das, was denkt. Das ist entschieden pessimistisch gemeint – in Bezug auf das Denken und Leben! Wirklich gesundes Leben denkt nicht, es ist. Reflexion deutet immer schon auf einen Makel des Lebens. Auch diese Einsicht wird bald ihre Systematiker finden. Die Reflexion ist die letzte Fahne, die einer in den Wind halten kann. Er wird den Sturm selbst in ihr fangen müssen. Aber noch weiß er das nicht. Noch denkt er aus einem Überschuss heraus. So wie der Hausherr aus einem Überschuss heraus komponiert, und sei er minimal.

Wahrscheinlich kann der Professor diesmal wirklich nicht zu seinem Geburtstag nach Tribschen kommen, es ist der 58. und ein Sonntag, aber er schickt zwölf Rosenstöcke, die blühend die Landzunge erreichen. Der König schickt ein Pferd, gewissermaßen das Pferd der Zukunft: Brünnhildes Grane.

Mit sechs Gärtnern lässt Cosima das Treppenhaus in eine Laube verwandeln, auf dass es so grün und voller Anfang sei wie das Leben selbst. Aber wohin führt das? Zu Wagners Büste am Ende des Laubenganges. Alle Kinder müssen weiße Kleider anziehen. Mit Rosenkränzen in der Hand warten sie auf das Erscheinen des Jubilars, Isolde, genannt Loldi, und Eva an der oberen Eingangstür unter Orangenbäumen; Blandine, genannt Boni, unter einem großen Lorbeer in der Treppenmitte, Daniela, genannt Lulu, am Ende des Vestibüls unter Myrten; die Dekorateurin selbst, aber ohne ihre sechs Gärtner, dafür mit Siegfried, genannt

Fidi, auf dem Schoß gleich neben der Büste. Wahrscheinlich hätte Friedrich Nietzsche im Falle seiner Anwesenheit mit Rosenkranz auf der anderen Seite der Büste stehen müssen. Und zwar vor 8.oo Uhr.

Denn Punkt acht beginnen 45 Soldaten in Uniform den »Huldigungsmarsch« zu spielen, die Baronin von Bülow hatte das mit den 45 schon in der Kaserne geprobt. Eigentlich verlangt der »Huldigungsmarsch« 80 Militärmusiker; Wagner hatte das Stück im ersten Sommer ihrer Freundschaft zum Geburtstag des Königs geschrieben, und ursprünglich hieß er auch nur »Geburtstagsgruß«. Cosima ist der Meinung, dass an diesem Tag nur einer zu grüßen und nur einem zu huldigen ist. Wer Wagners Musik liebt, vergisst den »Huldigungsmarsch« besser gleich wieder; krank und verzweifelt nennen ihn selbst manche Wohlmeinenden. Wie vereinigt man den Geist Schopenhauers mit dem Geist des Militärs? Selbst Wagner ist das nicht gelungen.

Das Geburtstagskind zeigt sich indes überrascht und gerührt, es fürchtet sich gar nicht vor seiner eigenen Musik und prallt nicht einmal vor seiner Büste zurück. In seiner eigenen Schilderung: »Als die Einleitung dieses Tonstückes zu den mächtig verheißenden Accorden anschwoll, wollte mir das Herz brechen: ich flutete in Thränen über. So verließ ich, kaum meiner mächtig, mein Gemach, um nun auf der Treppe hinab durch einen über mich sich wölbenden Blumenwald zu wandeln.«[163]

Es hatte schon ganz andere Geburtstage erlebt, den 50. etwa, den er »in voller Abgeschiedenheit, einsam« verbrachte, ohne eine ihm »gehörige Seele«. Großen Eindruck habe ihm dieser Tag gemacht, er begriff ihn in den folgenden Wochen als Wendepunkt: »Es geht nicht mehr – ich fühle mich zu fremd in dieser Welt, in welcher ich für alles, für Kunst und Leben, Wille und Gemüt, mich vollständig gehemmt fühle.«[164] Und jetzt das.

Der Nachmittag wird etwas getrübt durch eine weitere Idee der Hausherrin. Vielleicht wollte sie ihrer ältesten Tochter eine erste Lektion in Selbstlosigkeit, praktischer Entsagung und Aufopferung erteilen und überredete sie, zu Ehren des Onkels ihren fünf Vögeln, einem Fink, einem Buchfink und drei Zeisigen, die Freiheit zu schenken. Blandine sieht das, lange darauf vorbereitet, endlich ein – mit Sokrates wäre das nicht passiert! – und öffnet, einen Stein in der Brust, den Käfig. Der Fink fliegt gleich fort, die Zeisige überlegen ein wenig, folgen ihm dann zweifelnd und auch nur bis zum übernächsten Ast, aber der Buchfink bleibt.

Die Freiheit ist eben doch eine sehr abstrakte Idee, und Friedrich Nietzsche und der Jubilar geben nicht zuletzt ihrer Ideologie, dem Liberalismus, die Schuld am allgemeinen Kulturverfall. Nur die Stärksten vermögen eine solche Bürde wie die Freiheit zu tragen, der kleine Buchfink ist ihr offenbar nicht gewachsen. Zwar stellt Diener Jakob den Käfig in einen Busch, damit die Katze, bekennende Nichtvegetarierin mit ihrer ganz und gar nicht abstrakten Vorstellung von Freiheit, nicht den Buchfink holt. Mag sein, der kleine Vogel spürt, dass aller Erwartung auf ihm ruht, dass er nicht einfach so auf seiner Stange sitzen bleiben kann wie immer. Also Mut, Mut! Und der Buchfink verlässt todesmutig den Käfig, fliegt vor Angst und aus mangelnder Übung nach unten statt nach oben. Sein Leben in Freiheit währt nur wenige Augenblicke, dann macht Diener Jakobs Hund ihm ein Ende. In tiefer Betroffenheit bleibt die Geburtstagsfamilie zurück.

Die briefliche Gratulation des überarbeiteten Professors klingt ganz anders als beim letzten Mal, ihm gelingt etwas durchaus einmalig Egoistisches: *Pater Seraphice, ... mir genüge der subjectiveste aller Wünsche: mögen Sie mir bleiben, was Sie mir im letzten Jahre gewesen sind, mein Mystagog in den Geheimlehren der Kunst und des Lebens. Mag ich auch zeitweilig durch die grauen Nebel der Philologie hindurch Ihnen etwas entfernt erscheinen, ich bin es nie, meine Gedanken sind immer um Sie herum. Wenn es wahr ist, was Sie einmal – zu meinem Stolze – geschrieben haben, daß die Musik mich dirigiere, so sind Sie jedenfalls der Dirigent dieser meiner Musik; und Sie haben es mir selbst gesagt, daß auch etwas Mittelmäßiges, gut dirigiert, einen befriedigenden Eindruck machen könne. In diesem Sinne bringe ich den seltensten aller Wünsche: es mag so bleiben, der Augenblick verharre: er ist so schön!*[165] – Der Gratulant weiß, was er sagt. Tribschen möge bleiben! Noch ist Bayreuth nicht viel mehr als eine Chimäre, ein Gesicht am Horizont, für Wagners Werk ein rettendes, für ihn ein irgendwie feindliches. Andererseits ist der Augenblick entschieden zu voll, voller Arbeit. So kann er unmöglich verharren. Friedrich Nietzsche würde so gern seiner *Gesammtanschauung des griechischen Alterthums* näherkommen, die auch Wagner ihm nahelegt, und unterrichtet stattdessen Grammatik. Vielleicht auch deshalb verlassen seine Zukunftsgedanken erstmalig Basel: *In Sachen Baireuths habe ich mir überlegt, daß es für mich das Beste sein dürfte, wenn ich auf ein Paar Jahre meine Professorenthätigkeit einstelle und auch mit ins Fichtelgebirge wallfahre.*[166]

Am 6. Juni morgens um 4 Uhr 30 hört Cosima im Bett Musik. Richard Wagner spielt Klavier. Die Reaktionen des aufgeweckten Personals sind nicht überliefert. Dass es sich auch diesmal um den Huldigungsmarsch handelt, ist naheliegend, aber nicht gewiss. Es ist die Geburtsstunde Siegfrieds, ein Jahr später.

Seine Mutter dichtet an diesem Tag. Die 3. Strophe lautet: »... Dein Bild, urewig, segnete Tristan's Nacht,/Als in Todeswahn wir uns fanden,/Siegfried's Sonne hat der Geburt gelacht/, Wie Vater und Mutter neu erstanden.« Das Juniwetter beschließt in großer Demut vor Cosima, keinen Deut besser zu sein als dieses Gedicht. Familienmythologisch aber ist es von hohem Interesse.

Wagner hat Friedrich Nietzsche bereits mitgeteilt, dass er mit dem ersten Geburtstag seines Sohnes »zugleich den Gedächtnistag Ihres ersten Aufenthalts in meinem Hause« feiere: »Mögen die Sterne über dieser doppelten Gedächtnisfeier walten! Mir schien es damals, Sie hätten meinem Sohne Glück gebracht.«[167]

Der Zeuge und Zweitvater in spe Friedrich Nietzsche kommt erst eine Woche später nach Tribschen und nicht allein. Erwin Rohde ist von einer langen Italienreise zurück, er bleibt zwei Wochen bei Nietzsche in Basel. Drei Jahre lang haben sie sich nicht gesehen und stellen beglückt fest, dass sie immer noch eins sind. Im Zeichen Schopenhauers und nunmehr auch Wagners.

In Tribschen kennt man seine Briefe bereits. Nun auch leibhaftig erscheinend, übertrifft der Freund beinahe den Eindruck, den schon seine Briefe machten. Er überglänzt sogar den Professor, der beginnt, seinen Vortrag über *das antike Musikdrama* vorzulesen.

Es ist der 11. Juni 1870. Am Morgen war ein Brief des Kapellmeisters Esser aus München eingetroffen. Am 26. Juni, erfuhr Richard Wagner, soll die »Walküre« aufgeführt werden. Er rettete sich vorerst versuchsweise in ein Lachen der Tonlage Waskümmert-mich-meine-Musik-von-Gestern? Der Professor referiert, wie der ganze Aufbau von Shakespeares Tragödie der neueren attischen Komödie – Euripides! Sokrates! – entnommen sei, wie überhaupt das europäische Theater mitsamt des *romanisch-germanischen Mysterien- und Moralitätenspiels* und des deutschen Fastnachtspiels auf diese zurückgehe. Von der ursprünglichen antiken Tragödie aber, konstatiert der Professor, wissen sie alle nichts mehr.

Und die Oper, dieses Produkt einer gewaltsamen, künstlichen Beschwörung, weiß erst recht nichts: *Das, was wir heute die Oper nennen, das Zerrbild des antiken Musikdrama's, ist durch direkte Nachäffung des Alterthums entstanden: ohne die unbewußte Kraft eines natürlichen Triebes, nach einer abstrakten Theorie gebildet. ... Jene vornehmen und gelehrt gebildeten Florentiner, die im Anfange des 17. Jahrhunderts die Entstehung der Oper veranlaßten, hatten die deutlich ausgesprochne Absicht, die Wirkungen der Musik zu erneuern, die sie im Alterthume, nach so vielen beredten Zeugnissen, gehabt habe. Merkwürdig! Schon der erste Gedanke an die Oper war ein Haschen nach Effekt!*[168] Mag sein, dass der Referent sich an den eigenen Hellsichtigkeiten begeistert. Das ist die Pflicht eines guten Referenten. Mag auch sein, dass ihm nicht zuletzt deshalb eine zunehmende Düsternis seines Publikums entgeht. Die große Oper sei die Karikatur ihres Urbildes? Aber was bewahrt denn Wagners »Walküre«, so zu enden wie die Oper, und das schon in genau zwei Wochen?

Es ist beinahe wie im letzten Jahr: das Haus voller Besuch, Nietzsche hält Vorträge und er, Richard Wagner, muss in jedem Augenblick an die Geisel in Ludwigs Händen denken.

Möglich, dass Nietzsches Vermutungen über die Art unserer Zeugenschaft an einer alten athenischen Festvorstellung Wagners Aufmerksamkeit dennoch wieder zu fesseln vermögen. Denn der Vortragende ruft dazu auf, einer athenischen *Festvorstellung* beizuwohnen. Auf den zeitgenössischen Zuschauer, so vermutet er, müsse sie den *Eindruck eines gänzlich fremdartigen und barbarischen Schauspiels* machen: *Und dies aus sehr vielen Gründen. In hellster Tagessonne, ohne alle die geheimnißvollen Wirkungen des Abends und des Lampenlichts, in grellster Wirklichkeit sähe er einen ungeheuren offnen Raum mit Menschen überfüllt: alle Blicke hingerichtet auf eine in der Tiefe wunderbar sich bewegende maskirte Männerschaar und ein paar übermenschlich große Puppen, die auf einem langen schmalen Bühnenraume im langsamsten Zeitmaße auf und niederschreiten. Denn wie anders als Puppen müssen wir jene Wesen nennen, die auf hohen Stelzen der Kothurne stehend, mit riesenmäßigen den Kopf überragenden stark bemalten Masken vor dem Gesicht, an Brust und Leib, Armen und Beinen bis in das Unnatürliche ausgepolstert und ausgestopft, sich kaum bewegen können, niedergedrückt von der Last eines tief herabfallenden Schleppgewandes und eines mächtigen Kopfputzes. Dabei haben diese Gestalten durch die weit geöffneten Mundlöcher in stärksten Tone zu reden, um sich einer Zuschauermasse von mehr als 20 000 Menschen verständlich zu machen: fürwahr, eine Heldenaufgabe, die eines marathonischen Kämpfers würdig ist. Noch größer aber wird unsere Bewunderung, wenn wir vernehmen, daß der Einzelne von diesen Schauspieler-Sängern in 10 stündiger Anspannung gegen 1600 Verse von sich zu geben hat ...* Ob ein jähes Erschrecken mit Eiseshand nach Richard Wagner fasst? Was der Professor da beschreibt, ist das nicht – mit minimaler, die Kenntlichkeit befördernder Übertreibung – sein eigenes Werk und das, was es verlangt? Marathonische Kämpfer-Sänger-Schauspieler. 10 Stunden. 1600 Verse.

Aber egal wie, die Selbstverständlichkeit, mit der dieser junge Mann das Wort »Musikdrama« gebraucht, ist dem Wiedergänger des Aischylos und Sophokles unerträglich. Was, um des Himmels willen, fragt sich Richard Wagner nicht zum ersten Mal, ist denn ein Musikdrama? Cosima notiert, dass der Hausherr sehr ungehalten wird über dieses Wort, beinahe wie damals bei der Pflanzenkostfrage. Gewiss erklärt der eine Philologe dem anderen schon jetzt, was er bald in aller Öffentlichkeit darlegen wird, nämlich dass es sich bei dem Unwort »Musikdrama« ohne Zweifel um eine illegitime Zusammenziehung der Wortverbindung »musikalisches Drama« handelt. Was aber ist ein »musikalisches Drama«?

Richard Wagner: »Ein ›musikalisches Drama‹ wäre, streng genommen, ein Drama ..., welches entweder selbst Musik macht, oder auch zum Musikmachen tauglich ist, oder gar Musik versteht, wie unsere musikalischen Rezensenten.«[169]

Kurz, es geht um das richtige Verhältnis von Hörbarkeit und Sichtbarkeit, denn Drama heißt ursprünglich Tat, und Richard Wagner beansprucht nicht weniger, als der Tat genau die Noten zu verleihen, die sie erst sichtbar macht. Das ist die Aufgabe, formulieren wir sie so: Am Hörbaren wird erst etwas sichtbar, was im Augenblick seines Sichtbarwerdens hörbar wird. Nun kann Richard Wagner den bereits erwähnten Rezensenten keineswegs vorwerfen, dass ihnen dieser Zusammenhang gänzlich dunkel geblieben wäre, das sagt er selbst: »Herrn W. A. Riehl vergeht, wie er irgendwo versicherte, bei meinen Opern Hören und Sehen, während er bei einigen hört, bei anderen sieht.«[170]

Genau das aber ist der als grundnormal anerkannte falsche Zustand, hervorgerufen durch die Trennung der Künste, wie auch Friedrich Nietzsche in seinem Vortrag darlegt: *wir sind gleichsam durch die absoluten Künste in Stücke zerrissen und genießen nun auch als Stücke, bald als Ohrenmenschen, bald als Augenmenschen.*[171]

Es handelt sich folglich um das typische Mystikerproblem der Erkenntnis: Um der Wahrheit willen muss etwas zusammengedacht, in eins gedacht werden, was doch schon im Aussprechen wieder auseinanderfällt. Die Menschheit teilt sich in zwei feindliche Lager: in diejenigen, die das wissen – und wissen, dass alle Präzision der Erkenntnis davon abhängt –, und in die anderen. Nietzsche, besessen und beseelt von Ursprungsfragen, in ihnen auf- und untergehend – und wozu sonst alle Philologie? –, beschwört diesen verlorenen Einheits-Punkt. Die Griechen kannten ihn, vor allem im Verfall. Am Anfang, der zugleich Vollkommenheit war, war das *innigste Eins-Sein von Wort und Ton* noch gegeben: *Die eigentlich griechische Musik ist durchaus Vokalmusik: das natürliche Band der Wort- und Tonsprache ist noch nicht zerrissen und dies bis zu dem Grade, daß der Dichter nothwendig auch der Komponist seines Liedes war.*[172] Wie nun wieder Richard Wagner. Das eine war Ursprung, das andere ist Erlösung, also Wiederherstellung des Ursprungs auf neuem Niveau. Aber eine Gattungsbezeichnung ist das nicht. Auch der Vokalkomponist gesteht bald seine grundsätzliche Ratlosigkeit,»welchen Namen ich dem Kinde geben sollte, welches aus meinen Arbeiten einen guten Theil der Mitwelt ziemlich befremdlich anlächelt«.[173] Nicht dass die Oper dieses Problem nicht gehabt hätte, aber sie hat auch die Frage, wie sie heißen sollte, schließlich mit einer Art von offensivem Schwachsinn gelöst. Opus, Einzahl, heißt Werk; Opera ist Plural –»die Werke« also. Eine merkwürdige Gattungsbezeichnung.

Doch eine Lösung wüsste Richard Wagner schon. Am liebsten, gesteht er bald, würde er seine Schöpfungen als »ersichtlich gewordene Thaten der Musik«[174] bezeichnen.

»Ersichtlich gewordene Thaten der Musik«. Aber sollte die Tat, die am 26. Juni in München allen Augen – die seinen ausgenommen – ersichtlich werden würde, wirklich die seiner Musik sein? Die Philologie, muss Richard Wagner einsehen, ist manchmal eine noch schwerere Kunst als die Musik. Was nützt es dem Tatverhinderten, Wort und Ton gleichursprünglich erschaffen zu haben? Wer darf einen Schöpfer gewaltsam von seiner Schöpfung trennen?

Wotan wird erst am Ende der »Walküre« ein abgedankter Gott sein. Er ist es, so scheint es, schon jetzt.

Friedrich Nietzsche notiert inzwischen eine Frage: *Wo war die Tragödie vor ihrer Geburt?*[175]

»Der Walkürenritt«,
Gemälde von Ferdinand
Keller, um 1900.

Krieg und Walküre

Sie stützt den Kopf auf den Arm. Es ist die Haltung der versunken Anschauenden. Aber der Blick der jungen Frau hält nichts. Sie sieht weit hinaus, sehr weit, aber vergeblich. Ihr Blick geht doch nach innen. Dass sich dort etwas Erfreuliches zeigen könnte, ist ein romantischer Irrtum. Innen? Eine Wüste. Da wächst nichts.

Cosima und Richard Wagner betrachten Dürers »Melancholia«, dieses Sinnbild von Vergeblichkeit und Vergängnis. Und das wäre sie auch ohne das Stundenglas über ihr. Zuletzt ist der Mensch interniert in sich selbst, und das ist vielleicht die härteste Haft. Das Urteil lautet: lebenslänglich.

Cosima hat sich das Blatt schon lange gewünscht, Nietzsche fahndete nach ihm, am Ende gewissermaßen europaweit, denn auch der Italienreisende Rohde war instruiert. In Venedig hatte er schließlich Erfolg. Es ist keine gute Kopie, aber es ist die »Melancholia«, und nun liegt diese nahe Verwandte Cosimas vor ihnen. Richard Wagner befindet, dass Dürer zu Bach gehöre und beide ans Ende des Mittelalters. Es ist der 14. Juni 1870, es ist noch gegen Abend sehr schwül.

Die »Augsburger Allgemeine« kommt und meldet, dass man sich früher sehr für Richard Wagner interessiert habe, heute nicht mehr. Nicht die Bosheit und das ihr ohne Zweifel zukommende Attribut der Existenz sei erstaunlich, sondern die Tatsache, dass sie immer wieder überrasche, überlegt sinngemäß der Besprochene.

Am nächsten Morgen trifft Cosimas Hochzeitskleid ein, dabei ist sie noch nicht einmal geschieden, will aber vorbereitet sein. Gleich wird sie nochmals versichern müssen, dass sie nicht vorhabe, »heimzukehren«. Das Wort trifft. Der Mann, den sie heiraten will, denkt inzwischen über Ameisenhaufen nach. Die Natur habe den Menschen nicht größer angelegt als zu dieser Organisationsform, was besonders an den Engländern und den Schweizern zu erkennen sei; »große Geister«, notiert Cosima seine Worte, »sind Anomalien«. Wenn die Völker selbst dagegen mit Phantasie begabt seien, mache das die Sache auch nicht besser. Denn dann brächten sie es nicht einmal bis zum Ameisenhaufen.

Einen Tag später schreibt Richard Wagner in einem plötzlichen Anflug von Verzweiflung an seinen König, er möge die »Walküre« nur für sich aufführen lassen. Vergeblich. Er erfährt stattdessen, dass in München eine Art Nibelungen-Festspielsommer beginnen soll: »Rheingold« und »Walküre« im Wechsel, gleich dreimal hintereinander. Wagners Freunde wissen, dass dieser Ehrentitel von ihnen fordert, dem Ereignis nicht beizuwohnen, weder auf der Bühne noch im Zuschauerraum. Mitteilungen der Form Das-schaffen-wir-Nicht! mehren sich.

Cosima sieht mit Sorge den sich verdüsternden Zustand des Mannes, der noch nicht ihr Mann ist, und verhängt eine Nachrichtensperre. Sie fängt alle eintreffenden Briefe ab. Doch was geht ihn, Richard Wagner, gerade jetzt sein Werk an? Kos, der Pinscher, ist krank. Er hat die Räude, ein Auge ist schon verloren. Andere hätten den ganzen Pinscher längst verloren gegeben und seine Hausgenossenschaft abrupt beendet. Richard Wagner trägt ihn am Generalprobentag seiner »Walküre« von Tribschen fort – aber nur, um ihn einem Augenarzt vorzustellen.

Der Arzt findet warme Worte für den Pinscher, auch für das letzte Auge. Selbst Wotan muss mit nur einem regieren, aber was heißt regieren? »Die Walküre« ist schon Wotans Abdankung. Die wachsende Ohnmacht der Götter weist auf die Ermächtigung des Menschen. Richard Wagner erfährt, dass Kos und seinem Auge noch eine Frist bleiben.

Am Sonntag, dem 26. Juni 1870, findet Wotans Urenkel Siegmund in München seine Schwester Sieglinde, teilt ihr Bett und zieht Wotans Schwert aus der Weltesche. In Tribschen versinkt sein Schöpfer zur selben Zeit in den Anblick des kleinen räudigen Hundes. Er denkt über das Leben in seiner Primärgestalt nach, also in einer Verfassung, wie es niemals Schwerter aus Welteschen zieht. Preisgegebenes Dasein, wie letztlich alles Leben ist, egal ob das eigene oder das von Kos, dem Pinscher. Er sieht es so nackt, wie es ist: Chemie, genauer, chemische Auflösung. Und zwar in Anwesenheit des Aufzulösenden. Das Leben als Schmerz. Niemand kann das komponieren wie er. Und was ist das Leid eines Gottes gegen die Not der Kreatur?

Ob er ahnt, wie sehr Friedrich Nietzsche genau diesen Wagner liebt? So weltenthoben, so eingeinselt. Und wäre das Glück nicht schon immer als ein bevorzugter Bewohner von Alleinlagen erschienen, niemand wäre auf das Bild von den »glückseligen Inseln« verfallen. Nietzsche wird nicht nur einmal auf dieses Wort zurückkommen, wenn er sagen will, was Tribschen ihm war. Die einzige Heimat, die er je hatte. Etwas in ihm ahnt das schon jetzt.

Cosima notiert in diesen Tagen das schöne Wort »welt-entflohen«, es klingt heimatlich, und doch meint es keine Zuflucht, sondern eine Trostlosigkeit. Sie fand das Wort beim Anblick des nahen Grundstücks einer verlassenen Pension.

So nahe also liegen das Bergende und Preisgebende beieinander.

Hans Richter, der unglückliche »Rheingold«-Dirigent, trifft

aus München ein, versehen mit der Selbstlegitimation, nicht den »Walküren«-Proben beigewohnt und den Ort des Geschehens rechtzeitig verlassen zu haben.

Auch am Montag kein Wort über den Vorfall des Vorabends. Doch am Abend bricht die Außenwelt mit Hilfe eines Telegrammes gewaltsam ein. Sie kennen den Absender nicht. Napoleon Komolatsch mit Namen. Napoleon Komolatsch? Der Vorname ist schon bedenklich genug, hegemonistischer kann man nicht heißen, aber dazu Komolatsch? Die Nachricht des unbekannten Sympathisanten meldet »grenzenlosen Jubel am Schluss des ersten Aktes«[176]. Mit Johannes Brahms, Franz Liszt, Camille Saint-Saëns und vielen anderen als Zeugen.

Nietzsche lässt Tribschen wissen, dass er der Versuchung München widerstanden habe, was dort mit großer Wärme vermerkt wird. Vielleicht hat er auch gar nicht gewollt. Erinnert er sich noch an Friedrich Nietzsche, den Großkritiker der »Walküre«? *Die musikalische Aesthetik liegt im Argen: es fehlt ein Lessing, der ihre Grenzen gegenüber der Poesie absteckte. Nirgends fühlt man das deutlicher als bei dem sonderbaren Dichtercomponisten, dessen jüngstes Werk hier vor uns liegt.* Der Kritiker äußert den Anfangsverdacht, dass alle Mängel der Wagner'schen Musik an diesem Werk in besonderem Maße zutage treten müssen. Und Friedrich Nietzsche, Jahn-Schüler, zweiundzwanzig Jahre alt, beugte sich über den Klavierauszug von Karl Klindworth: *Das Vorspiel hat die Ueberschrift »Stürmisch«; dem Orchester kann unmöglich damit geheißen sein, stürmisch zu spielen; das wäre unordentlich, wild. Nicht das Orchester darf stürmisch sein, wohl aber die Composition.*[177] Und so weiter. Der Kritiker gelangte zu dem Schluss, dass es sich bei der Überschrift um ein Programm handele, dass dem Zuhörer ein poetisches Bild vor die Seele zaubere. Sturm? Rad? Lokomotive? Und am Ende ist es, wie längst berichtet, weder Sturm, Rad noch Lokomotive, sondern Siegmund auf der Flucht. Der Autor lächelte mit wohldosierter akademischer Herablassung durch die Zeilen. Mag sein, Friedrich Nietzsche hätte das alles doch gern überprüft, aber selbst wenn er gewollt hätte: Er hätte doch nicht fahren können, denn er liegt ungefähr seit der »Walküren«-Premiere mit einem »verrenkten« Fuß im Bett, teilt aber allen, die es wissen wollen, mit, dass er vom 15. Juli bis zum 15. August verreise. Er wisse bloß noch nicht wohin. Das braucht er auch nicht. Die Pläne für den Sommer macht längst ein anderer.

An der Vorbereitung des Stücks, das alle anderen Stücke in den Schatten stellen wird, selbst vom Meister nichtautorisierte Nibelungenfestspiele in München, wird längst gearbeitet. Aufführungsort: die Weltbühne. Dramaturgie und Regie: Otto von Bismarck.

*

Wagner will Deutschland einen im Namen der Kunst, Bismarck will es im Namen Preußens, König Wilhelms und seines eigenen. Aber nicht nur in Bayern siegen immer wieder die Lokalpatrioten, und auch Ludwig hat eigentlich nur wenig Neigung, künftig einem Kaiser und einem Reich untertan zu sein. Ein König ohne Kaiser ist viel mehr König als ein König mit Kaiser. Ohne Reich aber werden die Nachbarn immer wieder auf die vielen kleinen Deutschländer herablächeln. Von innen, das hat Bismarck längst erkannt, ist dieses Reich nicht zu einen. Aber vielleicht von außen, heißt also: unter dem Druck von außen?

Bismarck hat das Stück sorgfältig vorbereitet: Der süddeutsche katholische Erbprinz Leopold von Hohenzollern-Sigmaringen könnte sich um den gerade vakanten spanischen Thron bewerben. Das müsste Frankreich sehr bedrücken, dem das unaufhörlich erstarkende Preußen ohnehin starke Kopfschmerzen macht. Zwar wollte der süddeutsche, katholische Erbprinz ohne Ehrgeiz – vielleicht hatte auch er zu viel Schopenhauer gelesen – lieber nicht, und seine Familie auch nicht, ja, der vage Erbprinz hatte sich zwar von Bismarck überreden lassen, inzwischen von seiner Kandidatur aber schon wieder Abstand genommen, als der französische Zorn doch noch die von Bismarck erhoffte Höhe erreichte. Preußen von zwei Seiten, allein der Gedanke ist eine Frechheit! König Wilhelm möge doch eine Erklärung abgeben, dass er so etwas nie wieder anstiften, noch unterstützen, noch befürworten werde.

Der König aber weilt gerade in Bad Ems, Kurgäste brauchen

Ruhe statt Aufregung, also übernahm Bismarck persönlich die Redaktion der königlichen Antwort, es wurde sinngemäß eine Preußen-macht-was-es-will-und-basta-Antwort, weshalb das französische Parlament am 15. Juli meinen wird, Preußen den Krieg erklären zu müssen.

Am frühesten Monatsbeginn liegt die Welt noch in Träumen. Vielleicht ist es nie stiller als vor einem Krieg. Auch wenn der Soundtrack zum Waffengang – der Walkürenritt – nun schon seit genau vier Tagen in der Welt ist. Und wie hatte Wagners Wotan es formuliert: »... wo kühn Kräfte sich regen / da rat' ich offen zum Krieg!« Aber der Hausherr spürt nichts. Nichts regt sich. Aus Weimar trifft ein silberner Lorbeerkranz ein; der Erhöhte meldet am selben Tag nach Basel: »Auf Tribschen werden sehnlichst neue holländische Heringe verlangt.«[178] Das Kunstwerk der Zukunft hinge davon ab. Frische Fische, nicht solche, von deren Verzehr Friedrich Nietzsche einmal mit großem Zartgefühl gegen das Alter berichtet, es müsse sich um einen wahren *Großvater Häring* gehandelt haben. Fische für das Kunstwerk der Zukunft! Der Benachrichtigte spränge zweifelsohne sofort von der Philosophie der Zukunft auf, um sie zu holen – doch im Augenblick ist an springen nicht zu denken, nicht einmal an laufen. Der Fuß schmerzt noch immer.

Und wahrscheinlich würden die Fische ohnehin verderben, denn die Tribschener wollen den Pilatus besteigen, eher heute als morgen. Sie sind zu der Überzeugung gelangt, dass nur der Aufstieg einen rätselhaften Abstieg des Wohlbefindens der Hausherrin beenden kann. Dreimal wollten sie schon losgehen, aber am 2. Juli hat es geregnet, am 6. sagte der Arzt nein, dann ist Lulu unwohl, aber am 10. Juli 1870 verlässt doch eine kleine Karawane mit dem Freund Hans Richter, den Kindern, Trägern und Führer Tribschen in Richtung Pilatus. Es ist der dritte Tag des Kriegsgerüchts. Und auch Rom ist in großer Aufregung, und zwar im Dienste der Unterbindung aller künftigen Aufregung. In einer Zeit, in der jeden Tag eine alte Wahrheit stirbt, überlegt schon etwas länger der Papst, braucht es vor allem eins: Vertrauen. Verlässlichkeit. Ewigkeit. Der Papst möchte sich für unfehlbar erklären lassen. Leider müssen höchst Fehlbare über die Unfehlbarkeit befinden. Die Entscheidung wird in jedem Augenblick erwartet.

Cosima und Richard Wagner steigen auf. Wie wird die Welt aussehen, wenn sie wieder hinuntermüssen? Nietzsche, der im Baseler Bett Zurückgelassene, wird einmal nicht müde werden, den Aufstieg als Lebensform und das Hochgebirge als geistgemäßen Aufenthaltsort über allen menschlichen Dingen zu preisen. Cosima von Bülow und Richard Wagner geht es anders. Mehrere Tage lang versuchen sie vergeblich, auszuschlafen. Es ist zu voll hier oben, kein Mensch kann so schlafen. Und ist oben eigentlich oben, wenn man nicht hinuntersehen kann? Regen und Nebel. An Abstieg aber ist auch nicht zu denken. Also sitzen die schlaflosen Tribschener oben auf dem Pilatus und tun das Nächstliegende: Sie lesen Schopenhauer, die »Parerga und Paralipomena«. Vielleicht lesen sie auch die Einführung ins Glück. Was einer hat und was einer vorstellt, mag zählen, aber immer »kommt es darauf an, was einer sei und demnach an sich selber habe: denn seine Individualität begleitet ihn stets und überall und von ihr ist alles tingiert, was er erlebt. In allem und bei allem genießt er zunächst nur sich selbst.«[179] Daher sei das englische »he enjoys himself in Paris« ein sehr treffender Ausdruck. »Also nicht: ›er genießt Paris‹, sondern: ›er genießt sich in Paris‹«.[180] Ebendas ist es. Sie genießen sich nicht auf dem Pilatus.

Richard Wagner glaubt bald zu wissen, was sie falsch gemacht haben. Es sei nicht richtig gewesen, »Zerstreuungen zu suchen, wie sie die andren Leute brauchen, uns würde so eine Partie nie glücken«[181]. Und er wolle von nun an zwanzig Jahre leben »ohne sich zu rühren, mit mir und den Kindern«. Wie sehr hätte auch Friedrich Nietzsche ihn für diesen Vorsatz geliebt. Doch eben da rührt sich die Welt.

Freund Hans Richter war schon abgestiegen, nun steigt er vor Schreck den Pilatus gleich wieder hinauf. 15. Juli. Die Franzosen beschließen den Krieg! Und Rom die Unfehlbarkeit des Papstes.

Es ist ein makelloser Sonnentag, die Karawane schwankt abwärts, weltwärts, heimwärts. Und kriegwärts, hasswärts auch.

König Ludwig war noch immer nicht in der »Walküre«, zwei Aufführungen hat er schon verpasst, wahrscheinlich, weil es selbst ihm im Augenblick unmöglich ist zu sagen, um die Politik kümmere er sich später. Er ist ganz betäubt vor lauter Regieren.

Vor vier Jahren hatte sein Königreich noch aufrecht gegen die Preußen gekämpft; im Grunde sagt er sich wie Österreich: Sind diese Nordlichter nicht die eigentlichen, gewissermaßen unsere natürlichen Feinde? Natürlich sind sie das: Provozieren einen Krieg genau in dem Augenblick, da er in die Oper gehen will. Ja, wäre er zur »Walküren«-Premiere gegangen, am Vorabend des Krieges, wie man jetzt wohl sagen muss. Aber der König wollte gleich »Das Rheingold« und »Die Walküre« nacheinander sehen. Und nun steht die Ehre eines süddeutschen Katholiken auf dem Spiel, und wenn die Preußen diese Ehre verteidigen wollen, darf er dann abseits stehen? Am 16. Juli ruft Ludwig den »Bündnisfall« aus.

Cosima und Wagner haben die erste Nacht zu Hause wieder nicht geschlafen, diesmal vor weltgeschichtlicher Erregung nicht. Am gleichen Tag, als Ludwig seine Kriegsbereitschaft erklärt, erklärt Cosima auch die ihre. Die übernächtigte französisch erzogene Halbfranzösin schreibt dem fußlahmen Baseler im Bett, dass ihr »die französische Arroganz« noch nie so »hassenswürdig« erschienen ist, ja, »dieser Krieg sei nothwendig wie unausbleiblich, und man muss wünschen dass er geführt werde bis zur Vernichtung einer Eitelkeit und einer Frechheit die jeden Frieden unmöglich macht«.[182] Ihre Tochter Eva, die schon den beinversehrten Eisläufer Nietzsche beobachtet hatte – »War mal Herr Nützsche, gute Herr Nützsche, ging aufs Eis die Nützsche ...« –, lässt dem nunmehr Lahmen ausrichten, sie empfehle einen Stock.

Wahrscheinlich hat der Bettlägrige sofort zurückgeschrieben, was nach Cosimas Bayreuther Nietzsche-Autodafé nie mehr zu überprüfen ist. Er, den nicht wenige und nicht vollkommen abwegig als rhetorischen Vater der Kriege der Zukunft verstehen werden, wendet sich am selben Tag aber auch an seinen vertrautesten Freund, und da ist nichts von Cosimas Hass, nichts von wie auch immer gedämpfter Kriegslust: *Hier ein furchtbarer Donnerschlag: der französisch – deutsche Krieg ist erklärt, und unsere ganze fadenscheinige Kultur stürzt dem entsetzlichsten Dämon an die Brust. Was werden wir erleben! Freund, liebster Freund, wir sahen uns noch einmal in der Abendröthe des Friedens. Wie danke ich Dir! Wird Dir das Dasein jetzt unerträglich, so komme wieder zu mir zurück. Was sind alle unsre Ziele!*

Wir können bereits am Anfang vom Ende sein! Welche Wüstenei! Wir werden wieder Klöster brauchen. Und wir werden die ersten fratres sein!

Der treue Schweizer[183]

Kriegseuphorie und Reichserwartung klingen anders. Der Verstand ist doch zuletzt immer ein Zivilist, und Friedrich Nietzsche hat nicht vor, ihn zu verlieren. Gen Tribschen wird er das alles wohl etwas vaterländischer formulieren und mit dem unverdächtigen Kriegsvorbehalt, den auch Cosima und Richard teilen, insofern sie alle Kinder Schopenhauers sind.

Zwei Tage darauf, am 19. Juli 1870, erklärt Émile Ollivier Deutschland im Namen Frankreichs offiziell den Krieg. Er gehörte einmal zur Familie; Ollivier, der Anwalt, war der Mann von Cosimas geliebter älterer Schwester Blandine. Er zählt zu den Menschen, die Richard Wagner schon immer ein Doppelgesicht attestiert haben: Die obere Hälfte ein Gott, die untere ein Teufel. Und dieses herrschsüchtige Kinn! Es missfällt ihm. Vielleicht erklärte Émile Ollivier an diesem Tag auch Richard Wagners Kinn den Krieg, ganz gewiss sogar, denn steht es nicht symbolisch für die neue Dreistigkeit dieser germanischen Nibelungenzwerge? Richard Wagner formuliert denselben Sachverhalt gewöhnlich etwas anders, etwa so: »mit Deutschlands Wiedergeburt und Gedeihen steht und fällt das Ideal meiner Kunst – nur in jenem kann dieses gedeihen!«[184]

Cosima nimmt die Erklärung des einstigen Schwagers als Zeichen und ist im Übrigen der Meinung, dass die Franzosen für jeden einzelnen Takt des »Tannhäuser«, den sie auszischten, nun die verdienten Schläge bekommen. Auch Richard Wagner kann den Eindruck nicht ganz abwehren, als sollten alle Kränkungen, die ihm dieses Land je zugefügt hat, jetzt gerächt werden. Als werde dieser Krieg nicht zuletzt für ihn geführt.

Es ist nicht Größenwahn, nicht bloße Verstiegenheit, die ihn zu solchen Erwägungen treibt. Die Kultur, die zu seiner Musik passt, gibt es noch nicht. Einerseits ist der Krieg für jeden Schopenhauerianer eine große Verlegenheit, andererseits ist ein Musiker gewissermaßen Spezialist für die Entstehung des Schönen aus dem Schrecken. Sollte der Krieg im besten Fall gar ein Musiker sein, wenigstens dieser?

Er ist kein Held. Ja, es kann geschehen, dass Cosima einen Mann im Haus zurücklässt, der eben noch für sie die »Walküre« spielte, der glaubt, an den Sieg der deutschen Musik und der deutschen Waffen zu glauben, und als sie wenig später zurückkehrt, findet sie ihn tief verstört vor. Die Haushälterin war grob zu ihm gewesen. Das macht ihn wehrlos. Dagegen weiß er keinen Schutz. Feldherren, ob im Theater oder auf dem Schlachtfeld, sind aus anderem Stoff gemacht.[185]

Auch der da jetzt auf dem Dampfschiff an der Tribschener Landzunge vorüberfährt, ist keiner, war keiner und wird nie einer werden. Immerhin kann er wieder laufen. Und fährt einfach vorbei. Friedrich Nietzsche ist nicht allein. Soll er seine Schwester wirklich über die Schwelle dieser Welt treten lassen, die ihm am teuersten ist, oder hieße das schon, den Ort zu entweihen?

Ein Mädchen, an dem alles provinziell ist, sein Gemüt, seine Moral, sein Geschmack, seine Selbstgerechtigkeit. Wer würde wen mehr in Verlegenheit setzen? Das unverheiratete Paar mit den vielen Kindern Elisabeth Nietzsche oder die kleine Spießerin – für jeden Spießer ist das Große vor allem eins: eine Sehenswürdigkeit – die Halbinsulaner? Vielleicht sieht er Tribschen jetzt beinahe mit Erleichterung zurückbleiben, ein verblassender Punkt in diesem neuen Welttag, der nun also ein Kriegstag werden soll. Sie wollen nach Brunnen. Andere fahren in den Krieg, er fährt zur Kur.

An seinem Ende des Vierwaldstätter Sees beginnt Richard Wagner über Beethoven nachzudenken. Der Krieg und sein großer Beethoven-Aufsatz sind gewissermaßen gleichursprünglich. Am Sonntag, dem 17. Juli, hat Deutschland Frankreich den Krieg erklärt. Am Montag bemerkte Cosima, dass Ludwig van Beethoven nicht nur genau einhundert Jahre zuvor geboren wurde, sondern auch an einem 17., wenn auch im Dezember. So wäre also, überlegt Cosima, der Krieg die eigentliche Beethovenfeier, zumal Richard Wagner zu den übrigen nicht eingeladen wurde, gerade er, sein legitimer Nachfolger. Ohne Beethoven kein Wagner. Die Bonner Festveranstalter hatten ihn einfach übergangen, und in Wien, das ihn zwar einlud, sind Hanslick und Schelle, seine beiden größten Kritiker, da kann er nicht hin. Also beschließt er am 20. Juli, eine Rede auf Beethoven zu entwerfen, wie er sie auf einer idealen Beethovenfeier halten würde mit sich selbst als Hauptreferent. An manchen Tagen arbeitet er bis zum »Augenflimmern«, wie Cosima sagt.

Auf dem Rückweg von Brunnen lässt Friedrich Nietzsche seine Schwester am anderen Ufer zurück und fährt allein nach Tribschen hinüber. Elisabeth schaut durch ihr Opernglas auf das Haus unter den hohen Bäumen. Das Opernglas ist ein Geschenk ihres Bruders. Am Abend ist er wieder da, und wenn sie jetzt beide durch Elisabeths Opernglas schauten und es wirklich so gut ist, wie er behauptet, könnten sie auf der Landzunge eine dieser Tage nicht ganz gewöhnliche Gesellschaft beieinander sehen. Lauter Franzosen, feindliche Ausländer also. Cosima erträgt seit fast zwei Wochen keine Franzosen mehr, aber dies sind französische Wagnerianer, die in München soeben das »Rheingold« und die »Walküre« gesehen haben. Schon das missbilligt der Hausherr, und wenn sie sich auf dem Rückweg nicht beeilen, treffen sie ihr Vaterland möglicherweise gar nicht mehr an. Nein, Richard Wagner findet diesen Besuch unpassend, aber wie könnte er Judith, die schöne Judith Mendès abweisen? Und so beschließt der Hausherr, dass die Musik ihr aller erstes Vaterland sei. Camille Saint-Saëns begleitet Richard Wagner am Klavier. Der Hausherr singt die Nornenszene der »Götterdämmerung«, über deren wunderbares Gelingen er immer wieder selbst erstaunen muss, so unversöhnlich-versöhnlich, so schrecklichschön ist sie, und das Versöhnliche, das Schöne, das Erträglichmachende liegt allein in der – unendlichen? – Musik, die jedem – endlichen? – Wort hier zu widersprechen scheint:»Weißt du, wie das wird?« Ja, der Schrecken liegt allein in der Endlichkeit. Oder wie Onkel Adolf, der Hegelianer, das ausdrücken würde:»Jedes Ding, zuerst das Ewige fliehend«, versucht sich»in seiner Eigenheit festzusetzen und sich im Kampf mit anderen zu behaupten, bis es endlich, wieder aufgenommen in die Idee, von der es ausging, in vollem ruhigen Glanze erstrahlt«.[186] Onkel Adolf würde stolz auf seinen Neffen sein. Und was nützt es, diesen Glanz zu beschwören? In Töne bannen muss man ihn, ihn mitten in der Wirklichkeit aussetzen! Auch ist das eine Perspektive, in der ein Germane sogar mit feindlichen Ausländern Musik machen darf. Und wenn er Judith Mendès so anschaut, die schöne Judith, diese Nicht-Brünnhilde, in deren Gesicht alles Süden ist statt Norden – und auch sie schaut ihn an –, so mag er fast nicht mehr an die Existenz von feindlichen Ausländern glauben.

Am nächsten Morgen ist Judith weg, Nietzsche ist da und Richard Wagner liest ihm aus seinem»Beethoven« vor. Wie sehr ihr Nachdenken über das Wasser hinweg ineinanderging, aneinander anschloss, muss dem Professor sofort klar geworden sein. Auch wenn er nicht über Beethoven nachdachte, sondern über Dionysos. Beethoven und Dionysos scheinen von verschiedenen Planeten zu stammen. Doch beide entfesseln alle Dämonen, wagen den Tanz mit dem Schrecken. Das Ergebnis heißt»griechische Tragödie« oder Beethoven'sches Finale. Zwei Anrufungen des Urgrundes. Er muss darüber nachdenken. Über alle Konsequenzen seiner Einsicht, dass auf dem Grund des Schönen das Schreckliche wohnt. Wo? Am besten dort, wo man diesen Tatbestand am unentrinnbarsten, doch zugleich als immer schon Entronnener vor Augen hat. Im Maderanertal, wildestes Hochgebirge.

Aber bevor sie fahren, will er seine Schwester in Tribschen einführen. Nach dem Essen holt er sie. Mag sein, man findet in der Schmähung Frankreichs, in der Verurteilung der frechen Mode, der Äußerlichkeit seiner Zivilisation eine gemeinsame Sprache. Was bei Wagner nicht ohne Tiefe gedacht ist und in der Schwebe des Gedankens gehalten werden muss, um nicht falsch zu werden, stimmt an seiner Oberfläche, will man es wie das Rheingold einfach in der Hand halten, doch mit dem vorurteilsvollen Weltbegriff jedes Philisters überein. Vielleicht verstummt der große Bruder bei diesen Tönen, vielleicht zeigt sich Elisabeth in der Tat so, wie Cosima es nachher in ihr Tagebuch einträgt: »artig und bescheiden«, also tendenziell stumm.

Eigentlich wollten die Tribschener ins Maderanertal fahren, Cosima hatte schon eine Anfrage geschickt und vor der Antwort gebangt. In den Augen der Welt, und das sind nicht zuletzt die der Hotelbesitzer, sind sie Undazugehörige, Geächtete. Welches Hotel, das auf sich hält, vermietet an ein kinderreiches unverheiratetes Paar? Wie tief gerührt war Cosima, als die über jedes Erwarten freundliche Antwort eintraf, aber eben erst, auf dem Pilatus überkam sie mit Schopenhauer die Einsicht, für die gewöhnlichen Zerstreuungen der gewöhnlichen Menschen nicht gemacht zu sein. Das bedeutete Verzicht.

Friedrich Nietzsche wird einmal ein Virtuose solcher Einsichten werden, doch jetzt sitzt er zum ersten Mal 1300 m über dem Meeresspiegel vor schauerlichsten Felsabstürzen und denkt über »die dionysische Weltanschauung« nach.

Natürlich kommen dem Menschen hier oben andere Gedanken als in einer Bibliothek. Das Begriffspaar, das bald jede Bibliotheks- und Universitätstür aufstoßen und in die Welt hinaus wandern würde, sich in Künstlercafés, in den Hirnen von Malern und Dichtern, auf ihren Bildern und in ihren Büchern niederlassen würde, ja sogar in den Hirnen fast ganz gewöhnlicher Menschen, an denen vielleicht nur ungewöhnlich war, dass sie substantivische Bestimmungen wie »das Apollinische« und »das Dionysische« gebrauchten, als ob es nichts Selbstverständlicheres zu sagen gäbe, und dabei sogar den Anschein erwecken würden, als wüssten sie nur zu genau, wovon sie sprächen – es fand hier seine erste grundlegende und grundstürzende Verhältnisbestimmung. Als gegenseitige Haltevorrichtung. Denn jede Grundlegung ist ein Grundsturz, wie die Umgebung auf anschaulichste Weise vor Augen führt, wenn Umgebung hier das rechte Wort sein sollte.

Dabei müsste schon der erste Satz die Alltagsapolliniker und

-dionysiker irritieren: *Die Griechen, die die Geheimlehre ihrer Weltanschauung in ihren Göttern aussprechen und zugleich verschweigen, haben als Doppelquell ihrer Kunst zwei Gottheiten aufgestellt, Apollo und Dionysos.*[187] Apollo, der Bildnergott, *der »Scheinende« durch und durch: in tiefster Wurzel Sonnen- und Lichtgott, der sich im Glanze offenbart.* Sein Gesetz: die – maßvolle – Begrenzung, die Ruhe, beide Synonyme der Schönheit. Aber auch der schöne Schein der – ruhigen – Traumwelt ist sein Reich.

Wie anders Dionysos, geboren aus den beiden Erfahrungen, in denen der Mensch schon immer die Einzelhaft im je eigenen Körper, im je eigenen Geist als Illusion erfahren hat: im Rausch des Alkohols und des Geschlechts. Der Autor nennt sie wohl mit Rücksicht auf die akademische Verfasstheit des Publikums sowie seine eigene vorsätzlich zartsinnig den *Frühlingstrieb* und Rausch des *narkotischen Getränks.*

Es kommt darauf an, beim ersten Wort nicht an Maiglöckchen zu denken und beim zweiten nicht an Damen beim Likör. Es handelt sich im Gegenteil um zwei absolute Gewalttätigkeiten, zwei Exzesse, zwei Grobheiten höchster Ordnung, um Dinge also, gegenüber denen der Professor gewöhnlich lebhafte Abscheu empfindet. Er braucht nur an den Alptraum seiner Mitgliedschaft in der Bonner Studentenverbindung zu denken: Kneipen und Hurenhäuser. Zwei Orte der selbsterteilten Freistellung vom principium individuationis. Und ist da nicht noch ein dritter, warum zählt er den Fechtboden nicht dazu? Die Mordlust als dritte Elementarmacht, als Rücknahmeinstanz des Lebens. Nimmt er sie nicht auf, weil sie in den beiden anderen schon enthalten ist? Gewöhnlich fängt der Mensch für Friedrich Nietzsche erst jenseits dieser beiden, dieser drei Orte an. Oder sollten wir einfach sagen: jenseits der Natur, blind zeugend, blind verschlingend?

Überall werden gerade Elementargottheiten entdeckt, das drängend Volkshafte bei Marx, die Auslese »durch natürliche Zuchtwahl« bei Darwin – Friedrich Nietzsche entdeckt inzwischen die kulturelle Elementargottheit.

Man sollte nicht versäumen, nur weil die Pointe schon vertraut ist, die erstaunliche Anteilnahme zu vermerken, mit der

Friedrich Nietzsche den Zug der vorgeschichtlichen Grobiane schildert: *Das principium individuationis wird in beiden Zuständen durchbrochen, das Subjektive verschwindet ganz vor der hereinbrechenden Gewalt des Generell-Menschlichen, ja des Allgemein-Natürlichen. Die Dionysos-Feste schließen nicht nur den Bund zwischen Mensch und Mensch, sie versöhnen auch Mensch und Natur. Freiwillig bringt die Erde ihre Gaben, die wildesten Thiere nahen sich friedfertig: von Panthern und Tigern wird der blumenbekränzte Wagen des Dionysos gezogen. All die kastenmäßigen Abgrenzungen, die die Noth und die Willkür zwischen den Menschen festgesetzt hat, verschwinden: der Sklave ist freier Mann, der Adlige und der Niedriggeborene vereinen sich zu denselben bacchischen Chören. In immer wachsenden Scharen wälzt sich das Evangelium der »Weltenharmonie« von Ort zu Ort: singend und tanzend äußert sich der Mensch als Mitglied einer höheren idealeren Gemeinsamkeit: er hat das Gehen und das Sprechen verlernt.*[188] Vielleicht ist das die einzige Form des Kommunismus, die er je anerkennen wird: als Ausnahmezustand.

Nein, solches Betragen kann der Professor gewöhnlich nicht billigen, nichts kommt ihm ärger an als rasendes Volk. Es handelt sich um einen Übergang! Und zwar um den zur Kunst. Und wirklich, er schafft es noch auf derselben Seite bis zur sublimsten Läuterung des Exzesses: *Wenn nun der Rausch das Spiel der Natur mit dem Menschen ist, so ist das Schaffen des dionysischen Künstlers das Spiel mit dem Rausche. ... So muß der Dionysosdiener im Rausche sein und zugleich hinter sich als Beobachter auf der Lauer liegen. Nicht im Wechsel von Besonnenheit und Rausch, sondern im Nebeneinander zeigt sich das dionysische Künstlertum.* Das ist die Pointe, der Kern. Zugleich ganz innen und ganz außen. Welch zerreißender Zustand. Welche Quallust. Diesen exzentrischen Aufenthaltsort wird der Denker Friedrich Nietzsche nie aufgeben, höchstens zwischenzeitlich vor Erschöpfung.

Beethoven und Dionysos!

Er ist ein Theoretiker. Der Krieg ist keiner. Jede Entstehung einer neuen Welt bedeutet den Untergang einer alten. Sollte er sein Wissen um die dionysische Weltanschauung um die Dimension des persönlichen Erlebens erweitern? Er wird wohl mehr die Vernichtungs- als die Entzückungsseite erforschen müssen. Andererseits ist es leichtfertig, sich aufs Schlachtfeld zu begeben. Er ist freier Schweizer, erst im Vorjahr hatte er der Baseler Erziehungsbehörde mitgeteilt, dass er es für seine *Pflicht* halte, sein Wirken an der Universität *nicht von Krieg und Frieden abhängig zu machen.*[189] Er ist kein preußischer Untertan mehr, damals klang, was ihm Befreiung war, nach Opfer und höherer Einsicht. Er ist staatenlos. Doch wie undenkbar ist es, jetzt zu sagen: Ich bin staatenlos. Gar Wagner und Cosima? Ein freier Professor der »freien Schweiz« hat nur ein Vaterland: die Freiheit. Mag sein, er weiß das schon jetzt. Natürlich weiß er es, schon als Philologe, der weiter zurücksieht als gewöhnliche Menschen und darum, das ist seine Überzeugung, auch weiter voraus: *Inzwischen kehren wir zu den Griechen zurück, um uns zu sagen, wie lächerlich der moderne Nationalitätenbegriff sich der Pythia gegenüber ausnimmt, und ein wie ungeschicktes Wünschen es ist, eine Nation als eine sichtbare mechanische Einheit, mit gloriosem Regierungsapparat und militärischem Prunke ausgestattet sehen zu wollen.*[190] Ja, er fürchte, in der Bedauerlichkeit, dass der moderne Nationalitätenbegriff überhaupt gefasst worden sei, habe die Natur uns mitteilen wollen, dass ihr nicht gerade viel an uns gelegen sei. Den Modernen fehlt eine Warnerin wie die Pythia – für Friedrich Nietzsche ist sie die weiseste aller Frauen –, und noch Wotan hatte Erda. Die Weisheit der Frauen ist eine warnende, Gegengewicht zur Eigenlogik der Staatskunst.

Die Griechen waren auch als Denker Krieger. Auf dieser Relation, wie eng oder weit sie auch geknüpft sei, wird er immer bestehen. Ist er selber einer? Er muss sein Griechentum erproben.

Heroische Entschlüsse fasst man am besten in heroischen Landschaften. »Siegfried, unser Siegfried wird eine andere Welt finden!«, notiert Cosima am 7. August unter dem Eindruck des ersten großen deutschen Siegs bei Wörth. So früh und kaum für möglich gehalten. Friedrich Nietzsche lernt im Maderanertal einen Hamburger Landschaftsmaler kennen, der hier die Gipfel studiert. Vielleicht überlegen sie gemeinsam, auch unter dem Eindruck dieses unverhofften Siegs, dass man den Heroismus nicht länger der Landschaft überlassen dürfe.

Gemeinsam wollen sie es wagen.

Am 8. August teilt Friedrich Nietzsche der Baseler Erziehungsbehörde mit, dass er es doch für seine Pflicht halte, sein Wirken an der Universität von Krieg und Frieden abhängig zu machen. Cosima und Richard Wagner erfahren, dass der Professor in den Krieg ziehen möchte.

Cosima antwortet sofort. Mag sein, sie fragt sich, welches Vaterland nicht Furcht vor einem Altphilologen auf dem Schlachtfeld haben müsste. Zumal wenn er so kurzsichtig ist, dass er den Feind garantiert nicht erkennt, selbst wenn er vor ihm stünde. Sie ist dagegen, entschieden dagegen, auch wenn er als Krankenpfleger ginge; ihr Ton ist beinahe ungebührlich: »Wir haben jetzt nicht 1813; ein wohlorganisirtes vorläufig siegendes Heer steht auf französischem Boden; ebenso wohl organisiert ist die Krankenverpflegung, und jeder Dilettant wird dort scheel angesehen als einer der mehr belästigt als hilft.«[191] Wahrscheinlich kann sie das beurteilen. Mit Cigarren würde er eine größere Wohltat erweisen als mit dem eigenen Selbst. Der Einzelne sei jetzt ein Hindernis. Es klingt schopenhauerisch allgemein und ist doch nicht misszuverstehen: Er, der Professor, der ihre Blumenkübel umwirft, weil er sie nicht sieht, ist ein Hindernis. Es ist empörend.

Dass er sich das von einer Frau sagen lassen muss. Von einer Nicht-Pythia, einer Nicht-Erda, kaum älter als er. Er empfindet die Stellung, die das Weib bei den Griechen hatte, als vorbildlich: gar keine. Die Frau sei für den Staat, was der Schlaf für den Menschen sei: *die heilende Kraft, die das Verbrauchte wieder ersetzt. … Das hellenische Weib, als Mutter, mußte im Dunkel leben, weil der politische Trieb, sammt seinen höchsten Zwecken, es forderte.*[192] Nur der zerrüttete Staat habe das Weib als Ergänzerin nötig, in dem es ihm in der Familie eine gewisse Macht einräumt, und dieses hier maßt sich an, ihm von der Warte der Staatskunst her zu begründen, warum er nicht in den Krieg ziehen darf. Es ist demütigend. Und dennoch ist sie im Zweifel klüger als zehn Männer: »Und noch eines ist zu überlegen, die Werke des Friedens dürfen nicht brach liegen wenn der Kampf nicht ein verzweifelter ist; Sie sind ein Gelehrter und mich dünkt diess müssen Sie bleiben bis es nicht Schande ist Gelehrter zu sein«[193].

Es gilt zu vermerken, dass Friedrich Nietzsche bereits jetzt und im höchsten Maße unfreiwillig, geradezu beiläufig das Phänomen Richard Wagner erklärt hat, und zwar als Dekadenzphänomen, was ihm noch ganz und gar fernliegt. Es ist – ihm selbst wohl verborgen – einfach geschehen: In der neueren Zeit, *bei der völligen Zerrüttung der Staatstendenz* habe das Weib als Helferin einspringen müssen. Der vaterlose Zögling eines Frauenregiments rekapituliert, dass *die Familie als Notbehelf für den Staat sein Werk* sei: *und in diesem Sinn mußte sich auch das Kunstziel des Staates zu dem einer häuslichen Kunst erniedrigen. Daher ist es gekommen, daß die Liebesleidenschaft als der einzige dem Weibe völlig zugängliche Bereich, allmählich unsre Kunst bis ins Innerste bestimmt hat.*[194] So weit zu Richard Wagner, und jetzt zu Cosima: *Insgleichen, daß die Erziehung des Hauses sich gleichsam als die einzig natürliche geberdet und die des Staates nur als einen fragwürdigen Eingriff in ihre Rechte duldet*[195].

Wenn da noch irgendein Zögern gewesen sein sollte, nach Cosimas Einspruch muss er gehen. Hans Richter will auch mit. Cosima hat wohl nichts anderes erwartet; sie schreibt ihm, gewissermaßen im Stehen, in der Luzerner Schiffmann'schen Buchhandlung, damit ihn die Grüße noch erreichen. Immerhin ist sie erleichtert, dass er Sanitäter statt Soldat wird. Wohin sie Richter senden solle, fragt sie, und: »Ein Wort von Ihnen wird uns immer unschätzbar sein. Gott weiß was ich Ihnen schreibe, ich bin unsäglich ergriffen! Leben Sie wohl, seien Sie von allen guten Geistern beschützt! Cosima«[196].

*

Blandine lacht. Der Plan des nächsten Tages ist zu komisch: »Du heiratest Onkel Richard!« Sie lacht immer lauter, bis ihr im letzten Augenblick, wahrscheinlich unter dem missbilligenden Blick ihrer Mutter einfällt, dass sie Erziehung hat.

Es ist das Ende einer langen Unterredung Cosima von Bülows mit ihren Kindern. Irgendwann musste sie ihnen mitteilen, dass sie nicht länger von Bülow heißen wird. Genauer: Schon ab morgen nicht mehr. Es schien ihr dem Ernst der Situation angemessen, zu weinen. Schon weil es kein Glück auf Erden gibt, dass nicht mit Leid bezahlt ist. Grundkurs Schopenhauer. Die Kleinen weinten mit, dann lächelten sie mit, und dann fing Blandine an zu lachen: »Du heiratest Onkel Richard!«

Um 8.00 Uhr findet die Trauung statt, am 25. August, dem 25. Geburtstag des Königs. Man kann Gunst und Segen eines Königs nicht erzwingen, aber man kann sie nahelegen, schon durch die Wahl eines Datums. Wagner hatte dem König zum Geburtstag die vollständige Orchesterskizze des Vorspiels und des ersten Aufzugs der »Götterdämmerung« geschickt mitsamt Gedicht auf der zweiten Titelseite:

> Gesprochen ist das Königswort,
> dem Deutschland neu erstanden,
> der Völker edler Ruhmeshort
> befreit aus schmähl'chen Banden;
> was nie gelang der Klugen Rath,
> das schuf ein Königswort zur That:
> ...

Die erste Zeile ist keinesfalls Anspielung auf einen unvergessenen königlichen Meineid, als vielmehr auf Ludwigs Mobilmachungsbefehl vom 16. Juli, noch vor der offiziellen Kriegserklärung an Frankreich. Der große Bayer geht mit Preußen! Das ist neu. Das ist reichsbegründend. Das ist wohl auch sein Werk, sein Einfluss. Es ist Richard Wagner eine Übertreibung wert, er ist nun mal eine ekstatische Natur. Dank sei dem König!

Der Gegenglückwunsch des Monarchen klingt beinahe kühl; Hochzeiten sind für ihn nun mal eine Verlegenheit:

»Brauche ich Ihnen zu versichern, daß ich mehr denn je am heutigen für Sie und die Freundin so bedeutungsvollen Tage im Geiste bei Ihnen bin! Brief folgt bald.«[197]

Als Cosima von Bülow und Richard Wagner vor den Altar treten, betritt der im Schnellkursus ausgebildete Felddiakon Friedrich Nietzsche die Schlachtfelder. »Siegfried, unser Siegfried wird eine andere Welt finden!«, hatte Cosima am 7. August unter dem Eindruck des deutschen Siegs bei Wörth notiert. Drei Wochen sind vergangen. Übermächtiger Leichengeruch liegt noch immer über dem kleinen Dorf Fröschweiler. Friedrich Nietzsche hat den Auftrag bekommen, auf dem Schlachtfeld nach dem Grab eines bayerischen Offiziers zu suchen. Fast 20 000 Menschen sind hier gefallen, Abertausende tote Kavallerie- und Zugpferde lagen bei großer Hitze in den Wein- und Obstgärten der Bauern, auf Wiesen und Feldern. Seit drei Wochen bestatten Männer, Frauen und Kinder Tote. Fast alle Zugtiere wurden ihnen weggenommen, und die wenigen, die ihnen blieben, verweigerten den Dienst: zu stark war der Verwesungsgeruch. Wie soll man hier das Grab eines einzigen Offiziers finden?

Der Pfarrer von Fröschweiler denkt seitdem über die Wendung »In-den-Krieg-Ziehen« nach. Sie beinhaltet seine wichtigste, ja seine grundlegende Voraussetzung: dass er beim Feind stattfinde, nicht zu Hause. Darum haben die Franzosen ihre Armee auch Rhein-Armee, L'armée du Rhin genannt, weil sie jenseits des Stromes kämpfen würde.

Fröschweiler bei Wörth war bloß Sammelpunkt, die meisten Verbände waren noch gar nicht eingetroffen. Und die, die schon da waren, blieben fast ohne Verpflegung. Die Proviantfrage: noch ungeklärt. Man sei archipret, erzbereit, hatte Kriegsminister LeBœuf erklärt, und wenn der Krieg zwei Jahre dauern würde, kein Gamaschenknopf werde fehlen. Die Deutschen würden sich hinter dem Strom eingraben und den Feind erwarten, hatte er geglaubt. Stattdessen griffen sie an, drei deutsche Armeen zum ersten Mal unter einem gemeinsamen Oberbefehl, die Bayern rechts, die Preußen in der Mitte, links hessisch-thüringisch-württembergische Verbände. Noch immer werden Soldaten begraben, Nietzsche und der Hamburger Landschaftsmaler nehmen teil, sie verladen in den Leichendünsten die Ausrüstung der Gefallenen. Sie finden sogar den toten bayerischen Offizier;

Friedrich Nietzsche sammelt französische Chassepotkugeln. Im Kugelhagel dieser Gewehre, deren Reichweite das deutsche Zündnadelgewehr um fast das Doppelte übertrifft, starben Tausende, wenn sie nicht zuvor beim Überschreiten der Sauer ertrunken waren.

Nietzsche und Moosengel marschieren, manchmal 11 Stunden am Tag; wenn sie rasten, der Front immer näher, schreibt Nietzsche Briefe, meist an Cosima. Er schont ihr Gemüt nicht, ihre Vertrautheit gibt ihm das Recht dazu. Sie antwortet ihm, auch wenn sie weiß, dass vorerst keine Post ihn erreichen wird: »Sie sind nicht dazu gemacht solche Gräuelscenen zu schauen«[198], sein religiöses Gefühl möge ihn schützen und bewahren. Ob sie ahnt, dass jeder Anruf an dieses Gefühl beim Pfarrerssohn Friedrich Nietzsche ganz vergebens ist? Was sie meint, ist das Erhobenwerden auch in diesem Niedergerissensein. Er ist da ähnlich trostresistent wie sein Freund Carl von Gersdorff, Urheber des Vegetarismusstreits. Gersdorff berichtet Nietzsche von einem großen Feldgottesdienst bei Mars-la-Tour: »Ich kann die Feierlichkeit nicht in Abrede stellen; es war ein glücklich gewählter Moment: für die, welche des Trostes eines Pfaffen bedürfen, um ruhig zu sterben ... Mir war die Melodie ›In allen meinen Taten‹ viel erbaulicher, als die törichten Reden der Männer, die mit saurem Schweiß und für Geld nebst guter Verpflegung sagen, was sie nicht wissen.«[199] Die Religion geben die Freunde preis, nicht den Affekt, den sie nicht mehr auszulösen imstande ist: die Erhebung. Sie kommt nicht mehr von der Kanzel, sondern aus Wagners Musik. *Jene Erhebung,* wird er nur ein paar Wochen später vermerken, den Blick weit in die Vergangenheit und weit in die Zukunft gerichtet, *ist ganz religiös – das dramatische Kunstwerk ist deshalb im Stande, die Religion zu vertreten.*[200]

Die dionysischen Festspiele der Griechen seien das Ernsthafteste ihrer Religion gewesen: Theater also. Und doch nicht Theater.

Sie hört in diesen Tagen, weit weg und ihm doch sehr nah, den »Lohengrin«, von Hans Richter gespielt, der doch zu Hause geblieben ist. Sie überlegt, »wie das eigentlich mein Schicksal entschieden hat; wie ich dem Lande angehören wollte, das einzig solches hervorbringen konnte«²⁰¹. Das ist der Stoff, aus dem ihre Einverständnisse sind.

Friedrich Nietzsche und der Hamburger Maler folgen der Armee. Bis nach Paris, so glauben sie. Fröschweiler gehört zu Frankreich, es heißt nur so, als gehörte es zu Deutschland. Nun beginnen die französischen Orte, französische Namen zu tragen. Am 2. September erreichen sie Ars sur Moselle bei Metz. Nietzsche bekommt allein sechs Schwerverletzte zugeteilt und einen *elenden Viehwagen* zum Transport nach Karlsruhe. Die Verwundeten haben *zerschossene Knochen, mehrere mit 4 Wunden; dazu constatierte ich bei Zweien noch Wunddiphteritis.*²⁰² Drei Tage und drei Nächte ist er mit den stöhnenden, schreienden Soldaten allein, versorgt sie, verpflegt sie. Sie liegen auf bloßem Stroh. Vormittags drei Stunden Verbinden, abends drei Stunden Verbinden. Es regnet, die Waggons müssen fast geschlossen werden, damit die Leidenden nicht durchnässen. Alle haben die Ruhr. Der Gestank nimmt ihm den Atem, die Nächte sind keine, denn der Schmerz macht keine Unterschiede zwischen Tag und Nacht. Er aber denkt an »Wahn«, »Wille« und »Wehe«, seine Gedanken sind in den Urgründen der Tragödie.²⁰³ *Daß ich in diesen Pestdünsten aushielt, selbst zu schlafen und zu essen vermochte, erscheint mir jetzt wie ein Zauberwerk*²⁰⁴, wird er Richard Wagner schreiben.

Am ersten Tag dieser Fahrt wird Napoleon III. im Hauptquartier seines verwundeten Armeekommandanten MacMahon gefangengenommen und kapituliert. Cosima notiert: »Napoleon III. sich dem König ergeben!!! Das ist ein Taufgeschenk für Fidi!« Am nächsten Tag wird Helferich Siegfried Richard Wagner gegen seinen in Tränen aufgelösten Widerstand, namentlich bei der Herabkunft des Heiligen Geistes, in die Christenheit aufgenommen.

Der Vater betrachtet seinen Sohn, der noch nicht weiß, welcherart Sieg und welcherart Frieden er da im Namen trägt, doch Siegfried macht jetzt schon wahr, worauf die Großen hoffen: Er begräbt ganz Frankreich – eine große Sandburg – unter seiner kleinen Schaufel. Das ist das Prinzip Tathandlung, das Naturell des Helden. Richard Wagner sieht es mit Freude und Nachdenklichkeit. Ob jetzt alle Heldenmusik hören wollen? Er möchte, sagt er Cosima, eine Trauermusik für die Gefallenen schreiben, keine Siegeshymne. Für Siegeshymnen fehle ihm das Talent. Und Gefallene – sind das nicht alle, Deutsche und Franzosen? Der Sieger hat nur eine Seite, Opfer haben mehrere; es gibt keine triumphalen Opfer. Cosima betrachtet in der Zeitung Bilder französischer Soldaten:»Vollständiger Cretinismus blickt aus den sinnlichen, bestialischen, vom Trunk verdummten Gesichtern.«[205] Mag sein, ihr Mann schweigt. Auch der Freund, noch immer allein mit den Verwundeten, hat schon in Erlangen, während seiner Schnellausbildung zum Sanitäter, Preußen, Franzosen und Nordafrikaner versorgt. Freund und Feind nach Nationalitäten zu bestimmen, ist ihm schon jetzt unmöglich. Im Zweifel würde er einen Turco, wie die Nordafrikaner genannt werden, jedem Preußen vorziehen. Und auch Richard Wagner wird noch in diesem Monat vor Verzweiflung über die Deutschen den Franzosen den Sieg wünschen, zumindest probeweise.

Fassungslos betrachtet er eine Sonderseite der»Illustrirten Zeitung«, die den vollständigen Text der»Wacht am Rhein« abdruckt:»Es braust ein Ruf wie Donnerhall,/wie Schwertgeklirr und Wogenprall:/Zum Rhein, zum Rhein, zum deutschen Rhein!/Wer will des Stromes Hüter sein? ... Durch Hunderttausend zuckt es schnell,/und aller Augen blitzen hell:/Der Deutsche, bieder, fromm und stark,/beschützt die heil'ge Landesmark ...« Richard Wagner werden die Tränen kommen. Eine Nation, die mit solchem Liedgut zum Schlachtfeld zieht, ist verloren. Er sieht die Franzosen lächeln. Sie haben recht, sagt er.

Felddiakon Friedrich Nietzsche übergibt die Schwerverwundeten in Karlsruhe dem Lazarett und fährt am nächsten Morgen weiter zum Rapport an die Felddiakonie in Erlangen. Als er dort ankommt, ist er selbst ein Fall fürs Lazarett: Ruhr und»Rachen-Diphteritis«. Der Hamburger Landschaftsmaler pflegt ihn. Zwei Spezialisten fürs Erhabene haben in einer Woche mehr über das Nichterhabene gelernt als andere in langen Jahren. Der Krieg ist ein großer Verschwender. Als er, traktiert mit *Tanninklystiren und Höllensteinmixturen*, wieder einen Stift halten kann, holt er alle versäumten Glückwünsche nach: *Lieber und verehrter Meis-*

ter, so ist denn, mitten im Ungewitter, Ihr Haus fertiggeworden und fest begründet.[206] Er weiß, was er schreibt, und darf darauf rechnen, dass auch der Empfänger es weiß: Dass eben nichts fest begründet ist. Es kommt ihm sonderbar vor, in die Welt zurückzukehren, die man die alltägliche nennt. Es ist, als überschreite er eine Grenze. Er schickt dem Basler Erziehungsrat französische Gewehrkugeln und die Versicherung, sich diesmal auf die Kollegien zu freuen. Rhythmische und metrische Fragen durchdenken dürfen! Über das griechische Epos und die griechische Metrik wird er lesen. Es ist Privileg, nicht Last.

Doch zuerst muss er gesund werden. *Ich möchte jetzt, bei meiner Sehnsucht nach Ruhe und einer großen Erschöpftheit nirgends wo anders hin*[207], schreibt er der Mutter noch aus Erlangen am 11. September 1870. Wann hätte Franziska Nietzsche ihr Kind zuletzt so gehört? Die erstaunte Mutter bemerkt, wie sanft der Sohn geworden ist, ja, er interessiere sich jetzt sogar für ihre Belange. Und die Naumburger Tugend reiht den Krieg unter die entschiedenen Wohltaten des Daseins ein: »Ihm hat der Feldzug recht wohl getan, er hat das Leben einmal von einer ganz anderen Seite als bisher kennen gelernt.« Was soll er ihr berichten von dem, was er erlebt hat? Cosima sagt er es. Vielleicht sagt er ihr auch, dass er Tag und Nacht einen *nie endenwollenden Klagelaut* hört. Ihr Tagebuch vermerkt seine schwere Erschütterung.

Schwer erschüttert sind am gleichen Tag, dem 16. September, aber auch die Tribschener: Richard Wagner bleibt lange auf seinem Zimmer, obwohl er das Gegenteil angekündigt hatte. Bleich kehrt er zurück in den Salon zu Frau und Freund, schickt Richter hinaus, der kommt auch nicht wieder. Sie wechseln lange Blicke, dann geht Wagner wieder hinaus. Nur wenn Cosima fragt, was denn los sei, fallen beide in eine unbeschwerte Tonart abwiegelnd-frohlockender Alltäglichkeit, bloß um ihre sichtlich unkonzentrierte Anwesenheit gleich wieder durch eine längere Abwesenheit zu ersetzen. Schließlich geben sie auf und alles zu: Fünf Fledermäuse hängen in Richard Wagners Schlafzimmer!

E. T. A. Hoffmanns
»Archivarius Lindhorst«
aus Porzellan, Manufaktur
Meissen, 1928.

Treppenmusik oder Anselmus, der Archivar Lindhorst und die Feuerlilie

Fünf Fledermäuse in Richard Wagners Schlafzimmer und ein nie endender Klagelaut in Friedrich Nietzsches Ohr.

Weißt du, wie das wird?

Wir dürfen keinen Abgrund der Betrachtung scheuen, um die Tragödie bei ihren Müttern aufzufinden: diese Mütter sind Wille, Wahn, Wehe, beschließt Friedrich Nietzsche am 22. September, womit klar ist: Dionysos ist, zumindest dem Geschlecht nach, eine Falschmeldung. Richard Wagner ist der Experte dieser drei großen W's. Es ist die erste Notiz zu einer Schrift, die »Die Tragödie und die Freigeister« heißen soll.

Auch der Komponist selbst ist wieder zum Schwangerschaftsexperten geworden, ausgerechnet an »Beethoven«. Mag der Krieg männlich sein, ihm ist so weiblich zumute. Die Musik ist kein

Mann. Immer wieder weiß Cosimas Tagebuch, dass der »Beethoven« jetzt fertig ist, aber es stimmt nie.

Das Kind erwache aus der Nacht des Mutterschoßes mit dem Schrei des Verlangens, rekapituliert Wagners »Beethoven«. Wille, Wahn, Wehe, all das liegt in diesem Schrei, hätte er hinzufügen können. Nietzsche, weit weg, notiert es. Nur Musik ist das noch nicht. Die beschwichtigende Liebkosung der Mutter antworte dem Schrei des Kindes, fährt Wagner fort. Das ist die Bildseite, die apollinische, die taghelle, könnte Nietzsche anmerken mit Blick auf Kommendes. Warum verstehen wir die Klage der Tiere, der Lüfte, fragt Wagners »Beethoven« weiter, ganz unbekümmert darum, ob es Beethoven selbst je in den Sinn gekommen wäre, sich dies zu fragen. Die Antwort lautet, sehr schopenhauerisch: »... da sein innerstes Wesen mit dem innersten Wesen alles jenes Wahrgenommenen eines ist.«[208]

Schelling hatte diese Urszene des Gewahrwerdens so beschrieben: Im Menschen schlage die Natur das Auge auf und schaue sich selber an. Richard Wagner hätte hier nur eine Korrektur vorzutragen, die allerdings dieses wunderbare Bild beschädigt: Die Natur beginnt im Menschen zunächst nicht, sich anzuschauen, sondern sich zuzuhören. Das Primat des Auges muss gebrochen werden im Namen der drei großen Ws, von Wagner, dem Denker der Wiege.

Im November, zurück in Basel, erhält Friedrich Nietzsche den »Beethoven« und weiß sofort, dass niemand so zum Verständnis dieser Schrift berufen ist wie er. Ist er vielleicht gar der Einzige? Erst seine eigene *kleine Schrift* – es ist die »Dionysische Weltanschauung« mitsamt der September-Nachträge – habe ihn zum Verständnis reif gemacht, teilt er dem »Beethoven«-Autor mit: *In der That habe ich durch dieses Vorstudium erreicht, daß ich die Notwendigkeit Ihrer Beweisführung vollständig und mit tiefstem Genuß einsehe, so entlegen der Gedankenkreis, so überraschend und in Staunen versetzend alles und namentlich die Ausführung über Beethovens eigentliche Th at ist.*[209] Und was Wagner ihm bei Gelegenheit des Sokrates zurief, erklärt er jetzt auch ihm anlässlich dieses hoch merkwürdigen »Beethoven«: *Doch fürchte ich, daß Sie den Ästhetikern dieser Tage als ein*

*Nachtwandler erscheinen werden, dem zu folgen nicht räthlich,
ja gefährlich, vor allem unmöglich gelten muß.* Selbst die Kenner
Schopenhauerischer Philosophie werden der grössten Zahl nach
ausser Stande sein, den tiefen Einklang zwischen Ihren Gedanken und denen ihres Meisters sich in Begriffe und Gefühle zu
übersetzen.[210] Und dann, mit hingetupfter Attitüde: *Und so ist
Ihre Schrift, wie es Aristoteles von seinen esoterischen Schriften
sagt »zugleich herausgegeben und nicht herausgegeben«.* Richard Wagner wird es richtig verstehen, im äußersten Fall hat er
nur für einen einzigen Leser geschrieben, für ihn, Friedrich Nietzsche. Aber ist ein Einziger im Ernstfall nicht viel mehr als eine
ganze Nation? In Basel wird Nietzsche schon bald gefragt, ob
Wagners »Beethoven« gegen Beethoven geschrieben sei. Wenn
Nietzsche einen idealen Staat errichten dürfte, würde er alle »Gebildeten« daraus verbannen, den »Beethoven«-Exegeten wohl
zuerst. Richard Wagner würde sich einer solchen Ausbürge-
rungspolitik anschließen.

Wagners erster – oder nach Cosima zweiter – Leser erkennt
auch genau, was der Autor von »Über das Dirigieren« sagen
will: Dionysos ans Pult! Weg mit den Schulmeistern! Wagner hat
lange nicht mehr vor einem Orchester gestanden, ja, er wisse
kaum noch, wie eines klingt, hatte er Ludwig unlängst mitgeteilt.

Am 9. Oktober erscheint am frühen Nachmittag zwischen den
beiden großen Pappeln vor der Tribschener Terrasse ein großer
Regenbogen. Cosima ruft ihren Mann. Ob der Bogen die fünf
Fledermäuse überstrahlen kann? »Ein vollendeter Triumphbo-
gen! Rheingold!«, ruft Cosima. »Bayreuth!«, sagt, hofft Richard
Wagner. Einmal noch wollen sie es mit Deutschland versuchen,
und wenn es wieder nichts wird, »dann leb wohl Norden und
Kunst und Kälte, wir ziehen nach Italien und vergessen alles«[211].

Friedrich Nietzsche wird Plan B einmal verwirklichen, jetzt
aber hängen auch seine Gedanken ganz am ersten. Schon weil an
den Universitäten nicht gedacht wird. Jacob Burckhardt natürlich ausgenommen, bei dem er gerade Vorlesungen über das Studium der Geschichte hört, die er als einziger seiner 60 Zuhörer
wirklich zu verstehen meint, nämlich dort, *wo die Sache an das*

Bedenkliche streift. Eben an diesem Punkt sucht auch er alle Sachverhalte der Vergangenheit, Gegenwart und Zukunft auf, was aber gerade nicht den Gewohnheiten einer Universität entspricht, weshalb er meint, Schopenhauers *Lehre von der Universitätsweisheit* immer mehr zu begreifen. An Rohde: *Es ist ein ganz radikales Wahrheitswesen hier nicht möglich.*[212] Er aber müsse unbedingt wahr sein. Weshalb er *die Luft der Akademien* nicht mehr zu lange ertrage. Und das ist der Bayreuther Punkt.

Rohde wird schon jetzt, im Herbst 1870, eingeweiht und aufgefordert zugleich: *Also wir werfen einmal dieses Joch ab, das steht für mich ganz fest. Und dann bilden wir eine neue griechische Akademie ... Du kennst wohl auch aus Deinem Besuche in Tribschen den Baireuther Plan Wagners. Ich habe mir ganz im Stillen überlegt, ob nicht hiermit zugleich unsererseits ein Bruch mit der bisherigen Philologie und ihrer Bildungsperspektive geschehen sollte.*[213] Aber der Freund will doch erst noch Professor werden! Es ist schwer, mit jemandem ein Bündnis zu schließen, der noch vor sich hat, was man selbst zumindest im Geiste schon hinter sich hat. Er warnt den Freund, sein Plan sei keine exzentrische Laune, als vielmehr eine Not. Ihre künftige Existenzform wird ganz einfach sein: *Wir leben, arbeiten, genießen füreinander – vielleicht daß dies die einzige Art ist, wie wir für das Ganze arbeiten sollen.*

Welche Sehnsucht klingt aus diesen Sätzen. Und dabei lebt er schon so, zumindest in Teilzeit, in der Tribschener Teilzeit. Und die Tage, die dort nun folgen, wird er niemals vergessen.

Wir leben, arbeiten, genießen füreinander. Präziser kann man das Tribschener Jahresende 1870 gar nicht beschreiben. Und zugleich noch das Gefühl haben dürfen, *für das Ganze* zu arbeiten!

Was für ein Jahr der Gemeinsamkeit, der Seelen- und Gedankenverschwisterung. Was für ein – Glück!

Eine große Vorweihnachtsheimlichkeit bricht in Tribschen aus. Cosima lernt stricken, wahrscheinlich ist sie der Meinung, dass eine Mutter erst dann eine gute Mutter ist, wenn sie für ihre

Kinder strickt. Friedrich Nietzsche bekommt in diesem Jahr viel weniger Vorweihnachtsaufträge als im letzten, aber eine ganz bestimmte Wolle, deren Muster sie beilege, möge er doch beschaffen. Alle sind sehr beschäftigt, nur Kapellmeister Hans Richter hat offenbar nichts zu tun, weshalb er täglich Trompete übt. Er kann nicht Trompete spielen, darum ist die Hausfrau böse auf den Dauergast, der gleich Kapellmeister in Budapest werden soll. Wenigstens gießt er nicht mehr die Wege vorm Haus, um eine »ewige Eisbahn« anzulegen. Wahrscheinlich freut sich Richard Wagner über den Tadel, der ihn nicht trifft. Er hat großen Respekt vor Cosimas Missfallen, eben erst träumte er, sie habe ihn »streng behandelt«, davon ist er aufgewacht. Es ist sehr gut, dass Richter noch nicht in Ungarn ist, denn er selbst hätte kaum einfach so nach Zürich fahren können, um dort 15 Musiker ausfindig zu machen, die keine Lust haben, Weihnachten zu Hause zu verbringen. Richter fuhr, was Cosima freute wegen des trompetenfreien Tags. Die Noten haben die Züricher schon, sie üben.

Richard Wagner mag sich doch ein wenig schämen für seinen Huldigungsmarsch. Andererseits darf sich niemand beklagen, wenn zu seinem Geburtstag die Musik gespielt wird, die er selbst komponiert hat. Doch zu Cosimas Geburtstag, er weiß das sehr wohl, passen keine Märsche, keine Huldigungen. Etwas unendlich Zartes muss er erfinden; er gedenkt sich selbst in den Schatten zu stellen.

Am 21. Dezember reist der Lehrling des lästigen Blasinstruments wieder nach Zürich, und Richard Wagner überlegt laut, was seine Frau wohl durchgemacht habe, als sie heimlich Musiker bestellte, ihn zu überraschen. Wir lieben uns zu sehr, um irgendetwas zu verheimlichen, erklärt er ihr, und sie gesteht ihre tiefe Beschämung über vergangene Falschauskünfte. Wahrscheinlich sucht er Kraft für die nächste Lüge, und es ist gleich eine doppelte. Friedrich Nietzsche erhält am 23. Dezember ein Telegramm von Richard Wagner, er soll morgen bloß nicht gleich nach Tribschen gehen, sondern ins Hotel du Lac kommen. Konzertprobe! Also müsse er um drei da sein, aber unbedingt nach Tribschen melden, er komme erst um fünf.

Der Meister probt. Am Nachmittag des 24. Dezember im Hotel du Lac hört Friedrich Nietzsche zum ersten Mal das kleine Stück Musik, das ihm immer das liebste Wagners und das schönste auf Erden bleiben wird. Vor Tönen wie diesen enden jeder Einwand und alle Polemik, und Friedrich Nietzsche wird sich genau dort wiederfinden, wo er einst begann: *Ich bringe es nicht übers Herz, mich dieser Musik gegenüber kritisch kühl zu verhalten.*

Um fünf Uhr fahren beide nach Tribschen hinaus, von der Höhe der Einsiedelei sehen sie es daliegen, und Richard Wagner könnte sich den Satz seiner Frau ausborgen, den sie vor genau einem Monat ihrem Tagebuch anvertraute: In »dies Haus, das alles birgt, was ich liebe, heimkommen, ist eine göttliche Empfindung«²¹⁴. Abends um sieben wird der Baum angezündet.

Nietzsche schenkt Richard Wagner zu Weihnachten ein längst gewünschtes Lieblingsblatt Albrecht Dürers: »Ritter, Tod und Teufel«. Es erinnert merkwürdig an seine frühe Antwort auf die Frage: Warum ausgerechnet Wagner? *Mir behagt an Wagner, was mir an Schopenhauer behagt, die ethische Luft, der faustische Duft, Kreuz, Tod und Gruft etc.*²¹⁵, hatte er damals bekannt. Cosima bekommt seine Untersuchung »Die Entstehung des tragischen Gedankens«, es ist das gereifte Sommer-Manuskript aus dem Maderanertal, unter neuem Titel.

Und dann, am 25. Dezember – es ist ein Sonntag – morgens um 7.30 Uhr erklingt eine nie gehörte Musik im Treppenhaus. Zu Wagners Geburtstag hatte Cosima es in einen Garten verwandelt, aber jetzt ist keine Zeit für Blumen, wozu auch? Sie sind alle in dieser Musik. Die Beschenkte: »Wie ich aufwachte, vernahm mein Ohr einen Klang, immer voller schwoll er an, nicht mehr im Traum durfte ich mich wähnen …« Ihr ist, als ob das Haus, ihr »ganzes Dasein, in Töne sich erhob und zum Himmel stieg«. Als sie verklingen, tritt ihr Mann mit den fünf Kindern ein und überreicht ihr die Partitur des »Symphonischen Geburtstagsgrußes«: »… in Tränen war ich, aber auch das ganze Haus; auf der Treppe hatte R. sein Orchester gestellt und so unser Tribschen auf ewig geweiht!«²¹⁶ Nietzsche, der doch alles mitgehört hat, mit dem sie fast jede Stunde gemeinsam verbringt, erhält gleichwohl eine Karte von ihr, Hauspost:

»Es war ein schöner Morgentraum
daran zu deuten wage ich kaum

Tribschner Idyll
25 ten December 1870

Die selige Morgentraumdeutweise«

Jakob Sulzer, ein guter Freund Wagners, kommt am Mittag, und
sie spielen das Stück noch einmal, das man einmal unter dem
Namen »Siegfried-Idyll« kennen wird.

Den Tribschenern wird so tristanisch, so zerfließend zumute,
gleichwohl trägt Richard Wagner aus der »Geburt des tragischen
Gedankens« vor. Cosima registriert mit Freude, »daß R.'s Ideen
auf diesem Gebiet ausgedehnt werden können«[217]. Der Professor
würde sich gegen das Verb »ausdehnen« zur Kennzeichnung seiner Tätigkeit gewiss verwahren.

Um sich vom »tragischen Gedanken« wieder zu erholen, lesen sie zusammen E. T. A. Hoffmanns Märchen vom »Goldnen
Topf«, entstanden in Wagners Geburtsjahr und vielleicht wie
kein anderes von Hoffmanns Märchen »den kleinen Grenzver-
kehr zwischen zeitlosem Märchenland und deutscher Wirklichkeit« (Gerhard Seidel) kultivierend. Zu dritt tauchen sie tief
hinein in die Welt, die der junge Richard Wagner liebte, wo alles
Wirkliche so gespenstisch wirkt, das Phantastische, Gespensti-
sche aber umso wirklicher. Es ist niemand im Zimmer, der die
Hoffmann'sche Welt nicht für die einzig wahre und heimatliche
hält. Um das weltverlorene Tribschener Haus herum liegt tiefer
Schnee.

Bald spüren alle, dass Hoffmann ihre eigene Geschichte aufgeschrieben hat: Der Student Anselmus, zur Melancholie wie zum
Außerordentlichen tief begabt, »ein kurioses Subjekt« nach Ansicht der Bürger, nicht unbedingt weltgeeignet, mitunter schon
an ihrem kleinsten Widerstand scheiternd, rennt versehentlich
den Apfelkorb eines alten Weibleins um, »am Himmelfahrtstage,
nachmittags um drei Uhr« zu Dresden am Schwarzen Tor. Vielleicht ruhen bereits jetzt lange Blicke auf dem Gast des Hauses,

nicht ohne Teilnahme, denn sie wissen, wie es weitergeht. Die geschädigte Alte kreischt dem Studenten hinterher: »Ja renne – renne nur, Satanskind – ins Kristall bald dein Fall – ins Kristall!«[218] Die düstere Prophezeiung trifft ein: Der außerordentliche Student findet sich nur allzu bald »in einer wohlverstopften Kristallflasche auf einem Repositorium im Bibliothekszimmer des Archivarius Lindhorst« wieder.

Wenn der Professor Anselmus ist, muss es sich beim Archivarius zweifelsohne um Richard Wagner handeln. Schon Hoffmanns Archivarius trägt am liebsten Schlafröcke und besitzt davon mindestens ebenso viele, wie man es Richard Wagner nachsagt.

Was aber bringt den Studenten in die Flasche des Archivarius? E. T. A. Hoffmann hat die Begegnung des Studenten Nietzsche mit dem Geisterfürsten – denn nur seiner bürgerlichen Existenz nach ist Lindhorst Archivarius – aufmerksam protokolliert: »… der Student Anselmus geriet seit jenem Abende, als er den Archivarius Lindhorst gesehen, in ein träumerisches Hinbrüten, das ihn für jede äußere Berührung des gewöhnlichen Lebens unempfindlich machte. Er fühlte, wie ein unbekanntes Etwas in seinem Innersten sich regte und ihm jenen wonnevollen Schmerz verursachte, der eben die Sehnsucht ist, welche dem Menschen ein anderes Sein verheißt.« Näherhin ist es die Verlockung der goldgelben Schlange Serpentina, Tochter des Archivarius, »der ewigen Geliebten« seiner Seele. Und in der Tat, letztlich wird Friedrich Nietzsche keine andere Frau lieben als sie: die Schlange, die Weisheit, geistursprünglich vor allem.

Bei E. T. A. Hoffmann bewirbt sich noch eine weitere Weiblichkeit um die Liebe des Studenten, es ist Fräulein Veronika Paulmann aus der Pirnaer Vorstadt, Tochter des Konrektors Paulmann. Wir erwähnen das an dieser Stelle nur, um die Präzision E. T. A. Hoffmanns beim Erfassen des Lebensschicksals Friedrich Nietzsches hervorzuheben: Die nicht geistursprünglichen Fräulein Veronikas aus den Pirnaer Vorstädten, die den Anselmus in seiner Eigenschaft als Hofrat (Hoffmann) bzw. Professor heiraten wollen, werden bei ihm genau jene Chance haben wie vom Autor beschrieben: »Höre es Alte und verzweifle! Trotz biete ich deiner Macht, ich liebe ewiglich nur Serpentina – ich will nie

Hofrat werden – nie die Veronika schauen …! – Kann die grüne Schlange nicht mein werden, so will ich untergehen in Sehnsucht und Schmerz!« Doch vorerst kopiert Anselmus nur die Akten des Archivarius, oder, wie Cosima vielleicht sagen würde: Er »dehnt R.'s Ideen aus«.

Cosima ist, wie alle Anwesenden längst ahnen, die »Feuerlilie«, erblüht aus einem schwarzen Hügel in der Mitte des Weltanfangstals, »der hob sich auf und nieder wie die Brust des Menschen, wenn glühende Sehnsucht sie schwellt«. Als aber der »reine Strahl … den schwarzen Hügel berührte, da brach im Übermaß des Entzückens eine herrliche Feuerlilie hervor …« Der Archivarius ist eben dabei, Veronikas Vater und anderen Bürgern Dresdens, die die Wirklichkeit für das Wirklichste überhaupt halten, die Geschichte der Feuerlilie zu erzählen, als er jäh unterbrochen wird: »›Erlauben Sie, das ist orientalischer Schwulst, werter Herr Archivarius!‹, sagte der Registrator Heerbrand«, worauf der Archivarius versichert, selbst aus eben jenem Tale zu stammen und die Feuerlilie sei seine »Ur-ur-ur-ur-Großmutter«.

Als die Hoffmann-Exegeten am 27. Dezember den »Goldnen Topf« unterbrechen, um schlafen zu gehen, nimmt Richard Wagner seine Frau gar nicht wie eine Ur-ur-ur-ur-Großmutter in die Arme und sagt: »Ich will keine Veränderung, ich will nur, daß es ewig so bleibe.«[219] Der Professor will das auch. Zu diesem Zeitpunkt der Lektüre befindet er sich wohlverkorkt auf dem Regal des Archivarius, neben ihm noch weitere »fünf Flaschen …, in welchen er drei Kreuzschüler und zwei Praktikanten erblickte«. Im Unterschied zu ihm halten die drei Kreuzschüler und zwei Praktikanten das Dasein in einer Flasche für das Leben selbst.

Jede Kunst ist Weltverdoppelung, das Denken ist es am Ende auch. Nietzsche weiht nun auch die Tribschener in seinen Plan ein, in Bayreuth eine neue griechische Akademie zu gründen, gewissermaßen als Parallelunternehmen des Geistes zur Kunst.

Am Nachmittag des 28. Dezember spielt Hans Richter für Cosima und Nietzsche aus »Tristan«, dann lesen sie weiter den »Goldnen Topf«. Es sei – mit Rücksicht auf Späteres – erwähnt, dass es dem Studenten gelingt, sich aus der Flasche und den un-

mittelbaren Diensten des Archivarius zu befreien und die grün-
goldene Schlange zu gewinnen. Der Goldne Topf ist die Mitgift,
erworben ganz so wie der Archivarius prophezeit hatte: »Aber
nur dem Kampfe entsprießt dein Glück im höheren Leben.«
Doch auch im neuen Leben ohne den Archivarius wird dieser
doch immer gegenwärtig bleiben und das tun, worum er bei
Hoffmann den Autor des »Goldnen Topfes« bittet, dieser möge
nur seinen Punsch genießen, angezündeten Arrak mit Zucker:
»Nippen Sie was weniges davon, ich will gleich meinen Schlaf-
rock abwerfen und zu meiner Lust, und um, während Sie sitzen
und schauen und schreiben, Ihrer werten Gesellschaft zu genießen, in dem Pokale auf- und niedersteigen.«

Im Augenblick hat Richard Wagner noch keine Muße zu solch
kontemplativer Bewegung. Am vorletzten Tag des Jahres meldet
sich sein Verlag und bestellt einen »Krönungsmarsch«. Einen
Krönungsmarsch für 1500 frcs., aber schnell, schnell! Gleich
wird Wilhelm I. deutscher Kaiser. Wenn sie nicht gerade den
»Goldnen Topf« lesen, trägt Richard Wagner den »Tristan« vor
und Richter spielt ihn. Der Komponist des »Tristan« kann keine
Märsche komponieren, er weiß es, alle wissen es. Und schon gar
nicht auf Bestellung. Eine Trauermusik für die Gefallenen wollte
er schreiben. Doch die passt, befand der Verlag, nicht in die
Stunde des Sieges. Die Stunde des Sieges ist laut. Laut ist der min-
derbegabte Militärmusiker auch, sogar, wenn er den »Tristan«
vorliest. Am Abend des 29. Dezember ist er bereits im dritten
Aufzug: Tristan wacht auf. Siegfried wacht auch auf und fängt an
zu weinen. Sie wechseln die Zimmer, die Stockwerke, gehen auf
»Tristan«-Odyssee durch das ganze Haus, unterbrechen den
Text an den unmöglichsten Stellen. Sie sitzen schon in Nietzsches
Denkstube, nur um am Ende doch in die Nachbarschaft des Sohnes zurückzukehren. Richard Wagner liest den dritten Aufzug
mit gedämpfter Stimme zu Ende, das aufgeweckte Kind tanzt und
lacht dazu.

Am Neujahrstag verlässt Nietzsche Wagner und Cosima. Er
dürfe in Zukunft so viel Apfelkörbe umrennen wie er wolle, ruft
ihm Cosima per Brief hinterher.

Es grüßen der Archivarius und die Feuerlilie.

Richtfest in Bayreuth, Holzstich 1873, nach einem
Gemälde von Louis Sauter.

Reiche gründen

Es ist eine gute Zeit für Reichsgründungen. In Versailles findet
sie am 18. Januar 1871 statt, aber auch das Ergänzungs-, Ver-
klärungs- und Parallelreich, das die wahre Einheit der Nation
stiften soll, wird nun ins Werk gesetzt: Bayreuth. Es ist eine seltsame Gleichzeitigkeit, notgeboren, eigentlich ganz zufällig, undenkbar ohne den Eigensinn Ludwigs. Als der Bayreuther Plan
gefasst wurde, war das Deutsche Reich noch nicht viel mehr als
eine Idee, so wirklichkeitsscheu wie je. Und nun ist es da. Nicht,
dass Richard Wagners Ehrgeiz geweckt wäre. Von ihm aus
könnte Bayreuth ruhig eine Idee bleiben, allein der König hat
auch eine. Könnte man in diesem Jahr nicht den »Siegfried« aufführen?

Hofsekretär von Düfflipp übermittelt diese »Anregung« Anfang Februar. In Richard Wagner regt sich der Feldherr. Auch
hat er diesmal einen gewissen strategischen Vorteil. Die Partituren des »Rheingolds« und der »Walküre« lagen vor; den »Sieg-

fried«, nur Tage zuvor beendet, kennt noch keiner, nicht den dritten Aufzug. Auch er ist zwar des Königs Eigentum, allein er besitzt ihn nicht. Vielleicht, überlegt Ludwig, ließen sich in Ermangelung des dritten die ersten beiden Aufzüge allein aufführen? Eher verbrenne ich »Siegfried« und gehe betteln, lässt Richard Wagner ausrichten.[220]

Nein, er ist kein Reichsgründer wie Bismarck, beinahe ist er einer wider Willen.

Schon Anfang Oktober hatte Richard Wagner zu Cosima gesagt, wie gern er diesen Mann einmal kennenlernen würde, ihn und Moltke, aber ohne dass sie wüssten, wer er ist, am besten »als Sekretär«, denn einer der Vorteile, Dienstmann zu sein, besteht zweifellos darin, dass man seinen Dienstherrn ungestört beobachten kann, und das ist keine Indiskretion, sondern sogar Pflicht.[221] Oder sollte er Bismarck, überlegte er eine Woche darauf, seine Broschüre »Kunst und Politik« zuschicken? Nein, beschließt er jetzt, Bismarck bekommt ein Gedicht, denn wer verstünde sich besser auf den Sieg-Frieden als der Schöpfer des »Siegfried«?

Es endet:

...
So heißt das Lied
Vom Siege-Fried,
von deutschen Heeres Tat gedichtet:
Der Kaiser naht: in Frieden sei gerichtet!

Gut, dass Friedrich Nietzsche dieses Gedicht nicht lesen kann, er hätte es kaum gebilligt, aus genau zwei Gründen. Zum einen hat die Jugend, was die Lyrik betrifft, meist doch einen anderen, strengeren Geschmack; vor allem aber sind des Professors Sympathien für das, was sich da gründen will, verschwindend gering, um nicht zu sagen: Sie sind gar nicht vorhanden. Friedrich Nietzsche ist dem Deutschen Reich kein nachträglicher Feind, sondern einer der ersten Stunde. Als Richard Wagner überlegte, wie er am besten Bismarck kennenlernen könnte, dachte Friedrich Nietzsche darüber nach, wie er um ihn und seine Schöpfung den größtmöglichen Bogen machen könne. Am 7. November 1870 an Gersdorff in Berlin: ... *ich halte das jetzige Preußen für eine der Cultur höchst gefährliche Macht.* ... *Es ist mitunter recht schwer, aber wir müssen Philosophen genug sein, um in dem allgemeinen Rausch besonnen zu bleiben.*[222] Am 27. November an Rohde: *Sieh doch zu daß Du aus dem fatalen kulturwidrigen Preußen herauskommst! wo die Knechte und die Pfaffen wie Pilze aus dem Boden hervorschießen und bald mit ihrem Dunst uns ganz Deutschland verfinstern werden.*[223] Und noch in Tribschen hatte er am 30. Dezember einen Brief so datiert: *Freitag, Tribschen im Unheilsjahre 1870.* Die Tribschener wissen um seine Skepsis, seine Ablehnung, noch steht sie nicht zwischen ihnen, noch hoffen sie auf seine Einsicht. Es handele sich doch immerhin um eine Idee, beschwört ihn Cosima. Umso schlimmer, würde Nietzsche wohl antworten, wenn er sich zur Unhöflichkeit entschließen könnte.

Wagners Gedicht heißt »An das deutsche Heer vor Paris«. Unter der Februar-Post ist nicht nur die »Siegfried«-»Anregung« des Königs, sondern am 25. auch ein Brief mit Buchstaben ungefähr so groß wie das Deutsche Reich. Wagner vermutet augenblicklich Bismarck. Die Kinder staunen die kolossalen Schriftzüge an. Bismarck antwortet dem Parallel-Reichsgründer: »Hochgeehrter Herr! Ich danke Ihnen, daß Sie dem deutschen Heere ein Gedicht gewidmet, und daß Sie mir dasselbe haben überreichen lassen. So sehr ich mich geehrt fühle, daß Sie dieses vaterländische Gedicht, wie mir gesagt wird, für mich allein bestimmen, so sehr würde ich mich freuen, es veröffentlicht zu sehen. Auch Ihre Werke, denen ich von je her mein lebhaftes, wenn auch zuweilen mit Neigung zur Opposition gemischtes Interesse zugewandt, haben nach hartem Kampfe den Widerstand der Pariser überwunden, und ich glaube und wünsche, daß denselben noch viele Siege, daheim und draußen, beschieden sein werden.«[224]

Dass er hier nicht nur einem Musiker, sondern auch einem Feldherrn dankt, hat der Reichskanzler richtig antizipiert, auch wenn der Widerstand gegen eine Oper anders überwunden wird als der gegen eine Armee. Im ersten Fall ist die Kapitulation ganz und gar freiwillig, und wir registrieren an dieser Stelle die Merkwürdigkeit der Gleichzeitigkeit beider Ereignisse.

*

»Der Archivarius wünscht, daß ich Sie zum Quartett-Abend einlade«, meldet Cosima im Januar nach Basel. Anselmus werde »die Geisterinsel in gewohntem Traumzustande« finden. Die Feuerlilie stellt dem Skeptiker des Deutschen Reichs viele Fragen, aber weniger die Politik als eine ersehnte Wolle betreffend, und wünscht sich, der Student würde alle mündlich beantworten. Doch er erscheint nicht, weder zum ersten Quartettabend noch zum zweiten. Friedrich Nietzsche ist krank. Wir wagen die Behauptung: Seit der Gründung des Deutschen Reiches geht es Friedrich Nietzsche schlecht, und das wird sich nie mehr grundlegend bessern. Schlafen kann er auch nicht mehr. Cosima sagt, Siegfried schlafe ebenfalls schlecht, oft nächtelang gar nicht: Kalte Flanellumschläge um die Füße helfen!

Im Übrigen habe ihr Vater immer gesagt, wer keine Gesundheit besitze, müsse sich eine anschaffen. Ob er nicht einfach herkommen wolle und sich pflegen lassen? Wahrscheinlich würde sie ihm dann auch kalte Flanellumschläge um die Füße machen; sie würde ihn den ganzen Tag Karlsbader Wasser trinken lassen, vor allem aber: »Nicht denken!!« Schon gar nicht an die Krankheit, denn »das macht gelb und hypokondrisch«.[225]

Sie schreibt dem Kranken nicht, was ihr Mann gerade komponiert, denn das würde ihn vielleicht noch gelber und »hypokondrischer« machen: Richard Wagner versucht, seine Minderbegabung für Militärmusik zu vergessen und den »Kaisermarsch« zu schreiben.

Er könnte auch eine Kantate zur Eröffnung der Londoner Industrieausstellung komponieren, denn dazu ist er eingeladen worden, aber zum Fortschritt der Produktivkräfte fällt ihm noch weniger ein als zu Wilhelm I. Das Kunstwerk der Zukunft aber könne einen Kaiser gut gebrauchen, das hat er sich schon im Dezember gesagt.

Das Kunstwerk der Zukunft braucht aber auch eine große Programmschrift, und ebendiese gedenkt Friedrich Nietzsche jetzt zu verfassen, vorausgesetzt, sein Zustand bessert sich.

Vielleicht würde er sich schon bessern, wenn er statt Philologie-Professor Philosophie-Professor wäre, dann wäre auch die Arbeit an seiner Programmschrift nicht gewissermaßen Schwarzarbeit, sondern Pflicht. Ja, dann könnte Rohde, der Freund, seine Philologieprofessur besetzen, und sie wären wieder zusammen: *Mein lieber Freund, Große, noch nie dagewesene Transaktion, Transfiguration, Transsubstantiation!! Wir haben vielleicht Aussicht, nächstes Semester zusammen zu verleben. Du als mein Nachfolger und ich – als Universitätsphilosoph!! Teichmüller verläßt jetzt Basel ...*

Er verlässt Basel jetzt auch, offiziell beurlaubt, aber nur, um im Süden wieder gesund zu werden und nebenbei jenes Werk zu schreiben, das zwischen Cosima, Wagner und ihm nur das »Unzunennende« heißt. *Bis Ostern bleibe ich fort und kehre als Philosoph wieder.*[226] Das ist der Plan. Er macht ihn schon fast wieder lebendig. Hauptberuflich denken dürfen! Und mit Rohde an seiner Seite.

Vielleicht ist es übertrieben, Lugano im Februar als »Süden« zu bezeichnen. Und wie dahinkommen? Kutschen und Schlitten schaffen es längst nicht mehr durch den hohen Schnee; das Schiff bringt den Professor und die herbeigerufene Schwester bis Fluelen; im Zwei-Personen-Schlitten überquert Friedrich Nietzsche zum ersten Mal den Gotthard. Das Geisterhaus hatte ihn auf der Durchreise erwartet; der Hausherr befindet sich noch immer im Zweikampf mit den Noten des Kaisermarschs. Doch Anselmus hatte im letzten Augenblick abgesagt, weshalb der Archivarius und die Feuerlilie über die Anlagen des Anselmus zum Verrat nachdenken, denn sie sind beide große Hysteriker vor dem Herrn.

Verrat? Bei E. T. A. Hoffmann hatte der Student die Aktenstücke des Archivarius kopiert, beim »Unzunennenden«, das erst unter der Februarsonne, dann unter der Märzsonne von Lugano wächst, handelt es sich um etwas gänzlich anderes. Niemand wird das einmal besser formulieren als die Herrin des Geisterhauses selbst: »Sie haben in Ihrem Buch Geister gebannt von denen ich glaubte daß sie einzig unsrem Meister dienstpflichtig seien; über zwei Welten von denen wir die eine nicht sehen weil sie zu fern, die andere nicht erkennen weil sie uns zu nahe ist – haben Sie den hellsten Schein geworfen.«[227]

Und eben dabei ist er gerade, bei der Sichtbarmachung des Unsichtbaren. Der Luganer Rekonvaleszent hat sich gewiss längst selbst zum größten, wenn nicht zum einzigen Philosophen der Gegenwart ernannt. Dass Philosophen an Universitäten vorzukommen pflegen, hält er ohnehin für ein Vorurteil.

Am Morgen des 3. April tritt Richard Wagner in der »frühesten Frühe« an das Bett seiner Frau und küsst ihr Hände und Füße. Manche Menschen finden in ihrem Dasein viel mehr Gründe, sich zu freuen als andere, und zu diesen gehört er, denn er freut sich jeden Morgen, dass Cosima noch da ist. Wenn er träumt, dass sie weg ist, wacht er manchmal unter Tränen auf – so noch in den letzten Tagen –, hat aber dann auch mitten in der Nacht einen Grund zur Freude: dass er sich geirrt hat. Sie sind am Morgen des 3. April gerade beim Frühstück, als der Professor eintritt, vollkommen unangemeldet. Cosima hatte ihm am Abend zuvor noch einen langen Brief »in den Süden« geschrieben. Am selben Tag beginnen in Tribschen die Vorlesungen aus der »Unzunennenden«, die jetzt »Ursprung und Ziel der griechischen Tragödie« heißt. Das Ziel ist leibhaft anwesend; Richard Wagner hat gerade den Aufsatz »Die Bestimmung der Oper« vollendet. Die Bestimmung der Oper bin ich, steht darin, nur anders ausgedrückt. Ein großer außerordentlicher Vierwaldstätter Philosophiekongress beginnt. Er währt bis Ostern. Der Professor schenkt den Kindern eine leibhaftige Serpentina, eine große grüne Papierschlange.

Wie er hofft, dass Serpentina während seiner Baseler Abwesenheit für ihn tätig war! Doch der Heimkehrer erfährt, dass er immer noch Philologieprofessor ist und Rohde nicht einmal das. Es gibt noch eine zweite Philosophieprofessur in Basel. Vielleicht hätte er deren Inhaber nicht in Anführungszeichen schreiben sollen, wie er es gewöhnlich tat: der »*Philosoph*« *Steffensen*. –?

Andererseits kann der das gar nicht wissen, es sei denn, die Anführungszeichen liegen gemeinhin auch in Blick und Gestik des Antragstellers. Zudem hatte *der »Philosoph« Steffensen* vor Jahresfrist genau in der Weise auf seinen »Sokrates«-Vortrag reagiert, wie es Richard Wagner vorausgesagt hatte, nämlich mit *Haß und Wut*. Und nun sollte er zustimmen, dass so einer künftig Philosophie lehre? Nur über meine Leiche, sagte sinngemäß *Steffensen, der »Philosoph«*.

Selbstberufungen haben mit Fremdberufungen meist wenig, eher gar nichts zu tun. Das ist Friedrich Nietzsche klar. Aber dass sein Name bei den Berufungsverhandlungen gar nicht erst vorkam, das müsste ihn nun doch irritieren, hätte er es erfahren.

Er schreibt an Rohde: *Lieber Freund, ich leide an dem bittern Gefühl, Dir Hoffungen erregt zu haben, um sie jetzt vernichten zu müssen. In meiner Abwesenheit hat man einen jungen talentvollen Aristoteliker entdeckt, mit der Fackel Trendelenburgs in der Hand ... Bei mir herrscht der philologische Ekel. ... Zwei schlaflose Nächte seit meiner Rückkehr, und ich glaubte, gesund zu sein! ... Verzeih mir, lieber getreuer Freund, es war alles gut gemeint, aber was können wir gegen die Dämonen?*[228]

Nietzsche ist wieder da, die Tribschener fahren los. Auch sie wollen anders wiederkommen als sie losfahren, eventuell sogar als Intendantenehepaar von Bayreuth, was bedingt, sich diesen Ort, den sie bisher vor allem aus ihren Tagträumen kennen, einmal anzusehen. Wagner nennt, was er vorhat, eine Expedition. Cosima, die sich nie wieder an jenem Ort sehen lassen wollte, den wir den »öffentlichen Raum« nennen, muss mitkommen. Wie solle er, Richard Wagner, sonst einen klaren Gedanken fassen, geschweige denn eine Entscheidung treffen? Die Bedrängte sieht das ein, bei täglich wachsendem »Graun vor der Wiederberührung mit der Welt«. Nur Tage vor der geplanten Abfahrt wird Siegfried krank; sein Vater hört ihn schreien, findet ihn von seinem Mädchen verlassen und beschließt: Wir bleiben da. Im vorletzten Augenblick wollen sie die Reise aufgeben, im letzten, beruhigt vom Arzt, fahren sie doch.

Kaum in Bayreuth eingetroffen, wird Wagner so krank wie

sein Sohn. Schüttelfrost, schon in der allerersten fränkischen Nacht. Der herbeigerufene Bayreuther Arzt fragt, ob der Patient wirklich Richard Wagner sei, *der* Richard Wagner, hier bei ihnen? Am nächsten Morgen stellt die ganze Stadt dieselbe Frage.

Das Theater ist wunderschön. Das Theater ist vollkommen unmöglich. Unmöglich, »Siegfried und Wotan inmitten von Amoretten, Muscheln, und das ganze Apparat des 18ten Jahrhunderts auftreten zu lassen«[229], teilt Cosima dem Professor mit und ergänzt, ohne Übergang: »Aber wir bauen!« Als ob es nichts Selbstverständlicheres zu sagen gäbe. Drei Worte. Eine ganze Zukunft. Der Schüttelfrost ist weg.

Als sie abreisen, wissen sie, dass sie wiederkommen. Der König erfährt es auch gerade. Er ist dagegen, wagt aber nicht, seinem Dagegensein eine definitive Form zu geben. Vielleicht spürt er, dass er diesen Untertan seines Lebens sonst ganz verlieren würde. Dass er sich gar nach Berlin wenden würde. Und da fährt Richard Wagner jetzt auch hin. Sponsorenwerbung. Außerdem ist er kürzlich Mitglied der Preußischen Akademie geworden, und es kann nicht verkehrt sein, Akademien, deren Mitglied man ist, einmal persönlich aufzusuchen.

Sie fahren über Dresden und Leipzig. Die Dresdener und die Leipziger empfangen ihn, als sei er, nicht Wilhelm Kaiser geworden. In Berlin ist das anders. Nach seinem Vortrag über »Die Bestimmung der Oper«, an der Akademie der Künste gehalten vor Musikern und Malern, hat er nicht den Eindruck, dass ihn irgendjemand verstanden habe, und wird auch von niemandem in dieser Annahme widerlegt.

Er findet einen Brief von Ludwigs Hofsekretär vor, es ist ein tief herabstimmender, aber eben nicht definitiv herabstimmender. Doch muss er das eigentlich bemerken? Ist eine nicht definitive Herabstimmung nicht fast schon verhaltene Zustimmung? Richard Wagner entschließt sich zu dieser Lesart; Düfflipp erfährt: »Es freut mich nun, durch den Eingang Ihres letzten werthen Schreibens zu erfahren, daß Derjenige, der einzig jener letzten Erklärungen nicht bedarf, weil er genügend alles weiß und mit Begeisterung selbst empfand, daß mein allergnädigster Beschützer und Herr meinen Plan im Ganzen wohlwollend und beistimmend aufgenommen hat.«[230] Er habe natürlich einige Bedenken herausgehört, sei aber wohlgemut, sie auf der Stelle zerstreuen zu können. Er denke gar nicht daran, »irgendeinen deutschen Fürsten zu der Aufführung meines Bühnenfestspiels einzuladen«, er werde nur ihre Theater-Intendanzen bitten, »denjenigen Sängern und Musikern ihrer resp. Theater, welche ich mir auswählen werde, den nötigen Urlaub zu erteilen«.[231] Bliebe noch die Kostenfrage. Einzig durch Privatpersonen sollen sie aufgebracht werden; »diejenigen, an die ich mich hierfür wende, zeichnen sich vor jedem anderen Privatmann lediglich durch ihre große Ergebenheit für meine Kunst, sowie durch eine sehr bedeutende und ausgedehnte Bekanntschaft mit Gleichgesinnten aus«.[232] Ein solcher Typus bevorzugt Hauptstädte, Kaiserstädte gar. 300 000 Taler braucht Richard Wagner, ein Drittel für den Bau, ein Drittel für die Technik, Ausstattung und Dekoration, ein Drittel für Künstler und Personal. Tausend Patronatsscheine à 300 Taler müssen gezeichnet werden. 100 Taler haben den Gegenwert eines Freiplatzes. Zukunftsmusik?

Ist die Wagner-Enthusiastin und Frau des preußischen Hausministers Marie von Schleinitz eigentlich eine Privatperson?

Die Singakademie gibt ihm zu Ehren ein Konzert; sie spielen die Faust-Ouvertüre und den Tannhäuser-Marsch, und sie machen es besser, als Richard Wagner erwartet. Fast hatte er schon vergessen, wie es ist, vor einem Orchester zu stehen; am Ende nimmt er selbst den Taktstock und lässt die Faust-Ouvertüre noch einmal erklingen. Und fast alle im Raum spüren: Hier spielt einer auf dem Orchester wie auf einem riesenhaften Instrument, mit einer absoluten, ganz unbeirrbaren Sicherheit. »R. ... gibt Blut seines Herzens und ein Stück Leben hin beim Dirigieren«, bemerkt Cosima jedes Mal. Es macht sie traurig.

Der Sänger des Wotan übt fürs große Konzert. Diesmal reist er nicht ab. Friedrich Nietzsche denkt in Basel – er hat noch Urlaub – ungefähr zur selben Zeit darüber nach, wie man die Wagner'sche Oper noch mehr verbessern kann: *Ich denke, wir müssen den Sänger überhaupt streichen. Denn der dramatische Sänger ist ein Unding. Oder wir müssen ihn in's Orchester nehmen. Aber er darf die Musik nicht mehr alteriren, sondern muß*

*als Chor wirken d. h. als voller Menschenstimmenklang mit
dem Orchester zusammen.* – Friedrich Nietzsche hatte schon mit
20 Jahren den Verdacht notiert, dass der Ursprung der Tragödie
im Chor liege. Damals hatte er Sophokles' Oedipus Rex gelesen.
Mit Wagner weiß er sich einig, dass, was einst der Chor war,
heute das Orchester ist. Sänger? *Der widerwärtige Anblick des
Sängers! Aber auch so entgehn wir nicht der dramatischen Musik! Der Sänger muß weg!*[233]
Wotan probt weiter.

Am liebsten würde Cosima gleich wieder abfahren, zu viel
Welt greift nach ihnen, aber es ist Marie von Schleinitz gelungen,
Richard Wagner zu einem großen Orchester-Konzert in der Königlichen Oper zu überreden; sie verlängern ihren Aufenthalt.
Richard Wagner schläft kaum in den Nächten; am 3. Mai ist er
bei dem Mann mit der unfassbar großen Handschrift eingeladen.
Er versteht sich, wie sein Gast sofort bemerkt, jedoch auch auf
die Kunst der Selbstverkleinerung. Das einzige Verdienst, dessen
er sich bewusst sei, bestünde darin, ab und zu eine Unterschrift
erlangt zu haben, sagt Bismarck. Und, das käme vielleicht noch
hinzu: Er habe in der Krone das Loch ausfindig gemacht, wo der
Rauch hindurchkann. Der Mann gefällt ihm. Ob Richard Wagner auch Bismarck gefällt, ist nicht ganz gesichert. Er besitze,
äußert sinngemäß der Reichskanzler, ein Selbstbewusstsein ungefähr so groß wie seine Handschrift. Und noch nie sei er einem
solchen Selbstbewusstsein begegnet.

Täuscht das? Richard Wagner weist, sobald sich ihm jemand
in preisender Absicht nähert, auf seine Frau. Alles was er ist und
dass er überhaupt noch ist, sei ihr zu danken. Vor dem großen
Konzert in der Königlichen Oper fühlt sich Cosima so unwohl,
dass sie zu Bett gebracht wird. Wagner will absagen – und wenn
zehn Kaiser auf ihn warten würden. Eine Viertelstunde vor Beginn steht Cosima doch auf.

Wagner beginnt mit dem »Kaisermarsch« und wird sich am
Ende in nicht unerhebliche Gefahr gebracht haben, als General-
musikdirektor nach Berlin berufen zu werden. Er geht in einem
Blumen- und Lorbeer-Regen unter, in Gegenwart des Kaisers.
»Ein Feldherr führt seine Scharen nicht bewunderungswürdiger

zum Siege, wie er die Kgl. Kapelle bei der Aufführung der Beethovenschen Symphonie geführt hat«, befindet die »Norddeutsche Allgemeine Zeitung«. Das ist genau der richtige, der allein wünschbare Eindruck, denn wer würde, lägen die Dinge anders, Bayreuth-Sponsor werden wollen?

Schon gründen sich die ersten Wagner-Vereine, und vollkommen fremde Menschen möchten plötzlich ihr halbes Vermögen in das Kunstwerk der Zukunft investieren, um es zum Kunstwerk der Gegenwart zu machen.

Richard Wagner meldet bereits am 11. Mai: »Im Übrigen steht es nun fest, daß meine großen Bühnenfestspiele im Sommer 1873 in Bayreuth stattfinden sollen.«[234] Auf der Rückreise treffen sie Nietzsche in Basel. Als der Professor eine knappe Woche darauf zu Wagners Geburtstag, jedoch ohne vorherige Anmeldung in Tribschen ankommt, ist niemand da. Ausgefahren mit Grane, im großen Wagen. Friedrich Nietzsche erklärt der rückkehrenden Festgesellschaft seine Absicht, künftig ein *Reformations-Journal* herauszugeben, gewissermaßen das Zentralorgan Bayreuths.

Ludwig erwog einst, abzudanken, um nur noch für Wagner und seine Musik leben zu können. Um Himmels willen!, rief der Meister. Auch Friedrich Nietzsche wird nun bald auf die Idee kommen, seine Professur niederzulegen, um als oberster Öffentlichkeitsarbeiter Bayreuths zu wirken. Ludwig hätte ihm sagen können, wie solche Vorschläge auf den Begünstigten wirken. Und dann brennt Paris.

Der Louvre, die Bibliotheken? Friedrich Nietzsche in Basel ist keiner Bewegung mehr fähig, *aufgelöst in Thränen und Zweifeln.* Er wird in Tribschen erwartet und findet doch nicht die Kraft, loszufahren. *Was ist man, solchen Erdbeben der Cultur gegenüber, als Gelehrter! ... Sein ganzes Leben und seine beste Kraft benutzt man, eine Periode der Cultur besser zu verstehen und besser zu erklären; wie erscheint dieser Beruf, wenn ein einziger unseliger Tag die kostbarsten Documente solcher Perioden zu Asche verbrennt! Es ist der schlimmste Tag meines Lebens.*[235] Aber dann muss er doch erst recht nach Tribschen kommen. Richard Wagner gibt in Luzern eine telegraphische Reiseerinnerung auf: »Bitte unerschüttert die Tribschener Parole aufrecht zu erhalten. Sie werden bei Ungnade erwartet von Familie Lindhorst.«[236]

Die Depesche wirkt, am folgenden Tag ist Nietzsche da. Mit Schwester. Sie sprechen über die Commune. Richard Wagner muss vorsichtig sein. Dass die Kommunisten wirklich ganz Paris in Brand stecken wollten, empfindet er als grandiosen Zug, wenn auch ihren einzigen.[237] Also fühlen sie genau den gleichen Ekel vor dieser Kultur, den er so gut kennt? Oder ist es nur die Sentimentalität des alten Dresdner Revolutionärs? Barrikaden bauen! Opernhäuser abbrennen! »Herr Kapellmeister, der Freude schöner Götterfunke hat gezündet!« Bakunin! – Aber unmöglich, das jetzt zu sagen. Der Professor mag keine Revolutionäre. Und er ist so tief getroffen. Eine Menschheit, die keine neuen Bilder mehr hervorbringt, ist auch nicht wert, die alten zu besitzen, überlegt Wagner laut, so weit immerhin kann er gehen. Der Professor scheint darüber nachzudenken.

Fühlt er denn gar nicht so etwas wie Befreiung, wenn die alten Urkunden endlich weg sind?

Er sagt doch selbst, *daß unsere Philologen seit Jahrhunderten versuchen, die in die Erde gesunkene umgefallene Statue des griechischen Alterthums wieder aufzurichten ... Immer wieder, kaum vom Boden gehoben, fällt sie wieder zurück und zertrümmert die Menschen unter ihr.*[238] Wie tragisch! Und mindert der Brand des Louvre nicht aufs Erfreulichste die Gefahr, von einer griechischen Statue erschlagen zu werden? Friedrich Nietzsche zu verstehen, heißt zu verstehen, dass er eben so nicht denkt.

Mag es uns kulturellen Spätlingen als Inbegriff eines tragischen Endes erscheinen, von einer griechischen Statue oder auch nur von einem Blumentopf erschlagen zu werden. Friedrich Nietzsche sind die zertrümmerten Philologen egal. Außerdem handelt es sich nach Aristoteles ausdrücklich um einen nichttragischen Tod, von einer Bildsäule erschlagen zu werden. Was dem Professor Sorgen macht, ist die Statue. Was, wenn sie beim ewigen Umfallen Schaden nimmt: *wer steht uns dafür, daß dabei die Staue selbst nicht in Stücke bricht? Die Philologen gehen an den Griechen zu Grunde: das wäre zu verschmerzen. Aber das Al-*

terthum bricht unter den Händen der Philologen in Stücke! Wie sehr sehnt er sich nach einem Menschen, dem er diese Rede nicht halten müsste. Er weiß auch längst genau, wie er aussieht: *Ein Wesen von zürnender Hoheit, stolzestem Blick, kühnstem Wollen müsste es sein, ein Kämpfer, ein Dichter, ein Philosoph zugleich, mit einem Schritte, als ob es gälte über Schlangen und Ungethüme hinweg zu schreiten.*[239] Vielleicht mustert Elisabeth Richard Wagner verstohlen; sie war dabeigewesen, als ihr Bruder im Februar diese Betrachtungen über Philologenzertrümmerung und die Folgen aufgeschrieben hatte, vielleicht weiß sie sogar noch den Fortgang: *Dieser zukünftige Held der tragischen Erkenntnis wird es sein, auf dessen Stirne der Abglanz jener griechischen Heiterkeit liegt, jener Heiligenschein, mit dem eine noch bevorstehende Wiedergeburt des Alterthums inaugurirt wird, die deutsche Wiedergeburt der hellenischen Welt.*[240] Das ist deutlich. Der Held der tragischen Erkenntnis mit dem Abglanz griechischer Heiterkeit auf der Stirn – Louvre hin, Louvre her – schlägt eine Wagenfahrt vor. Abends machen sie noch einen Spaziergang am See, laufen bis hinauf in die Einsiedelei und sehen die Sonne glutrot untergehen. Wie die abendländische Kultur? Wie die Kunstwerke der Menschheit in den Pariser Flammen?

Frauen sind, wie Oscar Wilde wusste, ein eher dekoratives Geschlecht. Was Elisabeth von diesem Abend im Gedächtnis bleiben wird, ist vor allem, wie die Beteiligten angezogen sind. Der künftige Held der tragischen Erkenntnis trägt einen schwarzen Samtrock, schwarze Atlaskniehosen, schwarzseidene Strümpfe, eine lichtblaue Atlaskrawatte, »dazu ein Hemd aus feinem Leinen mit echten Spitzen und das Künstlerbarett auf den damals noch braunen Haaren«[241]. Sie hält das für ein niederländisches Malerkostüm. Cosima: »rosa Kaschmirgewand mit breiten, echten Spitzenaufschlägen«, auf dem Kopf einen großen Florentinerhut mit einem rosa Rosenkranz, genau abgestimmt auf das Rosa des Abendhimmels sowie in denkbar vorteilhaftestem Kontrast zum schwarzen Russ-Fell, denn der Neufundländer kommt mit. Der Pinscher nicht, und es wird keinen Monat mehr dauern, dass selbst Cosima ihn verloren und dem Apotheker mitgibt, was dem Hausherrn unter allen Umständen zu verbergen sein wird.

Sophokles habe über Aischylos gesagt, erklärt Friedrich Nietzsche dem Mann im schwarzen Samtrock mit der lichtblauen Atlaskrawatte, dass er das Rechte tue, ohne es zu wissen. Schopenhauer habe über den Musiker gesagt, erklärt der Mann im schwarzen Samtrock mit der lichtblauen Atlaskrawatte Friedrich Nietzsche, dass er die höchste Weisheit in einer Sprache spreche, die die Vernunft nicht verstehe. Die Feuerlilie leuchtet kaschmirrosa. Familie Lindhorst ist wiedervereinigt. Und Elisabeth? Ist höchstens Fräulein Veronika Paulmann aus der Pirnaer Vorstadt.

Als die Geschwister abreisen, trifft die Nachricht ein, dass der Louvre gerettet ist.

Etwas in Friedrich Nietzsche ahnt bereits jetzt, was Richard Wagner noch viel länger verborgen bleiben wird: dass der Reichsgedanke in der Kunst eine Illusion ist. Aber wenn Kultur nichts anderes ist als die Herrschaft der Kunst über das Leben – bildet sie dann nicht doch ein Reich? Am Ende dieses Jahres werden sie es gemeinsam betreten, in Mannheim. Gewiss ist zumindest seine Tonart: A-Dur.

Die tiefsten Wahrheiten sind nur als Paradoxe zu fassen.

Ludwig van Beethoven, Symphonie Nr. 7, eigen-händige Reinschrift der Partitur, 1812. Wagner, Cosima und Nietzsche nannten sie nur die A-Dur-Symphonie.

A-Dur-Tage

Jemand müsste »Siegfrieds Tod« kopieren. Ob er, Friedrich Nietzsche, im großen Basel nicht jemanden wisse, dem man solche Arbeit übergeben könne, in unbedingtem Copyright-Vertrauen? Da Cosima alle Nietzsche-Briefe so behandelt hat wie die Kommunisten den Louvre, dürfen wir die empfangene Antwort nur vermuten.

Am 18. Juni vermerkt ihr Tagebuch: »Pr. Nietzsche schickt ›Siegfrieds Tod‹ zurück, er hat ihn selbst kopiert!« Er hat ja sonst nichts zu tun. Und nur für einen Kopisten in Basel kann er wirklich bürgen.

Zwar kann Friedrich Nietzsche seiner schlechten Augen wegen Buchstaben und Noten nicht mehr ganz deutlich erkennen, aber vielleicht ging er bei »Siegfrieds Tod« genauso vor wie Anselmus beim Kopieren der Vorlagen seines Meisters: »Mit dem

Abschreiben ging es sehr schnell, indem es ihn immer mehr dünkte, er schreibe nur längst gekannte Züge auf das Pergament hin und dürfe kaum nach dem Original sehen, um alles mit der größten Genauigkeit nachzumalen.«[242]

Cosima ist sich der Dimension der Dienstleistung bewusst, sie schreibt ihren ebenbürtigen Dank noch am gleichen Tag: »Wir besprachen jüngst die wehmütigen Fälle welche intime Beziehungen zu oft umfloren, und die nur, ich glaube wir kamen darüber ein – durch Schweigen zu überstehen sind; wir erwähnten aber die Freundlichkeiten nicht, die gleichsam dem Schweigen unterworfen sind. Ich schreibe Ihnen, geehrtester Herr Professor, um Ihnen dieses Schweigen anzuzeigen, denn wie könnten wir hier danken ohne Etwas zu rügen, das, wir hoffen es ernstlich, einzig bleiben wird, wie es einzig ist! Heute Abend werden wir ›Sokrates und die griechische Tragödie‹ vornehmen; daß, und wie wir uns hierauf freuen, wissen Sie; was Sie vielleicht nicht wissen ist daß wir uns in letzter Zeit eingehend und tief mit allen Ihren Arbeiten, von Homer an bis zur Entstehung des tragischen Gedanken's, beschäftigt haben. Mir ist Ihre Anschauung der griechischen Dinge zu einem Leitfaden durch eine Welt geworden, die mir wohl auf ewig labyrinthisch unerkenntlich geblieben wäre.«[243] Und was für einen Leitfaden er noch bei sich hat, nein, nicht mehr bei sich, im Augenblick hat ihn schon ein Leipziger Verleger, aber der antwortet nicht. Bei »Sokrates und die Tragödie« handelt es sich nur um einen zweckdienlich isolierten Nebenfaden. Ja, wenn der Leitfaden erst erscheint! Doch schon jetzt vermerkt Cosimas Tagebuch, dass der Professor »jedenfalls der bedeutendste unter unsern Freunden«[244] ist.

Wie aus Leitfäden Leidfäden werden können, mag ihm selbst noch vollständig verborgen sein, gleichwohl wird es ein männertränenreicher Sommer. Friedrich Nietzsche kann sich in einem Gimmelwalder Hotel nur ans hoteleigene Klavier retten, um einer Melancholie Herr zu werden, die ihn sonst noch schlimmer zugerichtet hätte als die Nachricht vom Brand von Paris. Auch schreibt er ein Gedicht, dessen erste Strophe wir hier mit Rücksicht auf den Autor weglassen und die zweite, dritte, fünfte und

sechste auch. Nein, ein Dichter ist er noch nicht. Mag die vierte
für ihn Zeugnis ablegen, so gut – gut? – sie kann:

An die Melancholie

...

Du herbe Göttin wilder Felsnatur,
Du Freundin liebst es nah mir zu erscheinen;
Du zeigst mir drohend dann des Geyers Spur
Und der Lawine Lust, mich zu verneinen.
Rings athmet zähnefletschend Mordgelüst:
Qualvolle Gier, sich Leben zu erzwingen!
Verführerisch auf starrem Felsgerüst
Sehnt sich die Blume dort nach Schmetterlingen.

...

Es gibt kein Naturschönes, hatte der dichtende Professor eben
noch notiert. Vielleicht hätte er präzisieren sollen: Es gibt kein
Naturschönes, das auszudrücken ich schon in der Lage wäre.
Einzig die Zeile von *der Lawine Lust, mich zu verneinen* sei ausgenommen und vorgemerkt für Späteres.

Auch Tribschen ist im Juli ein Ort der Tränen. Als Richard
Wagner träumt, dass ihm fast alle Zähne ausfallen, ist er noch
sehr gefasst. Am 20. Juli glaubt er, vollkommen fremden Menschen sein Verhältnis zum König von Bayern erläutern zu müssen, erklärt ihnen, dass dieser nur seine »Person«, nicht aber
seine »Tendenz« – Bayreuth – beschütze. Cosima hält solche Of-
fenheit für falsch, ihr Mann zerreißt den Brief, »bereut es dann,
so heftig geworden zu sein, und bricht in Thränen über den König aus, der alles gewusst, alles mitempfunden und ihn so preisgegeben. Nach allen Seiten hin habe er Wahrhaftigkeit sich erobert, einfach stehe er da, und mit dieser einen Lüge würde er zu
Grabe gehen; er weint heftig. Ich bleibe bei ihm, verlasse ihn
dann, um Kos' Grube zu beaufsichtigen.«[245] Kos' Grube? Nur
tote Hunde legt man in Gruben, und noch weiß der Hausherr
weder von einem toten Hund noch von der Grube. Es gelingt
seiner Frau, beides bis zum nächsten Mittag vor ihm zu verber-

gen: »Wie ich mich nach Tisch zur Ruhe begebe, tritt R. zu mir herein, er hat soeben durch Loldi erfahren, daß Kos tot und begraben, er weint. Wie ich hinunterkomme, ist er ganz ergriffen noch.«[246] Am Abend registriert die Tagebuchschreiberin langes »bitterliches Weinen«; gemeinsam rekapitulieren sie das große Leben eines kleinen Pinschers, worin sie durch die Ankunft eines Amerikaners jäh unterbrochen werden.

Doch die vielen Männertränen täuschen. Es ist ein gutes Jahr, für beide, und es wird immer besser.

Friedrich Nietzsche reist nach Naumburg und Leipzig, wo sich zu seinem Geburtstag fast alle seine Freunde einfinden. Sie begründen eine neue Mysterienreligion, den Dämonenglauben. *Es segne Dich der heilige Pythagoras, mich der heilige Fritzsch und uns alle das Ding an sich!*, erfährt Rohde. Fritzsch ist Wagners Leipziger Verleger, der nun »Die Geburt der Tragödie« drucken soll, nachdem der andere sich geweigert hatte.

Der Dämonenglaube ist eine gute Religion für weit auseinander lebende, schon wieder getrennte Freunde, denn er verlangt gemeinsame Dankopfer. Gersdorff in Berlin und Rohde in Kiel erfahren, dass sie *am nächsten Montag Abend um 10 Uhr* ein Glas *dunklen rothen Weins erheben,* die Worte »Chairete, daimones!«, »Seid gegrüßt, Dämonen!« zu sprechen haben, worauf sie *die Hälfte in die schwarze Nacht hinausgiessen,* die andere aber austrinken sollen. Zur festgelegten Stunde befindet sich der zurückgekehrte Professor bei dem großen Gelehrten Jakob Burckhardt. Aufmerksame Baseler können am fortgeschrittenen Abend des 21. Oktober zwei bedeutende Akademiker unter dem Ruf »Chairete, daimones!« *reichlich zwei Biergläser guten Rhoneweines*[247] *auf die Straße* schütten sehen, den Rest trinken sie aus. Schade um den Wein!, mag der Ältere denken; der Jüngere trinkt auf die Freunde, Richard Wagner und sich und ihre gemeinsame große Zukunft.

Chairete, daimones!

Und wirklich, die Gerufenen nehmen das Dankopfer an. Am 28. Oktober bekommt Friedrich Nietzsche eine Gehaltserhöhung. Und dann meldet sich auch der Leipziger Verleger. Er will das Buch drucken; sein Autor hatte schon fast nicht mehr daran geglaubt. Vor allem aber: Friedrich Nietzsche komponiert. Er kann es wieder, den Dämonen sei dank!

Sokrates, treibe Musik!, hat dessen Dämon dem Gewährsmann des abendländischen Verhängnisses zugerufen. Vergeblich, wie wir wissen. Auch der Verstand des Professors hat sich auf Kosten der Musik emanzipiert. Keine Noten, sagt er, seit sechs Jahren nicht mehr. Und plötzlich scheinen sie sich an ihn zu erinnern, er braucht sie nur noch aufzuschreiben. Er könnte das Werk *Nachhall einer Sylvesternacht, mit Prozessionslied, Bauerntanz, Mitternachtsglocke, Punschbowle und Neujahrsgratulationen* nennen, beschließt dann aber, die letzten beiden wegzulassen. Schon jetzt, Mitte November, weiß er, dass er das Werk Cosima Wagner zu Weihnachten schenken will, zu ihrem Weihnachtsgeburtstag, eigentlich wusste er es sofort. Bis dahin spielen sein neuer Hausgenosse, ein ungläubiger Professor für neutestamentliche Exegese und ältere Kirchengeschichte – kein anderer als Franz Overbeck – und er es vierhändig. Gut aufgeführt dauert es zwanzig Minuten. Richard Wagner teilt er mit, dass er inmitten eines ungeheuren Bücherhaufens sitze und eine Einführung in das Studium Platons entwerfe. *Hebe ich das Ohr einmal aus diesem Bücherhaufen empor, so höre ich sofort etwas, was in Bologna vorgeht oder in der Stadtverordnetenversammlung von Baireuth beraten ist ...* [248]

Was geht in Bologna vor?

*

Bis eben galt laut Glasenapp: Eher stürzt der Himmel ein, als dass die Italiener eine Wagner-Oper aufführen!

Bologna, 1. November 1871: »Das geräumige und prachtvolle Teatro Communale war schon geraume Zeit vor Beginn von einem aus allen Teilen Italiens versammelten Auditorium dicht besetzt. Als Mariani am Dirigierpult erschien, stürmisch jubelnde Begrüßung: dann begann das Vorspiel.« Die Bologneser hören den »Lohengrin«. »Eine in Italien so noch nicht dagewesene Ruhe im Zuschauerraum war die sofortige Wirkung; erst als die letzten Schwingungen des Schlussakkordes ausgetönt hatten, machte sich ein Beifallssturm Luft, der nicht enden wollte, bis Mariani sich anschickte, es zu wiederholen. Während des ersten Aufzuges wurde die Handlung beständig durch Beifallsausbrüche unterbrochen, die Zuhörerschaft jubelte im Chor, und nach dem immer mehr sich steigernden Finale fiel unter endlosem Jubel der Vorhang: fünfmal mußten die Sänger dankend erscheinen und der Erfolg war schon nach dem ersten Akte entschieden.«[249]

Nicht nur Friedrich Nietzsche, auch Richard Wagner komponiert. Zumeist Finsternisse, schwärzeste Nacht. Nichts als Blutdurst, sagt er, schon seit Monaten. »Schläfst Du, Hagen, mein Sohn?«

Er hält sich auch, so gut er kann, an den Musiktheoretiker Friedrich Nietzsche: »Ich habe einen griechischen Chor komponiert, aber einen Chor, der gleichsam vom Orchester gesungen wird; nach Siegfried's Tod, während des Scenenwechsels, es wird das Siegmund-Thema erklingen, als ob der Chor sagte, er war sein Vater, dann das Schwertmotiv, endlich sein eigenes Thema, da geht der Vorhang auf, Gutrune tritt auf, sie glaubt, sein Horn vernommen zu haben; wie könnten jemals Worte den Eindruck machen, den diese ernsten Themen neugebildet hervorrufen werden, dabei drückt die Musik stets die unmittelbare Gegenwart aus.«[250]

Wie sehnt der Professor sich nach solcher Gegenwart. »Meinem Versprechen gemäss melde ich bei Zeiten daß am 20ten December das Concert in Mannheim stattfinden wird«, kündigt Cosima am 26. November an, »Ende nächster Woche oder Anfangs der andern geht der Meister nach München und Bayreuth; ich und Lulu, wir fahren über Basel am 17ten D. direkt nach Mannheim. Können Sie uns begleiten?«[251] Was gäbe er drum, nicht Professor zu sein. Er kann nicht. Er muss zusätzlich zu seinen eigenen Pflichten einen dauerkranken Professor ersetzen. Die Dämonen scheinen Urlaub zu machen, und er kann keinen nehmen, geschweige denn sich am Pädagogium vertreten lassen. *So entgeht mir auch dies Concert, wie mir das Berliner entgangen ist*[252]. Noch am 14. November teilt er von Gersdorff mit, dass die Beethoven'sche A-Dur-Symphonie, Zauberflöten-Ouvertüre und Lohengrin-Vorspiel ohne ihn erklingen werden. Noch nie hat er Richard Wagner dirigieren sehen, er, der beste Leser seiner Schrift »Über das Dirigieren«. In Mannheim hatte sich der erste Wagner-Verein gegründet, es ist ein Benefizkonzert für Bayreuth. Und dann gelingt es doch. Im letzten Augenblick habe er sich losgemacht, sei förmlich aus Basel weggelaufen, sagt Cosima. In Mannheim ist sie die Frau an seiner Seite, nein, er ist der Mann an ihrer Seite. Er führt sie in die Proben, dann ins Konzert. Er ist vor aller Welt in die Familie Wagner kooptiert, der ihr Nächststehende. *Wir hatten die erste Etage im ›Europäischen Hof‹*, meldet er nach Naumburg. Glanz, Ehre und Huld, dem anderen erwiesen, treffen ihn mit. Vor allem aber trifft ihn die Musik, stärker als je zuvor. Er hört nach dem Kaisermarsch, dirigiert von Richard Wagner, die Ouvertüre zur »Zauberflöte«, dann Beethovens 7. Symphonie, die Vorspiele zum »Lohengrin«, zu den »Meistersingern« sowie Vorspiel und Schlusssatz von »Tristan und Isolde«. An Rohde: *Ach, mein Freund! Daß Du nicht dabei sein konntest! Was sind alle künstlerischen Erinnerungen und Erfahrungen, gemessen an diesen allerletzten! Mir gieng es wie einem, dem eine Ahnung sich endlich erfüllt. Denn genau das ist Musik und nichts sonst! Und genau das meine ich mit dem Wort »Musik«, wenn ich das Dionysische schildere, und nichts sonst! Wenn ich mir aber denke, daß nur einige hunderte Menschen aus der nächsten Generation das von der Musik haben, was ich von ihr habe, so erwarte ich eine völlig neue Cultur!*[253]

Zurück in Tribschen erwarten Richard und Cosima Wagner keineswegs eine völlig neue Kultur, aber umso bestimmter die alte: Friedrich Nietzsche zu Weihnachten. Doch der sagt ab. Mag sein, er braucht Abstand. Er will mit dem, was er da gehört hatte, allein sein. Auch muss er gleich mehrere Vorträge über die Erziehung der Jugend vorbereiten. Noch in der Nacht des Konzerts ist er nach Basel zurückgefahren, sein Reisebegleiter war Ludwigs Kammerherr, der bayerische Hauptmann von Baligand.

Die Tribschener sind verstimmt. Man kann Weihnachten nicht absagen. Und es wird ihr letztes hier am See sein. Schon im Mai werden sie nicht mehr da sein. Aber eben das ist es: Er muss sich einüben in das Leben ohne sie. Er muss sich davon überzeugen, dass es ein Leben gibt ohne die Insel der Glückseligen. Und da ist ein letzter Grund: Sie können nicht zusammen in Tribschen erscheinen, seine Musik und er. Die Wagners sind auf so etwas nicht vorbereitet, er ist es auch nicht. Er hat Angst vor dem Ausdruck der Überraschung in ihren Gesichtern. Es ist vollkommen klar: Entweder seine Musik kommt oder er.

Mir gieng es wie einem, dem eine Ahnung sich endlich erfüllt. Denn genau das ist Musik und nichts sonst!, hatte der Weihnachtsflüchtling gesagt. Aber die Tribschener hatten gar keine Ahnung. Ein komponierender Professor! Das soll Musik sein? Cosima und Hans Richter spielen vierhändig den »Nachklang einer Sylvesternacht«. Die Mienen der Ausführenden wie der Umsitzenden versteinern. Jakob, der Diener, bleibt vor Schreck stehen, vergisst das Abräumen. Das soll Musik sein? Wahrscheinlich stellt er das Geschirr, das er schon in der Hand hält, gleich wieder ab. Und Hagen auf der Wacht kann auch nicht anders ausgesehen haben als der Hausherr jetzt. Niemand sagt ein Wort. Cosima und Richter spielen, zu allem entschlossen, weiter. Wagner verlässt den Raum. Jakobs Miene umfinstert sich in einer, gemessen an seiner Stellung im Haus beinahe schon anstößigen Weise. Dann plötzlich kehrt das Leben in den Dienstmann zurück, er greift er nach Tellern und Schüsseln und geht mit den Worten »Schint mir nicht gut!« aus der Tür. Cosima und Richter können vor Lachen nicht weiterspielen. Ja, hätten sie wenigstens eine Ahnung gehabt! Der Augenblick ihrer Erfüllung hätte sie gefasster gefunden. Da verkehre man nun schon Jahre mit diesem Menschen, »ohne dergleichen zu ahnen; und nun kommt er meuchlings, die Partitur im Gewande«, fasst Richard Wagner seinen musikalischen Eindruck zusammen.[254]

Das Buch des Anstoßes,
Erstausgabe.

Die Geburt verschiedener Tragödien aus dem Geiste der Musik. Das Jahr 1872

> Ich würde aus meinem idealen Staate
> die sogenannten »Gebildeten« hinaustreiben;
> wie Plato die Dichter: dies ist mein Terrorismus.
> FRIEDRICH NIETZSCHE, ENDE 1870

»Noch dieser Tage schweifte mein Blick von dem Genelli'schen Dionysos unter den Musen mit wahrem Erstaunen, wie über einen plötzlich verstandenen Orakelspruch, auf Ihre letzte Arbeit (d. h. soweit ich Sie kenne!). Das ist ein merkwürdiger, ja wunderbarer Zusammenhang, ich möchte sagen meines ganzen Lebens mit sich selbst, welchen ich in Ihrem Gedanken, von jenem Bilde ab, mir dargestellt sehe.«²⁵⁵ Das war im November. Was Wagner kannte, war vor allem der Teil, den der Professor aus

217

seinem Buch ausgeschieden hatte. Jetzt ist Januar, der dritte des Jahres 1872.

Richard Wagner ist nicht sehr dionysisch zumute. Er hat zu viel Bier getrunken gestern Abend. Nichts Undionysischeres als das Ende der Dionysien! Die Post bringt ein Buch. Von außen sieht es aus wie seine »Bestimmung der Oper«. Es ist sogar das gleiche Papier. Die Titelvignette zeigt den von seinen Fesseln befreiten Prometheus. Aber von innen! Ein auf ungute Weise ernüchterter Leser beginnt die Lektüre. Wenige Stunden später sagt er zu seiner Frau, sie sei Apoll, er sei Dionysos. Das Entscheidende sei ihr Bund. Und im Übrigen sei er froh, vor zehn Jahren nicht gestorben zu sein. Schon um »dies erlebt zu haben«[256]. Richard Wagner ist glücklich.

Das ist seltsam. Wenn ein Autor aus den Erkenntnissen eines anderen Autors ein eigenes Buch macht, ist Letzterer fast nie glücklich. Kaum einer will das erleben, Richard Wagner aber preist die Stunde.

Dass die griechische Tragödie das Vorbild für das Kunstwerk der Zukunft sein muss, wusste Richard Wagner schon immer: »Wir können bei einigem Nachdenken in unsrer Kunst keinen Schritt tun, ohne auf den Zusammenhang derselben mit der Kunst der Griechen zu treffen«, hatte er bereits in »Die Kunst und die Revolution« postuliert, und das ist nun fast ein Vierteljahrhundert her. Ja, noch viel mehr hatte er damals geahnt: »Geburt aus der Musik: Aischylos./Décadence: Euripides.«[257] Und dass die Tragödie aus dem Chor kommt, der Chor aber aus der Musik, das auch.

Der junge Mann fühlte das deutliche Bedürfnis, sein Erstlingswerk nicht ohne eine gewisse Erläuterung nach Tribschen zu schicken. Aber wie dessen Eigenart formulieren? Vielleicht in dem Geständnis, *daß Alles was ich hier über die Geburt der griechischen Tragödie zu sagen habe, von Ihnen schöner deutlicher und überzeugender gesagt worden wäre*[258]. An dieser Stelle bricht der Autor seinen Begleitbriefentwurf etwas jäh ab. *Gesagt worden wäre*. Vielleicht ist ihm selbst aufgefallen, dass er hier im Begriff ist, eine Respektlosigkeit zu formulieren statt der beabsichtigten Respektsbezeugung. Und was heißt *schöner deutlicher und überzeugender*? Er muss seinen Brief noch einmal beginnen.

Was er nicht schreiben kann, ist dies: Richard Wagner hatte etwas zu sagen, das ist wohl wahr; doch erst er, Friedrich Nietzsche, ist in der Lage, es auszusprechen. Und zwar so, wie es *schöner, deutlicher und überzeugender* nicht leicht denkbar ist, denn wäre es anders, hätte er gar nicht erst damit angefangen oder gleich wieder aufgehört. Und in der Tat, der Autor des Erstlingswerks weiß geradezu unheimlich genau, was er hier geschaffen hat. Er rechne, teilt er Gersdorff mit, *auf einen stillen langsamen Gang – durch die Jahrhunderte, wie ich Dir mit der grössten Überzeugung ausspreche. Denn gewisse ewige Dinge sind hier zum ersten Male ausgesprochen: das muß weiterklingen.*[259]

Der unvorsichtige Biertrinker Richard Wagner besitzt die Größe, das alles augenblicklich zu begreifen. Erste postalische Begeisterungswellen erreichen den Autor sofort, und auf welchen Rausch wäre etwas zu geben, wenn nicht auf den des Nüchternen? Noch nach einer Woche hält er an: »Nun veröffentlichen Sie eine Arbeit, welche ihres Gleichen nicht hat. Jeder Einfluss, der etwa auf Sie ausgeübt worden wäre, ist durch den ganzen Charakter dieser Arbeit fast auf Nichts zurückgeführt: was Ihr Buch vor allen anderen auszeichnet ist die vollendete Sicherheit, mit welcher sich eine tiefsinnigste Eigenthümlichkeit darin kundgiebt. ... Sie sehen und erkennen ja Alles, so daß mit Ihren Augen zu sehen und zu erkennen für mich eben eine so neue, ganz ungeahnte Lust war.«[260] Der dankbare Leser fragt sich, welches Schicksal dieses Buch nun haben werde. Und er kommt jetzt auch von ganz allein auf Friedrich Nietzsches Idee, in Bayreuth eine Revue zu gründen, mit dem Professor als Chefredakteur. Schon weil man die öffentliche Meinung niemals den anderen überlassen darf. Richard Wagner sagt seiner Frau nun öfter, dass er sie sowohl apollinisch als auch dionysisch liebe.

Der Autor hatte für Cosima ein Prachtexemplar in Auftrag gegeben, auf gelbem Papier, das sie, wie er weiß, ganz besonders liebt, aber noch müssen sich die Tribschener mit einem einzigen Vorausexemplar behelfen, und um dieses »streiten wir uns«, sowohl apollinisch wie auch dionysisch. »Ich brauche es immer noch, um zwischen Frühstück und Arbeit mich in die rechte Stimmung zu bringen, denn seit der Lektüre componire ich wieder an meinem letzten Akte«[261], teilt ihm Wagner am 10. Januar mit.

Und er hätte wahrhaftig Gründe, sich zu weigern. Kurz nach der »Geburt der Tragödie« trafen zwei Bayreuther auf Tribschen ein, der Bürgermeister und ein Bankier, ohne Voranmeldung. Erst von Luzern aus kündigten sie an, dass sie gleich da sind. Das Nibelungentheater müsse umziehen, gewissermaßen von einem Hügel auf den übernächsten. Ein Miteigentümer des ersten habe nein gesagt. Nicht, weil er Gründe habe, viel schlimmer, weil er den denkbar größten aller Nicht-Gründe habe: Er sei nicht gefragt worden. Dabei hatte Friedrich Nietzsche schon aller Welt verkündet, dass der Bayreuther Stuckberg ab sofort »Richardshöhe« heiße. In langen Beratungen hätten die Stadtväter nun nach einem neuen Hügel gesucht ... Mochte Sokrates die griechische Tragödie auf dem Gewissen haben, es war immerhin Sokrates und nicht ein unbefragter fränkischer Hügelphilister. Und was gar nicht erst geboren wird, überlegt der Hügelvertriebene, kann nicht mehr untergehn. Noch ist Zeit, alles zu einem großen Irrtum zu erklären. Aber Cosima besteht auf der Geburt der Tragödie in Oberfranken. Und wie diese beiden Bayreuther, Bürgermeister und Bankier, da vor ihm stehen: Ja, er mag sie. Sie haben keine Ahnung von seinem Werk, aber sie würden alles dafür tun. Es ist doch zu spät, um noch zu desertieren, er sieht es ein. Also muss auch er alles für sein Werk tun. Also muss er schon wieder nach Berlin fahren. Wie soll er so die »Götterdämmerung« beenden? Auch kann er sich nicht erinnern, in diesem neuen Jahr schon geschlafen zu haben. In Cosimas Tagebuch häufen sich die Katastrophenmeldungen, die Nächte ihres Mannes betreffend.

Gersdorff! Nietzsche schickt den geheilten Vegetarier, Baron und Zwangspreußen, Ritter des Eisernen Kreuzes sowie Mitglied des Berliner Wagner-Vereins zum Bahnhof, den Vereinsgegenstand abzuholen: *Du wirst verwundert sein, ihn so plötzlich bei Dir zu sehn. Ich beschwöre Dich, alles zu thun, zu sehn, zu empfinden, was ihm in einem so wichtigen Moment von Werth sein kann. Ich übertrage auf Dich für diese Tage alles das, was ich für*

ihn empfinde und bitte Dich, so zu handeln als ob Du ich wärst.[262]
Es sind Sätze der Sorge, der reinen Liebe, der Selbstlosigkeit. Damals hofften wir alles füreinander, wird Nietzsche später sagen, und auch, dass niemand je gewusst habe, was es mit ihm auf sich habe, außer diesem einen, außer Richard Wagner.

Wer ein Buch herausbringt, muss es auch verschicken. An die, die er kennt, die, die er kennenlernen möchte, und viele andere. Vor allem aber muss Ludwig ein Exemplar bekommen, hat Wagner gesagt, weshalb der Verfasser Mitte Januar einen Brief an den König entwirft, an den so fernen und doch nahen Bruder im Geiste, *einen längeren Brief.*

Zwei Jünger des Dionysos, zwei »Tristan«-Versehrte, jeder auf seinem Thron. Ihn sich thronlos vorzustellen, hieße die wahre Befindlichkeit des Verfassers in diesem Frühjahr 1872 zu verkennen. Sein Buch trägt ihn. Auch bekommt er schon wieder eine Gehaltserhöhung, wahrscheinlich, weil er einen Ruf nach Greifswald ausgeschlagen hat. Seine Studenten wollen ihm zu Ehren einen Fackelzug abhalten. Aber Gehaltserhöhung und Fackelzug sind ein Missverständnis, seine scheinbare Basel-Treue ist in Wahrheit Basel-Untreue: *Ich denke nämlich darüber nach,* erfährt Freund Rohde, *wie Du um Michaeli in alle Ehren und Emolumente meiner Basler Professur, als mein vollständiger Nachfolger, eintreten kannst.*[263] Er selbst beabsichtigte um diese Zeit, durch die großen Städte des deutschen Vaterlands zu ziehen, *um Vorträge über die Nibelungenbühnenfestspiele zu halten.*

Im Augenblick hält er in Basel Vorträge »über die Zukunft unserer Bildungsanstalten«. Friedrich Nietzsche, der Erzieher. So vieles scheint plötzlich möglich. Er braucht nur ab- oder zusagen. Und wenn er daran denkt, dass er eben jetzt, Mitte April, von einer griechischen Insel zur nächsten reisen könnte. Der älteste Sohn Felix Mendelssohn Bartholdys, Professor wie er, hatte ihn dazu eingeladen. Wahrscheinlich war Karl Mendelssohn Bartholdy der Meinung, wer so über Griechenland schreibt wie dieser Friedrich Nietzsche, sollte es wenigstens einmal gesehen haben. Und ja, er sehnt sich nach einer großen südlichen Reise, schon lange. Aber er hat abgesagt. Es hat auch Nachteile, mit Richard Wagner befreundet zu sein. Mit einem Mendelssohn-Sohn gen Griechenland ziehen – wie soll er ihm das erklären? Andererseits: Welche real existierende griechische Insel käme Tribschen gleich, das sie alle jetzt gleich verlieren werden. Er ist es ihm und seinen Bewohnern schuldig, Abschied zu nehmen.

Alles zum letzten Mal. Der Verfasser der »Geburt der Tragödie« versteckt Ostereier. Zum letzten Mal. Keiner hat den Abschied so komponiert wie Richard Wagner im 3. Aufzug der »Walküre«. Am 21. April, dem letzten gemeinsamen Tag in Tribschen, erwarten sie den Professor, aber der kommt nicht. Am 22. April verlässt Richard Wagner die »Insel der Seligen«, denn schon einen Monat später, an seinem 59. Geburtstag, soll auf dem verschobenen Bayreuther Hügel der Grundstein seines Theaters gelegt werden. Cosima ordnet die letzten Dinge, meist Papiere; sie findet die Briefe ihres Mannes an Minna; Jakob und die anderen verpacken unter Tränen den Hausrat. Berge, Himmel und See führen das Stück Wasihrvermissenwerdet auf; Cosima vermerkt »Bergleuchten, Baumesblüte, der Kuckuck ruft, die Kühe läuten, eine Amsel schlägt«. Der Mond schwimmt auf dem Wasser, »wie anders wird es werden«.

Am nächsten Morgen um 6.00 Uhr steht der Professor in der Tür. Drei Tage lang hilft er nun beim Einpacken, *Manuscripte, Briefe und Bücher – ach es war so trostlos! Diese drei Jahre, die ich in der Nähe von Tribschen verbracht habe – was bedeuten sie für mich! Fehlten sie mir, was wäre ich!*[264]

Der Hund frisst nicht. Sobald der Professor die Dienerfamilie etwas fragt, weint sie. Wenn ihm selbst die Tränen kommen, setzt er sich ans Klavier. Das hat immer geholfen. Aber wahrscheinlich macht es die anderen nur noch fassungsloser. Sie gehen gemeinsam in die Stadt, zum letzten Mal. Sie unternehmen einen letzten Spaziergang nach Winkel, machen eine letzte Kahnfahrt.

Am 30. April treffen Cosima, die Kinder und Russ in Bayreuth ein. Am nächsten Morgen schreibt Friedrich Nietzsche einen Brief an den dortigen Oberbürgermeister: *Hochverehrter Herr Oberbürgermeister, durch meinen großen Freund Richard Wag-*

ner bin ich eingeladen, sammt meiner Schwester der Festfeier des 22. Mai beizuwohnen. Ich muß mir daher erlauben, mich mit einer doppelten Bitte an Sie zu wenden, einmal mir zwei Plätze zu reserviren und sodann eine Verfügung in Betreff einer Wohnung zu treffen. Ich selbst gedenke am Samstag vor Pfingsten in Baireuth einzutreffen.[265]

*

Wo war die Tragödie vor ihrer Geburt, hatte er einmal gefragt. Aber wo wird er sein nach ihrer Geburt?

Noch sitzt Friedrich Nietzsche fest auf seinem unsichtbaren Thron. Der Bayreuther Bürgermeister hat ihm nicht geantwortet. Gleich kommen eintausend Musiker, Sänger und Gäste. Wo sollen die alle wohnen? Wo sollen die alle essen? Der Bürgermeister weiß das auch nicht. 1000 Nicht-Bayreuther. Feuerwehr und Turnverein holen die Ankömmlinge vom Bahnhof ab, damit die nächsten zumindest Platz haben, auszusteigen. Wenigstens kommen die 1000 nicht alle auf einmal.

Friedrich Nietzsche ist unter den ersten Gästen. Am Nachmittag des 18. Mai trifft er ein. Gersdorff, der Ritter des Eisernen Kreuzes, kommt fast zur gleichen Zeit an. Zum ersten Mal begegnen sich ältere, älteste, neuere und neueste Freunde Wagners. Der Professor geht unter ihnen umher wie der Bayreuther Weltgeist, also derjenige, der das, was hier stattfindet, einzuordnen berufen ist. Und in der Tat, nicht wenige sind neugierig, den Autor der »Geburt der Tragödie« kennenzulernen, vor allem Malwida von Meysenbug, Wagners alte Freundin, die extra aus Italien angereist ist.

Die Bayreuther des ersten Abends verbringen diesen in Fantaisie, dem einstigen Lustschloss des Herzogs Alexander von Württemberg, das jetzt Hotel ist, Wagners Hotel. Cosima vermerkt erleichtert die heitere Stimmung, »alle gehören zu einander«. Es regnet.

Am Pfingstsonntag gibt es bereits keine Wagen mehr in Bayreuth; am Montag findet die erste Probe statt bei »gehobener Stimmung aller«; Zeuge der Nachmittagsprobe ist auch Friedrich Nietzsche. Er hört Beethovens 9. Sinfonie. Die 9. war Cosimas Idee. Richard Wagner ist noch am nächsten Tag unzufrieden mit Wotan. Jetzt muss Betz »Freunde, nicht diese Töne« singen, das macht er auch, aber nicht richtig, weiß Gott nicht richtig, grollt der Dirigent. Es regnet sich ein. Am Abend fahren alle nach Fantaisie, die Sänger auf Leiterwagen, weil andere nicht mehr zu finden waren.

Wotan selbst überwacht die Grundsteinlegung des Festspielhauses zu Bayreuth: Friedrich Nietzsche wird ihn bald den Gott des schlechten Wetters nennen. Und ist diese Riesenoper überhaupt bei wolkenlosem Himmel vorstellbar, Nietzsches späterer Mindestanforderung an das Klima?

Es ist ein Unwetter am Morgen von Richard Wagners 59. Geburtstag. Sollen sie das Fest verschieben? Da trifft ein Telegramm des Königs ein, eben als die Kapsel mit Wagners Gründerworten verlötet werden soll. Der Empfänger liest: »An den Dichterkomponisten Herrn Richard Wagner in Bayreuth. Aus tiefstem Grunde der Seele spreche ich Ihnen, theuerster Freund, zu dem für ganz Deutschland so bedeutungsvollen Tage meinen wärmsten und aufrichtigsten Glückwunsch aus. Heil und Segen zu dem großen Unternehmen im nächsten Jahre! Ich bin mehr denn je im Geiste mit Ihnen vereint. Ludwig. Kochel, den 22. Mai 1872«. Nun ist Richard Wagner das Wetter egal. Er lässt seine Worte und die des Königs gemeinsam für die Ewigkeit verlöten. Bayreuther und Nicht-Bayreuther ziehen durch strömenden Regen hügelan. Der Grundsteinlegende ist leichenblass. Er hat Tränen in den Augen.

Sie fahren zur Stadt zurück, Richard Wagner und Friedrich Nietzsche im gleichen Wagen. *Im Zurückfahren ... schwiegen wir und Wagner sah mit einem Blick in sich lange hinein, der mit einem Wort nicht zu bezeichnen ist. Er begann an diesem Tage sein sechzigstes Lebensjahr. Ein beschleunigtes zusammendrängendes Schauen.* War nicht alles Bisherige Vorbereitung auf diesen Moment? *Ich möchte diesem innerlichen Schauen nachschauen: von da aus nimmt sich das Bayreuther Werk am wundervollsten aus. Die welche fallen, sollen in unglaublicher Schnelligkeit ihr ganzes Leben an sich vorüber fliegen sehen. So auch die, welche in einem bestimmten Ereigniß ihr Lebenswir-*

*ken besiegeln: die Bedeutung des Grundsteins. Dieses unendlich beschleunigte innerliche Schauen Wagner's ist gewiß das höchste Schauspiel.*²⁶⁶ Qual und Besorgnis vom ersten bis zum letzten Augenblick darin.

Was für die antike Welt die Mysterien waren, ist für Nietzsche Bayreuth. *Ach, mein Freund,* schreibt er nur Tage später an Gersdorff, *wir wissen, was wir erlebt haben. Diese heilig ernsten Erinnerungen wird Niemand uns rauben können. Durch sie gefeit und für sie kämpfend müssen wir nun durchs Leben gehen.*²⁶⁷

Am 31. Mai schickt er dem Mann, der ihn einst nach Basel berufen und ihm kurz hintereinander zwei Gehaltserhöhungen bewilligt hatte, die erste Rezension zu seinem ersten Hauptwerk, nicht zuletzt um ihm zu beweisen, wie richtig er das alles gemacht habe. Die Rezension war in der »Norddeutschen Allgemeinen Zeitung« erschienen und von Freund Rohde. Verstanden werden. Es gibt keine größere Freude für Menschen, die Bücher veröffentlichen. Und ihm war, als begriffe er erst jetzt, beim Lesen der Freundesworte, was er da geschrieben hatte. Doch seine Anzeige an den Rathsherrn Vischer ist schon jetzt eine Falschmeldung. Es gibt schon zwei Rezensionen, und die zweite ist noch viel, viel länger. Sie klingt auch ein wenig anders. Sie heißt:

ZUKUNFTSPHILOLOGIE!
Eine erwidrung
auf
Friedrich Nietzsches
ord. professors der classischen Philologie in Basel
»*geburt der tragödie*«
Von
Ulrich von Wilamowitz-Möllendorff
Dr. phil.

Ich fürchte immer, daß die Philologen »Die Geburt der Tragödie« *der Musik wegen, die Musiker der Philologie wegen, die Philosophen der Musik und Philologie wegen nicht lesen wollen*²⁶⁸, hatte er noch im Herbst des letzten Jahres befürchtet, als ihn der Verfasser – auch er ein Zögling von Schulpforta, auch er Student in Bonn – noch in verehrender Absicht besucht hatte. Zu Hause in Naumburg, wie man Junggenies besucht, zumal solche mit Professur, zumal wenn man selbst ein aufstrebender Jungakademiker ist. Allerdings hatte Wilamowitz im Bonner Philologenkrieg der Professoren Ritschl und Jahn auf Jahns Seite gestanden, an dessen *halbverklebten Ohren* sich Friedrich Nietzsche schon bald störte.

Wie sehr sieht sich der Autor der »ZUKUNFTSPHILOLOGIE!« nun getäuscht. Wahrscheinlich will er sich mit seiner »erwidrung« für seinen eigenen verehrenden Besuch rächen. 32 Seiten Vernichtung, und dann das Schlusswort: »wenn er mir nun entgegnet, er wolle ja eben nichts von ›historie und kritik‹, von ›so genannter weltgeschichte‹ wissen, er wolle ein dionysisch-apollinisches Kunstwerk, ›ein metaphysisches trostmittel‹ schaffen, seine behauptungen hätten ... die ›höhere realität der traumwelt‹ – ja dann revociere und depreciere ich in bester form. dann will ich gern sein evangelium gewähren lassen, dann treffen es meine waffen nicht. freilich, ich bin eben kein mystiker, kein tragischer mensch, mir wird es immer nur ›ein lustiges nebenbei, ein recht wol zu missendes schellengeklingel am ernst des daseins‹, auch am ernst der wissenschaft sein können: eines berauschten traum oder eines träumers rausch. eins aber fordere ich: halte hr. N. wort, ergreife er den thyrsos, ziehe er von Indien nach Griechenland; aber steige er herab vom katheder, auf welchem er wissenschaft lehren soll; sammle er tiger und panther zu seinen knieen, aber nicht Deutschlands philologische jugend, die in der askese selbstverläugnender arbeit lernen soll ...«[269]

Kein Zweifel, der Autor hat sich geärgert.

Wo Theater war, wurde Theorie, erfuhr er. Wo viele Nenner waren, war fortan einer: Wissenschaft. Es klang defizitär. Wissenschaftler verzeihen solche Analysen nicht gern. Hinzu kommt die Sokrates-Lektion. Wieder war Friedrich Nietzsche der Name eines Einzelnen zum Namen für etwas sehr Allgemeines geworden. Wieder hatte der Typus des theoretischen Menschen seinen ersten Auftritt auf dem Markt von Athen. Der erste hässliche Grieche, bezeichnenderweise, aber das hat er jetzt gar nicht gesagt. Keine Denunziationen! Manchmal ist es viel wirksamer, nur zu konstatieren. Nietzsche, der Phänomenologe in der »Geburt der Tragödie«: *Wenn nämlich der Künstler bei jeder Enthüllung der Wahrheit immer nur mit verzückten Blicken an dem hängen bleibt, was auch jetzt, nach der Enthüllung, immer noch Hülle bleibt, geniesst und befriedigt sich der theoretische Mensch an der abgeworfenen Hülle und hat sein höchstes Lustziel in dem Prozeß einer immer glücklicheren, durch eigene Kraft gelingenden Enthüllung.*[270] Auch die Theorie ist eine Frage der Komposition. Auch Gedanken müssen reifen. Und hatte er das, was er früher schon gesagt hatte, jetzt nicht noch viel besser, viel eleganter, unausweichlicher gesagt? Und für Nicht-Philologen geradeso wie für Philologen, ja fast mehr noch für Erstere?

Wie gut, dass Friedrich Nietzsche dem Fachpublikum nicht bei der Lektüre seiner Schrift zuschauen musste; es las: *Wer sich einmal anschaulich macht, wie nach Sokrates, dem Mystagogen der Wissenschaft, eine Philosophenschule nach der anderen, wie Welle auf Welle, sich ablöst, wie eine nie geahnte Universalität der Wissensgier in dem weitesten Bereich der gebildeten Welt und als eigentliche Aufgabe für jeden höher Befähigten die Wissenschaft auf die hohe See führte, von der sie niemals wieder völlig vertrieben werden konnte, wie durch diese Universalität erst ein gemeinsames Netz des Gedankens über den gesammten Erdball, ja mit Ausblicken auf die Gesetzlichkeit eines ganzen Sonnensystems, gespannt wurde; wer dies Alles, sammt der erstaunlich hohen Wissenspyramide der Gegenwart, sich vergegenwärtigt, der kann sich nicht entbrechen, in Sokrates einen Wendepunkt und Wirbel der sogenannten Weltgeschichte zu sehen.*[271]

Das alles ist keine Wissenschaftsverachtung, im Gegenteil, sie sieht sich nur nicht wie gewohnt in ihrem eigenen, sondern in einem anderen Spiegel. Und dieses Bild weist ihr eine andere, demütigere Stellung zu. Aber Klassizisten sind nicht demütig. Er sei nicht krank genug, um überhaupt etwas zu hören, wenn er Wagner hört, hatte noch der Student Friedrich Nietzsche über Otto Jahn gesagt. Dieser Lehrer verstand nicht einmal die Romantik vor seiner Haustür, wie sollte jetzt sein Schüler mit allem

Eifer des Anfängers etwas verstehen, wenn ihm zum ersten Mal überhaupt vor Augen geführt wird, dass auch die Griechen ihre Romantik hatten: indem sich die Tragödie über die rein apollinische Schicht der älteren – homerischen – griechischen Kultur legte. –?

Nur keine Besorgnis meinetwegen, beruhigt Friedrich Nietzsche die Freunde: *das Sichervorauszusehende findet mich gerüstet.*[272] Auf eine Polemik werde er sich nie einlassen, sagt er, wahrscheinlich schiene ihm das unsouverän, sollte er sagen: sokratisch? Ein wenig nervös ist er doch, solange er die »Zukunftsphilologie!« nicht selbst in der Hand hält, aber dann macht ihn deren Lektüre ganz ruhig: *Ich bin weder so unwissend, wie mich der Verfasser darstellt, noch so bar der Wahrheitsliebe: die ärmliche Gelehrsamkeit, die er prunkend aufzeigt, muß man freilich etwas an den Schuhen abgelaufen haben, ehe man über solche Probleme mitreden darf. Nur durch die frechsten Interpretationen erreicht er, was er will ... Er muß noch sehr unreif sein – ... alles athmet Berlin.*[273] Das ist inzwischen die Jahn-Stellung im Philologen-Krieg.

Am 24. Juni steht in der »Norddeutschen Allgemeinen Zeitung« ein Offener Brief an Friedrich Nietzsche, ordentlicher Professor der klassischen Philologie zu Basel. Er ist datiert vom 14. Juni. Der Absender gibt an, die »Erwiderung« des »Dr. phil. U. W. v. M.« gelesen, nun aber erst recht ein paar Fragen zu haben, und zwar an den Geschmähten: »Vor Allem möchte ich durch Sie ein an mir selbst wahrgenommenes Bildungsphänomen mir erklärt wissen. Ich glaube nicht, daß es einen für das klassische Alterthum begeisterteren Knaben gegeben haben kann, als mich.«[274] Damals sei er Kreuz-Schüler in Dresden gewesen, und sein Lehrer habe ihm versichert, dass seine Berufung die Philologie sei. »Wie es nun meinen späteren Lehrern an der Nikolai- und Thomasschule in Leipzig möglich wurde, diese Anlagen und Neigungen gänzlich in mir auszurotten«, sei ihm zwar aus dem Naturell seiner Lehrer wie aus dem eigenen erklärlich und doch noch immer ein Rätsel. War die Antike seiner Lehrer wegen da, und wenn ja, für welche?

Die Schlusssätze der Broschüre des »Dr. phil. U. W. v. M.« haben ihn wieder auf die alten Fragen gebracht, schon weil sie so schön sind, er zitiere: Zweck der philologischen Wissenschaft sei es, »Deutschlands Jugend dahin abzurichten, ›daß ihr das klassische Alterthum jenes einzig Unvergängliche gewähre, welches die Gunst der Musen verheißt, und in dieser Fülle und Reinheit allein das klassische Alterthum geben kann, den Gehalt in ihrem Busen und die Form in ihrem Geist‹«. Gestärkt von diesen Worten habe der Fragesteller sich im neu erstandenen Reich umgeblickt: »Zuerst dünkte es mir auffallend, daß Alles, was bei uns von der Gunst der Musen als abhängig sich kundgiebt, also unsere gesammte Künstler- und Dichterschaft, ganz ohne alle Philologie sich behilft.« Das ließe sich, fährt der Autor fort, natürlich sofort erklären, denn vielleicht bevorzugen die Musen statt der Künste inzwischen die Wissenschaften?

Der Autor des Offenen Briefes an Friedrich Nietzsche ist, wie jeder längst ahnt, Richard Wagner, ein intimer Kenner des deutschen Professorenwesens, weshalb Friedrich Nietzsche auch ganz schwindlig wurde, als er zuerst von der Absicht des Meisters hörte, etwas zu schreiben. Würde er, Friedrich Nietzsche, sich dann überhaupt noch in der Nähe einer Universität blicken lassen dürfen? Mit welcher Faszination mag er nun weiterlesen. Hier gibt sich einer keine Blöße, weiß genau, welche Rücksichten er zu nehmen hat, und führt seine Waffe mit einer Eleganz, die ihm wohl auch Friedrich Nietzsche nicht ohne weiteres zugetraut hätte, weshalb dieses Dokument in der Ausführlichkeit wiedergegeben sei, die ihm gebührt:

Richard Wagner hat nachgeschaut, aber die Musen auch in den Wissenschaften nicht angetroffen, ja schlimmer noch, »Theologen, Juristen und Mediziner leugnen …, mit ihnen zu tun zu haben. Somit sind es also wohl die Philologen selbst, welche sich gegenseitig instruieren, und vermuthlich einzig zu dem Zwecke, immer wieder nur Philologen abzurichten, d. h. also doch wohl nur Gymnasiallehrer und Universitätsprofessoren, welche dann wieder Gymnasiallehrer und Universitätsprofessoren herauszubilden haben? Ich kann das begreifen«, gesteht er und spannt seinen Bogen immer fester.

Wer strebte nicht nach einem ungestörten Leben?, konzediert

der Autor des Offenen Briefes an Friedrich Nietzsche. Während die theologische Fakultät das Gemeinwesen mit Pfarrern und Konsistorialräten ausstatte, die juristische Richter und Anwälte zeuge, die medizinische Ärzte, »lauter praktisch nützliche Bürger, liefert die Philologie immer wieder nur Philologen, welche rein nur sich unter sich selbst von Nutzen werden. Man sieht, die indischen Brahmanen waren nicht erhabener gestellt, und darf man daher von ihnen wohl dann und wann ein Gotteswort erwarten. Und wirklich erwarten wir dieß: wir erwarten nämlich, daß einmal aus dieser ... Sphäre ein Mensch heraustrete, um ohne Gelehrtensprache und gräßliche Citate uns zu sagen, was denn die Eingeweihten unter der Hülle ihrer uns Laien so unbegreiflichen Forschungen gewahr werden, und ob dieses der Mühe der Unterhaltung einer so kostbaren Kaste werth sei.« Doch einem Philologen, der sich zu solcher Tat entschlösse, würde es wahrscheinlich so gehen wie dem unglücklichen Verfasser der »Geburt der Tragödie«: »Auf den ersten Blick ersahen wir hier, daß wir es mit einem Philologen zu tun hatten, der zu uns, nicht aber zu den Philologen spreche; deßwegen ging uns denn auch einmal das Herz auf, und wir faßten neuen Muth ... wir blickten von der Bergeshöhe in die weiten Ebenen hinaus, ohne von dem Geprügel der Bauern in der Schenke unter uns gestört zu werden.« Im Nachhinein weiß er es besser. Die Prügel sind eingetroffen. Nur von wem?, fragt sich der Autor.

»Ein klassischer Sprachgelehrter«, ein »unvergänglich Besitzender«, »der einem ›meinthalben‹ in demselben Satze noch ein ›meinthalb‹ nachschickt, erscheint uns doch fast wie ein vom Biere zum Schnaps taumelnder Berliner Eckensteher aus der alten Zeit.« Und Richard Wagner vermerkt noch mehr Eigentümlichkeiten des »Dr. phil. U. W. v. M.«. Es gelingt ihm sogar eine uralte Kränkung loszuwerden, ohne dass man durch den Eindruck verstimmt ist, hier wolle einer eine uralte Kränkung loswerden.

Vielleicht lohnt es, sie zu kennen, auch handelt es sich zugleich um eine jüngste Kränkung, denn der »Dr. phil. U. W. v. M.« kennt Richard Wagner vor allem als Verfasser des »sprichwörtlich gewordenen ›wigala weia‹«, womit dem jungen Kampfphilo-

logen über dessen Poesie alles gesagt scheint. Richard Wagner:
»Was nützt es aber nun, wenn man sich auf dem Felde der Philologie Mühe giebt? Dem Studium J. Grimm's entnahm ich einmal ein altdeutsches ›Heilawac‹, formte es mir, um für meinen Zweck es noch geschmeidiger zu machen, zu einem ›Weiawaga‹ (einer Form, welche wir heute noch in ›Weihwasser‹ wiedererkennen), leitete hiervon in die verwandten Sprachwurzeln ›wogen‹ und ›wiegen‹, endlich ›wellen‹ und ›wallen‹ über, und bildete mir so … eine wurzelhaft syllabische Melodie für meine Wassermädchen. Was begegnet mir? Von unserer journalistischen Straßenjugend werde ich bis in die ›Augsburger Allgemeine Zeitung‹ verhöhnt.« Nun ist er, dürften die Vorurteilsvollen vermuten, endlich da, wo er ohnehin längst hinwollte: nämlich bei sich. –?
Aber Richard Wagner hat die Eigenlogik seines kleinen journalistischen Meisterwerks in keinem Augenblick aus den Augen gelassen. So viele Fragen, zuletzt die, wie es denn nun stehe »um unsere Bildungsanstalten«, mit der Bildung der Nation. Der Befragte müsse auf all das nicht sofort antworten: »Wir geben Ihnen hierzu Zeit. Nichts drängt Sie. … Was wir von Ihnen erwarten, kann nur die Aufgabe eines ganzen Lebens sein. … Von Herzen grüßt Sie der Ihrige Richard Wagner«. Richard Wagner, der ein Festspielhaus zu erbauen und nebenbei eine Jahrhundertoper zu vollenden hat und doch augenblicklich alles liegen lässt, um dem Freund zu Hilfe zu kommen.

Der Gegrüßte grüßt am gleichen Tag zurück, allerdings nicht in der »Norddeutschen Allgemeinen Zeitung« und in einem bei diesem Autor ganz ungewohnten, völlig ungeschützten, innigen Ton, als wolle er nur eins: den anderen wissen lassen, wie ihm ums Herz ist. Das will er zwar immer, aber zu seinen Bedingungen, wohlverborgen also, gut getarnt, nicht so geradeheraus. So wie in diesem Sommer wird Friedrich Nietzsche nie mehr klingen:
Johannistag! Johannistag!
Blumen und Bänder, so viel man mag!
Ja, geliebter Meister, mit wahrem Wohlgefühle scheide ich von diesem Johannistage, der mir Ihren herrlichen und lange in mir

fortklingenden Brief gebracht hat.[275] Muss er nicht schon darum dem Dr. phil. U. W. v. M. beinahe dankbar sein? Richard Wagner zieht für ihn in die Schlacht, wer hätte ihm das prophezeien dürfen? *Die kräftig schirmende Liebe des mächtigsten Geistes,* für ihn. *Ach verehrtester Meister ich bin heute so glücklich. Einer grossen Gefahr bin ich in meinem Leben entgangen, Ihnen niemals nahe zu treten und weder Tribschen noch Bayreuth geschaut zu haben.*[276] Und er ist ganz sicher, in den nächsten Tagen höchstens noch glücklicher zu werden. Hans von Bülow hat ihm soeben telegraphiert: Er dirigiere in München den »Tristan«.

Natürlich fährt er hin.

Wagners »vielgeliebtes Hummelpaar«: Ludwig Schnorr von Carolsfeld und seine Frau Malwine als Tristan und Isolde der Uraufführung, München 1865.

Dreimal »Tristan«?

Der große Hans von Bülow, Empfänger der »Geburt der Tragödie«, ist inzwischen gewissermaßen ein guter Bekannter. Im März hatte er plötzlich vor Nietzsches Baseler Tür gestanden. Zwei Männer, vom Typus her nicht unverwandt, fähig zu den kältesten Ekstasen, der schneidendsten Ablehnung, körperlich von irritierbarster Konstitution, dauerkrank und sich darum doch alles abtrotzend. Ob sie dies Gemeinsame gespürt haben, von den – nun ja – gemeinsamen Bekannten nicht zu reden? Hans von Bülow hat noch nie vorgehabt, Menschen zu schonen, er hat auch seine Frau nicht geschont, und Friedrich Nietzsche wird nur allzu bald wissen, wie es sich anfühlt, von Hans von Bülow nicht geschont zu werden. Aber jetzt steht er als Verehrender vor ihm, in seiner Begeisterung so aufrichtig, so unverstellt wie er es in seiner Ablehnung sein wird. Und Hans von Bülow ist begeistert von der »Geburt der Tragödie«. Er hatte in Italien viel Zeit gehabt darüber nachzudenken, ob er die ihm angetane Schmach überleben sollte, und nebenbei Leopardi ins Deutsche übersetzt. Er würde das Buch dem Verfasser der »Geburt der Tragödie« gern widmen. Und nun lädt er ihn persönlich zum »Tristan« ein.

Wagner ist Musiker genug, den außergewöhnlichen Nähe-Ton des glücklich-unglücklichen Autors zu bemerken. Der »Tristan«, diese Woche noch! *Es ist nicht möglich, einen reicheren und volleren Sommer zu erleben – und Alles durch Sie! Wie könnte ich Ihnen danken!*, hatte Friedrich Nietzsche seinen Anruf an den Autor des Offenen Briefes geschlossen. Wagner antwortet schon am nächsten Tag. »O Freund!«, beginnt sein Brief, auch ihn drängt es zu Geständnissen, schon im zweiten Satz: »Genau genommen sind Sie, nach meiner Frau, der einzige Gewinn den mir das Leben zugeführt.«[277] Natürlich, da ist noch sein Sohn, nie würde Richard Wagner seinen Sohn vergessen, aber warum soll er nicht zwei Söhne haben? Es ist eine Liebes- als Adoptionserklärung, längst abgegeben, doch müssen dieserart Erklärungen wiederholt werden, um wahr zu bleiben: Zwischen Fidi und ihm »bedarf es eines Gliedes, das nur Sie bilden können, etwa wie der Sohn zum Enkel«. Wie der Sohn! »Für Fidi habe ich keine Angst, aber für Sie!« Zu oft meldet der Professor abwesendes Wohlbefinden. Wagner habe gerade eben, Morgen für Morgen, »das Buch« noch einmal gelesen und immer dabei gedacht: »wenn er nur recht gesund wird!«

Nun ist der »Tristan« nichts für Gesunde, Friedrich Nietzsche weiß es. Und er macht auch nicht gesünder, höchstens noch kränker. Richard Wagner selbst hat ihm gesagt, wie er sich im Zuschauerraum zu verhalten habe: »Brille ab! Nichts als das Orchester dürfen Sie hören!«[278]

Zweimal hört er den »Tristan« in München, Gersdorff ist auch da. Vielleicht sagt er sich inmitten des Tonmeeres, dass der Urheber dieser Zauberreiche ihn soeben zum zweiten Mal adoptiert hat. Nachher sagt er gar nichts mehr, denn der *Zustand gänzlicher Erschütterung* ist einer, *in dem der Mensch nicht spricht, nicht dankt, sondern sich verkriecht.*[279] Um den Befund der beiden Vorstellungen zu formulieren, braucht er noch mehr als fünfzehn Jahre: ... *ich suche heute noch nach einem Werke von gleich gefährlicher Fascination, von einer gleich schauerlichen und süssen Unendlichkeit, wie der Tristan ist, – ich suche in allen Künsten vergebens. Alle Fremdheiten Lionardo da Vinci's entzaubern sich beim ersten Tone des Tristan. Dies Werk ist durchaus das non plus ultra Wagner's; er erholte sich von ihm mit den Meistersingern und dem Ring. Gesünder werden – das ist ein Rückschritt bei einer Natur wie Wagner ... Ich nehme es als Glück ersten Rangs, zur rechten Zeit gelebt und gerade unter Deutschen gelebt zu haben, um reif für dieses Werk zu sein: so weit geht bei mir die Neugierde des Psychologen. Die Welt ist arm für den, der niemals krank genug für diese »Wollust der Hölle« gewesen ist: es ist erlaubt, fast geboten, hier eine Mystiker-Formel anzuwenden. – Ich denke, ich kenne besser als irgend Jemand das Ungeheure, das Wagner vermag, die fünfzig Welten fremder Entzückungen, zu denen niemand ausser ihm Flügel hatte.«*[280] Ein anderer junger Mithörer, oben in der Königsloge, sieht das ganz genauso. Der »Tristan« hat längst den »Lohengrin« in seiner Seele abgelöst. In den August-Worten des Königs an den Herrn seines Lebens: Zwar seien diese jüngsten Aufführungen »mit jener unvergeßlichen des Jahres 65 in keiner Weise zu vergleichen«, doch habe es ihm eine »hohe, unbeschreibliche Freude gewährt, dieses Werk, das mir das theuerste von allen ist ... endlich wieder zu durchleben; es ist für mich geschaffen, schlägt die verwandtesten Saiten in meiner Seele an! – Ein Sehnen hin zur heil'gen Nacht!!! ...«[281]

Hin zur letzten Erholung also. Aber vorher: Wer erholt sich hier eigentlich und wovon? Was sagt der erste »Tristan«-Junkie da: Mit dem »Ring« erholt sich Richard Wagner von sich? Nicht nur, dass er selbst es genau andersherum weiß: Mit dem »Tristan« habe er sich einmal so ganz gehenlassen wollen, und dies sei ihm vollständig gelungen. Aber gelingt es ihm auch jetzt?

Hören wir die Auskünfte seiner Frau für den Monat Juli. 1. Juli: »R. arbeitet und ist zufrieden mit seiner Arbeit.« 2. Juli:

»R. kann nicht arbeiten. Melancholie hierüber; bei Tisch sagt er: ›Ja, wenn die Kinder nicht wären, ich würde dich fragen, ob du nicht mit mir von dieser Welt ziehen wolltest‹.« 3. Juli: (keine Auskunft). 4. Juli: »Früh nach der Stadt, nachdem R. aber doch gearbeitet.« 5. Juli: »Während R. arbeitet ...« 6. Juli: »R. spielt uns aus der Götterdämmerung vor, Hagen's Ruf und die Rheintöchter. (R. arbeitet.)« 7. Juli: »R. bei der Arbeit.« 8. Juli: »R. hat heute nicht arbeiten können, es ist zu viel Zerstreuung um ihn gewesen.« 9. Juli: »R. arbeitet, wenn auch mit Wehmut.« 10. Juli: »R. arbeitet.« Und so geht das fort bis zum 20. Juli. Unerholter kann einer im Juli gar nicht sein als Richard Wagner. 20. Juli: »R. meint, nun müsse er sein Weltuntergangscouplet komponieren, er arbeitet auch anhaltend.«

Friedrich Nietzsche, der die Symptome des Königs zu zeigen beginnt, schreibt zur gleichen Zeit an Hans von Bülow und teilt ihm mit, dass er ihm *den erhabensten Kunsteindruck* seines Lebens verdanke. Und nun erfahre er, dass dieser Eindruck Anfang August erneuert werden soll. »Tristan« zum dritten Mal. Aber da kommt er doch! Und wie er ihm danken möchte für die letzten beiden Male. Da sei er auf die Idee gekommen, ihm, Bülow, ein kleines Stück eigenhändig komponierter Musik mitzuschicken: *Ein so guter Wunsch! Und eine so zweifelhafte Musik! Lachen Sie mich aus, ich verdiene es.*[282] Er komme von den Griechen, kehre zu den Griechen zurück, möchte nur zwischendurch *die heilende Wirkung des Tristan erfahren ... Dadurch aber, daß Sie über dies Zaubermittel verfügen, sind Sie mein Arzt: und wenn Sie finden werden, daß Ihr Patient entsetzliche Musik macht, so wissen Sie das pythagoreische Kunstgeheimniß, ihn durch »gute« Musik zu kuriren. Damit aber retten Sie ihn der Philologie: während er, ohne gute Musik, sich selbst überlassen, mitunter musikalisch zu stöhnen beginnt wie die Kater auf den Dächern.*[283] Ja, Friedrich Nietzsche hat wieder komponiert, Tatzeit war der März. Der Befund dieses 20. Juli sei noch einmal vermerkt. Richard Wagner beginnt sein definitives Weltuntergangscouplet, den Anfang vom Ende des »Ring«; Friedrich Nietzsches verschickt unwissentlich eine Weltuntergangsepistel, das ist der Anfang vom Ende des Musikers Friedrich Nietzsche, insofern er auf diesen doch mehr Hoffnungen setzt, als er dem »Tristan«-Dirigenten verraten hat.

21. Juli: »R. wird leider durch Herrn Wölffel, unsren Architekten, am Morgen gestört, doch sammelt er sich wieder zur Arbeit, er kommt bis zum Schluß der Handlung.« Am gleichen Tag meldet Friedrich Nietzsche, dass er in der nächsten Woche wieder in die Hauptstadt aller Bayern zu fahren gedenke, *verzeih, wenn ich heute kürzer bin,* bittet er Gersdorff, *um so länger will ich in München sein – ich denke wirklich mit Entzücken an das dritte Mal, den Tristan zu schlürfen! Es ist der gesündeste Trank, den ich kenne – ich kam so glücklich-heiter in Basel an, wie ein Bräutigam.*[284] Wir verzichten an dieser Stelle auf die Auflösung eines scheinbaren Widerspruchs und somit auf die Erörterung, welche Auswirkung auf die menschliche Gesundheit der Vortrag des »Tristan« denn nun wirklich habe, um ohne Unterbrechung den 22. Juli zu erreichen. Cosima Wagner: »Mir fehlt die Kraft, um die Ergriffenheit zu schildern, die sich meiner bemächtigte, als R. mich rief, um mir zu melden, daß er die Skizze beendigt habe. Er spricht mir den Schluß vor ...« Der »Ring« ist fertig. Das Werk, das Friedrich Nietzsche einmal *die erste Weltumsegelung im Reiche der Kunst* nennen wird, sein Theater inbegriffen. Könnte Nietzsche hören, wie in all dem Untergang immer wieder das kleine hoffnungszarte Thema steigt, wie es in der »Walküre« erklang zu Sieglindes Worten »O hehrstes Wunder«. Damals war es die Verheißung von Siegfrieds Geburt.

Am 24. Juli überlegt Richard Wagner, dass es viel schwerer ist, eine kurze Oper zu komponieren als vier lange. Es war unmöglich. Es ist getan. Ob er jetzt vielleicht Kantor in Bayreuth werden sollte? Friedrich Nietzsche verschickt zwei Tristan!-Tristan!-Briefe. Hans von Bülow denkt auch gerade an Friedrich Nietzsche; er hat seine Manfred-Meditation besehen und ebenfalls ein musikalisches Weltuntergangscouplet erblickt – in musikalischer Hinsicht. Und da Hans von Bülow wie Friedrich Nietzsche der Meinung ist, dass wir nicht auf der Welt sind, um uns zu schonen, antwortet er dem Komponisten: »Ihre Manfred-Meditation ist das Extremste von phantastischer Extravaganz, das Unerquicklichste und Antimusikalischste, was mir seit langem von Aufzeichnungen auf Notenpapier zu Gesicht gekommen ist. Mehrmals mußte ich mich fragen: ist das ganze ein Scherz, haben Sie vielleicht eine Parodie der sogenannten Zukunftsmusik beabsichtigt? Ist es mit Bewusstsein, daß Sie allen Regeln der Tonverbindung, von der höheren Syntax bis zur gewöhnlichen Rechtschreibung ununterbrochen Hohn sprechen? Abgesehen vom psychologischen Interesse ... hat Ihre Meditation vom musikalischen Standpunkte aus nur den Wert eines Verbrechens in der moralischen Welt.«[285] Hätte der Gerichtete das besser formulieren können? Und von Bülow ist noch nicht fertig.

Am 25. Juli – noch hat das Todesurteil den Musiker Friedrich Nietzsche nicht erreicht – meldet er nach Bayreuth: *Geliebter Meister, nächste Woche gehe ich wieder nach München; ich gebrauche vor mir selbst den Vorwand, es geschehe, um bei dem Jubiläum* – der Münchner Universität – *unser Basel ... zu vertreten. Im Grunde bin ich mir völlig klar, daß ich den Tristan zum dritten Male haben will: dazu kommt daß ich nie eine Aufführung des fliegenden Holländer, nie den Lohengrin erlebt habe – nie den Lohengrin! ... Es ist fast zum Lachen – aber ich glaube, Gersdorff wird auch wieder da sein!*[286]

Und dann folgt: Schweigen. Der Bülow-Brief ist eingetroffen. Er fährt nicht nach München, natürlich nicht. Er steht vor den Trümmern seiner Existenz, als Philologe und als Musiker, wenige Monate nur genügten. Er ist schon jetzt der Ansicht, dass nur der heroische Mensch wirklich Mensch ist, und zum Heroismus gehört, ruhigen Auges, gewissermaßen mit griechischer Heiterkeit auf diese Trümmer zu blicken. Amor fati! Aber er muss sich erst an diesen Anblick gewöhnen.

Er muss jetzt ein wenig allein sein. Er wird im Oktober, zu seinem Geburtstag in Naumburg erwartet, aber will er seiner Mutter wirklich in die besorgten Augen schauen? Er nennt den Stein des Anstoßes längst nur noch *Wilamo-Wisch* oder auch *Wilam Ohne witz*. Aber Frauen verstehen das nicht, Frauen haben keinen Humor, und Mütter schon gar nicht. Wie auch sollte er ihr erklären, was er sich durchaus erklären kann? *Die Philologen dieser Zeit haben sich als unwürdig erwiesen, mich und mein Buch zu sich rechnen zu dürfen: es bedarf kaum der Versi-*

cherung, daß auch in diesem Falle ich es ihnen anheim gebe, ob sie etwas lernen wollen oder nicht, fühle mich aber nicht geneigt, ihnen irgendwie entgegenzukommen.[287] Und die Musiker? Vielleicht könnte er sich etwas entgegenkommen. Vielleicht würde er sich begegnen, wenn er nur weit genug hinausführe, bis nach Italien sogar? Es ist das Spätsommer-, Frühherbstwetter, das er liebt, *Himmel und Erde im Einklang ruhig nebeneinander hinströmend, wunderbar aus Sonnenwärme, Herbstfrische und blauer Unendlichkeit gemischt.* Makellose stille Oktobertage, südlich gefärbt. Er bricht auf, von einem Augenblick auf den anderen.

Zurück in Basel findet er den sechsten Band von Richard Wagners Schriften vor, schlägt das Buch auf und stößt auf die Schlussstrophe Brünnhildes, die er noch nicht kannte: »wunsch- und wahnlos heiligstes Wahlland«. War er nicht eben dort? »Trauernder Liebe tiefstes Leiden schloss die Augen mir auf: enden sah ich die Welt«. Eine Strophe wie gemacht *für das Sanctuarium der allerprivatesten Hausandacht.* Es schmerzt ihn, *sie nicht componirt zu wissen, so sehr ich auch begreife, weshalb sie innerhalb der musikalisch-mythischen Tragödie nicht componirt werden musste.*[288]

Für Ludwig wird Wagner sie dann doch komponieren. An seinem Geburtstag, allein in Basel, macht er, was Geburtstagskinder höchst selten tun, er schreibt dem Mann, der ihm noch nicht gratuliert hat, und zwar genau das, was er ihm hätte schreiben sollen: *Verehrter und geliebter Meister, es ist heute für mich der erste Tag eines neuen Lebensjahres; da verstehen Sie gewiss meine herzliche Sehnsucht, ein paar Worte an Sie zu entsenden und damit den neuen Zeitraum zu beginnen.* Beglückwünschte klingen anders. *Ich weiss es, Sie werden für mich auch im neuen Jahre bleiben, was Sie im alten für mich waren – der feste Anker, der mich hält und der es verhindert, daß ich in die schlimme Strömung der Zeit gerathe: das Symbol des tapfersten ausharrenden Muthes.*[289] Wie gern würde er ihm Freude machen statt Sorgen, aber noch sei er ein Werdender. Ein anlehnungsbedürftig Werdender.

Das Glück, sich anlehnen zu dürfen. Es verrät sich bis in den Stil, in die Sprache hinein. Nietzsches spätere Sprache ist vor allem eins: die eines Menschen, der sich nirgends anlehnen kann. Jetzt ist das noch anders. Rohdes Anti-Wilamo-Wisch-Kampfschrift erscheint, endlich; sie ist sogar länger als diese, 48 Seiten. Sie trägt den Titel:

Afterphilologie.
Zur Beleuchtung des von dem
Dr. phil. Ulrich von Wilamowitz Möllendorf
Herausgegebenen Pamphlets »Zukunftsphilologie!«
Sendschreiben eines Philologen
an
Richard Wagner

Auf den Titel war der ungläubige Professor für neutestamentliche Exegese und ältere Kirchengeschichte gekommen, und zwar unter *Jubel und Hohngeschrei* der Hausgenossen. Trotz des Bekenntnisses zu ihm und Schopenhauer liest der Adressat die »Afterphilologie« wohl nicht ganz so gern wie »Die Geburt der Tragödie«, denn Rohde macht genau das, womit Wissenschaftler gewöhnlich ihre Zeit verbringen: andere Wissenschaftler zu widerlegen. Er kann gar nicht anders. Er weist – überreich versorgt mit Nietzsches Hinweisen – Wilamowitz mangelnde Quellenkenntnis nach, überhaupt ungenügende Beachtung des Forschungsstandes, mutwilliges Zitieren und bleibt auch rhetorisch nicht hinter seinem Gegner zurück. Erschwerend kämen geistige und seelische Roheit hinzu. Zu Rohdes erster Rezension hatte Nietzsche gesagt, sie klinge *wie eine freie und schöne Variation zu meinem Thema – und nicht wie eine Recension*[290], das kann er jetzt nicht, aber umso dankbarer, grenzenlos dankbar, ist er dem Freund.

Und doch. Nicht nur die Wagners sind weg, nicht nur Tribschen liegt verwaist. In Friedrich Nietzsches Hörsaal bietet sich zu Beginn des neuen Semesters das gleiche Bild: Da ist niemand. Kein einziger Student ist gekommen. Er ist vollständig allein.

Unsere Philologen sind ausgeblieben! Es ist eigentlich ein Pudendum und ängstlich vor aller Welt zu verschweigen. Ihnen, geliebter Meister, erzähle ich es, weil Sie alles wissen sollen. Das Factum ist nämlich so leicht zu erklären – ich bin unter meiner Fachgenossenschaft plötzlich so verrufen worden, daß unsere kleine Universität Schaden leidet! ... Bis zum letzten Halbjahr war die Philologenzahl immer im Wachsen – jetzt plötzlich wie weggeblasen! Das wäre aber allenfalls noch zu ertragen, aber der einer kleinen Universität erwiesene Schaden, einer Universität, die mir viel Vertrauen geschenkt hat, schmerzt mich sehr.[291]

Er möge vom Katheder steigen und Panther und Tiger um seine Knie sammeln, hatte der *Wilamo-Wisch* gefordert. Er braucht also nicht einmal herabzusteigen. Ab jetzt kann er nur noch sich selbst Vorlesungen halten. Und den Raubkatzen.

Die »Afterphilologie« hat noch nicht gewirkt. Vielleicht war es auch leichtsinnig, sie an Richard Wagner zu adressieren, denn soeben ist noch eine Broschüre erschienen. Sie stammt von einem Irrenarzt und enthält den streng wissenschaftlichen Nachweis, dass Richard Wagner wahnsinnig sei.

Der merkt davon noch nichts. Er hatte unlängst den Genelli wieder aufgehängt, er musste nach dem Umzug restauriert werden, war lange weg. Jetzt nennt ihn Richard Wagner »das Schönste, was wir haben«. Was hatte er im letzten November gesagt, als sein Blick über das Familienbild ging: Es war ihm, als habe er erst jetzt den Orakelspruch verstanden, der dieses Bild immer schon war, und er sprach von jenem »merkwürdigen, ja wunderbaren Zusammenhang, ich möchte sagen meines ganzen Lebens mit sich selbst«. Von einem derartigen Zusammenhang seines eigenen Lebens spürt der oberste Rätseldeuter im Augenblick nichts, schon gar nicht mit ihm selbst. Wie merkwürdig unverbunden liegen die Einzelteile seines Daseins vor ihm. Oder sollte er sie schon Bruchstücke nennen? Immerhin, die Bayreuther haben inzwischen einen zweiten Gutachter im Casus Friedrich Nietzsche, Komponist, berufen: Franz Liszt. Dessen erstes Urteil über das Urteil seines einstigen Schwiegersohnes lautet: »sehr desperat«. Viel weiter ist er noch nicht.

Richard Wagner befindet sich schon wieder auf einer Deutschland-Tournee, um Geld für Bayreuth zu verdienen. Doch dass er den von allen Dämonen und Studenten verlassenen Freund jetzt sehen muss, ist keine Frage. Basel, für eine Woche? Warum nicht, Friedrich Nietzsche hat Zeit. Mit größter Mühe hat er ein Colleg über die Rhetorik der Griechen und der Römer durchsetzen können. Er hat zwei Zuhörer gefunden, einen Germanisten und einen Juristen.

*

Und dann liegt Basel doch zu fern. Am 22. November treffen sich Nietzsche, Richard und Cosima Wagner in Straßburg. Cosima ist erleichtert: »Rüstig«, »wohl«, »munter« und »mutig« sehe der Professor aus, »trotz aller Erfahrungen«. Friedrich Nietzsche ist fest entschlossen, sich seinem Forschungsgegenstand würdig zu erweisen. Auch Richard Wagner sieht gar nicht irre aus. Sie verbringen drei vollkommene Tage miteinander. Cosima schreibt eine Solidaritätsadresse an den Verfasser der »Afterphilologie«, »der nun auch völlig verfemt und gänzlich aussichtslos und vereinsamt ist.« Trotz allem, kommen sie überein, gehe es ihnen den Umständen entsprechend gut. Anders als Liszt und von Bülow möglicherweise, den beiden Nietzsche-Noten-Experten. Denn die sind in Pest, und die Cholera ist auch da. Die Cholera in Pest!

Es wird Dezember, das erste Weihnachten in Bayreuth steht bevor. Muss Richard Wagner Friedrich Nietzsche einladen, den, nun ja, Sohn, den Sohnfreund, den Sohnessohn? »Der Junge – ach! – braucht Sie!«, hatte er ihm wiederum zugerufen. Wie könnte er deutlicher werden? Weihnachten gehört der Mensch nach Hause. Friedrich Nietzsche gehört nach Bayreuth. Er muss das wissen, oder Richard Wagner weiß nicht mehr, was er denken soll.

Aber Friedrich Nietzsche kommt nicht. Er fährt nach Naumburg, schon weil er im Oktober nicht da war. Und Wagners hat er doch eben erst getroffen, vor-weihnachtlich statt weihnachtlich. Auch will er mit Krug ein wenig Musik machen, die Sylvesternachtsklänge spielen. *Was kann ich dafür daß die Musik schlecht ist!*[292]

Außerdem kündigt das Weimarer Theater »Lohengrin« an. Den hat er noch nie gesehen. Am 1. Weihnachtsfeiertag telegrafiert er dem Intendanten: *Ich gehöre zu den Wenigen, die nie den Lohengrin gehört haben und höre daß er morgen den 26. gegeben wird. Bitte sagen Sie mir doch ob dies wahr ist.*[293] Er hört den »Lohengrin« in der Loge des Intendanten.

Darf das Jahr so enden?, fragt sich inzwischen Richard Wagner. Zu allem anderen Gram der Gram über die Abwesenheit des bayreuthvergessenen Freundes, der ihn an seinem frühesten Beginn so begeistert hatte? Nein, das darf es nicht. Richard Wagner will nicht nachtragend sein. Kurz vor Jahresschluss erreicht Friedrich Nietzsche in Naumburg ein dringendes Mahnschreiben. Es steht vermutlich nur drin, was er sich selbst sagen müsste: Rückreise unbedingt über Bayreuth und am besten gleich!

Aber vielleicht will der verfemte Musiker auch in der Silvesternacht ein wenig in seiner »Sylvesternacht« spielen. Und das heißt: jenseits von Bayreuth. Nein, er kommt nicht. Er macht keinen Umweg.

Was wenn nun kein Mensch je vorhat, einen Umweg über Bayreuth zu machen? Was, wenn sie dort ganz allein bleiben? Am vorletzten Tag des Jahres kriecht eine große Spinne aus Richard Wagners Bett. Am Silvesterabend, kurz vor Mitternacht, schreibt Cosima Wagner in ihr Tagebuch: »schwer endet dieses Jahr, schwer liegt es vor uns; R. ist lebensmüde ... die Welt ist nicht unser, sie gehört anderen Mächten.«[294]

ZWEITER AUFZUG:
DISTANZEN

Cosima, wenn das Kunstwerk der Zukunft
eine Chimäre wäre!
RICHARD WAGNER ZU SEINER FRAU
AM 29. SEPTEMBER 1870

W(agner) gehörte zu der Art Menschen,
welche man durch Worte tödten kann.
FRIEDRICH NIETZSCHE ÜBER RICHARD WAGNER

Friedrich Nietzsche 1873,
das »Seeräuber«-Bild.

Der Savonarola Niederbayerns

Kultur – Herrschaft der Kunst über das Leben.
FRIEDRICH NIETZSCHE, ANFANG 1873

*Den letzten Philosophen nenne ich mich, denn ich bin der letzte
Mensch. Niemand redet mit mir als ich selbst, und meine Stimme
kommt wie die eines Sterbenden zu mir. Mit dir, geliebte Stimme,
mit dir, dem letzten Erinnerungshauch alles Menschenglücks,
laß mich nur eine Stunde noch verkehren, durch dich täusche ich
mir die Einsamkeit hinweg und lüge mich in die Vielheit und die
Liebe hinein, denn mein Herz sträubt sich zu glauben, daß die
Liebe todt sei, es erträgt den Schauder der einsamsten Einsamkeit nicht und zwingt mich zu reden, als ob ich Zwei wäre.
    Höre ich dich noch, meine Stimme? Du flüsterst, indem du
fluchst? Und doch sollte dein Fluch die Eingeweide dieser Welt*

zerbersten machen! Aber sie lebt noch und schaut mich nur noch glänzender und kälter mit ihren mitleidslosen Sternen an, sie lebt, dumm und blind wie je vorher, und nur eines stirbt – der Mensch. – Und doch! Ich höre dich noch, geliebte Stimme! Es stirbt noch einer ausser mir, dem letzten Menschen, in diesem Weltall: der letzte Seufzer, dein Seufzer, stirbt mit mir, das hingezogene Wehe! Wehe! geseufzt um mich, der Wehemenschen letzten, Oedipus.[295]*

Er experimentiert mit der Einsamkeit. Er klingt, ganze zehn Jahre vorher, schon fast wie Zarathustra, von dem er noch nichts weiß. Das Fragment heißt »Oedipus. Reden des letzten Philosophen mit sich selbst«.

Keine Stimme dringt mehr zum letzten der Wehemenschen? Genau so ist es. Die beiden Bayreuther Wehemenschen schweigen. Außer dem Marschbefehl am Jahresende – kein Gruß, kein Dank. Er hatte Cosima fünf Vorreden zu fünf noch ungedruckten Büchern zum Geburtstag geschenkt. Schweigen. Fast den ganzen Januar über: Schweigen. Dann, schon fast an seinem Ende, ein kurzes Telegramm: »Beim Klang der Schmiedelieder gedenkt Ihrer freundlich und dankend ob Ihres gezwungenen Schweigens traurig Cosima Wagner«[296]. Wer schweigt – er? Das weiß er doch besser: Sie schweigen.

Aber warum? Er wird es später erfahren, von Gersdorff, der über Neujahr in Bayreuth war: Erst tobte der Meister, er tobte lange. Wie er diesen Menschen liebe! Einen vorsätzlich Abwesenden! Er hat eine Mutter in Naumburg, das mag ja sein, aber er hat auch einen Vater in Bayreuth. Ist ein abwesender Sohn nicht schon ein verlorener Sohn? Dann tobte der Meister nicht mehr. Schweigen. Richard Wagner probiert zum ersten Mal aus, wie es ist, Friedrich Nietzsche zu verlieren, und wünscht nicht, in diesem Versuch gestört zu werden, auch nicht von seiner Frau, die sich für ihr Geburtstagsgeschenk bedanken möchte. *Wehe! Wehe!*

Noch ahnt der Urheber des Unmuts nichts. Er hat einen Katarrh, aber in sein Hirn steigt das Missbefinden nicht, es denkt in ihm seltsam übermütig, und es musiziert sogar. Auch hat ihn der »Allgemeine Deutsche Musikverein« zum Preisrichter ernannt:

Ausgeschrieben ist eine Arbeit über Richard Wagners »Ring«, und er soll gutachten. Ein dritter Preisrichter fehlt noch; der letzte Wehemensch schlägt Hans von Bülow vor; er kann das auch begründen: Es handele sich um jemanden, *von dessen kritischer Strenge ich die allergünstigste Meinung und Erfahrung habe. Es kommt sehr darauf an daß wir einen recht klingenden ebenso anspornenden als abschreckenden Namen finden – und das ist der Bülows.*[297] Wie gut er auch das beurteilen kann, aber trotzdem – oder gerade deshalb – komponiert er wieder. Malwida von Meysenbugs Pflegetochter heiratet, da erinnerte er sich eines alten Weihnachtsoratoriums, komponiert 1861: Was als Einleitung zu »Mariae Verkündigung« möglich war, sollte auch als Einleitung einer Ehe möglich sein.

Vor allem aber denkt es in ihm:

Man muß beim Denken schon haben, was man sucht, durch Phantasie – dann erst kann die Reflexion es beurtheilen. Dies thut sie, indem sie es an gewöhnlichen und häufig erprobten Ketten mißt.

...

Der nüchterne Mensch braucht die Phantasie wenig und hat sie wenig.

Es ist jedenfalls etwas Künstlerisches, dieses Erzeugen von Formen, bei denen dann der Erinnerung etwas einfällt: diese Form hebt sie heraus und verstärkt sie dadurch.

Denken ist Herausheben. ...

Fieberkranke an Wänden und Tapeten verfahren so, nur projiciren die Gesunden die Tapete mit.[298]

Man muss beim Denken schon haben, was man sucht? Die Gesunden projicieren die Tapete mit? Friedrich Nietzsche hatte seinem früheren Professor nach Übersendung seiner Schrift auch noch eine Erläuterung geschickt: *... ich dachte, wenn Ihnen irgend etwas Hoffnungsvolles in Ihrem Leben begegnet sei, so möchte es dieses Buch sein.*[299] Ritschl macht sich Sorgen. Er teilt dem akademischen Rat der Universität Basel gerade mit, für wie aussichtslos er den Fall des einstigen Lieblingsstudenten hält, den er ihm empfohlen habe: »Es ist wundersam, wie in dem Manne geradezu zwei Seelen nebeneinander leben. Einerseits die strengste

Methode geschulter wissenschaftlicher Forschung ... andererseits diese phantastisch-überschwängliche, übergeistreich ins Unverstehbare überschlagende, Wagner-Schopenhauerische Kunstmysterienreligionsschwärmerei! Denn das ist kaum zu viel gesagt, daß er und seine – ganz unter seinem magischen Einfluß stehenden – Mitadepten Rohde und Romundt im Grunde auf eine neue Religionsstifterei ausgehen. Gott besser's!«[300] – Nein, eben nicht zwei Seelen, eine Seele!, müsste Friedrich Nietzsche dazwischenrufen. Und mit der strengsten Methode allein beginnt niemand zu denken!

Vielleicht sollte er das den Philosophen sagen? Er hätte ihnen so viel mitzuteilen, etwa über die Wahrheit und ihre Herkunft. Die Philosophen sind noch nicht wütend genug, sie kennen ihn noch gar nicht. Er kann das ändern. Manchmal genügen schon wenige Zeilen, um sie über Jahrhunderte zu reizen. Dr. phil. U. W. v. M. legt ihm die Raubkatzen nahe? Nun, die Gelehrten werden die Tiger nicht so bald vergessen. Er denkt viel in diesem Frühjahr 1873, denn lesen kann er fast nicht mehr, schreiben auch nicht. Es sind die Augen. Damit er nicht alles wieder vergisst, wird er im Sommer dem Ritter vom Eisernen Kreuz ein wenig diktieren. Schade, dass Vischer und Ritschl nicht mithören können, sie würden vermutlich von ihren Ratsherren- und Lehrstühlen fallen:

In irgend einem abgelegenen Winkel des in zahllosen Sonnensystemen flimmernd ausgegossenen Weltalls gab es einmal ein Gestirn, auf dem kluge Thiere das Erkennen erfanden. Es war die hochmütigste und verlogenste Minute der »Weltgeschichte«: aber doch nur eine Minute. Nach wenigen Athemzügen der Natur erstarrte das Gestirn, und die klugen Tiere mußten sterben.[301]
So könnte, sagt der Autor, jemand eine Fabel erfinden, und hätte doch nicht genügend illustriert, wie kläglich, wie schattenhaft und flüchtig der menschliche Intellekt innerhalb der Natur zu begreifen sei. Noch verschweige sie ihm das allermeiste, ja mehr noch: Sie habe ihn eingesperrt in sein Bewußtseinszimmer, den Schlüssel weggeworfen, *und wehe der verhängnisvollen Neubegier, die durch eine Spalte einmal aus dem Bewußtseinszimmer heraus und hinab zu sehen vermöchte und die jetzt ahnte, daß*

auf dem Erbarmungslosen, dem Gierigen, dem Unersättlichen,
dem Mörderischen der Mensch ruht, in der Gleichgültigkeit sei-
nes Nichtwissens, und gleichsam auf dem Rücken eines Tigers in
Träumen hängend.[302] Womit er schon fast bei dem Begriff der
»Wahrheit« wäre: *Was ist also Wahrheit? Ein bewegliches Heer*
von Metaphern, Metonymien, Anthropomorphismen, kurz eine
Summe von menschlichen Relationen, die, poetisch und rheto-
risch gesteigert, übertragen, geschmückt wurden, und die nach
langem Gebrauche einem Volke fest, canonisch und verbindlich
dünken: die Wahrheiten sind Illusionen, von denen man verges-
sen hat, daß sie welche sind.[303]

Wer würde ihn im Gegensatz zu den Professoren sofort verstehen? Richard Wagner, sein bester Leser. Er arbeitet auch schon
an der »Geburt der Tragödie«, 2. Teil: *Die Philosophen des tra-*
gischen Zeitalters enthüllen, wie die Tragödie, die Welt. Das ist
der Grundgedanke. »Die Philosophie im tragischen Zeitalter der
Griechen« soll die neue Schrift heißen oder auch »Der Philosoph
als Arzt der Cultur«. Der Weg von Thales bis zu Sokrates sei etwas Ungeheures. Er will Richard Wagner überraschen, vielleicht
schon zu seinem Geburtstag. Er soll nicht umsonst in aller Öffentlichkeit seine Hoffnung auf ihn gesetzt haben, und er soll
auch nicht warten müssen, bis Friedrich Nietzsche alt ist, denn
dann wird Richard Wagner schon tot sein, und es liegt ein großes
Risiko darin, den einzigen Menschen zu verlieren, der einen versteht. Darum schickt er ihm am besten gleich etwas – eine kleine
Abhandlung, den »Florentinischen Tractat über Homer und He-
siod« betreffend –, und da Richard Wagner neuerdings fast immer auf Konzertreise ist, um Geld für Bayreuth zu verdienen,
adressiert er die Hefte nach Berlin, wo es inzwischen bereits drei
Wagner-Vereine gibt. Der dritte hält noch immer daran fest, die
Nibelungenfestspiele in Berlin statt in Bayreuth aufzuführen.

Da erfährt Friedrich Nietzsche, dass dieser einzige Mensch
sich schon darin geübt hat, ihn als Verlorenen zu betrachten.
Aber das ist doch über alle Maßen schrecklich! Endlich, Mitte
Februar, bekommt er Post aus Bayreuth: »Ich beginne diese Zeilen mit der seltsamsten Verwirrung; was möchte Ich Ihnen,
werther Freund, nicht alles sagen! Erklären, mich entschuldigen,

gratuliren, danken und erzählen ... Der Meister war durch Ihr Nichtkommen und durch die Art wie Sie uns dieses Nichtkommen meldeten, gekränkt; es widerstrebte mir Ihnen diess sogleich zu sagen, und es Ihnen nicht zu sagen, und ich übergab es der langmüthigen Zeit, die unbedeutenden Verstimmungen zu tilgen ... – heute ist diess geschehen, und wenn wir von Ihnen sprechen, so höre ich nicht den leisesten Ton der gekränkten Freundschaft, sondern nur die Freude über das was Sie uns wiederum gegeben.«[304] Wie muss er erschrecken, als er diese Sätze liest; er hatte keinen Augenblick daran gedacht, *solchen heftigen Anstoss gegeben zu haben; und ich fürchte immer durch solche Erlebnisse noch ängstlicher zu werden als ich es schon bin.*[305]

Er fragt sich, wie man Wagner treuer, *tiefer ergeben sein könne als ich es bin: wenn ich es mir denken könnte, würde ich es noch mehr sein. Aber in kleinen untergeordneten Nebenpunkten und in einer gewissen für mich nothwendigen beinahe »sanitarisch« zu nennenden Enthaltung von häufigerem persönlichen Zusammenleben muß ich mir eine Freiheit wahren, wirklich nur um jene Treue in einem höheren Sinne halten zu können.*[306]

Es ist wohl die Dialektik von Freiheit und Gebundenheit. Er ist gern ein Gebundener, von ganzem Herzen – aber nur aus Freiheit –, genauso wie er wohl mit seiner ganzen Freiheit nichts anzufangen wüsste, wenn er nicht ein Gebundener wäre. Freiheit ist eine individuelle Bestimmung, ahnt er.

Zum bloßen Gefolgsmann taugt er nicht, wer wüsste das besser als Richard Wagner, wer schätzte es mehr? Aber Friedrich Nietzsches Bayreuth-Enthaltung kann gar nicht abgründig genug gedacht werden. Nicht aus Gleichgültigkeit bleibt er fern, im Gegenteil. Wenn es einen heiligen Ort für Friedrich Nietzsche geben kann, dann ist dies einer. Er wird es immer wieder notieren: Es war mehr als ein Fest, was er da zu Pfingsten des letzten Jahres in Bayreuth erlebt hatte. *Ich glaube doch, es waren die glücklichsten Tage, die ich gehabt habe. Es lag etwas in der Luft, das ich nirgends sonst spürte, etwas ganz Unsagbares, aber Hoffnungsreichstes.*[307] Und wie die Pilger älteren Typs ein Heiligtum nicht ohne Vorbereitung, nicht ohne Sammlung betreten, so will auch er es nicht tun. Sich fern halten von dem, was man liebt, von dem Ort, an dem man sein möchte – er ist ein begabter Selbstquäler.

Bald nach seiner Frau meldet sich auch der versöhnte Konzertreisende: »O Freund! Ich hatte Malheur! Wie konnten Sie mir aber auch die Hefte Ihrer philologischen Arbeit nach Berlin schicken?«, beginnt Richard Wagner, um geradewegs auf den Befund zu kommen: Sie sind weg! Egal wohin er kommt, überall befindet sich Richard Wagner jetzt in Gefahr, von Lorbeerkränzen erschlagen zu werden und unter Beifallsstürmen zu ertauben. Er schläft nicht mehr, das Herz tut ihm weh. Er ist diesem Reiseleben nicht gewachsen, aber an diesem 27. Februar, als er Friedrich Nietzsche schreibt, hat er das erste Mal wieder richtig geschlafen, und danach ist er, Friedrich Nietzsche, sein erster Gedanke oder zumindest der zweite: »Mir vergeht jetzt manche Lust. Es kommen die Momente, wo ich mich tief besinne, und dann kommen Sie gewöhnlich auch mit vor, – so zwischen mir und Fidi. Aber es dauert kurz«, dann würde er vor lauter Wagner-Vereinen und Wagner-Konzerten überhaupt nichts mehr denken. »Also Geduld – Wie ich sie ja auch mit Ihnen habe!«

Aber Friedrich Nietzsche hat keine mehr. Ihn überkommt das deutliche Gefühl, dringend nach Franken reisen zu müssen, besser heute als morgen, und egal auf welchen Umwegen. Und Rohde hat die beste Idee: Wir fahren zusammen!

»Vernünftige Vorschläge erfreuen immer zumal in Form von herzlich acceptirten Besuchsanmeldungen also Sonntag«, telegrafiert Richard Wagner am 2. April nach Basel. Vier Tage später treffen die beiden meistverfemten Philologen des Reichs bei seinem meistbeargwöhnten, jedoch auch meistgeehrten Musiker ein. Sie besichtigen den Rohbau Wahnfrieds und am nächsten Morgen den des Theaters. Sie essen gemeinsam mit dem Bayreuther Bürgermeister, am Abend des 7. April beginnt Friedrich Nietzsche die Vorlesung aus seinem neuen Manuskript.

Er hat nur zwei Hörer in Basel. Er kann es sehr genießen, endlich wieder vor einem größeren Auditorium zu lesen. Wagner, Cosima, Rohde, das sind schon mal drei. Und vielleicht hört der kritische Jakob auch zu.

Gewöhnlich ist es das wacheste, dankbarste Auditorium, das er sich wünschen kann. Nur seltsam, diesmal scheint es sich schon am zweiten Abend nicht mehr richtig konzentrieren zu können. Richard Wagner muss nicht ins sechste Jahrhundert vor Christus zurückgehen, um tragische Menschen und tragisches Bewusstsein zu finden. Es genügt, wenn er sich seine Baustellen anschaut. Er schläft schlecht. Der Mensch, der nicht mehr schläft, ist der tragische Mensch per se.

In diesem Sommer schon sollten die ersten Festspiele stattfinden. Der Termin ist definitiv verpasst. Aber werden sie je stattfinden? Friedrich Nietzsche und Richard Wagner haben in der Vergangenheit zwar viel über die griechische Tragödie nachgedacht, aber nie über die Organisatoren der Tragödie und deren Finanzierung. Das ist nun anders. Zwar habe der Khedive von Ägypten soeben Patronatsscheine im Wert von 500 Pfund Sterling erworben, aber können die Ägypter Bayreuth retten?

Schon am zweiten Abend fällt die Vorlesung über die tragischen Philosophen aus zugunsten der Erörterungen von Finanzierungsmodellen. Eines hat Friedrich Nietzsches Schwester Elisabeth soeben praktiziert, es ist ganz einfach: Man verzichte auf den größten Wunsch seines Lebens – eine Italienreise –, kaufe für alle, nun freigewordenen Ersparnisse – 900 Mark – einen Patronatsschein und verschenke ihn an den eigenen Bruder. Der Bayreuther Intendant ist von solcher Großmut so gerührt, dass er umgehend selbst einen Patronatsschein kauft und ihn nach Naumburg sendet: »Mein liebes Fräulein! Nicht Sie allein können Patrone machen, auch ich kann es – was Sie erspart, habe ich erdirigiert. Wer hat mehr dabei geschwitzt?«[308] Wären schon zwei Patronatsscheine. Bis zum Sommer werden es 340 sein, die doppelte Zahl mindestens wäre nötig. Sollte Richard Wagner die finanzielle Oberaufsicht der Festspiele vielleicht einem Bankier übergeben? Etwa so: Der Bankier gibt einen großen Kredit, holt sich die Zinsen aber nicht von Richard Wagner, sondern über die Platzpreise.

Am nächsten Tag entfällt die Griechenlesung wegen Isoldes Geburtstag und der Erörterung der deutschen Auswanderung nach Amerika. Der Professor kann es sich nicht länger verber-

gen: Die tragischen Philosophen sind Richard Wagner schnurz-
piepegal, zumindest im Augenblick. Nicht, dass er ganz und gar
ohne philosophisches Temperament wäre. Der Name David
Friedrich Strauß etwa elektrisiert ihn in erstaunlichem Maße.

Wie gern würde er seinem Meister eine Freude machen. Und
wenn er etwas über, nein gegen diesen Strauß schriebe, das spürt
er genau, würde er ihm eine sehr große Freude machen. Friedrich
Nietzsche hat nichts gegen diesen Mann, woher auch, er kennt
ihn ja gar nicht, weder ihn noch seine Bücher.

David Friedrich Strauß, Autor von »Das Leben Jesu« (1835/46),
besitzt in Richard Wagners Augen viele Fehler. Dass er Jude ist,
ist einer. Dass er Bücher schreibt und diese auch noch erfolgreich
sind, kommt erschwerend hinzu. Vor allem aber, dass er diese
»für das deutsche Volk« schreibt. Dass er jetzt gar ein neues verfasst hat, »Der alte und der neue Glaube«, in dem er Jesus Christus noch einmal zum unbewiesenen Idioten macht, ist für Richard
Wagner endgültig zu viel. Sechs Auflagen in einem Jahr. Wer liest
das? Mathilde zum Beispiel, Mathilde Wesendonck, seine alte
Isolde. Erst im Februar hat er sich mit ihr über Strauß gestritten.
Seit Mathilde-Isolde Bücher über Friedrich den Großen schreibt
und Straußianerin geworden ist, versteht er seine eigene Oper
manchmal nicht mehr. Kurz, gegen den Mann, Anti-Wagneria-
ner zumal, muss etwas unternommen werden.

Friedrich Nietzsche beschließt, diesen Strauß zumindest einmal zu lesen.

Am letzten gemeinsamen Nachmittag spielt Wagner den beiden ruinierten Philologen aus der »Götterdämmerung« vor:
»Enden sah ich die Welt.«

Nur die Welt, oder auch Bayreuth?

Rohde und er trennen sich in Lichtenfels. In der Bahnhofsgast-
stätte steht Richard Wagners Büste.

Zurück in Basel, ist er tief melancholisch. Und bleibt es. Ein
gutes Mittel gegen die Melancholie ist die Wut, und sei es die
künstliche. Nietzsche liest Strauß. Er macht sich Notizen: *Der
Stil des Strauß beweist, daß er während eines langen Lebens viel
schlechte Bücher gelesen – ich meine vor allem die Schriften seiner Gegner. Er hat am Christenthum das Beste vergessen, die*

großen Einsiedler und Heiligen, kurz das Genie und urtheilt
wie der Dorfpastor über die Kunst oder wie Kant über die Mu-
sik.[309]

Am 2. August ist Hebefest in Bayreuth. Der Himmel ist ganz
blau vor Zukunft, die Mitglieder der Wagner-Vereine und der
Patron selber besteigen das hundert Fuß hohe Haus und singen
»Nun danket alle Gott«.

Vier Tage darauf treffen eine Broschüre und ein Brief in Bayreuth ein. Der Brief ist vom Hofsekretariat. Der König lässt an-
fragen, ob es denn wahr sei, dass die Aufführungen im nächsten
Jahr, also 1874, noch nicht stattfinden? Die Broschüre ist vom
Professor, es ist die Kopf-ab-Schrift gegen Strauß. Sie ist so, wie
Richard Wagner sie sich gewünscht hatte. Wenn es jetzt einen
Unterschied zwischen ihm und Wotan am Ende des »Ring« gibt,
dann wohl den: Wotan hatte nicht so lustige Bücher zu lesen, als
er allein in Walhall saß, um sich herum schon die geschichteten
Scheite der gefällten Weltesche. Wotan hat Walhall immerhin
errichtet, Wagner gelingt nicht einmal das. Die Bauleute können
nicht mehr bezahlt werden. Mehr als der Rohbau ist nicht zu fi-
nanzieren.

Dafür hat sich Richard Wagner schon sein Grab ausgesucht,
»eine bescheidene Gruft, welche uns dereinst Beide« – Cosima
und ihn – »einschließen soll. Uns ist dieser Gedanke unsäglich
wohlthuend, die Stätte genau zu kennen und täglich zu pflegen,
die uns zur göttlichen Ruhe empfangen soll.«[310] Auf diese Meldung hatte der König heftig reagiert: »Erdrückend, ja niederschmetternd ist für mich der Gedanke an Ihren Tod, Sie wissen
es, in Hohenschwangau sprachen Wir davon.«[311] Diese Wirkung
ist insofern nicht erstaunlich, da sich Ludwig vorgenommen
hatte, Richard Wagner nicht zu überleben. So bald also? Aber
auch diesen Ehrgeiz betreffend steht nun also die Frau zwischen
ihnen, die dasselbe plant. Ludwig grüßt »in heiliger, von Gott in
meine Seele gelegter Liebe, bis zum letzten Hauche, bis hinüber
in jene Welten Ihr getreues Eigen Ludwig«.

Aber so eilig hat es Richard Wagner nun doch nicht. Es würde
vorerst schon lebensverlängernd wirken, wenn Ludwig für Bay-

reuth bürgt. Selbst um das Jahr 1875 einhalten zu können, müssten dringend »Capitalien aufgenommen« werden. »Herr Feustel ist der Meinung, daß es sich bei der Aufnahme einer Anleihe um keinerlei Schwierigkeit handele, sobald eine gewichtige, wenn auch nur formelle Garantie erlangt werden könnte«, welche nur »von moralischer, keineswegs materieller Bedeutung sein sollte«. Kann er deutlicher werden?

Das Hofsekretariat lehnt ab.

Nun ist Friedrich Nietzsche dran. Wenn schon der König sich nicht mobilisieren lässt, so müsse jetzt, gewissermaßen als letztes Mittel, die Nation mobilisiert werden, und keiner ist dazu berufener als der Autor der »Geburt der Tragödie«, meint der Gründer des ersten Wagner-Vereins. Der Angerufene ist geehrt und beunruhigt zugleich. Im letzten Sommer, in seinem »Tristan«-Überschwang hatte er einen solchen Aufruf schreiben wollen, gänzlich unaufgefordert, aus innerster Seele, aber das Resultat war ernüchternd. Ein unmögliches Stück Literatur. Er konnte das nicht. Und jetzt muss er, er sieht das ein. Er bittet Rohde um Mithilfe. Rohde antwortet, ihm »stocke ... alle populäre Kraftsprache«. Und es sei so »abscheulich schwer«, schon weil die Sache, wie sie beide wüssten, völlig aussichtslos sei. Nein, Rohde kann nicht.

Friedrich Nietzsche kann eigentlich auch nicht. Eben erst, im September, hat er seinen ersten längeren eigenhändigen Brief seit einem halben Jahr geschrieben, an den *geliebten Meister* natürlich, und der erschrak nicht wenig über die vertraut-fremde, plötzlich so ungelenke Handschrift. Die Augen! Der Arzt hatte ihm Lesen und Schreiben strikt untersagt. Nun geht es wieder, auch wenn es ihn schnell erschöpft *und Schmerzen macht.*

Friedrich Nietzsche hatte sich schon als Patron wie jeder andere zur Patronatsversammlung im Oktober angemeldet, *um zugleich die Rechte von drei anderen Patronen (Gersdorff Rohde und meine Schwester) stellvertretend auszuüben.*[312] Nun wird er also der Patron sein, welcher ...

Aber was? Aber wie?

Es handelt sich um eine heroische Aufgabe, und einer solchen auszuweichen, sieht sich Friedrich Nietzsche außerstande. Wie oft hatte er oberster Öffentlichkeitsarbeiter Bayreuths werden wollen, nun ist der Zeitpunkt da, und es ist, gewissermaßen, der letzte.

Zum ersten Mal nimmt er in aller Öffentlichkeit die Pose des Predigers ein, und er predigt, was alle Prediger predigen seit Anbeginn der Welt, Buße und Umkehr:

Mahnruf an die Deutschen.

Wir wollen gehört werden, denn wir reden als Warner und immer ist die Stimme des Warners, wer er auch sei und wo sie auch immer erklinge, in ihrem Rechte.[313] Was für ein unbewiesener Anfang! Doch welcher Prediger sah sich je verpflichtet, etwas zu beweisen? Und wer ist eigentlich »wir«? Die Patronatsversammlung, natürlich, aber eine Predigerversammlung ist viel weniger als ein einzelner Prediger, Friedrich Nietzsche könnte das wissen. Er wollte nicht Kanzelredner werden wie sein Vater, dabei bemerkt er augenblicklich alle Vorteile des Kanzelrednertums, neben der Beweisfreiheit auch die legitime Herablassung. *Ihr, die ihr angeredet werdet,* nennt er sein Publikum und gesteht diesem ebenfalls ein Recht zu, nämlich *das Recht, euch zu entscheiden, ob ihr eure Warner als ehrliche und einsichtige Warner nehmen wollt, die nur laut werden, weil ihr in Gefahr seid und die erschrecken, euch so stumm, gleichgültig und ahnungslos zu finden.* Wer ist in Gefahr? *Die, die ihr angeredet werdet* oder nicht doch Bayreuth? Der Mahner ist nicht unbegabt. *Es ist euch gemeldet worden, welches Fest im Mai des vorigen Jahres zu Bayreuth gefeiert wurde: einen gewaltigen Grundstein galt es dort zu legen, unter dem wir viele Befürchtungen auf immer begraben, durch den wir unsere edelsten Hoffnungen endgültig besiegelt glaubten. Allein, es war nur ein Glaube, und wenn wir auch keineswegs verlernt haben zu hoffen, so gibt doch unser heutiger Hilf- und Mahnruf zu verstehen, daß wir mehr fürchten als hoffen.* Ein Hilferuf! Das ist gut, das ist ehrlich, das ist aufrichtig.

Folgt man einem Mahnruf schon aus Selbstachtung ungern, so einem Hilferuf doch umso lieber. Aber schon im nächsten Satz verdirbt der Rhetor alles wieder; die Aufrichtigkeit gehörte noch nie zu den Stärken der Prediger: *Unsere Furcht richtet sich gegen euch: ihr möchtet gar nicht wissen, was geschieht und vielleicht gar aus Unwissenheit verhindern, daß etwas geschieht.* Man hat Furcht vor etwas. Wenn sie sich gegen etwas richten ließe, wäre sie schon fast keine Furcht mehr; er könnte das wissen. Aber die Furcht ist wichtig, sie war gewissermaßen der Hauptbestandteil der Predigten älteren Typs, und eine solche hält der Patron Friedrich Nietzsche hier durchaus. Keine Bekehrung ohne Furcht. Der Angstmacher fährt fort: *Wenn ihr ihn* – Richard Wagner, den Kämpfer – *jetzt noch hindern würdet, den Schatz auch nur zu heben, den er Willens ist, euch zu schenken: was meint ihr wohl, damit für euch erreicht zu haben? Eben dies muß euch noch einmal und immer wieder öffentlich und eindringlich vorgehalten werden, damit ihr wisset, was an der Zeit sei ... Denn von jetzt ab wird das Ausland Zeuge und Richter im Schauspiele sein, das ihr gebt; und in seinem Spiegel werdet ihr ungefähr euer eigenes Bild wiederfinden können, so wie es die gerechte Nachwelt einmal von euch malen wird.*

Ist er zufrieden mit sich? Ganz bestimmt sogar, denn er zeigt keine Neigung, aufzuhören oder den Tonfall zu wechseln: *Gesetzt, es gelänge euch, durch Unwissenheit, Mißtrauen, Sekretieren, Bespötteln, Verleumden, den Bau auf dem Hügel von Bayreuth zur zwecklosen Ruine zu machen ...* Wer bitte ist schuld? Der Unterschied zwischen Öffentlichkeitsarbeit und Strafpredigt scheint Friedrich Nietzsche nicht bewusst zu sein. Erste Regel: Beschimpfe nie die Menschen, von denen du Geld willst! Appelle an die Ehre und Vergleiche mit dem Ausland sind natürlich möglich: *Wenn ein Mann in Frankreich oder in England oder in Italien den Theatern fünf Werke eines eigentümlich grossen und mächtigen Stiles geschenkt hätte, die von Norden bis zum Süden unablässig verlangt und bejubelt werden – wenn ein solcher Mann ausriefe:* »*die bestehenden Theater entsprechen nicht dem Geiste der Nation, sie sind als öffentliche Kunst eine Schande! Helft mir, dem nationalen Geist eine Stätte zu bereiten!*« *würde ihm nicht alles zu Hilfe kommen und sei es auch nur aus* – *Ehrgefühl?* Aber wie viel mehr wäre zu gewinnen, *hier könntet ihr mitfühlen, mitlernen, mitwissen, hier könntet ihr euch aus tiefstem*

Herzen mitfreuen, indem ihr euch entschlösset, mitzuhelfen. Alle eure Wissenschaften werden von euch freigiebig mit kostspieligen Versuchswerkstätten ausgerüstet: und ihr wollt untätig beiseitestehen, wenn dem wagenden und versuchenden Geiste der deutschen Kunst eine solche Werkstatt aufgebaut werden soll? Oder sollte am Ende das deutsche Volk noch nicht reif sein für seine Kultur? Doch es muss! Denn *ehrwürdig und heilbringend wird der Deutsche anderen Nationen* erst dadurch erscheinen, dass er *furchtbar ist* und doch zugleich *durch Anspannung seiner höchsten und edelsten Kunst- und Kulturkräfte vergessen machen will, daß er furchtbar war.*

Kurz nach seinem »Mahnruf« trifft auch Friedrich Nietzsche in Bayreuth ein. Richard und Cosima Wagner finden den Aufruf »sehr schön« und fragen: »Wer wird ihn aber unterzeichnen wollen?«[314]

Die Delegierten der Wagner-Vereine besichtigen das Theater der Zukunft, bei *Dreck, Nebel und Dunkelheit.* Kurz bevor sie da waren und bald nachdem sie wieder weg sind, scheint die Sonne vom makellos blauen Himmel.

Im Rathaussaal wird der »Mahnruf« vorgetragen. Er konkurriert unter anderem mit dem Vorschlag, eine Lotterie zugunsten Bayreuths zu veranstalten. Betreten schauen die Delegierten. Klingt das nicht zu ernst? Klingt es nicht zu pessimistisch? Klingt es nicht gar zu vormundschaftlich? Ja, wenn man vorhätte, das deutsche Volk einzusperren, wäre das gewiss eine gute Rede. Aber es soll nicht inhaftiert werden, es soll zahlen. Die Delegierten wollen vom Verfasser wissen, ob er zur Überarbeitung bereit sei. Der Autor lehnt *protestierend* ab. Dann lehnt die Versammlung den »Mahnruf an das deutsche Volk« ab, *artig, aber bestimmt,* »die Vereine fühlen sich nicht berechtigt zu der kühnen Sprache«[315]. Richard Wagner ist sehr wütend, jedoch ohnmächtig. Immerhin ist da noch ein Professor, der hat auch einen Aufruf entworfen. Friedrich Nietzsche schlägt vor, der Aufruf des Professor Stern möge so schnell als möglich das Stadium des Entwurfs verlassen. »Bericht und Aufruf«, das klingt doch gleich viel moderater. Wer Bericht erstattet, neigt sich. Das ist gut. Die Delegierten wählen »Bericht und Aufruf« des Professor Stern.

Allerseelentag. Cosima geht zu Beichte und Abendmahl: »Gemeinsamkeit mit allen, den Abgeschiedenen, den Geschiedenen, den Verschiedenen; mit denen die ich kränkte, mit denen die mich kränkten, mit den Niedrigen und Hohen«[316]! Gemeinsamkeit auch mit gescheiterten Bußpredigern!, beschließt ihr Mann und schickt Friedrich Nietzsche seine Gesamtausgabe:

> Was ich mit Noth gesammelt,
> neun Bänden eingerammelt,
> was darin spricht und stammelt,
> was geht, steht oder bammelt, –
>
> Schwert, Stock und Pritzsche,
> kurz, was im Verlag von Fritzsche
> schrei', lärm' oder quietzsche,
> das schenk ich meinem Nietzsche, –
>
> wär's ihm zu was nütze![317]

Aber nicht nur die Gesamtausgabe soll er bekommen, auch einen Leser, und nicht den geringsten. Am 6. November schreibt Richard Wagner an seinen König:

»Heute sende ich Ihnen zwei Aufrüfe für Bayreuth. Der erste (im Probedruck mitgetheilte) ist ein Bericht und Aufruf, im Namen der Richard-Wagner-Vereine von deren, kürzlich hier versammelt gewesenen, Delegirten erlassen. Der zweite rührt von einem ausgezeichneten Freunde her, welcher für seinen Mahnruf bedeutende Unterschriften aus allen Ständen zu gewinnen bemüht ist. ... Meine Freunde wenden sich an das deutsche Volk. An wen habe ich mich zu wenden, wenn ich den Ruf meiner Freunde unterstützen, und namentlich im edelsten, richtigsten Sinne mein Werk fördern will? Ich kenne nur meinen König und Herren, durch dessen Gnaden ich einzig bis hierher gediehen bin! Ich wende mich an meinen hochgeliebten Freund, den innigsten Mitwisser meines Werkes, dem ich Nichts, Nichts erst zu erklären habe, weil mein Werk Sein eigenes Werk ist.«[318] Welch wohlberechnete Demagogie! Denn für sein eigenes Werk ist man verantwortlich. Ein Absatz noch, und Richard Wagner ist bei dem alles entscheidenden Satz:»Nun richte ich diesen Aufruf an Sie, mein König! ... Ich richte ihn an Den, der mir einst zurief: ›Vollende dein Werk; Mein sei die Sorge, es würdig der Welt zu zeigen!‹« Richard Wagner setzt alles auf eine Karte. Er spricht den Wunsch aus,»nach so langen Jahren den Herren meines Lebens wieder ... begrüssen« zu dürfen. Wenn möglich, in einer Woche schon.

Aber der König gewährt keine Audienz.

Der König übernimmt auch keine Bürgschaft für Bayreuth. Er gibt kein Geld, aber er verleiht Richard Wagner einen Orden, den Maximiliansorden für Kunst und Wissenschaft.

Zum Jahresende bekommen viertausend deutsche Buch- und Musikalienhändler»Bericht und Aufruf« des Professor Stern samt Subskriptionsliste. Nicht»ein einziger dieser Viertausend nahm die geringste Notiz von der Sendung! und einzig und allein in Gießen haben einige Studenten ein paar Taler gezeichnet!«[319]

»Folge nicht mir, folge dir nach!« (Nietzsche)

»Er muß heiraten oder eine Oper schreiben!«

Zu Beginn des neuen Jahres denkt Friedrich Nietzsche über Richard Wagner nach, anders als bisher.

Zu Beginn des neuen Jahres denkt auch Richard Wagner über Friedrich Nietzsche nach, anders als bisher.

Beide überlegen, warum es mit dem je anderen ein böses Ende nehmen muss. Der Unterschied: Richard Wagner wird den Freund von seiner Diagnose in Kenntnis setzen.

An Bayreuth wage ich gar nicht mehr zu denken, denn sonst ist es mit aller Nervenerholung zu Ende, teilt Friedrich Nietzsche Freund Gersdorff Mitte Januar mit. Er war zum Jahresende wieder nicht in Bayreuth gewesen, aber diesmal entgegen seinem eigenen entschiedenen Vorsatz. Er war zu krank, um zu reisen. Er ist noch immer krank, und der Gedanke an Bayreuth macht ihn noch kränker. Aber er kann nicht anders. Immer wieder umspinnen die Fäden seines Bewusstseins diesen Ort, er hält sie nicht in der Hand, niemand kann das. Und die nehmen wie von selbst eine Form an, über die er erschrickt: Der Bußprediger der Nation untersucht, ob vielleicht nicht das deutsche Volk, sondern Richard Wagner selbst schuld ist, wenn er scheitert. Mit welcher Kälte blickt er jetzt auf den Freund.

Ist das nicht Verrat? Es ist Verrat.

Ist der Verrat ein Denker? Vielleicht. Aber Kälte ist die Pflicht des Philosophen.

Er nennt, was ihn treibt, Wahrhaftigkeit. Er notiert sorgfältig die Nachteile der Wahrhaftigkeit und findet beunruhigend viele: *Man vernichtet sein Erdenglück.*

Man muß den Menschen, die man liebt, feindlich sein.

Man muß die Institutionen, an die man durch Sympathie geknüpft ist, enthüllen und preisgeben. Bayreuth, er hätte es ruhig schreiben können.

Man darf die Individuen nicht schonen und leidet mit ihnen.[320] Und das ist noch längst nicht alles.

Goethe, überlegt er, war ein Maler ohne Hände, und so hätte er auch geschrieben. Schiller war ein versetzter Volksredner, anders seien sein Stücke nicht zu erklären. Und Wagner? Ist ein versetzter Schauspieler.

Es ist traurig, aber für die unsäglich dürftige deutsche Geselligkeit charakteristisch, daß Du Vergnügen am Umgang mit Schauspielern hast. Mir ist es auch so gegangen. Der Heiligenschein der Kunst fällt auch auf ihre unwürdigsten Diener[321], hatte Nietzsche einem Freund schon vor vier Jahren geschrieben. Nein, gerade von Schauspielern hält er nicht viel. Für ihn sind es Effektemacher. Und geht es nicht auch Wagner um Effekte, um sie vor allem? Er wollte den Effekt des Wortes stärker machen, so fand er zur Musik.

Vielleicht erinnert sich Friedrich Nietzsche, der Erstleser von Richard Wagners Autobiographie, der Entstehungs- und Wirkungsgeschichte seines ersten Dramas:

Der fünfzehnjährige Richard Wagner hatte seinen Schulbe-

such fast vollständig eingestellt und besaß dafür auch eine Rechtfertigung. Er war inzwischen Dramatiker geworden und gerade
dabei, sein erstes Hauptwerk zu vollenden. Richard Wagner:
»Das Manuskript dieses Dramas ist mir leider abhanden gekommen, doch sehe ich es im Geist noch deutlich vor mir: die Handschrift war im höchsten Grad affektiert; die schräg zurückgebo-
genen hohen Buchstaben«[322] hatten in seinen Lehrern bereits die
Erinnerung an die persische Keilschrift hervorgerufen. Das
Drama hieß »Leubald und Adelaide« und war das Ergebnis des
Umstands, dass ihm Onkel Adolf Wagner freien Zugang zu seinem Bücherschrank gewährt hatte. Der Dramatiker formuliert
das so: Es handele sich um ein Drama, »zu welchem Shakespeare
hauptsächlich durch ›Hamlet‹, ›Macbeth‹ und ›Lear‹, Goethe
durch ›Götz von Berlichingen‹ beigetragen hatten.« Bald waren
in Richard Wagners erstem dramatischen Hauptwerk 42 Tote zu
beklagen, und er sah keinen anderen Ausweg, als die meisten als
Geister wiederauferstehen zu lassen, schon weil ihm andernfalls
Mitspieler für die letzten Akte gefehlt hätten.

Der Fünfzehnjährige setzte alle seine Hoffnung auf Onkel
Adolf. Er war der Familienakademiker, hatte bei Fichte und
Schelling studiert und glaubte, er sei Hegelianer. So sprach er
auch. Da er noch blasser war als seine Bücher, hatte Richard
Wagner als kleiner Junge nicht gewusst, ob Onkel Adolf mehr zu
den Lebenden oder den Toten gehörte, aber inzwischen traute er
niemandem mehr als sich, seinem Drama und dem Onkel, mit
dem er sich einig wusste in allen Fragen des Lebens, der Wissenschaft und der Kunst: »Somit übersandte ich ihm das voluminöse
Manuskript mit einem ausführlichen Brief, in welchem ich ihm
meine Lebenstendenz im Betreff der Nicolai-Schule, ... wie ich
vermutete, zu seiner großen Freude, mitteilte.« Auch Friedrich
Nietzsche kennt Onkel Adolf gut, war er doch bald nach seiner
Ankunft in Tribschen mit der Aufgabe betraut worden, Onkel
Adolf in Öl zu besorgen, und zwar aus dem Leipziger Brock-
haus-Nachlass.

Richard Wagner hat seinen Onkel nie wieder so gesehen wie
nach dem Empfang von »Leubald und Adelaide«. All seine akademische Gemessenheit war von ihm abgefallen, als er bei

Richards Mutter erschien, um ihr das grenzenlose Unglück zu beichten, als dessen unwissentlichen Mitverursacher er sich bekannte. Richard Wagner verstand die Welt nicht mehr. Er gedachte keinen seiner 42 Toten zu widerrufen. Der Autor stand zu seinem Drama, bis er endlich darauf kam, was »Leubald und Adelaide« fehlte: Musik! »Ich wußte, was noch niemand wissen konnte, nämlich daß mein Werk erst richtig beurteilt werden könnte, wenn es mit der M u s i k versehen sein würde, welche ich dazu zu schreiben beschlossen hatte, und welche ich nächstens auszuführen ... beabsichtigte.«

Ist das nicht sein Verhältnis zur Musik geblieben? Und gerade weil er zur Musik das Verhältnis eines Schauspielers habe, könne er gleichsam aus ganz verschiedenen Musikerseelen sprechen, einander fremde Welten erschaffen wie den »Tristan« und die »Meistersinger«.

Was auf Wagner stark wirkte, das wollte er auch machen. Von seinen Vorbildern verstand er nicht mehr, als er auch nachmachen konnte. Schauspieler-Natur.[323]

Und zwar eine von besonderer *Unbändigkeit, Maasslosigkeit; er geht bis auf die letzten Sprossen seiner Kraft, seiner Empfindung.*

Man dürfe von einem Künstler nicht Reinheit und Uneigennützigkeit verlangen, doch leuchte aus Bach oder Beethoven eine reinere Natur. Auch sei das Ekstatische bei Wagner oft gewaltsam und nicht naiv genug, *zudem durch zu starke Contraste zu stark in Szene gesetzt.*

»Was mir an Wagner verdächtig ist«, könnte die Überschrift zu diesen Sequenzen heißen. Was sie erklären sollen, weiß er wohl auch noch nicht. *Wagner ist eine regierende Natur; nur dann in seinem Elemente, nur dann gewiß mässig und fest: die Hemmung dieses Triebes macht ihn unmässig, excentrisch, widerhaarig.* Aber das klingt doch eher nach Indizien des Erfolgs statt nach solchen des Misslingens.

Überhaupt scheint Nietzsche hier den Idealtypus eines Intendanten zu porträtieren: *Die Heiterkeit Wagner's ist das Sicherheitsgefühl dessen, der von den grössten Gefahren und Aus-*

schweifungen zurückgekehrt, in's Begrenzte und Heimische: alle
Menschen, mit denen er umgeht, sind solche begrenzte Abschnitte
aus seinem eignen Laufe (wenigstens empfindet er nichts mehr
an ihnen) deshalb kann er hier heiter und überlegen sein, denn
hier kann er mit allen Nöten Bedenken spielen.
Keiner unserer großen Musiker sei in seinem 28. Jahr noch ein
so schlechter Musiker gewesen, notiert Nietzsche. Er hat das bei
Wagner selbst gelesen.
Die Jugend Wagners die eines vielseitigen Dilettanten, aus
dem nicht Rechtes werden will.
Ich habe oft unsinnigerweise bezweifelt, ob Wagner musika-
lische Begabung habe.
Seine Natur theilt sich allmählich: neben Siegfried, Walter,
Tannhäuser tritt Sachs-Wotan. Er lernt den Mann zu begreifen,
sehr spät. Tannhäuser und Lohengrin sind Ausgeburten eines
Jünglings.
Er lief seinem Amte davon, weil er nicht mehr dienen wollte.
Friedrich Nietzsche sammelt Indizien. Aber was erklären sie?
»Richard Wagner in Bayreuth« soll die Schrift heißen. Er ent-
wirft eine Gliederung. Punkt 1: *Ursachen des Mißlingens.*
Aber zuletzt findet er doch immer wieder nur eine. *Es liegt et-*
was Komisches darin: Wagner kann die Deutschen nicht über-
reden, das Theater ernst zu nehmen. ... Jetzt zumal glauben die
Deutschen ernsthafter beschäftigt zu sein und es kommt ihnen
wie eine lustige Schwärmerei vor, daß Jemand der Kunst sich so
feierlich zuwendet.

Aber da ist noch einer, der gar nicht wüsste, wo er leben sollte,
wenn nicht in der Kunst. Auch er verbringt den Jahresanfang
damit, über Richard Wagner und das Scheitern nachzudenken.
Und über die königliche Kasse, die, so viel muss er schon sagen,
»auf keineswegs brillantem Fuße steht«[324]. Am 25. Januar schließlich beginnt er einen Brief nach Bayreuth: »Vielgeliebter, theuerster Freund! Recht von Herzen bitte ich Sie um Verzeihung,
Ihnen so lange nicht geschrieben zu haben; durch das Vertiefen
in meine historischen Werke bin ich gar nicht mehr zum Brief-
schreiben gekommen.« Usw. usw. Vielleicht liest der Adressat

etwas ungeduldig. Was zählen jetzt noch Briefe?»Ein Trost ist es
für mich, daß Sie mich kennen und sicher wissen, daß meine
treue, aufrichtige Freundschaft für Sie und meine Begeisterung
für Ihre himmlischen, unvergleichlichen Werke so fest in meiner
Seele wurzeln ... Nein, nein und wieder nein! so soll es nicht
enden! Es muß da geholfen werden! Es darf unser Plan nicht
scheitern. Parcifal kennt seine Sendung und wird aufbieten, was
irgend in seinen Kräften steht.« Er, Ludwig – Parcifal? Die »Kräfte«
sind der kritische Punkt, die Kasse »auf dem keineswegs brillanten Fuß« habe ihn bis jetzt zurückgehalten,»zum Zögern war
ich verdammt«. Und der König verstummt wieder, jedoch mit
dem Vorsatz:»Dir will ich treu zur Seite steh'n, sei es auf Tod,
auf Untergehen!«[325] Der Empfänger in Bayreuth mag den Brief
nicht lesen, er ist im Augenblick etwas empfindlich gegen große
leere Worte, er wartet auf seine Frau, die ihm das Ganze zusammenfassen möge. Gewährt er nun die Garantie oder nicht? Es
steht nicht drin.

Schon fünf Tage darauf meldet Düfflipp vom Königlichen
Hofsekretariat,»daß die Luft von Hohenschwangau her für das
Bayreuther Unternehmen seit einigen Tagen entschieden günsti-
ger weht, daß ich beauftragt bin, bei meinem nächsten Vortrage
nochmals hierüber zu referiren und daß ich wahrscheinlich
schon am 5. Februar Herrn Feustel« – dem Bayreuther Kassen-
verwalter – »etwas Besseres als bisher werde mitteilen können.«[326]

Richard Wagner teilt indes seinem König mit, dass ihm ein
Glück widerfahre, an dass er schon nicht mehr geglaubt habe;
den vertrauten Freund habe er wie früher sich zulächeln sehen:
»Weißt du denn nicht, daß Wir das Gleiche wollen?«[327]

Am 4. April – es ist der Sonnabend vor Ostern – schreibt Nietzsche an Malwida von Meysenbug, obwohl er fast die Hand vor
Augen nicht mehr sieht. Er müsse sehr vorsichtig sein, doch gebe
es *einen Zustand körperlichen Leidens, der einem mitunter wie
eine Wohlthat erscheint; denn man vergißt darüber, was man
sonst leidet, oder vielmehr: man meint, es könne einem geholfen werden, wie dem Leib geholfen werden kann. Das ist meine*

Philosophie der Krankheit: sie giebt Hoffnung für die Seele. Und ist es nicht ein Kunststück, noch zu hoffen?[328]
Hoffnung für die Seele? Was hier gefordert ist, sind Taten, weiß Richard Wagner. Und diese Taten sollen nicht der Seele gelten, sondern dem Körper. »Er muß heiraten oder eine Oper schreiben!«, spricht der Imperator am gleichen Tag zu seiner Frau.

Der Gegenstand der Baseler Jahresanfangsuntersuchung meldet in die Schweiz, dass das große Haus nun doch fertig werde und ihr etwas kleineres auch, sogar schon im Mai, und darin sei dann ein Zimmer, das gehöre ihm. Ein neues Zimmer! Ein neuer Professor! Wo hat der bloß seine Gesundheit verloren?

Die Augen also, immer noch, schon wieder. Richard Wagner ist alarmiert. Das Leiden scheint ihm symptomatisch für unverheiratete junge Männer. Andererseits klagt auch Cosima gerade über zunehmende Weltverdunklung und -entrückung, aber Richard Wagner hat nicht vor, sich ablenken zu lassen. Der Philosoph ist der Arzt der Kultur, sagt der Freund? Es mag schon sein, dass der Philosoph das Gemeinwesen heilt, zumindest theoretisch. Wer aber heilt den Philosophen, zumindest theoretisch? Er, Richard Wagner. Bayreuth ist gerettet. Jetzt muss auch Friedrich Nietzsche gerettet werden, der Meister kennt den Weg.

Er wird denkbar deutlich, so deutlich, wie es der Respekt gerade noch zulässt. Die Botschaft lautet: Friedrich Nietzsche lebt falsch. Es sind nicht die Augen, es ist der Unterleib. Der muss anders – oder überhaupt erst? – beschäftigt werden.

»Ich meinte, Sie müssten heirathen, oder eine Oper komponiren ... Das Heirathen halte ich aber für besser.« Vorerst könne er ihm nur anbieten, die ganzen Sommerferien bei ihnen zu verbringen, in seinem neuen Zimmer, in ihrem neuen Haus. »Wir können Ihnen etwas sein ... alle Nibelungensänger lasse ich die Revue passiren; der Decorationsmaler malt, der Maschinist richtet die Bühne her: und dann sind wir mit Haut und Haar auch noch dabei!«[329] Der Meister gibt sich Mühe. Er schlägt all das vor und weiß doch, es ist schon ausgeschlagen. Friedrich Nietzsche hat sich vorgenommen, den Sommer über auf einem hohen Schweizer Berg zu sitzen. Richard Wagner könnte böse werden, aber er will nicht: »Ach Gott! heirathen Sie eine reiche Frau! Dann reisen Sie … und komponiren Ihre Oper, die aber gewiss schändlich schwer aufzuführen werden wird. Welcher Satan hat Sie nur zum Pädagogen gemacht! – Sie sehen, wie radical mich wieder Ihre Mitteilungen bestimmt haben: aber – weiß Gott! – ich kann so etwas nicht mit ansehen. –

Nun, übrigens: nächstes Jahr im Sommer volle Proben (auch bereits mit Orchester) in Bayreuth: 1876 die Aufführungen. Eher geht es nicht. – Ich bade jetzt täglich, weil ich es nicht mehr mit meinem Unterleibe aushalten konnte. Baden Sie auch! Essen Sie auch Fleisch! – Allerherzlichste Grüsse von Ihrem getreuen R. W.«[330]

Zwei Monate später, am 9. Juni:

> »Oh, Freund!
> Warum kommen Sie nicht zu uns?
> Ich finde für alles einen Ausweg …
> Ihr Zimmer ist bereit.
> Doch – oder vielmehr:
> Jedoch! –
> Oder auch:
> ›wenn schon‹! –
> Im Augenblick nach dem Empfang Ihrer letzten Zeilen. Ein andres Mal mehr Von Herzen Ihr R. W.«[331]

Aber er kann nicht weglaufen aus Basel, noch nicht. Dass er *es wohl eines Tags an der Universität, in der sonderbaren gelehrten Luft, nicht mehr* aushält[332], weiß Wagner schon. *Ich suche weiter nichts als etwas Freiheit, etwas wirkliche Luft des Lebens und wehre mich, empöre mich gegen das viele Unfreie, das mir anhaftet.* Und wenn er es einmal abstreifen könnte, wer sagt ihm, dass es dann nicht zu spät ist? *(M)an kommt zur Freiheit und ist matt wie eine Eintagsfliege am Abend. Das fürchte ich so sehr. Es ist ein Unglück, sich seines Kampfes so bewußt zu werden, so zeitig.*[333]

Wenn ein Brief aus Basel ankommt, registriert Cosima Wagner nicht selten eine merkwürdige Reaktion ihres Mannes, er wäre, »glaube ich, ... am liebsten zu Ihnen geeilt, hätte sie gepackt, aus der Basler Atmosphäre hinausgerissen, und wäre Gott weiss wohin mit Ihnen gerast.«[334]

Er will helfen, so gut er kann. Erst recht, solange keine Frau da ist. Friedrich Nietzsche wird 30 Jahre alt. Seine ältesten Freunde heiraten gerade, Pinder und Krug, die beiden Mitglieder des Schülerselbstbildungsvereins »Germania«. Gersdorff denkt darüber nach, das sagt er zumindest, denn er hat auch schon mit Wagner darüber konferiert, wie Friedrich Nietzsche am besten an die Frau zu bringen sei. Vielleicht sucht er nur zum Schein Rat bei seinem Freund, um dessen grundsätzliche Ehebereitschaft auszukundschaften. Das Ergebnis ist niederschmetternd: *Allergrößte Vorsicht!*, rät Nietzsche dem Freund: *Es ist furchtbar, wie die Männer, an ein inferiores Geschöpf gebunden, herunterkommen, und mitunter kommt es mir so vor als ob wir bessere Aufgaben hätten als dem ganzen Ehe-capitel unsre Aufmerksamkeit zu schenken.*[335] Er will dem Freund mündlich gern mehr darüber sagen, er denke viel darüber nach, zu viel beinahe, über all das Für und Wider. Das Wider ist stärker.

Ob er das Richard Wagner genauso erklärt hat? Und dass er unter diesen Umständen doch die Oper vorziehe, schon weil alle Fehler, die diese dann zweifellos hätte, im Unterschied zu denen einer Frau selbstgemacht wären. Ja, er ist längst dabei, seine Oper zu komponieren, diesmal ist es ein »Hymnus an die Freundschaft«. Richard Wagner registriert es mit Verdruss. Das Stück könnte ebenso gut »Hymnus an die Männer« heißen, denn Freunde sind vor allem eins: Männer. Und als er mit dem »Hymnus an die Freundschaft« fertig ist, beginnt er einen »Hymnus an die Einsamkeit«. Nein, ein »Hymnus an die Liebe« ist von diesem Autor nicht zu erwarten.

Semesterschluss. Der Urheber des noch zu komponierenden »Hymnus an die Einsamkeit« fährt nicht gleich nach Bayreuth, schon weil es dort nicht einsam genug ist. Er ist ein Alleindenker, er kann nicht arbeiten mit Familienanschluss, also geht er zuerst nach Bergrün.

Als er wieder abfährt, wird ihm auf dem Bahnhof seine Reisetasche gestohlen. Der Dieb findet ein besonders schönes Exemplar des »Ring« darin, mit Widmung Richard Wagners an den Besitzer, der nun nicht mehr der Besitzer ist. Ohne Reisetasche, aber mit einer schweren Kolik trifft er in Bayreuth ein. Am Nachmittag des 5. August 1874 wird ein Zettel in Haus Wahnfried abgegeben. Er sei da, liege aber mit Kolik in der »Sonne«. Richard Wagner geht sofort hin, holt den Kranken aus dem »Sonnen«-Bett, bringt ihn nach »Wahnfried« und legt ihn in sein Bett, in sein Zimmer. Die Wirkung ist großartig. Er erholt sich augenblicklich; die Gastgeberin vermerkt einen »heiteren Abend«. Es wird eine Klindworth-Nietzsche-Woche im Haus Wahnfried. Karl Klindworth, Freund, Klaviervirtuose, Dirigent, Komponist kopiert die »Götterdämmerung« und spielt Nietzsche immer wieder daraus vor. Dieser hat neben seiner eigenen Musik auch noch das »Triumphlied« von Brahms mitgebracht. Ein fremdes »Triumphlied« im Haus des Komponisten des »Kaisermarsches«! Und dann noch von Brahms! Brahms hat im Dezember auch den Maximiliansorden bekommen; als Wagner das erfuhr, wollte er den seinen gleich wieder zurückgeben, was seine Frau jedoch verhindern konnte. Jetzt kann sie nichts verhindern. Die vom Professor gepriesene Konkurrenz-Siegesweihe ist nun einmal im Hause, und Richard Wagner will ausprobieren, ob tatsächlich Töne entstehen, wenn man sie spielt. Also spielt er und möchte sich am liebsten die Ohren zuhalten. »Das ist Händel, Mendelssohn und Schumann, in Leder gewickelt«, lautet sein Befund. »R. wird sehr böse.«[336]

Und das geschieht jetzt noch öfter. »Manch schwere Stunde« verursacht der Gast dem Hausherrn. Denn nicht nur, dass der Professor glaubt, die Deutschen werden seit dem großen Sieg immer dümmer. Er möchte auch gar nicht mehr deutsch sprechen. Am liebsten nur noch griechisch oder lateinisch. Das macht Richard Wagner sehr traurig.

Noch ahnt er nicht, dass auch den deutschen Dichter Richard Wagner niemand tiefer verstehen wird als der eigenwillige, antideutsche Professor.

Er ist, schon jetzt, ein Sprachphilosoph von hohen Graden. Herbstnotizen:

*Aller Verkehr unter Menschen beruht darauf, daß der eine in
der Seele des andern lesen kann; und die gemeinsame Sprache ist
der tönende Ausdruck einer gemeinsamen Seele.*[337] Friedrich
Nietzsche, der Sprachphilosoph. Denn um die Sprache geht es
doch immer, egal, ob er über die Tragödie, die Musik, die Philosophie oder Richard Wagner nachdenkt, es geht um Ursprünge,
also um Sprache: *Je inniger und zarter jener Verkehr wird, um so
reicher die Sprache; als welche mit jener allgemeinen Seele
wächst oder – verkümmert. Sprechen ist im Grunde ein Fragen
des Mitmenschen, ob er mit mir die gleiche Seele hat; die ältesten
Sätze scheinen mir Fragesätze und im Accent vermuthe ich den
Nachklang jenes ältesten Fragens der Seele an sich selbst, aber in
einem anderen Gehäuse. Erkennst du dich wieder? – dies Gefühl
begleitet jeden Satz des Sprechenden; er macht den Versuch eines
Monologs und Zwiegesprächs mit sich selbst. Je weniger er sich
wieder erkennt, um so mehr verstummt er, und im erzwungenen
Verstummen wird seine Seele ärmer und kleiner.*[338]

Friedrich Nietzsche denkt darüber nach, was geschehen müsste,
würde man die Menschen zwingen, ab sofort zu schweigen.
Würden sie sich nicht *zu Pferden und Seehunden und Kühen*
zurückbilden? Kann schon sein, dass Professor Ritschl seinen
begabtesten Schüler schon wieder nicht verstehen würde, denn
keine »strengste Methode« führt auf diesen Pfad, wohl aber elementarste Wahrnehmung. Pferden, Seehunden und Kühen sehe
man an, was es heiße, nicht sprechen zu können: *nämlich so viel
als eine dumpfe Seele zu haben.*

Der Jahresendphilosoph ist mit seinen Schlussfolgerungen
noch längst nicht am Ende: *Nun haben in der That viele Menschen und mitunter die Menschen ganzer Zeiträume etwas von
Kühen an sich; ihre Seele liegt dumpf und lässig in sich. Sie mögen springen und grasen und sich anstieren, es ist nur ein elender
Rest von Seele unter ihnen gemeinsam.* Nein, er hält nichts von
der Meinung der materialistischen Modephilosophen, die glauben, dass die Not die Sprache erzeuge. Wenn, dann *höchstens die
Noth einer ganzen Heerde, eines Stammes, aber damit diese als
das Gemeinsame empfunden werde, muß schon die Seele weiter
als das Individuum ist geworden sein, sie muß auf Reisen gehen,*

sich finden wollen, sie muß erst sprechen wollen, bevor sie spricht; und dieser Wille ist nichts Individuelles. Und Friedrich Nietzsche stellt sich ein mythologisches Urwesen vor, mit hundert Köpfen und Füßen und Händen: *es würde mit sich selbst reden; und erst als es merkte, daß es mit sich wie mit einem zweiten, dritten, ja hundertsten Wesen reden könnte, liess es sich in seine Theile zerfallen, die einzelnen Menschen, weil es wußte, daß es nicht ganz seine Einheit verlieren könne.*[339] Er ist zu sehr Musiker, um an die Not als Mutter der Sprache glauben zu können: *Und klingt das herrliche Tonwesen einer Sprache nach Noth …? Ist nicht alles mit Lust und Üppigkeit geboren, frei und mit den Zeichen betrachtenden Tiefsinns? … Ein Volk, welches sechs Casus hat und seine Verben mit hundert Formen abbeugt, hat eine volle gemeinsame und überströmende Seele.*[340]

Er denkt nicht an Bayreuth, als er dies schreibt. Aber es wäre nicht verkehrt: ein Ort gemeinsamer Seelenbildung soll es sein, etwas beinahe Geringes, von dem doch größer nicht gedacht werden kann. Bayreuth sei der Ort, an dem die Menschen erfahren werden, dass sie die gleiche Seele haben.

Friedrich Nietzsche weiß genau, wo er im nächsten Sommer sein wird, mindestens einen Monat lang: bei den ersten Hauptproben des »Ring«.

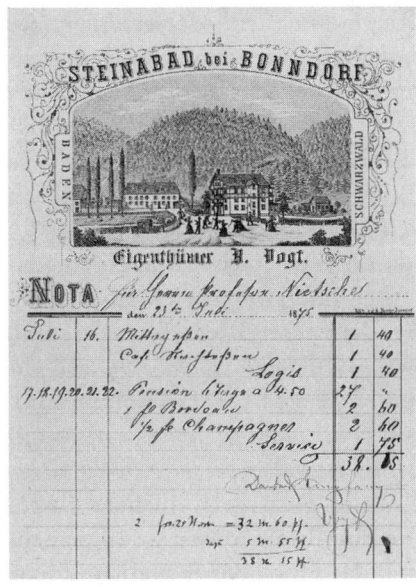

Steinabad, Rechnung
der Pension R. Vogt,
16. bis 22. Juli 1875.

Friedrich Nietzsche jenseits von Bayreuth

Soll sie die Großen jetzt schon ins Stift geben? Die Mutter erschrickt bei dem Gedanken. Und wenn die beiden Bülow-Töchter nicht mehr da wären, wären die Kleinen dann nicht noch mehr allein, Ostern zumal? Richard Wagner geht wieder auf Konzertreise, und er geht nicht ohne Cosima, sie sucht nach einer Freundin, in deren Obhut sie die Kinder zurücklassen kann. Die Oberin des Stiftes ist schon vorbereitet auf die Ankunft von Daniela und Blandine, doch die Mutter bringt es nicht übers Herz. Da hat sie an den Professor geschrieben: »Bevor ich den verzweifelten Entschluss des Stiftes ergreife, frage ich bei Ihnen an, ob Ihre Fräulein Schwester mir diese große Liebe erweisen würde, uns hier Anfang Februar zu besuchen und nach unsrer Abreise (15ten) bei meinen Kindern als Mutter zu bleiben. Sie haben ihre Erzieherin (ein gutartiges Mädchen); die Haushälterin, ihre Schwester, Kuni (die Sie kennen), der Gärtner, der Knecht, alles vortreffliche Leute, halten den Hausstand, es handelt sich für mich einzig um eine moralische Beruhigung ... Ich würde Ihre Fräulein Schwester bei den hiesigen Freunden einführen ... Daß ich von Ihnen und Ihrer Fräulein Schwester einen so grossen Liebesbeweis erbitte, wird Ihnen wohl zeigen, wie ich unsere Beziehungen betrachte.«[341]

Sie schreibt dem Freund, damit seiner Schwester eine eventuelle Absage leichter würde. Aber daran ist gar nicht zu denken, egal, was Elisabeth will. Ihr Bruder ist begeistert. Er sagt Ja und teilt es seiner Schwester mit: *Wenn ich denke, welche mannigfaltige Verpflichtung ich später einmal gegen Wagner's Familie haben könnte, so erscheint es mir sehr wichtig, daß Du recht gut bekannt und eingewöhnt bist.* Er hat also *diese mannigfaltige Verpflichtung* – das Amt als Erzieher Siegfrieds – niemals ausgeschlagen. Da die meisten Nietzsche-Briefe fehlen, ist es manchmal nicht ganz einfach, sich auf der Höhe der Einverständnisse zu halten, die allen Beteiligten selbstverständlich sind.

Wie der Junge selbst, so gedenkt auch sein Erzieher noch zu wachsen, bis er das Amt ausfüllen kann. Und in der Tat: Wer hätte denn mehr über Erziehung nachgedacht als gerade er, egal ob er *unsere Bildungsanstalten* untersucht oder jetzt Schopenhauer in seiner zweiten »Unzeitgemäßen Betrachtung«? Im Augenblick erzieht er seine kleine Schwester. Wie man sich bei Wagners zu verhalten habe, Punkt 1: *Je natürlicher Du Dich zeigst, umso leichter wird es Dir werden; denn nur das Festhalten einer Rolle ist schwer, bei W's aber nützt es nichts, Rollen zu spielen. Niemand verlangt von Dir, Frau Wagner zu ersetzen. Nimm es also einfach, die Kinder sind sehr gut; übrigens ebenfalls die Dienstboten. Es heisst, beiläufig »der Ring des Nibelungen«.*[342]

In den großen Zeitungen stehen schon jetzt, im Januar, die Bayreuther Probenpläne des Sommers. Die Termine liegen gut. *Es ist alles wie zugeschnitten für die Baseler Ferien, es paßt herrlich!*[343] Und die Sommerwohnung, die er dort beziehen wird, kennt er auch schon. Er freut sich, dort zu wohnen. Seine Schwester ist in Bayreuth, und er geht seinen Weg, über sich *zwei Sonnen*, sagt er, *Wagner und Schopenhauer* und *einen ganzen grie-*

chischen Himmel dazu. Es ist alles, alles gut. *Diese beiden Jahre,* glaubt er, *sind für mich geweiht* – er zählt das nächste, das eigentliche Bayreuth-Jahr gleich mit – *ich weiss nicht, wodurch ich verdient habe, sie zu erleben.*[344] Ist er jetzt auf eine beinahe unphilosophische Weise voreilig?

Anfang Mai sieht er Klindworths Klavierauszug der »Götterdämmerung« in den Buchhandlungen und schreibt wie jede Köchin schreiben würde: *Das ist der Himmel auf Erden.* Ein Baseler Patrizier schenkt ihm Dürers »Ritter, Tod und Teufel«, Cosima schenkt ihm ein Bronze-Medaillon mit dem Porträt Wagners. Für einen deutschen Professor freut er sich schon fast zu viel. Und er freut sich sogar noch eigensinnig weiter, als er schon gewarnt ist.

Es geschieht Mitte April. Die Baseler Professoren-WG besteht schon seit längerem nicht mehr nur aus dem atheistischen Kirchengeschichtsprofessor Franz Overbeck und ihm. Aufgenommen wurde auch Nietzsches Leipziger Halbfreund Heinrich Romundt, Privatdozent für Philosophie in Basel. Doch der Philosoph leidet unter einer gewissen weltanschaulichen Haltlosigkeit, weshalb er kürzlich zum Katholizismus konvertieren und Priester werden wollte. Damals dachte Friedrich Nietzsche über eine Behandlung des Dozenten *mit Kaltwasserbädern* nach, *so unbegreiflich ist es mir, daß dicht neben mir, nach einem achtjährigen vertrauten Umgange, sich dieses Gespenst erhebt.*[345]

Dass Friedrich Nietzsche bei Gelegenheit des Katholizismus schon jetzt zu heftigsten Reaktionen neigt, sei mit Hinblick auf Späteres ausdrücklich vermerkt: Er empfindet die beabsichtigte Konversation des Halbfreundes als *das Böseste, was man mir anthun konnte.* Und er spricht von *diesem mir grundverhaßten katholischen Wesen.* Vielleicht haben die beiden Atheisten dem Kandidaten des Katholizismus vorerst die Absicht gründlich verdorben, auch dachte der erst Ent- und nun wieder Gehemmte zuletzt verstärkt darüber nach, ob er statt Mönch vielleicht nicht doch Buchhändler werden sollte. Vor allem aber, legen die beiden Professoren ihm nahe, möge er erst einmal Abstand gewinnen. Also abreisen. Tränen. Wehklagen. Weigerungen des orientierungslosen Philosophen noch am Tag der Abfahrt. Doch die

Freunde bringen ihn unerbittlich zum Zug, die Schaffner verschließen die Wagen: Romundt, *um uns noch etwas zu sagen, wollte die Glasfenster des Coupés herunter lassen, diese widerstanden, er bemühte sich wieder und wieder und während er sich so quälte, sich uns verständlich zu machen ... ging der Zug langsam fort.*[346] Welch *gräßliche Symbolik!* In der folgenden Nacht bekommt Friedrich Nietzsche starke Kopfschmerzen mit Erbrechen. Sie dauern dreißig Stunden. Das ist im April. Im Mai ist er sogar zu krank, um Richard Wagner zum Geburtstag zu gratulieren.

Diese beiden Jahre sind für mich geweiht – ich weiss nicht, wodurch ich verdient habe, sie zu erleben, hat er gesagt. War das voreilig, die Weihe der Jahre ebenso wie die Vermutung, er werde sie erleben?

Dass *wir anderen ... Ihnen gegenüber, nun einmal nichts anderes als G r e i s e , furchtsame, verschüchterte Greise* sind, hatte er Richard Wagner schon im vergangenen Mai mitgeteilt. Diesmal muss er den verspäteten Geburtstagsbrief, bei noch immer starker Übelkeit, schon mit seinem Greisentum entschuldigen: *wir andern Menschen flackern immer etwas.* Er teilt dem Jubilar mit, dass dieser ohne Frage so sehr Dramatiker sei, dass er gewiss nur in dieser Form leben und *jedenfalls erst am Schluß des fünften Aktes sterben*[347] könne.

Einen Monat später bittet Friedrich Nietzsche Gersdorff, Richard Wagner vorsichtig darauf vorzubereiten, dass er im Juli wohl nicht kommen werde. *Wagner wird recht böse sein, ich selbst bin es auch. Übrigens habe ich doch noch zu seinem Geburtstag geschrieben, mit vieler Überwindung, denn es ging mir übel. Es ist etwas Herrliches darum, wie er's aushält.*[348]

*

Es ist der Magen, glaubt Friedrich Nietzsche und wird böse auf jeden, der sagt: Es ist Migräne. Er kann die Hauptproben im August keinesfalls verloren geben, er kann aber auch nicht unter ständigem Erbrechen und mit Mimes Schmiedewerkstatt im eigenen Kopf den Proben zur ersten Weltumseglung im Reich der

Kunst beiwohnen. Er muss gesund, muss *bayreuthfähig* werden, koste es, was es wolle. Er schleppt sich durch die Kollegs, um Mitte Juli in ein *kleines Schwarzwaldbad für Magenkranke* abzureisen. Am 17. Juli notiert er seinen Speise- als Weltrettungsplan:

Jeden Morgen ein selbst gegebnes Clystier (Verzeihung, daß ich damit beginne, aber mit dieser Freude beginnt nun einmal der Tag! Inhalt: kaltes Wasser)
7 Uhr: ein Kaffeelöffel Karlsbader Sprudelsalz.
8 Uhr Beefsteak 80 Gramm, 2 Zwiebäcke.
12 Uhr Gebratenes Fleisch 80 Gramm (nichts weiter!)
4 Uhr 2 rohe Eier und eine Tasse Milchkaffee.
8 Uhr Gebratnes Fleisch 80 Gramm, mit Gelée. –
*Sowohl nach Mittag- als Nachtessen ein Glas Bordeaux. Also: möglichst wenig Quantität, damit der Magen nicht ausgedehnt wird, aber alles in guter Qualität.*³⁴⁹ Die Diagnose des weithin berühmten Magenspezialisten lautet »chronischer Magenkatarrh mit bedeutender Erweiterung des Magens«, wahrscheinlich schon deshalb, weil ein Magenspezialist nur Magen-Diagnosen stellt. Friedrich Nietzsche muss beinahe lachen, als er den Doktor zum ersten Mal sieht, weil er genau so ist, wie er sich einen Magenspezialisten vorgestellt hatte. Dr. Wiel findet Nietzsches Magen über die Maßen interessant, vor allem, weil er sich nach rechts erweitert habe, *während sonst die Mägen entgegengesetzte Richtungen einschlagen.*

Außer dem Bayreuth-Abstinenzler weilen noch ungefähr vierzig Verdauungsgeschädigte aus aller Welt in dem kleinen Schwarzwaldort.

Am gleichen Tag wie Friedrich Nietzsche macht auch Cosima Lebensmittelnotizen:

»einige Pfunde Caramels
Dito Pate d'Abricots
eine Schachtel Fruit Confits
(keine in Gläser mit Syrup sondern glacierte)
eine Tüte Orange Glacées.«

Während sie das schreibt, singt Wotan seinen Proben-Zorn über Brünnhilde, aber Cosima hört nur mit halbem Ohr. Ob der Schwarzwälder Magenkranke nicht diese Bonbons nebenan in Straßburg beschaffen oder beschaffen lassen könnte?

Bald sind alle in Bayreuth, seine besten Freunde, nur er sitzt in Steinabad, Blutegel am Kopf, denn die Magenerweiterung, hat Dr. Wiel erkannt, verursache auch Blutstauungen und Mangelernährung des Kopfes. Er liest die Briefe der gesunden Freunde, liest, was Cosima über ihn gesagt haben soll, und fragt, ob darin nicht vielleicht ein Hauch von Kälte liege?

Es regnet fast immer in Steinabad. Aber der Wald riecht gut, er ist allein dort und denkt über Richard Wagner nach und die Art des Glücks, die er ihm verdankt: *Ich wüßte nicht, auf welchem Wege ich je des reinsten sonnenhellen Glücks theilhaftig geworden wäre als durch Wagner's Musik: und dies obwohl sie durchaus nicht immer vom Glück redet, sondern von furchtbaren unterirdischen Kräften des Menschentreibens, von dem Leiden in allem Glücke und von der Endlichkeit unseres Glücks.*[350] Es müsse also an der Art des Glücks liegen, das sie ausströme. Wagner und er sind demnach auf die gleiche Weise glücksempfindlich: *Wotan's Verhältnis zu Siegfried ist etwas Wundervolles, wie es keine Poesie der Welt hat: die Liebe und die erzwungene Feindschaft und die Lust an der Vernichtung. Dies ist höchst symbolisch für Wagners Wesen: Liebe für das, wodurch man erlöst gerichtet und vernichtet wird; aber ganz göttlich empfunden!*[351] – Er vergisst zu notieren, dass dies auch seine Art von Liebe ist, seine Art von Schicksal; er wird sehr gewissenhaft darin sein, es sich zu bereiten, und doch ganz ohne Willkür.

Aber noch ist da nichts von *erzwungener Feindschaft und Lust an der Vernichtung,* im Gegenteil: *Wagner ist groß, damit wir Alle groß werden*[352], notiert er. Er entwirft Wagners Apotheose, die Apotheose eines Musikers als Apotheose einer künftigen Kultur. Und seine eigene gleich mit, ein wenig. Denn wer einen Göttlichen erkennt, ist der nicht auch göttlich? Seine Sätze beginnen meist so: *Da uns nicht allzu beglückten Menschen dieser Zeit einmal ein ganz großer Mensch geschenkt ist ...* Oder: *Als Musiker hat Wagner etwas von Demosthenes, den furchtbaren Ernst*

um die Sache und den Griff und die Gewalt des Griffs ... Er ver-
birgt wie jener die Kunst, er macht sie vergessen und doch ist er,
wie jener, die letzte und höchste Erscheinung unter einer ganzen
Reihe von gewaltigen Kunstgeistern ... man denkt bei Wagner
weder an das Interessante, noch Ergötzliche, sondern fühlt nur
das Nothwendige.[353] Einer wie er musste kommen, um die Verzweiflung vom modernen Menschen zu nehmen, dass er in allem nur ein Nachfahr
bleiben müsse. Zwar seien die schlecht modern Gewordenen in
allem der alten Kultur verpflichtet, aber Richard Wagner bringe
den Menschen ans Licht, *der in und vor aller Kultur ist und damit wirft er die schwere Last von sich.*[354] Er habe ein Fragezei-
chen *vor unsere ganze modern sich nennende Cultur gesetzt ...*
Hier ist mächtig zu erobern und zu siegen; die größten Reiche
stehen offen.[355] Das Reich der Erziehung sei *morsch,* wer werde
es niederwerfen? Gewiss nicht die Gelehrten, über die er, seit er
selbst Professor ist, kein bisschen milder denkt, im Gegenteil.
Richard Wagners Werk habe auch sie entmachtet: *Wie Wagner*
es versteht abzuschließen, zeigt seine Beschäftigung mit der
*deutschen Mythologie. Alle Gelehrten haben nur für ihn gear-
beitet; jetzt nachdem das Werk der Wiederauferstehung des*
*deutschen Mythus vollendet ist, ist jene Gelehrten-Gattung über-
flüssig geworden. Und so sollen sich Gelehrte überflüssig machen lassen!*[356] Ebenso seien Religions- und Kunstgeschichte an
einen Wendepunkt gestellt: *eine ungeheure Summe von Wissen*
*kann man jetzt wegwerfen, nachdem das erlösende Wort gespro-
chen ist.* Namentlich die Ästhetiken seien nun Altpapier. –

Magenkranke, sollte man meinen, klingen anders. Dieser
scheint trotz seiner Gastritis Welten verdauen zu können. Er dirigiert auf seinen einsamen Spaziergängen oft ganze Teile des
»Ring«, die er längst auswendig weiß.

Am 21. Juli gibt er endgültig auf. Dass er noch gar keine Wirkung seiner Kur spürt, irritiert ihn. Er wagt es fast nicht auszusprechen. Er wird nicht mehr bayreuthfähig in diesem Sommer.
Der Magen ist geschrumpft, mag sein, aber der Kopf! Der Doktor diagnostiziert jetzt eine *nervöse Affektion* des Magens, eine
sehr *langwierige Sache.* Er verlängert seine Kur. In Oberfranken

beginnen die Orchesterproben. Wie kann er hier sein und nicht dort? *Ich begreife es fast nicht. Und doch bin ich mehr als drei Viertel des Tages im Geiste* in Bayreuth. *Wiederauferstehung des deutschen Mythus.* Eine unschuldige Formel ist das nicht in den Ohren der Späteren. Aber Friedrich Nietzsche, von der ersten Stunde an auf der äußersten Distanz zu Kaiser und Reich, hochsensibler Analytiker, meint nicht wie kleinere Geister, dass der Auferstandene nun blind walten dürfe, im Gegenteil: Es ist etwas erlöst, es ist also zu Ende. *Wagner fand einen ungeheuren Zeitpunkt vor: wo alle Religion aller früheren Zeiten in ihrer dogmatischen Götzen- und Fetischwirkung wankt: er ist der tragische Dichter am Schluß aller Religion, der »Götterdämmerung«. So hat er die ganze Geschichte sich dienstbar gemacht, er nimmt die Historie als seinen Denkbereich in Anspruch.*[357] Ja, er stehe vor der Religion so unbefangen wie Aischylos vor den verschiedenen Zeusen.[358] Und Friedrich Nietzsche behauptet: Kein Dichter sei fromm, zumindest nicht bei der Arbeit.

So groß sei sein Schaffen, dass er durch alles Gewordene nicht erdrückt wird, sondern *nur in ihm sich auszusprechen* vermöge. Wenn es für Friedrich Nietzsche eine Mission des Deutschen, des deutschen Wesens gibt, dann diese: Sich und den anderen eine Aufgabe bewusst zu machen!

Seine letzte »Unzeitgemäße« kam im vergangenen Oktober und galt Schopenhauer; Wagner hatte sofort ein Telegramm gesandt: »Telegrammatisch. Tief und groß. Am kühnsten und neuesten die Darstellung Kant's. Wahrhaft verständlich wohl nur für den Besessenen! Ich sehe die drei Gerechten! Mögen sie lange und tiefe Schatten werfen in das Sonnenland dieser vortrefflichen Jetztzeit! Ihr R. W.«[359] – Friedrich Nietzsche hatte ihm mitgeteilt, dass er viel mit den Mitgliedern seiner Gelehrten-WG Overbeck und Romundt spazieren gehe, wobei sie neben sich immer drei lange Schatten herschreiten sähen – es war ein sonniger Herbst –, Kellers »drei gerechte Kammacher«.

Jetzt wirft er nur allein Schatten, aber meistens wirft er keinen, weil fast immer Wotan-Wetter herrscht. Er hat ein Schwimmbad entdeckt, gleich am Hotelgarten. Kein Mensch benutzt es, weil es drin wie draußen viel zu kalt ist, aber Friedrich Nietzsche schwimmt schon frühmorgens um 6.00 Uhr im Pool, um danach zwei Stunden spazieren zu gehen. Er hat so viel zu denken, und um diese Zeit macht wenigstens noch kein Kurgast Musik. Wer hat vor ihm oder nach ihm so über die Sprache des »Ring« geschrieben? Friedrich Nietzsche denkt über Richard Wagner, den Dichter nach: *Denken in sichtbaren und fühlbaren Vorgängen, nicht in Gedanken ist das eigentlich Dichterische: dies zeigt sich im Mythus; dem nicht ein Gedanke zu Grunde liegt, wie man gewöhnlich meint, sondern der selbst ein Denken ist, aber nicht in Begriffen, ich meine ein Weltbild, welches nicht in Worten zu umspannen ist, sondern in Vorgängen.*[360] So denke das Volk, der große *Nichtdenker,* und für dieses dichte der Dichter, der darin selbst zum Volk würde. Wagner sei absolut nicht volkstümlich in der Art, wie er schreibe, aber wohl in der Art, wie er dichte. *Der Ring des Nibelungen ist ein ungeheures Gedankensystem ohne die begriffliche Form des Gedankens.*[361]

Wer den höchsten Augenblick geniesst, erblindet, notiert er. Eine seltsame Erkenntnis für einen, dessen Augen immer schlechter werden, und der so am Genuss höchster Augenblicke gehindert wird. – Andererseits ist er nirgends so sicher vor dieser Art zu erblinden wie in der Klinik des Doktors. Die Töne, die die übrigen Kurgäste für Musik halten, foltern ihn. Wenn man der Kurkapelle wenigstens die Blasinstrumente wegnehmen könnte. Auch die Briefe, die ihn aus Bayreuth erreichen, verursachen jedes Mal *einen halbstündigen Krampf; immer ist mir's als ob ich aufspringen, alles von mir werfen und zu Euch eilen müßte!*[362] Um sich etwas zu immunisieren und seinen Gemütszustand besser auf die übrigen Magenleidenden abzustimmen, studiert er ein wenig »*Handelsbetriebslehre und die* Entwicklung *des Welthandels*«, *nebst National- und Socialökonomie.* Man sollte, meint er, viel, viel mehr über diese Dinge wissen. Über andere eher nicht. Ist ein Mann, der kocht, nicht die lächerlichste Vorstellung unter der Sonne, erst recht von Griechenland aus gesehen?

Aber der Doktor besteht darauf, seinem Patienten Kochstunden zu geben, denn nur wenn er sich auf eine bestimmte Weise ernähre, habe er eine Zukunft, sagt Dr. Wiel.

Der Patient ernennt den Doktor – wahrscheinlich um die Sache akzeptabler zu machen – zu einem *denkenden* Kochkünstler, außerdem sei er Verfasser eines *in alle Sprache übersetzten diätischen Kochbuchs*. Buch ist Buch. Der Spezialist seines Fachs hält dem Patienten einen Vortrag über Nutzen und Nachteil *emaillirten Kochgeschirrs* für das Leben. Befund: Da sind nur Vorteile, ebenso wie bei der unbedingt zur Verwendung empfohlenen Fleischhackmaschine, die bei jedem Klempner zu haben sei. Friedrich Nietzsche akzeptiert. Aber wer soll die *Beefsteakmaschine* künftig bedienen? Doch nicht etwa er? Wer soll für ihn kochen? Doch etwa nicht er? Er sieht nur einen Ausweg. Elisabeth muss nach Basel kommen. Er muss seine Professoren-WG aufgeben und eine eigene Wohnung mieten.

Er beschließt, nicht zu sparen, weder an der Beefsteakmaschine noch an der neuen Wohnung. 6 Zimmer, ein Dienstmädchen. Elisabeth möge schon alles vorbereiten, schnell! Er sagt *meine Häuslichkeit,* nicht »unsere Häuslichkeit« und vergisst auch nicht, seinen Anteil an deren Einrichtung genau zu definieren: *Auf all Eurem Schaffen und Herstellen, Einkaufen und Aufpacken, auch auf den zwei Schinken, von denen Du, meine liebe Mutter schreibst, möge mein Segen ruhn.*[363]

Zwischen all den Plänen – die im Grunde nur einer sind: *bayreuthfähig* werden! – macht er noch immer Notizen über Richard Wagner. Er nennt ihn *den Vereinfacher der Welt.* Und das ist positiv gemeint: *Um zu erklären, was ich unter Wagner's zusammenziehender Kraft, unter dem Wort, er sei ein Vereinfacher der Welt, verstehe, schicke ich dies voraus. Er fand zwei neue Probleme, das der Musik und des Drama's: er fand sie dort, wo alle großen Probleme liegen, auf der Gasse, vor Jedermanns Füßen und doch allen Augen verborgen. Was bedeutet es, daß der neueren Zeit gerade eine solche Kunst wie die der Musik ersteht?* Vor allem, wo sich doch jeder aufmerksame Zeitgenosse das Gegenteil sagen müsste: Aus dieser Zeit, diesem Maschinenzeitalter könne gar keine Musik wachsen, sie sei unmusikalisch schlechthin. *Wagner gibt nur eine Antwort: die Existenz der Musik hängt mit der Stärke der modernen Zeit zusammen, diese aber hat ungeheure Schwächen anderer Organe mit sich gebracht: und die-*

ser erkrankte und erschöpfte Zustand ist es, dem in der Musik ein Heilmittel erwächst.[364] Da ist zuerst die Schwächung der Sprache, ihre »Demokratisierung«, ihre Herrichtung als bloßes Kommunikationsmittel, ja mehr noch, *die allgemeine Erkrankung aller Sprechenden, die Unfähigkeit, sich noch wirklich miteinander zu verständigen: wenn schon die Poesie für jeden jetzt dichtet, so denkt jetzt die Sprache für jeden, er ist Sklave derselben und niemand hat noch Individualität in diesem ungeheuren Zwang. Man muß, durch Musik gehoben, einmal sich so fern gestellt fühlen, daß man in allem, was gesprochen wird, geschrieben wird, das typisch Gleichartige wahrnimmt: dann kommt es einem so vor, als ob alle individuelle Bildung unmöglich sei.* Zweitens habe Wagner die Stellung der Musik zur modernen Erscheinungswelt erfasst: die Musik sei bildlos und daher jedem Gebilde feindlich entgegengesetzt. Die Wagner-Deutung weitet sich zur Kulturdiagnose; sie sei an dieser Stelle mit Blick auf Folgendes etwas ausführlicher wiedergegeben, denn fast alle Motive des späteren Denkens sind jetzt schon da.

Sollte in Nietzsches Fall nicht von der Geburt des Denkens aus dem Ekel auszugehen sein? Alles Dagewesene sei bereits schöner dagewesen, selbst das Hässliche sei erhabener dagewesen: *Das Gehen Stehen und sich Bewegen, die Form der Geselligkeit, die Manieren der öffentlichen Sprecher, die Geberden der Jünglinge, die Künste der Frauen: alles, alles worin frühere Zeiten den Leib gebildet haben und zum Spiegel schöner oder großer Bewegungen gemacht haben, ist ganz verkommen oder späte Nachahmung: bestenfalls ist alles Renaissance und zwar Nachblüthe derselben (die französische Civilisation).*[365] Was aber haben diese niederschmetternden Befunde nun mit Wagner zu tun, dürfte man fragen, wie kann er hier helfen?

Er hilft, meint der Autor, allein schon durch die Wahrnehmung, die er demjenigen gewährt, der in den großen rhythmischen Bögen seiner Musik lebe. Er finde gewöhnlich nichts, was dem als Bild, als Erscheinung standhielte. Nun handele es sich aber bei Individuen, Völkern und Staaten durchaus um rhythmische Gebilde: *alles, was ein rhythmisches Verhalten an sich hat, die ganze Lebensordnung von Individuen, die Politik von Völkern, das Verhalten der Handelsinteressen zu einander, der Kampf der Stände, das Widerspiel zwischen Volk und Nichtvolk – unwillkürlich wird es der mit Musik erfüllte Mensch an der Musik messen und verurtheilen: er begreift es, was es heißen will, einen Staat auf Musik zu gründen, was die Griechen nicht nur begriffen hatten, sondern auch forderten.*[366]

Allein die rhythmischen Gebärden dessen, dem sich der Magen umdreht, mitsamt ihrer spezifischen Anmut und Beredsamkeit bleiben unverändert durch die Jahrhunderte. Und es wird kaum besser.

Als er nach Basel zurückkehrt, hat die Schwester »seine Häuslichkeit« bereits eingerichtet. Manchmal glaubt er noch an die Diät der Zukunft und seinen Doktor: *Mit meiner Gesundheit verbinde ich gute Hoffnungen, wenn ich die neue Lebensweise fortführe ... Ich esse alle 4 Stunden: um 8 Uhr ein Ei, Cacao und Zwieback, um 12 ein Beefsteak oder etwas Andres von Fleisch, um 4 Uhr Suppe Fleisch und wenig Gemüse, um 8 Uhr kalten Braten und Thee. Jedermann zu empfehlen!*[367] Hat er etwa den ärztlich verordneten Bordeaux mittags und abends gestrichen? Jedermann zu empfehlen?

Er ist optimistisch bis zum jeweils nächsten Rückschlag. Seine Physis hält nicht viel von Dr. Wiel, sie hat längst ihren eigenen Rhythmus gefunden. Aller vierzehn Tage bis drei Wochen unerträgliche Kopfschmerzen mit Erbrechen, meist liegt er dann 3 Tage im Bett.

Auch an seinem Geburtstag. Cosima gratuliert ihm abermals zum Friedrich-Wilhelm-Tag, wahrscheinlich hat er noch immer nicht gewagt, ihr zu sagen, wie sehr er den Kölner Dombauherrn verabscheut. Sobald er einen klaren Gedanken fassen kann, denkt er wohl wieder darüber nach, was *es heißen will, einen Staat auf Musik zu gründen.*[368]

Und er hat wieder Studenten! Er ist jetzt, was Professoren nur ganz selten werden: Ziel von Pilgerreisen. Verehrer seiner Schriften kommen eigens, ihn zu hören. Paul Rée ist schon da, und soeben trafen wieder zwei ein, Musikstudenten aus Leipzig. Einer heißt Heinrich Köselitz.

Bayreuther Festspiele 1892, Gemälde von G. Laska.

Friedrich Nietzsche in Bayreuth

Das Semester ist erst am 28. Juli zu Ende, aber Friedrich Nietzsche hält es nicht mehr aus. Bayreuthfähig? Um Weihnachten hatte er schon nicht mehr geglaubt, das neue Jahr überhaupt noch zu erleben. Er ist zu krank, noch immer, und wer weiß, wie lange er bis nach Bayreuth braucht. Außerdem hatte Malwida von Meysenbug, die Freundin, ihm nahegelegt, unbedingt schon zu den Proben zu kommen. So könne man sich langsam gewöhnen, würde »langsamer beglückt«.

Langsamer beglückt werden!

Welcher Verführung gegenüber könnte er aufgeschlossener sein! Zumal die Freundin die Sache auch unter gesundheitlichen Rücksichten begründet: Andernfalls würde es »zu viel, zu überwältigend für Sie sein«. Ja, darf er noch zögern? Er, der schon im letzten Sommer auf alles verzichten musste? Anfang Juli hatte er Cosima und Wagner je ein Festexemplar seiner Festschrift »Richard Wagner in Bayreuth« gesandt; der nunmehr, wie er nachlesen kann, Gottgleiche antwortete sofort: »Freund! Ihr Buch ist

287

ungeheuer! – Wo haben Sie nur die Erfahrung von mir her?«[369] Aber wahrscheinlich hatte er nicht einmal Zeit darin zu lesen, wann denn? Auch Richard Wagner schlug Friedrich Nietzsche vor, schnell zu kommen, sogar mit denselben Worten: um sich besser an alles »zu gewöhnen«.

Er kann jetzt keine akademischen Rücksichten mehr nehmen, der Professor fährt los, eine Woche vor Semesterschluss.

Am ersten Tag schafft er es nur bis Heidelberg. Hier hatte er vor acht Jahren an seiner Antrittsvorlesung gearbeitet, dann die Weiterfahrt nach Basel spontan unterbrochen, um in Karlsruhe die »Meistersinger« zu hören. Wie anders weilt er jetzt hier. *Jämmerlich.*

Malwida kennt ihn, sie kennt die Art seines Leidens, die Art seiner Gesundheit. *Unsereins, ich meine Sie und mich, leidet nie rein körperlich, sondern alles ist mit geistigen Krisen tief durchwachsen, so daß ich gar keinen Begriff habe, wie ich je aus Apotheken und Küchen allein wieder gesund werden könnte*[370], hatte er sie informiert. Er meint auch das Geheimnis ihrer beider Genesung zu kennen: Es komme darauf an, eine gewisse Härte der Haut wegen der großen innerlichen Verwundbarkeit zu bekommen. *Von aussen her darf uns wenigstens so leicht nichts mehr anwehen und zustoßen.*

Aber es geschieht noch immer. Gersdorff ist verlobt, von den Spießern Krug und Pinder nicht zu reden, die haben inzwischen schon Kinder. Mit »Tristan« fingen sie an und enden in den Wonnen der Gewöhnlichkeit. Aber jetzt auch noch Rohde, nur Tage vor seiner Abfahrt hat er es erfahren. Vielleicht ist er nicht zuletzt deshalb so überstürzt aufgebrochen, ist vor diesem Gedanken weggelaufen. *Sei es zum Guten, lieber, getreuer Freund, was Du mir da meldest,* hatte er ihm am 18. Juli geantwortet, ... *So willst Du denn im Jahre des Heils 1876 Dein Nest bauen, wie unser Overbeck, und ich meine, Ihr werdet mir dadurch daß Ihr glücklicher werdet, nicht abhanden kommen.*[371] Das klingt nach Resignation, nach verzweifelter Selbstermutigung. Der Freund, er weiß es, habe eine ihm ganz vertrauende Seele nötig gehabt. *Mir geht es anders, der Himmel weiß es oder weiß es nicht. Mir scheint das alles nicht so nöthig – seltne Tage ausge-*

nommen. – Vielleicht habe er da eine *böse Lücke* in sich, sein Verlangen und seine Not seien anders, er könne das kaum erklären, höchstens mit dem Gedicht, das ihm in der Nacht einfiel. Wir dürfen annehmen, dass es eine schlaflose gewesen ist:

Es geht ein Wandrer durch die Nacht
Mit gutem Schritt;
Und krummes Thal und lange Höhn –
Er nimmt sie mit.
Die Nacht ist schön –
Er schreitet zu und steht nicht still,
Weiß nicht, wohin sein Weg noch will.
Da singt ein Vogel durch die Nacht. –
– »Ach Vogel, was hast Du gemacht?
Was hemmst Du meinen Sinn und Fuß
Und gießest süßen Herzverdruß
Auf mich, daß ich nun stehen muß
Und lauschen muß,
Zu deuten Deinen Ton und Gruß?«

Der gute Vogel schweigt und spricht:
»Nein, Wandrer, nein! Dich grüß ich nicht
Mit dem Getön!
Ich singe, weil die Nacht so schön:
Doch Du sollst immer weiter gehn
Und nimmermehr mein Lied verstehn!
Geh nur von dann' –
Und klingt Dein Schritt von fern nur an,
Heb' ich mein Nachtlied wieder an,
So gut ich kann.
Leb wohl, Du armer Wandersmann!«

Die Motive werden bleiben, die Einsamkeit auch. Der mit dem Vöglein redet, das alles weiß, was aus ihm werden soll, ist Siegfried. Der Wanderer aber, der Unbehauste, der melancholische Gott, ist Wotan. Er ist beides.
So geredet zu mir, Nachts nach der Ankunft Deines Briefs,

schreibt er unter sein Gedicht und schließt, grußlos, mit einem dürren *F. N.*

Soll er, will er ganz allein bleiben? Er hat sich doch angestrengt, *die Lücke* zu schließen. Im April erst war er, schnell entschlossen, für vier Wochen nach Genf gereist, *nach einer schweren fast unausstehlichen Zeit,* dort hatte er sich wiedergefunden, konnte sich wieder mit sich befreunden. Und da machte er einer jungen Frau, der er eben erst begegnet war, einen Antrag, am Abend vor seiner Abreise. War es eine Art Panikreaktion? *Mein Fräulein ... Nehmen Sie allen Muth Ihres Herzens zusammen, um vor der Frage nicht zu erschrecken, die ich hiermit an Sie richte: Wollen Sie meine Frau werden? Ich liebe Sie und mir ist es als ob Sie schon zu mir gehörten. Kein Wort über das Plötzliche meiner Neigung! ... Aber was ich wissen möchte, ist ob Sie ebenso empfinden wie ich – daß wir uns überhaupt nicht fremd gewesen sind, keinen Augenblick!*«[372]

Ich liebe Sie. – Wann klänge Friedrich Nietzsche derart prosaisch, wenn es sein Herz angeht? Aber es handelt sich um eine Frau. Gibt es da Unterschiede? Und dass er sich dieser dreiundzwanzigjährigen Klavierschülerin, die er nur kurz in Gesellschaft gesehen und gesprochen hat, nicht fremd fühlte, schien ihm schon außerordentlich.

Sich nicht mehr anwehen lassen. Aber ein abgelehnter Heiratsantrag heißt *angeweht* werden. Ein Mädchen hatte die Chance, den Autor der »Geburt der Tragödie« zu heiraten, und will nicht. Es ist niederschmetternd. Er hatte dem Fräulein trotzdem noch einen inständigen Entschuldigungsbrief geschrieben, sie so erschreckt zu haben. Er habe selber unsagbar an seiner *grausamen gewaltsamen Handlungsweise* gelitten: *Ich will nichts erklären und weiß mich nicht zu rechtfertigen.* Was hätte er Mathilde Trampedach auch sagen sollen? Dass alle seine Freunde heiraten und Richard Wagner meint, dass auch er es tun müsse? Dass er – mit einem Teil seiner Seele wenigstens – so sein möchte wie alle, nur um ungestörter er selbst sein zu können?

Er hat es so nötig, in ein Innen zu kommen. Nach Wagners Musik ist es, »als ob man in seiner eigentlichen Heimat gewesen wäre«, so glücklich und ruhig werde man, hatte ihm Malwida von Meysenbug eben noch mitgeteilt. So weiß er das auch. So braucht er es jetzt dringend. Doch das ist schon die gehobene Heimat, zur Grundausstattung einer Heimat gehört ein Bett. Innen ist, wo ein Bett ist. Und ein Tisch. Das sind in Bayreuth inzwischen fast unbezahlbare Güter. Er ist stolz darauf, die billigste Wohnung in ganz Bayreuth erobert zu haben. Dafür ist sie so furchtbar, dass er nur seine Tasche dort abstellt und zu Malwida läuft. Gute Auspizien sind das nicht. Die ganze Stadt, er spürt das sofort, ist eine einzige Festspielpreisblase. Ist das die Kultur, die *zu unserer Musik* passt? Beginnt so das Versöhnungswerk der Nation?

Das Jahr des Heils! Wenn er nur erst im Theater sitzt, »langsamer beglückt werdend«. In Bayreuth gewittert es, ein Gewitter hat er auch in seinem Kopf, es währt schon einen halben Tag und eine Nacht, als er am Montag in die erste Probe geht. Er will nach Hause, jetzt. Es ist der 1. Aufzug der »Götterdämmerung«.

Er sitzt ganz starr. Hört er richtig? Er hört nicht das, was er glaubte hören zu werden. Vom »flüssigen Gold des Orchesterklangs« hatten die Freunde im letzten Sommer berichtet. Aber sein Kopf ist aus Blei, und Siegfried schmiedet darin sein Schwert Notung, mit tausend Hämmern. Vielleicht vertragen sich die Metalle nicht? *Es gefiel mir gar nicht und ich mußte hinaus*[373], schreibt er der Schwester, und: *Fast hab ich's bereut! Denn bis jetzt war's jämmerlich.* Kaum hat er den Brief abgeschickt, beginnt es vorsichtig, ihm besser zu gehen.

Er hört die ganze »Götterdämmerung«. Ja, er gewöhnt sich daran, über das Ausmaß seiner Beglückung aber macht er nur eine vorsichtige Angabe; jetzt sei er *in seinem Elemente.* Es ist der 28. Juli. Dies ist der höchste Augenblick im Jahre des Heils, im Sommer des Heils, dass das Jahr, der Sommer des Unheils wird, aber das weiß er noch nicht. Er verbringt die Tage im schattigen Garten von Malwidas Wohnung, isst auch bei ihr und badet im Fluss. Ansonsten nur Kunst, fast nur Kunst: *Gesehen habe ich ausser den Verwaltungsräthen Frau von Schleinitz, Porges, Baligand, Lallas, Heckel, Richter. Ich muß mich aber sehr zusammennehmen und weise alle Einladungen, auch bei W's zurück. W fand daß ich mich rar machte.*[374] Es ist Vorsicht, Abende in Gesellschaft bergen ein erhöhtes Kopfschmerzrisiko. *Heute abend kommt der König,* erfährt die Schwester an jenem 28. Juli, und: *Er hat über meine Schrift telegraphirt, daß sie ihn entzückt habe.*[375] Ja mehr noch, Seine Majestät hat nur wegen ihm ein Telegramm aufgeben lassen, nur von ihm ist darin die Rede:»An den Wort-Tondichter Hrn. Richard Wagner … Empfangen Sie, theuerster Freund, meinen wärmsten Dank für die kürzlich mir übersandte Broschüre von Nietzsche, deren Lektüre ich sofort begann und die mich außerordentlich fesselte. Tausend herzl. Grüße Ludwig.«[376]

Doch im Datum der königlichen Ankunft irrt Friedrich Nietzsche. Ludwig kommt erst am 6. August, zu Beginn der Generalproben, bei denen er ganz allein sein will. Eigentlich dachte er daran, den kompletten»Ring« zwei Mal nur für sich aufführen zu lassen, sah dann allerdings die Unmöglichkeit seines Wunsches ein. Der König zeigt das gleiche Festspiel-Sozialverhalten wie Friedrich Nietzsche. Er möchte möglichst niemanden sehen, er drückt dies nur viel gebieterischer aus:»Alles, was an eine Ovation von Seiten der Bevölkerung auch nur streift, wünsche ich fern gehalten; Tafeln, Audienzen, Besuch fremder Herrschaften wird hoffentlich mir erspart bleiben; Alles dieß hasse ich mit aller Macht der Seele.«[377]

Die Bayreuther haben den Königssalon ihres Bahnhofes vergeblich geschmückt. In der Nacht zum 6. August geht der Festspieldirektor auf freier Strecke weit vor Bayreuth an den Bahngleisen auf und ab. Kurz nach Mitternacht hält dort, mitten im Nichts, ein Zug mit drei Salonwagen, einem Gepäckwagen und einem Waggon für die Dienerschaft. Die königliche Equipage fährt vor. Richard Wagner tritt auf den König zu, sie haben sich über so viele Jahre nicht gesehen. Kein Wort, sie geben sich stumm die Hand und fahren gemeinsam zum Schloss Eremitage, wo Ludwig wohnen soll.

In der Nacht angekommen, sitzt der König schon am Abend im»Rheingold«, und am nächsten Morgen um zwei Uhr ist er immer noch wach. Er schreibt dem Kapellmeister seines Lebens:

»Großer, herrlicher, treu und fest u. innigst geliebter Freund! Es ist mir unmöglich den ... Tag zu beschließen, ohne Ihnen es zuzujubeln, wie wahrhaft glücklich mich der heutige Abend gemacht hat. Das sind Eindrücke, die immerdar in mir fortleben werden. Kaum kann ich den morgigen Abend erwarten.«[378] Da gibt es die »Walküre«, er weiß es: »¾ auf 2 Uhr Nachts (der Walkürentag brach an) Ihr Eigen Ludwig«, unterzeichnet der König. Ist es königlicher Leichtsinn, sich so zu freuen? Friedrich Nietzsche ist nicht mehr in Bayreuth. Nach der letzten »Walküren«-Probe floh er: *Fortwährender Kopfschmerz, obwohl noch nicht von der schlimmsten Art, und Mattigkeit. Gestern habe ich die Walküre nur in einem dunkeln Raume mit anhören können; alles Sehen unmöglich! Ich sehne mich weg, es ist zu unsinnig wenn ich bleibe.* Friedrich Nietzsches Stimme! Hätte er es noch vor Tagen, noch vor Stunden für möglich gehalten, dass er je so über Wagners Musik sprechen würde? Nun gut, er hat Kopfschmerzen, starke Kopfschmerzen, aber er hat ohne jeden Zweifel auch Kunstschmerzen, starke Kunstschmerzen. Ja mehr noch: *Mir graut vor jedem dieser langen Kunst-Abende.*[379]

Dabei hat er nicht einmal die früheren »Walküren« erlebt: 21. Juni: »Dritte Walküren-Probe, viel Ärger. Unrichtige Tempi des Orchesters, und Frl. Scheffsky beinahe unmöglich.«[380] Fast drei Wochen später, 17. Juli: »Erster Akt, ... Frl. Scheffsky furchtbar! ... R. sehr müde.« 18. Juli: »Zweiter Akt Walküre, Frl. Scheffsky noch gräßlicher; vorher zu Tisch, ein Exzeß von Plumpheit und Anmutslosigkeit! Konferenz, ob man sie um jeden Preis entfernt?«[381] Dabei hatte Richard Wagner ihr – Sieglinde – sogar selbst vorgemacht, wie sie Siegmund zu küssen habe, und war dem baumlangen Tenor Niemann in äußerstem Realismus um den Hals gefallen.

Denn äußersten Realismus verlangt er.

Die Walküren unter ihren Helmen, mit Schilden und Speeren bewaffnet, dampften. Vor Angst. Vor ihm. Vier Tage später trat ein lebensmüder Festspieldirektor nachts auf seinen Balkon und sprach mit seinem Sternbild, dem Wagen: »Beschütze mein Weib und meine Kinder, guter Stern, mit mir mache, was du willst.«[382]

Er hatte die Proben mit einem Zahnfleischgeschwür begonnen, es schmerzt noch immer. Auch Friedrich Nietzsche schreibt wie der König am 6. August einen Brief, aber nicht an Richard Wagner, sondern an seine Schwester. Sie wird gleich in Bayreuth eintreffen und ihn nicht vorfinden; er will ihr wenigstens sagen, wo er ist: in Klingenbrunn im Bayrischen Wald. Er hatte ihr schon mitgeteilt, an wen sie seine Karten verkaufen soll, an Baseler Bekannte: *Biete Mutter und Sohn 8 Billette zum zweiten Aufführungs-Cyclus. ... Liebe Schwester ... Ich weiss ganz genau, daß ich es dort nicht aushalten kann ... Ich fühle mich von dem kurzen Aufenthalte dort so ermüdet und erschöpft, ich komme gar nicht wieder recht zu mir.* Klingenbrunn sei sehr gut, tiefe Wälder und Höhenluft. *Hier will ich bleiben, 10 Tage vielleicht, aber nicht wieder über Bayreuth zurückkehren.*[383] Denn dazu wird er dann kein Geld mehr haben, Gott sei Dank. Sein Gasthaus heißt »Zum Ludwigsstein«.

Sind die Tage in Klingenbrunn die schwersten seines bisherigen Lebens? Es spricht vieles dafür. *Ich muß alle Fassung zusammen nehmen, um die grenzenlose Enttäuschung dieses Sommers zu ertragen,* sagt er der Schwester, und sagt es wohl mehr zu sich selbst.

Zwölf Jahre später hat er sie gefunden: Die Anfänge von »Menschliches. Allzumenschliches« *gehören mitten in die Wochen der ersten Bayreuther Festspiele hinein; eine tiefe Fremdheit gegen Alles, was mich dort umgab, ist eine seiner Voraussetzungen,* verrät er wohlgelaunt im »Ecce homo«: *Wer einen Begriff davon hat, was für Visionen mir schon damals über den Weg gelaufen waren, kann errathen, wie mir zu Muthe war, als ich eines Tages in Bayreuth aufwachte.* Vielleicht hätte er noch deutlicher werden sollen? Er, nicht Richard Wagner, hat »Richard Wagner in Bayreuth« geschrieben. Er, nicht Richard Wagner, hat diesen zum End-, Wende- und neuen Anfangspunkt der Kultur erklärt. Richard Wagner, der Künstler, wollte eine Aufführung seines Werks, die seinem Ideal genügt. Friedrich Nietzsche wollte mehr. Dieses »Mehr« war bisher nicht thematisch, es war gleichsam der gemeinsame Äther zwischen ihnen. Nietzsche erwartete alles von ihm. Ein Alleserwarter kann nur enttäuscht werden, und das eigentliche Phänomen – das Unwahrscheinliche, das Außerordentliche ist, dass es bisher nie geschah. Nicht das Mannheimer Konzert, nicht die Grundsteinlegung hatten etwas gemindert, im Gegenteil, sie waren ein beglückendes Mehr gewesen. Realer als alle Wirklichkeit.

Hatte er gemeint, es werde so sein wie vor vier Jahren, als der Autor der »Geburt der Tragödie« wie ein Weltgeist inkognito unter den Begründern Bayreuths umherging? Nicht er, sein taghelles Bewusstsein hatte wohl den Wiederholungsfall erwartet, umso mehr vielleicht seine Seele, die große Nichtdenkerin. Das macht es nur schlimmer. Darum trifft es ihn nun härter. Und zu allem anderen bekommt er in Klingenbrunn auch noch den Durchfall.

Der allzu souveräne Ton des »Ecce homo« muss wohl als mutwillige Selbst- und Fremdtäuschung gelten, und Friedrich Nietzsche wäre nicht Friedrich Nietzsche, wenn er nicht auch das wüsste. Aber er verbirgt es unter der Pose des überlegenen Spottes: *Wo war ich doch? Ich erkannte Nichts wieder, ich erkannte kaum Wagner wieder. Umsonst blätterte ich in meinen Erinnerungen. Tribschen – eine ferne Insel der Glückseligen: kein Schatten von Ähnlichkeit. Die unvergleichlichen Tage der Grundsteinlegung, die kleine zugehörige Gesellschaft, die sie feierte und der man nicht erst Finger für zarte Dinge zu wünschen hatte: kein Schatten von Ähnlichkeit. Was war geschehn? Man hatte Wagner ins Deutsche übersetzt! Der Wagnerianer war Herr über Wagner geworden. – Die deutsche Kunst! Der deutsche Meister! Das deutsche Bier!*[384]

Der Abgrund steht schon jetzt offen; die Festspiele haben noch gar nicht begonnen. Der Abgrund ist sein eigener. Auch Ludwig verstummt zusehends. Auch Ludwig reist ab, bevor die Festspiele begonnen haben, in der Nacht nach der Probe zur »Götterdämmerung«. Auch Ludwig hat Angst vor den Wagnerianern. Vor allem aber hat er keine Lust, dem deutschen Kaiser in die Arme zu laufen.

Nietzsche und Ludwig, sind sie nicht Gleichhörende, selbst wenn ihre Gabe, das auszudrücken, sehr verschieden sein sollte?

Ludwig war anders verstummt als Friedrich Nietzsche; am 12. August schreibt er es dem Festspieldirektor: »Mit großen Erwartungen kam ich hin und, so hochgespannt dieselben auch waren, alle wurden weit, weit übertroffen. Ich war so tief ergriffen, daß ich wohl recht wortkarg Ihnen erschienen sein mag! O Sie verstehen es, die Grundvesten zu erschüttern ... Ha, jetzt erkenne ich Sie wieder, die schöne Welt, der ich entrückt, der Himmel blickt auf mich hernieder ... Sie sind ein Gottmensch, der wahre Künstler von Gottes Gnaden, der das heilige Feuer auf die Erde brachte, um sie zu läutern, zu beseligen, zu erlösen! Der Gottmensch, der in Wahrheit nicht fehlen und nicht irren kann!«[385] So sah Friedrich Nietzsche das bisher auch.

Am selben Tag, an dem Ludwig dies schreibt, treffen Friedrich Nietzsche und der deutsche Kaiser in Bayreuth ein. Bayreuth hat sich mit einem metallblauen Himmel geschmückt, um sie zu begrüßen, und ist vor lauter Flaggen, Girlanden und Kränzen kaum zu sehen. Ersteren hatte Wagner dringend zurückrufen lassen, der zweite hingegen staunt aufrichtig, dass er da ist: »Ich habe nicht geglaubt, daß Sie es zustande bringen würden«, sagt Wilhelm I. zu Richard Wagner.

Selbst unparteiische Beobachter registrieren eine Atmosphäre, wie sie sonst nur auf Sänger- und Schützenfesten herrsche. Und dann kommt auch noch der Kaiser von Brasilien. Und wäre nicht gerade Orientkrieg, wären auch der Khedive von Ägypten und türkische Sultane da, schließlich sind sie Patronatsherren. Der parteiische Beobachter: *Man hatte das ganze müßiggängerische Gesindel Europas bei einander, und jeder beliebige Fürst ging in Wagners Hause aus und ein, wie als ob es sich um einen Sport mehr handelte.* ... Den Nicht-Aristokraten ergeht es kaum besser, im Gegenteil: *Der arme Wagner! Wohin war er nur gerathen! – Wäre er doch wenigstens unter die Säue gefahren! Aber unter Deutsche!*[386] So wird er später klingen, jetzt registriert er nur von Tag zu Tag fassungsloser, womit er nie gerechnet hatte: Wenn jemand nicht weiß, was es bedeutet, einen Staat auf Musik zu gründen, dann doch wohl diese Gesellschaft des *Sommers des Heils* – des Sommers des Unheils – 1876. König Ludwig vielleicht ausgenommen. Doch der ist weg. Friedrich Nietzsche aber harrt aus. Es kommt darauf an, die Kultur zu finden, die zu unserer Musik passt, hat er gesagt. Er möchte sich so gern widerlegen lassen. Am 27. August verlässt er Bayreuth, unwiderlegt.

Friedrich Nietzsche hat den Mittelpunkt seiner Welt verloren. Richard Wagner nicht. In der zweiten Septemberhälfte telegrafiert er aus Venedig: »Bitte zusendung zweier Paar seiedeneren (sic!) unterjacke und hosen baseler fabrikant feinste Waare mitwoch an Bologna hotel Italie Bis dahin venedig hotel Europa. Richard Wagner.«[387]

*

In der Nacht zum 26. Oktober 1876 gehen drei Seereisende in Neapel an Land. Sie kommen von Genua und wollen in die Pension Allemande. Sie werden erwartet. Malwida von Meysenbug hat Friedrich Nietzsche eingeladen, mit ihr gemeinsam im Süden den Winter zu überstehen; Nietzsche wiederum hat Paul Rée eingeladen, und beide Albert Brenner, einen Studenten Nietzsches, der so schwer lungenkrank ist, dass niemand sagen kann, wie viele Winter er überhaupt noch überstehen wird. Am Morgen glänzt die Stadt, über dem Vesuv stehen hohe Gewitterwolken, es ist eine heroische Landschaft, Friedrich Nietzsche ist beeindruckt. Malwida von Meysenbug kann sich nicht erinnern, ihn je so euphorisch gesehen zu haben. Noch wissen sie nicht, wohin.

Zu Wagners nach Sorrent?

Richard Wagner erholt sich in Sorrent von den Festspielen. Cosima, er und die Kinder wohnen im Hotel Vittoria, sie sind schon länger da und wollen noch länger bleiben.

Richard Wagner sitzt an diesem 27. Oktober lange auf seiner Terrasse, vierzig Meter über dem Meer, direkt am Fels. Vielleicht denkt er darüber nach, ob man die 160000 Mark Festival-Defizit nicht einfach im Mittelmeer versenken könnte. Oder die Festspiele wenigstens dem Deutschen Reich übergeben? Da stehen Malwida und ihre drei Männer in der Tür und ein Telegramm kommt von Judith Gautier aus Paris. Siegfrieds Trauermarsch habe unglaublichen Erfolg bei den Pasdeloupschen Konzerten: Kämpfe im Publikum, bisher zwei Duelle. Am nächsten Morgen hat Malwida Geburtstag. Sie besuchen sich abwechselnd, gehen spazieren, reden. Die Amalfi-Küste – erinnert sie nicht an Tribschen, verwandt in ihrem Zugleich von Härte und Sanftheit? Und doch, es ist nicht wie früher. Sie finden nicht die alte Nähe zueinander, etwas steht zwischen ihnen. Ist es Rée? Zum ersten Mal missfällt Cosima und Richard Wagner ein Freund Nietzsches. Sie vermerken ein »kaltes pointiertes Wesen«, er müsse, notiert Cosima, »Israelit« sein. Er ist es.

Am 2. November, zu Allerseelen, machen sie einen langen gemeinsamen Spaziergang. An diesem Tag hatte Richard Wagner Friedrich Nietzsche einst seine Gesamtausgabe geschenkt. Haben sie jetzt ihren Abendmahlsstreit?

Richard Wagner besaß schon immer ein eher erotisches Verhältnis zum Abendmahl. Als er konfirmiert wurde – längst pflegte er sich über Kirche und Priester nur noch mit allen Ober- und Untertönen des Spottes zu äußern –, war er sehr überrascht, wie die Oblatenausteilung dennoch auf sein Gemüt wirkte, wie ganz und gar verstandeswidrig: »die Schauer der Empfindung bei Darreichung und Empfang des Brotes und des Weines sind mir in so unvergessener Erinnerung geblieben, daß ich, um der Möglichkeit einer geringeren Stimmung beim gleichen Akte auszuweichen, nie wieder die Veranlassung ergriff zur Kommunion zu gehen, was mir dadurch ausführbar ward, daß bekanntlich bei den Protestanten kein Zwang hierzu besteht«[388]. Mit dieser Motivation dürfte Richard Wagner zu einer ausgesprochenen Splittergruppe der bekennenden Abendmahlsabstinenzler gehören; vielleicht ist er gar ihr einziges Mitglied. Er hatte dieses Bekenntnis bereits in seiner Autobiografie abgelegt; Friedrich Nietzsche als erster Leser und Korrektor sollte es kennen. Aber er zeigt sich überrascht.

Das heilige Abendmahl. Friedrich Nietzsche ist magenkrank, das mag sein, aber bei dieser Diät muss sich sein Geist übergeben. Hat der Musikant der Zukunft wirklich vor, in diesem Vorgestern zu enden? *Als Richard Wagner mir gar von dem Genusse zu sprechen begann, den er dem christlichen Abendmahle (dem protestantischen) abzugewinnen wisse, da war es aus mit meiner Geduld.*[389] Sieht Wagner ihm das an? Dem unglücklichen Basler

Philosophiedozenten, der zum Katholizismus übertreten wollte, gedachte Friedrich Nietzsche vormals mit kalten Sturzbädern zu helfen. Wie hilft man Richard Wagner? Oder spricht dieser ebenso wenig über den »Parsifal« wie Friedrich Nietzsche über das neue Buch, an dem er gerade schreibt?

Diesmal will er nichts vorlesen.

Am 7. November verlassen Cosima und Richard Wagner überraschend Sorrent.

Es war ihre letzte Begegnung. Sie wissen es beide nicht.

Hieronymus Bosch,
Der Garten der Lüste,
1500, Teilansicht.

Der Patient und seine Symptome

Er muß heiraten oder eine Oper schreiben!

Wagner hatte die Alternative schon vor Jahren deutlich benannt. Der Freund komponierte aber inzwischen weder die Oper, noch nahm er eine Frau, und er ist inzwischen noch viel kränker geworden als er ohnehin schon war. Dies ist der Stand im Oktober 1877.

Selbstheilung durch Musik gelingt nicht jedem, weiß Richard Wagner. Ihm schon. Was gehen ihn die Festspiele an und ihr Defizit? Festspiele können Bankrott machen, er nicht. Er fing zu Beginn des Jahres einfach mit dem »Parsifal« an. Immer wieder hatte Ludwig ihm gesagt, wie sehr er auf dieses Werk wartet. Und wartet er selbst nicht auch darauf? Auch er braucht Trost, viel Trost sogar. Im »Parsifal« ist welcher, er muss ihn nur noch komponieren, dann kann er ihn hören.

Bei Friedrich Nietzsche liegen die Dinge offenbar anders. Cosima hat die Art seiner Produktivität unlängst analysiert und gelangte zu dem Befund, dass in Nietzsche ein dunkler, produktiver Grund wirksam sein müsse, von dem er selbst kein Bewusstsein habe, aber dieser mache ihn bedeutend, »während alles, was er denkt und spricht, was lichterhellt ist, wirklich nicht viel wert ist«. Das Erdhafte und das Sonnenhafte, das Tellurische und das Solarische, Kategorien der Zeit, in gewissem Sinne Unterbietungen von Nietzsches Dialektik des Apollinischen und des Dionysischen, erst recht in Cosimas Gebrauch: »Das Tellurische an ihm ist wichtig, das Solarische ist unbedeutend und durch den Kampf mit dem Tellurischen selbst beängstigend und unerquicklich.«[390] Hört sich an wie Stuss, ist welcher. Es vereinfacht das Verständnis, wenn man sich Cosimas »Solarisches« schlicht mit allem übersetzt, worin Wagner und Nietzsche anderer Meinung sind.

Aber selbst Nietzsches »Tellurisches« ergäbe noch lange keine Oper; bleibt der erste Weg der Heilung; die Andeutung eines zweiten geschah ohnehin nur aus Taktgefühl, Höflichkeit sowie der Einsicht geschuldet, dass der Mensch immer eine Alternative haben sollte. Dabei hat der Freund im vergangenen Sommer durchaus komponiert, wahrscheinlich noch immer am *Hymnus an die Einsamkeit,* um dieselbe in ihrer *ganzen schauerlichen Schönheit* zu fassen. Womit sich der Kreis in zu missbilligender Weise schließt.

Dabei ist der Kritisierte nicht einmal renitent; er sieht auf Nachfrage noch immer ein, dass er eine Frau suchen muss. Und sieht sich doch außerstande anzufangen. Der mütterlichen Freundin Malwida von Meysenbug bekannte er eben erst das ganze Ausmaß seiner Fehlbarkeit: *Ich hatte wieder ein ganzes Jahr zum Überlegen und habe es unbenutzt verstreichen lassen.*[391]

Überlegen? Es gibt Dinge, in denen ist mit Theorie nichts auszurichten. Zu beachten ist der tief resignierte Ton, wie man ihn dem Unausweichlichen gegenüber hat. Vorfreude klingt anders. Nietzsche fuhr fort: *... und doch weiß ich längst, daß ohne dieses* – vielleicht vermeidet er nicht ganz zufällig ein direkteres Wort, denn sollte man die kostenlose Anstellung einer Krankenschwester auf Lebenszeit wirklich Ehe nennen? – dass also *ohne dieses nicht einmal auf eine Milderung meiner Leiden zu rechnen ist.*

Mag sein, dass Richard Wagner jetzt im Herbst besonders an den Freund denken muss, schließlich hat er am 15. Oktober Geburtstag. Und eben an dessen Vorabend erreicht die Bayreuther wie schon so oft ein Brief des Geburtstagskindes, darin befinden sich eine Fremdabhandlung über den »Ring« sowie Nachricht von der Gesundheit des Absenders, die eine bedenklicher als die andere. Und so entscheidet sich Richard Wagner – anstatt dem Geburtstagskind wie üblich nur Glück und Gesundheit zu wünschen – für die aktive, entschlossene und absolut kompromisslose Beförderung Letzterer.

Zu den Fakten. Der Verfasser des Traktats über den »Ring« ist der Frankfurter Mediziner Otto Eiser, Gründer des dortigen Wagner-Vereins. Vielleicht könnten die Empfänger das hermeneutische Dokument schon deshalb einmal lesen, empfiehlt Friedrich Nietzsche, auch wenn der Mann *ganz unlitterarischer Art sei* und *seine Schrift dem allerengsten Publicum angepaßt*[392]. Besonders unterhaltsam findet Nietzsche die Überlegungen des Mediziners, wo Wotan sein Auge verloren haben könnte. Vielleicht mache der Meister eine Anmerkung dazu?

Wotans Auge war der Preis dafür, dass er eine Frau nehmen konnte, Fricka, mit der er dann nur noch Ärger hatte. Außerdem ist der Anblick des Rheingolds gewöhnlichen Nervensystemen unzuträglich. Es blendet. Nicht nur Menschen, auch Götter. Wotan hat seine Besitzlust ein Auge gekostet. Immerhin, eins hat er noch, der unglückliche Absender aber wird wohl alle beide verlieren. Das weiß er von demselben exegetisch minderbegabten Arzt. Dabei hat er nie verbotene Reichtümer angeschaut, kein fremdes Gold gewollt, ja nicht einmal eine Frau. Und der Preis dafür sind beide Augen? Oder sollte das sein Problem sein?

Wotan, der Rheingoldbetrachter, der Fricka-Verführer, und Friedrich Nietzsche gehören demnach gegensätzlichen Risikogruppen an.

Otto Eiser hatte sich im vergangenen Frühjahr keinesfalls als Mediziner an den Noch-Chefdenker aller Wagnerianer gewandt; er beabsichtigte vielmehr, ihn in bewundernder Absicht zu einem »Festvortrag« einzuladen.

Der Gründer des Frankfurter Wagner-Vereins hatte zuerst »Richard Wagner in Bayreuth« gelesen, um – geistig enthusiasmiert – in der Folge jede seiner Veröffentlichungen aufzuspüren. Nietzsche ist krank und in Sorrent, erfuhr Eiser; doch begegneten beide sich in diesem Sommer in der Schweiz. Friedrich Nietzsche war sofort beeindruckt: *In Meiringen fand ich bei Tisch einen Dr. med. Eiser aus Frankfurt, der alle meine Schriften im Berner Oberland herumführte.*[393] Mit Erstaunen erfuhr der Gründer des Frankfurter Wagner-Vereins, dass der unpässliche Referent noch nie umfassend untersucht worden sei, gewissermaßen geprüft auf Augen, Herz und Nieren. Eben das hat Eiser – assistiert von zwei Kollegen – nun Anfang Oktober nachgeholt. Wie sollte der Kranke einem Mann misstrauen, der nicht ohne seine Nietzsche-Gesamtausgabe auf Reisen geht?

Am Ergebnis besserte das jedoch nichts. Nicht nur, dass der Arzt seinem Patienten die Blindheit als recht unvermeidlich ankündigte, auch seine rasenden Kopfschmerzen, so Eiser, ließen sich mit höchster Wahrscheinlichkeit auf entzündliche Prozesse in beiden Augen zurückführen. Von der Magen-Diagnose war nichts mehr übrig. Aussicht auf Besserung: keine. Aussicht, den Prozess aufzuhalten, nur in dem Fall, dass der Unheilbare sich *auf mehrere Jahre hinaus* verpflichtet, *weder zu lesen, noch zu schreiben*[394]. Aber was ist ein Professor, der weder lesen noch schreiben darf? Das fragt Nietzsche die Bayreuther Freunde nicht – er darf sich darauf verlassen, dass sie es selbst tun werden.

Sinn für letzte Unabänderlichkeiten und Verfügungen des Schicksals besitzt Richard Wagner wohl in seiner Musik, im Leben nicht.

Die Situation gebietet, alles zu versuchen. Sie gebietet gewissermaßen letzte Mittel, und der Bereich des Lebens, egal ob in der großen oder der kleinen Welt gelegen, für den Richard Wagner sich nicht zuständig fühlt, ist ihm selbst noch unentdeckt und wird es bleiben. Auftritt Richard Wagner, der Diagnostiker, der Medizinmann. Muss einer nicht krank werden, wenn er so lebt wie Nietzsche? So, nun ja – enthaltsam eben? Oder auf zu missbilligende Weise nicht ganz enthaltsam? Schon die Alten wussten vom freien Fluss der Säfte als Grundbedingung jeder Gesundheit. Noch immer erscheinen Ratgeber, die Titel tragen wie »Warum bist Du nicht glücklich? Eine Frage an alle Gebundenen, insbesondere die Sclaven der Onanie oder Selbstbefleckung«. Der Autor ist Hermann Hesses Großvater Johannes Hesse.

Seltsamerweise kommen nicht einmal mehr die Ärzte auf diese elementarste Ursache, was vielleicht daran liegt, dass sie neuerdings nebenberuflich Wagner-Vereine gründen und großangelegte Deutungen des »Rings des Nibelungen« verfassen unter besonderer Berücksichtigung der Frage, wo Wotan sein Auge verlor. Gut, dass Nietzsches Arzt Begründer des Frankfurter Wagner-Vereins ist. Denn wer sich in der privilegierten Position befindet, selbst Richard Wagner zu sein, besitzt da gewisse Einflussmöglichkeiten und schließt notfalls auch Münder auf, die das ärztliche Schweigegebot gemeinhin fest verschlossen hält.

Richard Wagner am 23. Oktober 1877 an Nietzsches Arzt Otto Eiser, Gründer der Frankfurter Wagner-Ortsgruppe: »In der verhängnisvollen Frage, welche die Gesundheit unseres Freundes Nietzsche betrifft, drängt es mich nun, mit aller Kürze und Entschiedenheit Ihnen meine Ansicht, meine Befürchtung – aber auch meine Hoffnung mitzuteilen. Ich trage mich, für die Beurteilung des Zustandes N.'s, seit langem mit den Erinnerungen von gleichen und sehr ähnlichen Erfahrungen, welche ich an jungen Männern von großer Geistesbegabung machte.«[395] So weit die Ouvertüre. Jetzt aber öffnet sich der Vorhang, so jäh, wie sich selten einer öffnete, und die Bühne liegt in gleißendem Licht: »Diese« – die nämlichen jungen Männer von einschlägiger Begabung – »sah ich an ähnlichen Symptomen zugrunde gehen und erfuhr nur zu bestimmt, daß Folgen von Onanie vorlagen.« Vorhang zu. Ende. Ein Drama in einem Satz, wenn man voraussetzt, dass mitunter schon ein in die Welt gesetztes Wort diesen Tatbestand erfüllt.

Natürlich muss Richard Wagner dem Arzt seine Diagnose noch ein wenig beglaubigen, und vielleicht irritiert ihn schon länger, dass er – oder doch zumindest seine Musik – so anziehend auf heiratsunwillige junge Männer wirkt. Da wäre zum Beispiel der König von Bayern, der seine schon eingegangene Verlobung wieder aufkündigte – aber nein, ein König ist ein schlechtes Beispiel, und eigentlich kann Ludwig noch immer gut sehen, also konfrontiert Wagner den zu leitenden Arzt mit dem traurigen Schicksal kurzsichtiger Onanisten, etwa eines jungen Dichters, der, bevor er in Leipzig starb, »im Alter Nietzsches vollständig erblindete«, und eines weiteren Freundes, der »im gleichen Alter in die schmerzhaftesten Augenleiden verfiel« und noch heute »mit jammervoll zerrütteten Nerven« in Italien dahinsieche. Bei Ersterem handelte es sich um Theodor Apel, der jedoch bei einem Reitunfall erblindete; bei Letzterem um Karl Ritter, der Cosima einst am Genfer See daran hinderte, sich zu ertränken, und der gegen die Kennzeichnung seiner gegenwärtigen italienischen Existenzform Einspruch erheben dürfte.

Richard Wagner fasst zusammen: »Seitdem ich N., von jenen Erfahrungen geleitet, näher beobachtete, ist an allen seinen Temperamentszügen und charakteristischen Gewohnheiten meine Befürchtung zu einer Überzeugung geworden.« So weit die Diagnose des Meisters, der nun zur allein angezeigten Therapie übergeht: Alles komme darauf an, »die Nerven, das Rückenmark zu stärken«. Es müsste »etwas Energisches« geschehen. Der Arzt möge seinem Patienten nur in diesem Sinne raten.

Was Richard Wagner nicht bedachte, war, wie sehr das Bewusstsein, Gegenstand solcher Unterleibs-Erörterungen zu sein, die Nerven ruinieren muss, statt sie zu stärken. Wie viel Rückgrat – nicht Rückenmark – dazugehören würde, in diesem Bewusstsein zu leben – sollte der Besprochene je davon erfahren. Und die Gefahr wächst.

Denn nun sieht sich auch der Arzt zu schriftlicher Erörterung des Falles N. aufgerufen, die Korrespondenz wiederum wird im Haus Wahnfried sorgfältig archiviert. Es sei wohl möglich, »daß nervös irritierte, durch Onanie geschwächte, hysterische Kranke« geheilt werden könnten, gibt der Arzt zu. Aber nicht

Nietzsche, nicht bei einer so weit fortgeschrittenen Zerstörung des Augenhintergrunds. Ja, der Arzt geht so weit, den Glauben des Meisters an den Zusammenhang von Onanie und schwindendem Augenlicht mit aller gebotenen Ehrfurcht zu erschüttern: »Onanie, wenn dieselbe wirklich vorliegt, kann als Ursache hier nur im weiteren Sinne aufzufassen sein, – so etwa, daß onanistisch Geschwächte allzeit weniger widerstandsfähig sind, und, wie jeder Erschöpfte, allen Ermüdungs- und Reizzuständen aller Erkrankung leichter anheimfallen.« Aber darf der Gründer des Frankfurter Wagner-Vereins den Schöpfer des »Ring des Nibelungen« derart belehren?

Klingt er gar besserwisserisch? Nichts liegt ihm ferner, und um sich der Ansprache des Meisters würdig zu erweisen, beantwortet er Vertrauen mit Vertrauen. Oder sollte man sagen: Er wird auf bedenklichste Weise indiskret? Das Haus Wahnfried erfährt nun von den intimsten Verhältnissen Nietzsches. Natürlich hat er sich dem Arzt gegenüber offenbart. Denn wenn der so gründlich untersucht, wie er noch nie untersucht wurde, dann muss er so gründlich reden, wie er noch nie geredet hat. Und in einer Direktheit, vor der sein Naturell instinktiv zurückscheut: Syphilitische Ansteckung nein, Tripper ja. Keine sexuellen Abnormitäten. Kontakt zu italienischen Straßenhuren auf Anraten seines italienischen Arztes. Aber geben wir dem indiskreten Mediziner selbst das Wort: »Bei Erörterung seiner geschlechtlichen Zustände versicherte mir N. nicht nur, daß er nie syphilitisch gewesen sei, sondern er hat auch meine Frage nach starker geschlechtlicher Erregung und etwaiger abnormer Befriedigung derselben verneint. Doch wurde der letzte Punkt von mir nur flüchtig berührt und ich darf deshalb N.'s Worten nach dieser Seite nicht allzu viel Gewicht beilegen.« Andererseits würden sie beglaubigt durch verschiedene »Tripper-Ansteckungen während seiner Studentenzeit«, von denen der Kranke freimütig berichtet habe, sowie durch die einschlägigen italienischen Vorfälle des vergangenen Jahres. »Auf ärztliches Anraten«, formuliert Eiser, habe sein Patient in Italien »mehrmals den Coitus ausgeübt.«

Im Bewusstsein, dem besorgten Komponisten wahrhaft frohe oder doch zumindest zuversichtlich stimmende Botschaften zu überbringen, geht Eiser zu der vertraulichen Formel »unser Patient« über, denn was ist ein Erlöser anderes als ein Arzt, dessen Fähigkeit zu heilen, universell geworden ist? Bewiesen sei also, »daß unserem Patienten die Fähigkeit zu normaler Befriedigung des Geschlechtstriebs nicht fehlt.« Und das sei nun »bei Onanisten seines Alters zwar nicht undenkbar, aber doch wohl nicht das Gewöhnliche«.

Eiser solle allen Einfluss geltend machen, den ein Arzt auf die Lebensgestaltung seines Patienten nur ausüben könne, fordert Richard Wagner.
Diskretion ist etwas fürs Personal.
Richard Wagner kann sich sein Leben nicht vorstellen ohne Frauen, ohne ihre Liebe. Was ihn gesund macht, muss auch Nietzsche gesund machen. Er schreibt in diesem Herbst schließlich nicht nur an Ärzte. Vor allem schreibt er an Judith, an die schöne Judith, Gautiers Tochter, genannt »der Orkan«.
1. Oktober: »Und wann werde ich Sie wiedersehen? So schlimm waren Sie, meine Einladung nach London nicht anzunehmen! Und aus welchem Grunde? Gut! Den kenn' ich!« – wahrscheinlich ist es der unbegabte Musiker, mit dem sie lebt – »Ach, ist das schlimm! Jetzt – wann – wie? Mag es sein! Lieben Sie mich und warten wir da nicht auf das protestantische Himmelreich: es wird schrecklich langweilig sein! Liebe! Liebe! Lieben Sie mich, immerdar!«[396] 9. November: »Ach, ich mache Musik, ich pfeife aufs ganze Leben auf alle Welt. Ich fühle mich geliebt und ich liebe!« 15. November: »Warten wir aufs Telephon!«
Er wünscht sich eine Decke von ihr, »eine wunderschöne, ganz unerhörte Decke, die ich ›Judith‹ nennen werde. Hören Sie! Trachten Sie mir so einen Seidenstoff zu finden, den man ›Lampas‹ nennt oder – wie nur? Grund gelber Satin – so blaß als möglich – bestreut mit Gewinden von Blüten – Rosen: das Muster nicht zu groß, denn es ist ja nicht für Vorhänge ... Gibt es kein Gelb, dann ein sehr lichtes Blau.«[397] Und auf »Judith«, seiner Decke, gedenke er fortan zu liegen, vor allem an den »Parsifal«-Vormittagen. Ja, er liebt wieder. Schon in Bayreuth hat das angefangen. »Weiß Du, wie das wird?« Er weiß es nicht, er ist

keine Nonne, und es ist ihm auch egal. Es wird schon werden. Seine Rechtfertigung ist der »Parsifal«. Für Friedrich Nietzsche wird es das Werk sein, mit dem Wagner zu Kreuze kriecht. Wenn der wüsste, wohin er kriecht. Er ist Klingsor, er ist der alte Zauberer, und Judith ist Kundry. Er liebt Judith Gautier! Wie schief ihn der Professor in Sorrent angeschaut hat, als er vom Abendmahl sprach. Friedrich Nietzsche wird sogar einmal ein Gedicht darüber machen:

An Richard Wagner

Der du an jeder Fessel krankst,
Friedloser, frei-dürstger Geist,
Siegreicher stets und doch gebundener,
Verekelt mehr und mehr, zerschundener,
Bis du aus jedem Balsam Gift dir trankst –
Weh! Daß auch du am Kreuze niedersankst
Auch du – ein Überwundener!
... 398

Überwunden von wem? Er hat Judith die Abendmahlsmusik geschickt: »Nehmet hin meinen Leib ...«. Das sind seine Mysterien.

Und Cosima? Natürlich, er liebt sie, er hat nie aufgehört, sie zu lieben. Es hat sich nichts zwischen ihnen geändert. Es ist nur etwas hinzugekommen, gewissermaßen. Und könnte man so mit Cosima über Abendmahle sprechen? Sie ist eine Büßerin, eine werdende Heilige. Er hat ihr schon öfter gesagt, dass er keine Heiligen im Haus erträgt, das sieht sie auch ein und ist deshalb noch immer eine sehr unvollkommene Heilige. Büßerinnen liebt man anders, ganz anders zärtlich. Nein, er nimmt ihr nichts weg. Und Judith – von Catulle Mendès ist sie längst geschieden – käme nicht einmal auf die Idee, diesen unbegabten Musiker, mit dem sie zusammen ist, für ihn zu verlassen. Er würde es nicht einmal wollen. So witzig hat er noch nie geliebt – witzig, weil entsagungsvoll. Ja, ihn interessieren diese Leute plötzlich, die so viel über Entsagung wissen. Und außerdem bekommt Cosima am Ende seiner Oper recht.

Aber vorher will er auskosten, was da hinzukam. Wenn er den Freund nur in seinen Zaubergarten führen könnte, auch er würde dort gesund werden. Er hat das schon lange nicht mehr so sicher gewusst wie in diesem Herbst 1877 und, nun ja, im letzten auch schon.

Ohne Musik ist das Leben ein Irrtum, wird Friedrich Nietzsche sagen. Es ist nicht so, dass Richard Wagner nichts von Musik hielte, aber er müsste da doch eine Korrektur, zumindest eine Ergänzung vorschlagen: Ohne Frauen ist das Leben ein Irrtum! Nein, Wagners Unterleibskonspirantentum ist nicht Denunziation, nicht Bosheit. Doch eine Sorge schwingt mit: Sollte er, ausgerechnet er, eine ganze Generation von Eunuchen zeugen? Es ist ihm unangenehm.

Die nicht unwichtige Frage lautet: Wann erfährt Nietzsche von Wagners Diagnose?

Sekten – und bei den Wagnerianern handelt es sich um den Spezialfall einer Sekte – sind in erster Linie Kommunikationsgemeinschaften. Kurz gesagt: Was einer weiß, wissen – tendenziell – alle. Mitunter ist dieser Vorteil ein großer Nachteil. Auch ist die Nachricht zu spektakulär, um sie auf die Dauer vor der Welt zu verschließen. Friedrich Nietzsche, der begabteste noch lebende Onanist Bayreuths?

Natürlich erreicht die Auskunft auch den, den sie am meisten angeht. Dass es geschieht, ist sicher. Es lässt sich jedoch nicht mehr mit Sicherheit aufklären, wann. Am wahrscheinlichsten sind die Wochen unmittelbar nach Wagners Tod. Erst dann zumindest lässt Nietzsche andere wissen, dass er weiß, was jene wissen oder zumindest wissen könnten. Er wird von *einer tödtlichen Beleidigung* sprechen.

Dass diese schon jetzt Mitautorin des Buches ist, das er gerade schreibt, ist unwahrscheinlich. Und doch holt der einschlägig Beleumundete bereits zum ersten empfindlichen Schlag gegen Richard Wagner aus. Und gegen sich?

DRITTER AUFZUG:
DER HINTERBLIEBENE

Ich verstehe es vollkommen, wenn
heute ein Musiker sagt »ich hasse Wagner,
aber ich halte keine andre Musik mehr aus«.

FRIEDRICH NIETZSCHE, DER FALL WAGNER

Voltaire,
Kreideskizze von
Jean Huber-Voltaire,
um 1775.

Voltaire oder Der Meister träumt.
Das Jahr 1878

Der Meister träumt. Er träumt schwer, sehr schwer.
Cosima erwacht. Ihr Mann liegt nicht mehr neben ihr. Sie findet ihn im Arbeitszimmer, hellwach, unruhig, lesend. Es ist der 4. September 1878. Sie fragt, was geschehen sei. Nichts, antwortet er abwehrend, er habe Kongestionen, Einbildungen, es sei nichts. Er müsse sich nur fassen. Richard Wagner hat von Friedrich Nietzsche geträumt, aber das sagt er seiner Frau jetzt nicht.

Er gehört zu den Menschen, die man mit Worten töten kann, hat Friedrich Nietzsche erkannt. Dass er diese, Pfeilen gleich, nicht einmal selbst absenden muss, dass der zu Verwundende die, die ihn treffen sollen, von selbst findet und gegen sich richtet – das hätte Friedrich Nietzsche nun doch erstaunt. Zumindest im ersten Augenblick. Im zweiten liegt es auf der Hand, dass Richard Wagner auch dieses Talent besitzt. Menschen von seiner

Einbildungskraft, Hysteriker also, verfügen in dieser Hinsicht über außerordentliche Begabungen. Es handelt sich um eine Art von fehlgeleitetem Schöpfertum.

Am nächsten Morgen berichtet er Cosima seinen Traum. Wie immer mehr Menschen in ihr Haus gedrungen seien, und er konnte sie nicht aufhalten. Sie strömten hinein, über ihn hinweg, der Letzte aber war Nietzsche. Schwere Beleidigungen habe er ihm gesagt und ein Hohnlied auf ihn gesungen, auf die Melodie des Pilgerchores aus dem Tannhäuser. »Sie behandeln mich wohl so, weil ich unbewaffnet bin?«, fragte der Schutzlose. Doch Nietzsche hörte nicht auf. Was denn da vorgehe im Haus, habe Cosima gerufen, in seinem Traum. Nichts, nichts!, habe der Erschrockene geantwortet. Nicht einmal jetzt wollte er seine Frau beunruhigen. Und war doch selbst zu Tode erschrocken. Und fand schließlich den Ausweg, den das Leben nicht hat: Er erwachte.

Ein halbes Jahr ist es nun her, dass das kleine Buch bei ihnen eintraf. Es war der 25. April 1878. Nietzsche schickt seine Aufsätze, seine Bücher, es war nichts Besonderes, oder nein: Es war immer etwas Besonderes, wenn sie eintrafen.

Wieder hatte der Verfasser lange überlegt, wie er den Neuling ankündigen solle. Mutwillig-wohlgelaunt, vorsätzlich-irreführend-verharmlosend? Er notierte:

Dem Meister und der Meisterin
entbietet Gruß mit frohem Sinn,
beglückt ob seinem neuen Kind
von Basel Friedrich Freigesinnt.
Er wünscht, daß sie mit Herzbewegen
aufs Kind die Hände prüfend legen
und schauen, ob es Vaters Art,
wer weiß? selbst mit 'nem Schnurrenbart.
Was ihm auf seinem Erdenwallen
beschieden sei: es will gefallen,
nicht vielen: fünfzehn an der Zahl,

den andern werd' es Spott und Qual.
Doch eh' wir in die Welt es schicken,
mög' Meisters Treuaug' segnend blicken;
und daß ihm folge fürderhin
die kluge Gunst der Meisterin![399]

Nein, unmöglich. Er begann den nächsten Entwurf, viel demütiger, um Verständnis werbend, selbst im sehr voraussehbaren Falle des Nichtverstehens: *Indem ich – übersende, lege ich mein Geheimniß vertrauensvoll in Ihre Hände und nehme an daß es nunmehr auch Ihr Geheimnis sei. Dies Buch ist von mir.* – Möglicherweise ahnen das die Empfänger sogar, aber er hat Grund, es so zu betonen.

Andere schreiben Bücher nur, er lebt sie, überlebt sich durch sie, das will er sagen: *… ich habe meine innersten Empfindungen über Menschen und Dinge dabei ans Licht gebracht und zum ersten Mal die Peripherie meines Denkens umlaufen. In Zeiten, welche voller Paroxismus und Qualen waren, war dieses Buch mein Trostmittel, welches nicht versagte, wo alle anderen Trostmittel versagten.* Welche? – »Das sage dir selbst!«, heißt an solchen Stellen die Empfehlung in Wagners Opern. Nietzsche weiß, er kann sich auf den Mitwisser seiner Seele verlassen. *Vielleicht lebe ich noch, weil ich seiner – des Buches – fähig war.* Wer das bekennt, darf wohlwollende Lektüre erwarten. Zumal er sich gänzlich allein wähnt in dem Reich der Gedanken, das er mit ihm betreten hat: *Obschon ich wie gesagt niemanden kenne, der jetzt noch mein Gesinnungsgenosse ist, habe ich doch die Einbildung, nicht als Individuum sondern als Collectivum gedacht zu haben – das sonderbarste Gefühl von Einsamkeit und Vielsamkeit.* – Es ist nur ein Briefentwurf, die letzte Notiz lautet: *Herold vorangeritten, der nicht genau weiss, ob die Ritterschaft ihm nachkommt und ob sie noch existiert.*[400]

Die Ritterschaft beginnt sofort zu lesen. Diesem Herold zu folgen, hat sich immer gelohnt. Seit fast zehn Jahren ist das nun so. Vor zehn Jahren sind sie sich zum ersten Mal begegnet, damals in Leipzig. Es ist also gewissermaßen ein Buch zum zehnten Jahrestag ihrer Freundschaft, mit der, das hat der Jüngere immer wieder versichert, sein eigentliches Leben erst begonnen habe: unerträglich der Gedanke, *ich könnte abseits von Ihnen liegengeblieben sein.* Und nun?

Der Herold hat es nicht ihm gewidmet, sondern einem anderen, einem Unbenannten: *Dieses monologische Buch, welches in Sorrent während eines Winteraufenthaltes (1876 auf 1877) entstand, würde jetzt der Oeffentlichkeit nicht übergeben werden, wenn nicht die Nähe des 30. Mai 1878 den Wunsch allzu lebhaft erregt hätte, einem der grössten Befreier des Geistes zur rechten Stunde eine persönliche Huldigung darzubringen.*[401] Wer ist tot? Kann der Autor das nicht aussprechen? Vielleicht hätte er doch bei seinem ersten Titelblattentwurf bleiben sollen:

Menschliches Allzumenschliches
Ein Buch
Für
Freie Geister.
Dem Andenken Voltaire's
geweiht
zur Gedächtnisfeier seines Todestages,
des 30. Mai 1778.
Von Friedrich Nietzsche[402]

Der Empfänger umkreist das Buch, als gelte es, einen Sicherheitsabstand zu wahren. Er hatte einmal geträumt, neben Voltaire an den Hof Friedrichs II. berufen zu werden. Aber dann rief ihn Ludwig, und es war kein Traum, und da war auch kein Voltaire neben ihm.

»Menschliches, Allzumenschliches«. Dass das Menschliche, Allzumenschliche das Verhängnis selber ist, dass es darauf ankommt, dem Menschen der Zukunft aufzuhelfen aus solchen Befangenheiten, darüber war nie ein Zweifel zwischen ihnen. Auch nicht darüber, wer das allein vermag: die Kunst. Aber dieses Buch heißt nicht »Die Kunst besiegt das Menschliche, Allzumenschliche«, nein, es suggeriert, dass diese traurigen Niederungen der Gattung eine eigene Betrachtung wert seien.

Und dann doch: Der scheue Blick streift Wortgruppen, ganze

Sätze. Blättern. Neue Wortgruppen. Erstaunen. Unverständnis. Abscheu. Und die Frage: Warum? Mit »Tristan« gefragt: »Warum mir diese Pein?« »Banges Gefühl davor nach einem kurzen Einblick«, notiert Cosima am selben Tag. Und dass Wagner – sagt Wagner – dem Autor ein Gutes tue, wenn er jetzt nicht lese. Der Autor werde es ihm danken, später. Noch kann er Friedrich Nietzsche nur als eine Gestalt der Nähe, nicht der Ferne denken.

Voltaire also. Wagner weiß, dass Nietzsche weiß, dass er wissen würde, wer gemeint ist. Aber was versteht Voltaire, was versteht die ganze Aufklärung von der Musik, von wirklicher Musik? Cosima erklärt ihrem Mann, wenn unter allen Menschen einer außerstande sei, die »Geburt der Tragödie« zu begreifen, so sei das Voltaire. Wagner lacht. Aber es ist kein frohes Lachen.

Mit einem Descartes-Zitat beginnt das Buch, mit einem Lob der Vernunft: »... daß für meinen Theil mir Nichts besser erschien, als wenn ich ... die ganze Frist meines Lebens darauf verwendete, meine Vernunft auszubilden und den Spuren der Wahrheit in der Art und Weise, welche ich mir vorgesetzt hatte, nachzugehen. Denn die Früchte, welche ich auf diesem Wege schon gekostet hatte, waren der Art, daß nach meinem Urtheile in diesem Leben nichts Angenehmeres, nichts Unschuldigeres gefunden werden kann ...«[403] Alle seine Werke, sogar den »Tristan« gibt er also dran für das trockene Brot der Wissenschaft. Und was soll dieser Untertitel? »Ein Buch für freie Geister«. Es gibt so viele Arten falscher Freiheit, das wissen sie beide. Auf die richtig gebundenen Geister kommt es an. Gebunden an eine Aufgabe, eine Mission, ein Ziel. War er denn nicht richtig gebunden – an ihn?

Wagner gehört zu den Menschen, die man mit Worten tödten kann.

Zehn Jahre dauert ihr Bündnis jetzt, an seinem, an Wagners Geburtstag feiere er jedes Jahr auch seinen eigenen, hat der Jüngere ihm gesagt. Jedes Jahr wieder. Er ist im Mai geboren, Voltaire ist im Mai gestorben. So weit ist alles in Ordnung. Sollte er dem Autor dieses fatalen Büchleins ein Telegramm schicken und ihm zu Voltaires Geburtstag gratulieren? Wagner mag die Idee, sogar sehr. Cosima sieht den Mann, der ihr Vater sein könnte, wie einen kleinen Jungen an:»Ich rate aber ab und befürworte auch wie nach mancher Seite hin das Schweigen.«⁴⁰⁴ Mag sein, dass Nietzsche sich auf Worte versteht, die töten können. Aber Cosimas eisiges Schweigen – er wird es erfahren – kann noch viel tödlicher sein.

Also kein Telegramm.

Am Todestag Voltaires trifft aber eine Büste des Philosophen bei Nietzsche ein, ohne Absender, anbei nur die Worte:»l'ame de Voltaire fait ses compliments à Frédéric Nietzsche«⁴⁰⁵. Er stellt die Büste auf den Schreibtisch und setzt sich davor.»Ich stand daneben«, berichtet die Schwester,»und als ich zuerst das Gesicht Voltaire's mit dem harten spöttischen Zug um den Mund prüfend betrachtet hatte und dann meine Blicke zu meinem Bruder wandern ließ, in dessen Augen ein tief ernster und doch so rührend sanfter Ausdruck lag, da überkam mich plötzlich eine große Bangigkeit.«⁴⁰⁶ Ist Voltaire nicht doch aus härterem Stoff gewesen? Der Bruder antwortet, dass Wotan auch ihm Härte verliehen habe.

Als Friedrich Nietzsche in Genf weilte, im April vor den ersten Festspielen, hatte er eine kleine Wiedergeburt nach einem schrecklichen Winter erlebt. Er hatte wieder frei atmen können, so sah er Ferney, *den Sitz Voltaires.* Er brachte dem Philosophen seine *Huldigungen* dar, schon damals, als all sein Hoffen Bayreuth hieß.

Geist und Seele merken sich Orte, an denen der Atem wieder frei wird.

Nein, Friedrich Nietzsche wäre unfähig zu»unechten Huldigungen«, Richard Wagner weiß das. Das macht es nur schlimmer.

Also Lesen, wider Willen, immer weiter. Cosima verzeichnet die Lektürebefunde. 27. April 1878: pervers. 29. April: traurig. 30. April: kläglich. 30. Mai: unbedeutend. 24. Juni: prätentiöse Gewöhnlichkeit. 25. Juni: nichtig, anwidernd. Aber auch, 28. Juni:»Er ruht sich aus, liest N., während ich den Kindern

Unterricht gebe.« 29. Juni: Richard Wagner hat Ohrensausen, bestreitet aber, dass das von seiner Nietzsche-Lektüre käme. Und dann trägt er den Schluss »mit beinahe lyrischem Schwunge« vor: *Der Wanderer.* – *Wer nur einigermassen zur Freiheit der Vernunft gekommen ist, kann sich auf Erden nicht anders fühlen, denn als Wanderer, – wenn auch nicht als Reisender nach einem letzten Ziele, denn das gibt es nicht.*[407] Der Wanderer ist sein Bild, darf dieser freche Autor es stehlen, es ihm wegnehmen? Wotan wird zum Wanderer, zum Verlierer, zum Melancholiker, weil er sein Herz an etwas gehängt hat, und was steht hier? Der Wanderer dürfe *sein Herz nicht allzu fest an alles Einzelne anhängen; es muss in ihm selber etwas Wanderndes sein, das seine Freude an dem Wechsel und der Vergänglichkeit habe.* – Der Schelm will ihn korrigieren. Vielleicht ist dies die Stelle, an der Wagner seiner Frau mitteilt, er hätte eine gute Nachricht: »Wir bleiben uns treu.«[408] – Es werden schlimme Tage, schlimme Nächte kommen, liest Richard Wagner, *aber auch* – und er deklamiert mit großem Ton: ... *die wonnevollen Morgen anderer Gegenden und Tage, wo er schon im Grauen des Lichtes die Musenschwärme im Nebel des Gebirges nahe an sich vorübertanzen sieht, wo ihm nachher, wenn er still, in dem Gleichmaass der Vormittagsseele, unter Bäumen sich ergeht, aus deren Wipfeln und Laubverstecken heraus lauter gute und helle Dinge zugeworfen werden, die Geschenke aller jener freien Geister, die in Berg, Wald und Einsamkeit zu Hause sind und welche, gleich ihm, in ihrer bald fröhlichen bald nachdenklichen Weise, Wanderer und Philosophen sind. Geboren aus den Geheimnissen der Frühe, sinnen sie darüber nach, wie der Tag zwischen dem zehnten und zwölften Glockenschlage ein so reines, durchleuchtetes, verklärt-heiteres Bild haben könne: – sie suchen die Philosophie des Vormittags.*[409] Hat Cosima es nicht schon vor einem Jahr gesagt: Solarischer Unfug! Ihr Mann aber sagt, ihr fehle es ganz entschieden an »der Philosophie des Vormittags«, sie müsse wohl warten, bis die Kinder groß sind.

Wagner liest Nietzsche. Meistens lacht er nicht. Wahrscheinlich weiß er gar nicht, worüber er sich mehr ärgern soll. Über diese Herablassung, diese vorsätzliche Abgeklärtheit, den angemaßten genealogischen Blick, der ihn zu einem bloßen Exemplar erniedrigt. Da meint dieser Mensch die Herkunft der neueren Musik aus dem Geist der Gegenrenaissance erklären zu müssen: *Die Musik war die Gegenrenaissance im Gebiet der Kunst ... Und noch jetzt dürfte man fragen: wenn unsere neuere Musik die Steine bewegen könnte, würde sie diese zu einer antiken Architektur zusammensetzen? Ich zweifle sehr.*[410] Denn das, was in dieser Musik regiere – der Affekt, die Lust an erhöhten, weit gespannten Stimmungen, das Lebendig-werden-Wollen um jeden Preis, der rasche Wechsel der Empfindung und mehr –, all das habe schon einmal in den bildenden Künsten regiert und neue Stilgesetze geschaffen: – *es war aber weder im Alterthum noch in der Zeit der Renaissance.*[411]

Dass Richard Wagner fast zu allen geschichtlichen Epochen ein Verhältnis gefunden hat mit Ausnahme der Renaissance, hat er längst bemerkt. Er wird zum Denker der Renaissance werden!

Dies war der Aphorismus 219, aber der nächste ist noch übler. Die Künstler seien seit je die Verherrlicher der religiösen, der metaphysischen Irrtümer der Menschheit gewesen, *und sie hätten diess nicht sein können ohne den Glauben an die absolute Wahrheit derselben. Nimmt der Glaube an eine solche Wahrheit überhaupt ab ... wird eine rührende Sage daraus werden, daß es eine solche Kunst, einen solchen Künstlerglauben gegeben habe.* Woher nimmt er das Recht, die Kunst, den Künstler – also auch ihn – wie ein Kind zu betrachten, er, der sein Sohn sein könnte? Es widerstrebt uns, Richard Wagners – mögliche – Lektüre von »Menschliches. Allzumenschliches« zu unterbrechen, und doch sei vermerkt, dass Friedrich Nietzsche schon einmal klüger war: Kein Künstler, so lange er schafft, ist religiös, hatte er 1875 notiert. Die Autorschaft des Künstlers steht immer schon in Konkurrenz zur Autorschaft Gottes. Er weiß das, aber er sagt es nicht. Oder er hat es gerade vergessen. Doch zurück zu Richard Wagners Lektüre.

Bestimmt wagt er kaum, den nächsten Aphorismus zu berühren, und mit Recht: *Voltaire war der letzte der grossen Dramatiker, welcher seine vielgestaltige, auch den grössten tragischen*

Gewitterstürmen gewachsene Seele durch griechisches Maß bän-
digte, und als ob das nicht genügte, leistet sich der Autor auch
noch einen Einschub: – *er vermochte Das, was noch kein Deut-*
scher vermochte, weil die Natur der Franzosen der griechischen
viel verwandter ist, als die Natur des Deutschen – nein, es ist
wohl besser, sich Richard Wagner nicht bei der Lektüre des
Aphorismus 221 vorzustellen –, *wie er, Voltaire, auch der letzte*
grosse Schriftsteller war, der in der Behandlung der Prosa-Rede
griechisches Ohr, griechische Künstler-Gewissenhaftigkeit, grie-
chische Schlichtheit und Anmuth hatte; ja wie er einer der letzten
Menschen gewesen ist, welche die höchste Freiheit des Geistes
und eine schlechterdings unrevolutionäre Gesinnung in sich ver-
einigen können, ohne inconsequent und feige zu sein.[412] Abgesehen davon, dass Richard Wagner die meisten dieser Ehrentitel
für sich beansprucht und der Autor sie ihm in einem, wie er jetzt
wohl sagen muss, früheren Leben auch bereits zugestanden
hatte, weiß Letzterer wohl auch zu genau, wie er über den Gegenstand der Betrachtung denkt.

Der tiefe Quell habe gefehlt, hatte Cosima den Voltaire-Be-
fund ihres Mannes vom Dezember 1870 notiert, aber es handele
sich zweifelsohne »um die Blüte des franz. Geistes, bis wohin es
dieser bringen kann«[413]. Nietzsche ortet Verfall des Regelwerks
von Voltaire an, und noch im Druckmanuskript war auch der
Endpunkt angegeben, mit Namen: Wagner.

Vielleicht, mag der wieder Gestrichene hoffen, trifft er irgendwann auf einen schönen Aphorismus, wenn er nur einen nach
dem anderen liest und keinen auslässt. Und wenn nur eine Zeile
darin schön wäre. Auf den 221. Aphorismus folgt der 222. Aphorismus. Er trägt den Titel *Was von der Kunst übrig bleibt* und
endet so: *Der wissenschaftliche Mensch ist die Weiterentwicke-*
lung des künstlerischen. So ungefähr hatte sich das schon Nietzsches Sokrates gedacht, nur unter negativem Vorzeichen, als
Fehlentwicklung; jetzt ist der Autor ausdrücklich einverstanden.

Er fasst zusammen: 223. *Abendröthe der Kunst.* – *Wie man*
sich im Alter der Jugend erinnert und Gedächtnisfeste feiert, so
steht bald die Menschheit zur Kunst im Verhältniss einer rühren-

den Erinnerung an die Jugend. Vielleicht daß niemals früher die Kunst so tief und so seelenvoll erfaßt wurde wie jetzt – von ihm gar? meint der Verfasser hier sich selbst? –, *wo die Magie des Todes dieselbe zu umspielen scheint. Man denke an jene griechische Stadt in Unteritalien, welche an Einem Tage des Jahres noch ihre griechischen Feste feierte, unter Wehmuth und Thränen darüber, daß immer mehr ausländische Barbarei über ihre mitgebrachten Sitten triumphire; niemals hat man wohl das Hellenische so genossen, nirgendswo diesen goldenen Nektar mit solcher Wollust geschlürft, als unter diesen absterbenden Hellenen.* Das ist eine Leichenrede, Richard Wagner wird es wohl merken, und die Leiche ist er. Nein, schlimmer noch, ein Untoter, ein Gestorbener bei lebendigem Leibe: *Den Künstler wird man bald als ein herrliches Ueberbleibsel ansehen und ihm, wie einem wunderbaren Fremden, an dessen Kraft und Schönheit das Glück früherer Zeiten hieng, Ehre erweisen, wie wir sie nicht leicht Unseresgleichen gönnen. Das Beste an uns ist vielleicht aus Empfindungen früherer Zeiten vererbt, zu denen wir jetzt auf unmittelbarem Wege kaum mehr kommen können; die Sonne ist schon hinuntergegangen, aber der Himmel unseres Lebens glüht und leuchtet noch von ihr her, ob wir sie schon nicht mehr sehen.*[414]

Vielleicht wirft Richard Wagner das Buch des Mannes, den er adoptieren wollte, an dieser Stelle zu Boden. Es entspräche seinem Temperament. Er ist noch nicht hinuntergegangen. Und wie sichtbar er ist! Über dem Horizont. Und wie er leuchtet!

Was ist diesem Autor geschehen?

Am 27. Juni sind Cosima und Richard Wagner endlich zu einer Erklärung gelangt: Nietzsche ist Jude geworden. Sie sagen es nicht mit diesem Wort, sie sprechen von »Rééklecksen«. Rée, Nietzsches Freund, missfällt ihnen noch immer. Ein Jude ist nach beider Überzeugung ein Mensch ohne Halt in sich, ohne Wurzeln, ohne Inneres. Sie hatten beide geglaubt, er habe eins, und von dort sei alles gekommen, die Liebe zu Schopenhauer, zu ihm. Wie weit der Geist auch geht, wie frei er zu schweben scheint, er kehrt doch immer wieder zurück. Aber da kam nichts aus einem »Innern«, urteilt Cosima jetzt, es waren nur »Reflexe«, Geistesbrechungen in der Unverbindlichkeit. Die konnten großartig wirken, solange es sich um Reflexe Wagners und Schopenhauers handelte, jetzt freilich nicht mehr, denn jetzt sind es nur noch »Réekleckse«.

*

Der Schriftversehrte macht sich Luft. Er schreibt einen Aufsatz. Er nennt ihn »Publikum und Popularität«. Nietzsche hat ihn erwähnt, ohne ihn zu erwähnen. Gut, so wird auch er es halten: »Nichts Verkehrteres kann man sich ... denken, als die Eigenschaft, welche die Franzosen auf dem Grunde ihrer Sprache zu geistreichen Virtuosen macht, von deutschen Schriftstellern adoptirt zu sehen.« Die deutsche Sprache sei kein Instrument der Virtuosität, denn jeder »unserer großen Dichter und Weisen« habe sich noch in der Lage Luthers wiedergefunden: für das, was er sagen wollte, sich »seine Sprache erst zu bilden«. Und dann geht er über zur Wissenschaftssatire. Eine solche nicht zuletzt war sein Offener Brief an Friedrich Nietzsche. Jetzt ist er gemeint.

Wie haben sie vor zehn Jahren noch bei ihrer ersten Begegnung über den Philosophenkongress von Prag gelacht, wie haben sie immer weiter gelacht über die kleinlichen Buchhalter des Geistes. Und hatte nicht Nietzsche selbst ihm vor Augen geführt, wer Sokrates wirklich war: der personifizierte Geist der Wissenschaft.

Wagners Lachen vereinsamt.

Ihr Mann schreibe »einen Spaß über Nietzsche«, vermerkt Cosima am 21. Juni, aber wirklich gelungen ist der Spaß nicht. Es fehlt ihm – horribile dictu – die Virtuosität. Das erkennende Subjekt – Nietzsche – blicke auf uns »Künstler, Dichter und Musiker als die Spätgeburten einer verrotteten Weltanschauungsmethode« herab, bis es schließlich »auf dem Katheder sitzend, allein als existenzberechtigt übrigbleibt.«[415] So würden sich Weltschlüsse ereignen.

Am Ende des Sommers liest der Abonnent der neuen »Bayreuther Blätter« Friedrich Nietzsche den Aufsatz, *W's bitterböse, fast rachsüchtige Seiten gegen mich*[416]. Er tut ihm weh, *aber nicht an der Stelle, wo W. wollte.*[417] Denn dazu sei er zu schlecht geschrieben: *Himmel, wie ungeschickte Polemik!*[418]

323

Er selbst war noch im Mai zur Mitarbeit an dem neuen Periodikum eingeladen worden. Mitarbeit? Es ist die Zeitschrift, die er einst geplant hatte, mit sich als Chefredakteur. Er sagt entrüstet ab, er sehe sich nicht in der Lage, *mit Parteiblättern irgendwelcher Art habe ich nie etwas zu thun.*[419] –

Und doch erfriert er langsam von innen. Nun ist also wirklich geschehen, was er so lange vorausgesehen, vorausgefürchtet hat. Der große Bruch ist da. Der Rückweg ist verstellt. Manchmal rettet er sich in Hochmut. Richard Wagner habe eine große Gelegenheit verpasst, Größe des Charakters zu zeigen. Der Satz gefällt ihm so gut, dass er ihn in sein nächstes Buch aufnimmt.

Nicht dass er im Geiste zurückkönnte oder auch nur wollte – der Prozess der Ablösung war schmerzhaft genug gewesen. Aber das, was lebt, ist etwas anderes als das, was denkt. So wird es Gottfried Benn sagen, der Dichter und Denker in Nietzsches Spur. Und das, was lebt in Friedrich Nietzsche, weiß nur zu genau, dass es gerade dabei ist, sein Leben zu verlieren.

Dass die tausend Fäden, die ihn mit diesen beiden Menschen verbanden, allzumenschlich und übermenschlich zugleich, nun gekappt sein sollen, ist ihm kein Gedanke, der sich leicht überleben ließe. Vorerst findet er nur die Kraft, die »Bayreuther Blätter« abzubestellen. Diesen Wagner kann er nicht in *Monatsdosen* zu sich nehmen.

Wie sehnt er sich jetzt nach Zuspruch, nach Ermutigung. Aber die Freunde schweigen peinlich berührt. Von Rohde: kein Wort! Die Stille um ihn herum ist gespenstisch. Sein Verleger versucht ihn zu trösten. Dann endlich, im Juni Nachricht von dem Freund, der ihm am liebsten ist: Er sei durch dieses neueste Nietzschianum wie »aus dem calidarium in ein eiskaltes frigidarium gejagt« worden, gesteht Erwin Rohde, und: »Ich sage nun ganz aufrichtig, mein Freund, daß diese Überraschung nicht ohne schmerzliche Empfindung war. Kann man denn so seine Seele ausziehen und eine andre dafür nehmen? Statt Nietzsche nun plötzlich Rée werden?«[420]

Nicht Rée, ich bin's! Er wird es beweisen, er erwägt eine »Erklärung an meine Freunde«, so wie Wagner einst eine verfasst hatte. Er will ein Buch über Wagner schreiben. Denn keiner, das weiß er wohl, ist berufener, es zu schreiben. Niemandem ist es nötiger. Er macht sich Notizen zu Wagners Göttern, von denen keiner etwas tauge, zu Wagners Ehrgeiz, der noch größer sei als seine Begabung, und: *Es entschlüpfen ihm kurze Stellen guter Musik: fast immer im Widerspruch zum Drama.*[421] Die Rheintöchterszene etwa, *Anwandlungen der Schönheit: ... gebrochene Lichter, Farbenüberschwang wie bei Herbstsonne, Buntheit der Natur; glühendes Roth Purpur, melancholisches Gelb und Grün fliessen durcheinander.*[422]

Und fast ohne Übergang steht darunter: *Wer wollte Wagner auf den Gipfel seiner Eitelkeit folgen, den er immer dort erreicht, wenn er vom »deutschen Wesen« redet.*

Er schreibt das Wagner-Buch doch nicht, dazu ist dieser noch zu sehr am Leben. Die deutsche Sprache tauge nicht zum Virtuosentum? Man wird sehen.

Die Zeit zwischen zwei Büchern ist ein Niemandsland, ein Niemandsland der Zeit. Es kann Cosima geschehen, dass sie zufällig in einem aufgeschlagenen Artikel ein paar vertraute Zeilen liest, ein Nietzsche-Zitat, ein früheres, dann kommen ihr die Tränen, und sie gewahren beide, »was an ihm uns verlorenging«[423]. Und, wer weiß, vielleicht wird sein neues Buch besser? Er hat so viele gute Bücher geschrieben, nur ein schlechtes. Ja, sie wären bereit, es zu vergessen. Und was für Nachrichten aus Basel. Der Freund – ja, manchmal nennen sie ihn noch so – habe seine Professur niederlegen müssen. »Furcht vor äußerster Not! Gott, mit wie offenem Herzen und Armen hätten wir unser Heim angeboten«[424], wird Cosima bewusst. Und nichts tun können. Nichts tun dürfen! Denn eine moralische Rigoristin ist sie auch.

Richard Wagner wendet sich an Overbeck, den atheistischen Theologieprofessor. Als er Nietzsche im Januar des letzten Jahres seinen »Parsifal« schickte, hatte er extra für Overbeck darunter geschrieben: »Richard Wagner, Oberkirchenrat«. »Daß ich ... so gänzlich davon ausgeschlossen sein soll, an Nietzsches Leben und Nöten teilzunehmen, betrübt mich. Würde ich unbescheiden sein, wenn ich Sie herzlich ersuchte, mir eine Nachricht über unseren Freund zukommen zu lassen?«[425]

Die Nachricht kommt. Sie kommt als Buch. »Der Wanderer und sein Schatten« erscheint. »Grauenerregend«. Wie kann einer so über Christus sprechen? So über den Faust? So – über ihn? Der zum Wanderer gewordene Professor wiederholt seine Diagnosen, nur subtiler und grausamer zugleich; er ist ein Sprachkünstler der Verfeinerung, wie Wagner einer der Noten ist. Zukunftsmusik?

Sie beide haben die Musik nur mit der Vorsilbe »Zukunft« denken wollen, aber sie sei eben doch die *Sprache eines versunkenen Zeitalters.* Er beweist es noch einmal.

171. Die Musik als Spätling jeder Cultur. – Die Musik kommt von allen Künsten, welche auf einem bestimmten Culturboden, unter bestimmten socialen und politischen Verhältnissen jedesmal aufzuwachsen pflegen, als die letzte aller Pflanzen zum Vorschein, im Herbst und Abblühen der zu ihr gehörenden Cultur: während gewöhnlich die ersten Boten und Anzeichen eines neuen Frühlings schon bemerkbar sind.[426] Ja, er kann sehr grausam sein, und dazu auch noch philosophisch grundsätzlich: *Die Musik ist eben nicht eine allgemeine, überzeitliche Sprache, wie man so oft zu ihrer Ehre gesagt hat,* sondern sie entspräche genau dem *Gefühls-, Wärme- und Zeitmaass* einer Kultur, ihrem inneren Gesetz. *Die Musik Palestrina's würde für einen Griechen völlig unzugänglich sein, und wiederum – was würde Palestrina bei der Musik Rossini's hören?*[427] Begründet er das so ausführlich, so beschwörend beinahe, weil er spürt, dass er in allem Recht doch unrecht hat? Zeitlich-überzeitlich ist die Wirkung großer Musik, sie ist kein Entweder-Oder, sie ist ein paradoxes Zugleich.

Auf seine Weise ist er seiner alten Aufgabe treu, die Musik zu suchen, die zu unserer Kultur passt, nur: Wehe dieser Kultur, wehe ihrer Musik! *Vielleicht, daß auch unsere neueste deutsche Musik, so sehr sie herrscht und herrschlustig ist, in kurzer Zeitspanne nicht mehr verstanden wird: denn sie entsprang einer Cultur, die im raschen Absinken begriffen ist; ihr Boden ist jene Reactions- und Restaurationsperiode, in welcher ebenso ein gewisser Katholicismus des Gefühls wie die Lust an allem heimisch-nationalen Wesen und Urwesen zu Blüthe kam.*[428] Und dann fällt sein Name.

Kann er tiefer verstanden, tiefer verworfen werden? Dieser Aphorismus, schon fast eine Abhandlung, ist ein Meisterwerk der Analyse und Sprache: *Wagner's Aneignung der altheidnischen Sagen, sein veredelndes Schalten und Walten unter deren so fremdartigen Göttern und Helden – welche eigentlich souveräne Raubthiere sind, mit Anwandlungen von Tiefsinn, Grossherzigkeit und Lebensüberdruß –, die Neubeseelung dieser Gestalten, denen er den christlich-mittelalterlichen Durst nach verzückter Sinnlichkeit und Entsinnlichung dazugab, dieses Wagnerische Nehmen und Geben in Hinsicht auf Stoffe, Seelen, Gestalten und Worte spricht deutlich auch den Geist seiner Musik aus ... dieser Geist führt den allerletzten Kriegs- und Reactionszug an gegen den Geist der Aufklärung.*[429] – Es so sehen zu müssen, spricht weniger für die Grenzen Wagners als für jene der Aufklärung, aber im Augenblick hat der Autor keine Lust, dies zu bemerken. Er versteht sich als Bestatter einer schönen Leiche. Es sind Selbst- als Fremdverletzungen. Wen treffen sie stärker?

Kein Lebendiger, der zur Vollendung seines Werks Gegenwart und Zukunft gleichermaßen nötig hat, darf sich zur Vergangenheit zählen lassen, will er dort bleiben, wo er ist: am Leben.

Richard Wagner muss sich noch immer sagen, dass ihn niemand so versteht wie dieser junge Mann, der ihn nicht mehr verstehen will. Zumindest kann er es am besten ausdrücken.

Wer hat gewonnen, bis jetzt? Keiner. Denn wenn Richard Wagner den Schluss dieses großartigen Aphorismus liest, darf er sich ganz ruhig zurück auf seine Judith-Decke legen. Glaubt dieser verzweifelte Jünger Voltaires denn selbst an das, was er da schreibt? Er prophezeit ihm Untergang und sich Aufgang, und zwar so: *Es liegt im Wesen der Musik, daß die Früchte ihrer grossen Cultur-Jahrgänge zeitiger unschmackhaft werden und rascher verderben, als die Früchte der bildenden Kunst oder gar die auf dem Baume der Erkenntnis gewachsenen: unter allen Erzeugnissen des menschlichen Kunstsinns sind nämlich G e d a n - k e n das Dauerhafteste und Haltbarste.*[430] Welch kleiner Schluss einer großen Betrachtung.

Der Meister träumt schwer. Immer wieder geht der Mann mit den Worten, die töten können, durch seine Nächte.

Aber auch Friedrich Nietzsche träumt. Doch nie von Wagner als Vernichter, immer sind es Bilder der einstigen Vertrautheit. Leichter sind seine Träume dennoch nicht, im Gegenteil; vielleicht macht es das noch schwerer. Denn wenn er träumt, ist die Vergangenheit wieder Gegenwart, ist die alte Nähe wieder da, besitzt er, der Ruhelose, wieder eine Heimat. Jeder hat einen Menschen nötig, der weiß, wer er ist. In seinem Fall war das Wagner.

Am Morgen nach solchen Träumen ist er einsamer als sonst.

*

Sobald ihm etwas Französisches gefällt, fragt sich Richard Wagner inzwischen, ob er noch er sei oder schon Nietzsche. Er schreibt eine »Einführung ins Jahr 1880«. Schreibt er sie extra für den Abtrünnigen?

So schön, auf so kostbarem Papier hätten die Deutschen noch nie Bücher gedruckt, und so viele!»... und für jedes Publikum ist ... gesorgt, selbst die kleinen Juden bekommen da ihr Christgeschenk mit hoffnungsvollen Sprüchen aus dem Talmud, und Nihilisten jeder Art werden für sechs Mark mit philologischen Nachgeburten begabt.«[431] Da! Das gilt ihm! Das gilt seinem Werk. Wie anders haben sie einst über ihre Schwangerschaften gesprochen, voller guter Hoffnung für den anderen.

Wahrscheinlich hat er es nicht gelesen. Und wenn doch, müsste er zuletzt nicht sagen: Endlich ein Mensch, der mich versteht! –? Denn der Untergang des Buches hebt laut Nietzsche an mit der Forderung: Bücher für alle! Dass mit der allgemeinen Alphabetisierung das Ende des Lesens und Schreibens begonnen hat, wird bald niemand überzeugender und furchtbarer darlegen als er. Welch schmerzliche Nähe! Was wiegt darüber seine Verkennung? Der Alte versteht nun mal nicht, dass die Zukunft nicht der Musik, sondern den Nihilisten gehört, genauer: denen, die das nihil, das große Nichts aushalten.

v. l.: Lou von Salomé, Paul Rée, Friedrich Nietzsche 1882; verantwortlich für das Arrangement: Friedrich Nietzsche.

Amor fati!

Wer Anfang August 1881 um den See von Silvaplana und durch umliegende Wälder läuft, könnte einem fassungslos weinenden Mann begegnen. Er ist nirgends abgestürzt, er ist nicht einmal hingefallen, er hat nur nachgedacht. Nein, das ist das ganz falsche Wort, nicht er hat etwas gesucht, er wurde gesucht, und er wurde auch gefunden: von einem Gedanken. Er weiß auch noch genau die Stelle, wo der Gedanke über ihn herfiel: ... *bei einem mächtigen pyramidal aufgetürmten Block machte ich Halt. Da kam mir dieser Gedanke.*[432] Es ist der Gedanke der ewigen Wiederkehr.

Unter Nietzschekennern gilt er gemeinhin als Mitte, als Zentrum des Werks. Diese Ansicht sei hier leicht korrigiert: Richard Wagner ist das geheime Zentrum von Nietzsches Werk und nur insofern ist es auch der Gedanke der ewigen Wiederkehr. Denn der Gedanke wird durch den Musiker erst verständlich.

Es ist ein höchst merkwürdiger Gedanke, was man schon daran erkennt, dass er bei seinem Erstfinder und dem Publikum gemeinhin höchst verschiedene Reaktionen hervorruft. Er ist schon ausgesprochen, und trotzdem verschwindet der erwartungsvolle Ausdruck in den Mienen der Zuhörer nicht. Nietzsche hat es selbst erfahren. Sie schauen noch immer, als ob das Eigentliche, der Paukenschlag erst noch kommen müsse. Aber da kommt nichts mehr. Das war es schon.

Es handele sich um die höchste Form der Bejahung, die überhaupt gedacht werden könne, hat er immer wieder versichert. Alles kehrt wieder, alles noch einmal?

Vielleicht empfinden die meisten Menschen einen leichten Schauder bei diesem Gedanken, Nietzsche empfindet Schrecken: Es ist schon beim ersten Mal unerträglich und falsch. Warum diese furchtbare Entfremdung von dem einzigen Menschen, der weiß, wer er ist? Dem einzigen, den er liebt, noch immer. Musste er ihn so kränken? Und es ist nicht nur er. Alles, was ihm gehörte, hat er verloren. Seinen wissenschaftlichen Ruf. Seine Freunde. Seine Gesundheit. Nein, das kann kein Mensch noch einmal wollen. Die Antwort, die er sich nun geben kann – gleichsam metapysisch-nichtmetaphysisch legitimiert – lautet: Ja! Ich will. Es ist gut so. Es muss sein. Es ist eine Art der Rechtfertigung, wie sie die Leichtgläubigeren von ihrem Gott zu beziehen pflegen, aber er kommt ohne seine Autorschaft aus.

Der Autor ist er!

Es ist in der Tat ein originärer Nietzsche-Gedanke, erhebend und niederschmetternd gleichermaßen. Er zerreißt ihn. Er liebt solche Gedanken. Daher seine spezifische Verfassheit: *Die Intensitäten meines Gefühls machen mich schaudern und lachen – schon ein paar Mal konnte ich das Zimmer nicht verlassen, aus dem lächerlichen Grunde, daß meine Augen entzündet waren – wodurch? Ich hatte jedesmal vorher auf meinen Wanderungen zuviel geweint, und zwar nicht sentimentale Thränen, sondern Thränen des Jauchzens; wobei ich sang und Unsinn redete.*[433] Aber was sang er? »Tannhäuser« wie nach seiner Berufung? »Tristan«? »Walküre«? »Götterdämmerung« wie im Sommer 1875? Er hat immer Wagner gesungen. »Carmen« kann er noch nicht singen, die hat er noch nicht gehört, das geschieht erst im Herbst, und die Seele war schon immer eine schlechte Parteigängerin des Verstandes. Er sei *erfüllt von einem neuen Blick, den er vor allen Menschen voraus habe.* Das ist nicht so sehr Hochmut als die Wohltat des Gefühls, dass alles das also doch einen Sinn hat. Dass er mehr werden kann als ein Second-hand-Voltaire. Zwischen Nichts und Allem liegt manchmal so wenig. Mitunter nur ein Gedanke. Dabei hat er schon wieder ein neues Buch geschrieben. Es heißt »Morgenröthe«. Richard Wagner wird den Titel schon verstehen. Sein Gestirn ist schon unten, das des Feindfreundes geht auf. Es soll mehr werden als eine Behauptung. Es kann mehr werden als eine Behauptung, das weiß er jetzt. Er fühlt jeden einzelnen Strahl der aufgehenden Sonne. Auch Richard Wagner ist fleißig. Er hat die nächsten Festspiele auf den kommenden Sommer festgesetzt, nur das aufzuführende Werk fehlt noch.

Wie schwer war dieses letzte Jahr gewesen. Nietzsche muss jetzt häufig daran denken: *Es gab gewiß Augenblicke ... (z. B. das Jahr 1878), wo ich einen kräftigenden Zuspruch wie das Labsal aller Labsale empfunden hätte – und gerade da ließen mich alle im Stich.*⁴³⁴ Nun, er will es tragen lernen. Es soll nicht vergebens gewesen sein.

Es geht nicht ohne Krisen, auch diesmal nicht. Im Herbst steigt er vom Gebirge herunter, geht nach Genua, sein Zimmer ist zu dunkel, um darin zu lesen oder zu schreiben, und abends wird es laut. Furchtbare Musik, mindestens bis Mitternacht, dann flieht er in ein Café. *Wir haben eigentlich Winter, eisige Regen mit Sturm, mir graut vor dem, was kommt.* So wird er 36 Jahre alt, auf der *tiefsten Stufe seiner Ansprüche* sowie des Genueser Klimas. Sein Vater starb mit 36 Jahren. Was kommt nun? Das Ende!, würde Wotan sagen, und er glaubt es auch.

Aber dann kommt etwas ganz anderes. Ein leuchtender November, eine neue Wohnung – salita della Battistine 8, interno 6 – und vor allem: Musik. Einmal Rossinis »Semiramide« und vier mal Bellinis »Guiletta e Romeo«. Und dann noch etwas: *Hurrah! Freund! Wieder etwas Gutes kennen gelernt, eine Oper von Francois Bizet (wer ist das?): Carmén. ... Ein ächt französisches*

Talent der komischen Oper, gar nicht desorientiert durch Wagner ... Es scheint, die Franzosen sind auf einem besseren Weg in der dramatischen Musik; und sie haben einen großen Vorsprung vor den Deutschen in Einem Hauptpunkte: die Leidenschaft ist bei ihnen keine so weit hergeholte (wie z. B. alle Leidenschaften bei Wagner).[435] Zehn Tage später ist er bereit zu denken, dass »Carmen« die beste Oper der Welt ist, und: *Ich lebe seltsam, wie auf den Wellenspitzen des Daseins – eine Art fliegender Fisch.*[436] Fliegende Fische lesen nicht. *Wozu habe ich halbblindes Thier noch Bücher!*[437] Dafür hätte er gern eine Schreibmaschine. Er definiert seinen Glauben neu: *ich glaube ... an mein Leben erst nach dem Tode und an meinen Tod während des Lebens.*[438] Oder sollte er es mit dem Leben mitten im Leben noch einmal versuchen? Dieser Winter macht ihm Mut.

Er plant seine Rückkehr zu den Menschen. Er will sie schon noch überraschen. Mit sich. Da hört er aus Bayreuth von verwandten Plänen; Wagner hat es also tatsächlich geschafft, der »Parsifal« ist fertig. Sollte das Zufall sein, werden sie jetzt in einen Wettkampf treten um die Seelen der Menschen – die abstürzende Sonne gegen die aufgehende Sonne, gewissermaßen?

Er ist Patron, er hat ein Anrecht auf seinen Platz. Überhaupt, wer hätte ein größeres Recht, in Bayreuth zu sein als er? Wem wäre es unmöglicher? Vielleicht hätte er die Künstler doch nicht zu notorischen Zuspätkommern, Kindern, Epigonen und Hinterweltlern erklären sollen.

Und doch, ihm ist so sonderbar großmütig zumute. Ja, er würde nach Bayreuth fahren. Zwar würde er die Komposition seines Venezianer Komponisten-Freundes und einstigen Schülers Peter Gast »Scherz, List und Rache« viel lieber hören als den »Parsifal«, dennoch: Wenn Wagner ihn persönlich einlüde, würde er kommen. Und wenn er ihn als den ersten unter seinen Gästen behandele, fügt er hochmütig hinzu. War er das letzte Mal nicht wie der letzte Gast gewesen? Allerdings benahm er selbst sich so. Egal wie, Wagner muss den ersten Schritt tun. Und zwar einen sehr, sehr großen. Je mehr er darüber nachdenkt, desto mehr ist er der Auffassung, dass Wagner ihn nach allen Begriffen »*höherer Schicklichkeit*« einladen muss.

Beginnt er gar, auf die Einladung zu warten? Im Februar erkundigt er sich, wo Wagners zu Ostern sein werden. Als alte, neue, neualte Katholiken: in Rom? Noch sind sie in Palermo, er weiß das. Man weiß, wo sich die Menschen aufhalten, die man liebt. Er sieht Sarah Bernhardt in der »Kameliendame«, sie erinnert ihn *in Aussehen und Manieren* sehr an Cosima. Über Aussehen und Manieren der Diva berichtet er so: *nach dem ersten Akte fiel sie wie tot nieder. Nach einer peinlichen Stunde spielte sie weiter, aber mitten im dritten Akte überfiel sie ein Blutsturz, auf der Bühne – da war es denn aus.*[439] Ausgerechnet in der »Kameliendame«.

Friedrich Nietzsche empfiehlt Köselitz, auf jeden Fall nach Bayreuth zu fahren. Bessere schlechte Musik könne er gar nicht hören. Und er müsse Wagners Orchester, seine Orchestererfindungen kennenlernen. Er erfährt, dass Wagner seinen »Mahnruf« gern in den »Bayreuther Blättern« abdrucken würde, ihn aber nicht fragen will. Er würde ohnehin nein sagen, vermutet Wagner. Nietzsche ist sich da gar nicht so sicher. Vielleicht mit den nötigen werkgeschichtlichen Erläuterungen?

Er erklärt Elisabeth, wie sie am besten an seinen Bayreuther Platz kommt. Und sie soll sich nur bald entscheiden, ob sie am 26., 28. oder 30. Juli gehen will. Noch weiß er nicht, wie sehr er sich dorthin wünschen wird.

Noch erfährt auch kein Mensch von den *tausend neuen Gedanken* in seinem Kopf und dem einen großen in ihrer Mitte. Das neue Jahr 1882 hat Außerordentliches mit ihm vor, das hat er gleich gemerkt. Er formuliert das so: *der Bogen in dem meine Bahn läuft ist gross und ich muß an jeder Stelle desselben gleich gründlich und energisch gelebt und gedacht haben: ich muß noch lange jung sein …* Dass ihn jetzt alle Welt allein lasse, darüber beklage er sich nicht, finde es vielmehr erstens nützlich und zweitens natürlich. Es gehöre schlicht unter die Trivialität der Regel, wie auch Wagners Verhalten zu ihm unter diese Regel gehöre. Der Zufall habe Wagner leider *eine so zufällige und unvollständige Bildung gegeben daß er weder die Schwere noch die Nothwendigkeit meiner Art von Leidenschaft begreifen kann.*

Die Vorstellung daß Wagner einmal geglaubt haben kann, ich theilte seine Meinungen, macht mich jetzt erröthen. [440] Und dann spricht er zum ersten Mal aus, was er vorhat: *Zuletzt wenn ich mich über meine Zukunft nicht ganz täusche, wird in meiner Wirkung der beste Teil der Wagnerschen Wirkung fortleben – und das ist beinahe das Lustige an der Sache.* --- [441] Dass ihm die Noten fehlen, scheint ihn nicht zu irritieren. Rausch ist Rausch.

Und es ist einer, ein Arbeitsrausch. »Die fröhliche Wissenschaft« wird sein neues Buch heißen. Und dann lernt er diese Russin kennen, bei Malwida von Meysenbug in Rom. Dass er diese Frau zu seiner Frau machen will, beschließt er im Geiste schon, bevor er sie kennt. [442]

Incipit: das Übermädchen.

*

15. Juni 1882, Berlin, Anhalter Bahnhof, Vormittag. Ein Mann wartet auf die Züge aus Hamburg. Er möchte nicht verreisen, er will jemanden abholen. Oder vielmehr: abfangen? Die vierfünftelblinden Augen des früheren Baseler Professors, 37 Jahre alt, taxieren die Ankömmlinge. Es kann nicht schwer sein, die Erhoffte in der Menge auszumachen: groß, schlank, blond, im hochgeschlossenen langen, schwarzen Kleid, sehr blaue Augen.

Er, der bald durch Selbstvorstellungen wie »Ich bin Dynamit!« auffallen wird, will die einundzwanzigjährige Petersburger Generalstochter Lou von Salomé treffen, und wenn es nur für die kurze Zeit ist, die sie zum Umsteigen braucht, in den nächsten Zug nach Westpreußen. Dort wohnt sein Freund Paul Rée auf dem Rittergut seiner Familie. Auch Rée ist ihr Freund.

Es ist eine Machtprobe.

Friedrich Nietzsche ist in das *kulturwidrige Preußen* gereist, in die Nähe des deutschen Kaisers. Wegen einer Frau! Ja mehr noch, er erwägt bereits, den ganzen Frühsommer an diesem seiner empfindlichen Gesundheit – oder richtiger: seinem empfindlichen Dauerkranksein – unzuträglichsten Ort weit und breit zu verbringen: *Ich will nach Berlin reisen, in der Zeit, wo Sie in*

Berlin sein werden, und von da mich sofort in einen der schönen tiefen Wälder zurückziehen[443], welche er rings um die Stadt vermutet. Unmöglich, sie werde nicht lange genug bleiben, um ihn zu sehen, hatte die zu Besuchende geantwortet. Also dann auf ein kurzes Treffen am Bahnhof? Nein, lautet die bündige Auskunft. – Der Wille des folgenschweren Denkers des »Willens zur Macht« gegen den eines Mädchens.

Die letzte schlechte Nachricht hatte ihn erst am Vortag in Naumburg erreicht, worauf der Entschluss in ihm reifte: *Meine liebe Freundin, seit einer halben Stunde bin ich melancholisch, und seit einer halben Stunde frage ich mich, warum?*[444] Er könne, fuhr er fort, keinen anderen Grund finden als ihre Absage. Und nun solle sie einmal sehen, *was für ein Mensch* er sei. *Also: morgen früh um 11 Uhr 40 will ich in Berlin sein, Anhalter Bahnhof.*[445] Welche junge Frau würde ihre Reisepläne nicht spätestens jetzt ändern und ihn nicht lächelnd erwarten? Nun gut, ganz sicher durfte er nicht sein, Lou von Salomé hat bereits zwei seiner Heiratsanträge abgelehnt. Den letzten machte er ihr auf ihrer gemeinsamen Rückreise von Rom in Luzern. Er reagierte auf ihre Ablehnung so gefasst und großmütig, wie er es von sich erwartet.

Luzern! Wie konnte er hier sein und nicht nach Tribschen gehen? Konnte er es? Er lud sie ein. Sie soll alles von ihm wissen und kennen, vor allem das, was er liebt. Also geliebt hatte. Also liebt. Sie saßen lange am Ufer, er hatte Tränen in den Augen. Vielleicht wunderte sie sich ein wenig. Wie Musik die Menschen um den Verstand bringen kann! Sie nicht, sie ist unmusikalisch; das ist ihre feste Überzeugung.

Aber Friedrich Nietzsche gibt nicht auf; er weiß, sie will ihn näher kennenlernen. Vor allem seine Philosophie. Also auch ihn.

Noch scheint dem Wartenden vom Anhalter Bahnhof nicht der Gedanke gekommen zu sein, dieses Menschenkind könne große Ähnlichkeit haben mit dem »Übermenschen«, der seit dem letzten Sommer an den Rändern seines Bewusstseins zu dämmern beginnt. Der Name eines der folgenschwersten Missverständnisse der näheren Zukunft – er ist schon gefunden. Die Amerikaner werden ihn als Comicfigur, als »Superman« importieren. Darüber würde der Philosoph notfalls lachen können.

Dass sich in Deutschland einmal jeder SS-Mann gemeint fühlen wird, gewissermaßen als »Herrenmensch« der selbstausgerufenen Epoche – darüber gewiss nicht.

Der »Übermensch«, wäre er in seiner ersten Verkörperung gar ein »Übermädchen«? Der Autor kennzeichnet ihn als *das Ideal eines Geistes, der naiv, das heißt ungewollt und aus überströmender Fülle und Mächtigkeit mit Allem spielt, was bisher heilig, gut, unberührbar, göttlich hiess.*[446] – Genauer kann man nicht sagen, wie diese Petersburger Generalstochter ihm erscheint. Genauer ist auch die außergewöhnliche Kindheit der Lou von Salomé kaum in einen Satz zu fassen.

Ihr bester Spielgefährte war Gott. Er widersprach nie, er bestätigte dem Kind stets aufs Neue die eigene Mädchenherrlichkeit. Er war der Spiegel, in dem sie jeden Morgen, jeden Mittag und Abend ihr Bild anschaute. Und wenn das Kind in die wirklichen hohen Spiegel der großen Petersburger Generalswohnung gegenüber dem Winterpalais blickte, war es auch über Gottes Unsichtbarkeit vollends beruhigt. Denn statt der eigenen Unendlichkeit erblickte es darin nichts als ein lächerlich kleines Mädchen, »so abgegrenzt ... so gezwungen, beim Übrigen, sogar Nächstliegenden einfach aufzuhören«[447]. Nein, Lou von Salomé war schon als Kind nicht geneigt zu glauben, »daß ich nur das war, was ich da sah«.

Dass ihr Gott nicht viel sprach, ja streng genommen gar nicht, hat sie nie beunruhigt – Philosophen bemerken nur selten, dass ihnen keiner antwortet. Der Herr war der ideale Zuhörer. Das Mädchen belächelte derweil die starren, devoten Gottesübungen seiner Familie. Dass andere Gott für einen Oberbefehlshaber hielten, erstaunte sie sehr. Sie darf als legitime Vorfahrin der schwer erziehbaren Kinder der Zukunft gelten.

Natürlich ist die Geschichte des Mädchens Lolja und Gottes die Geschichte einer Verwechslung. Das Unendliche spiegelt das Endliche, die ganze Welt das eigene Ich. Diese Geschichte wiederholt sich in jeder Kindheit, auch wenn der Name des Herrn niemals fällt. Es gehört keine große psychoanalytische Vorbildung dazu, um in ihrem Fall einen vollendet ausgeprägten Narzissmus zu diagnostizieren.

Viele Lou Andreas-Salomé-Kundige überrascht es noch immer, wie diese Frau von Nietzsche und Rainer Maria Rilke her schließlich zu Freud gelangen konnte. Sie aber wird 1911 sofort wahrnehmen, dass dieser Wiener Arzt ihre ureigenste Sache verhandelt. Doch ausnahmsweise nicht als Rätsel einer Krankheit, im Gegenteil, als Geheimnis einer übergroßen Gesundheit, eines vollkommenen Ruhens in sich selbst. Diese beispiellose Sicherheit des In-der-Welt-Seins wird später Rilke an sie binden. Nur durch sie hänge er doch überhaupt mit dem Seienden zusammen, wird er sagen. – Auch diese seelische Übergesundheit vergisst Friedrich Nietzsche nicht, wenn er über die Konstitution des »Übermenschen« spricht: *Wir Neuen, wir Namenlosen, Schlechtverständlichen, wir Frühgeburten einer unbewiesenen Zukunft – wir bedürfen zu einem neuen Zwecke auch eines neuen Mittels, nämlich einer neuen Gesundheit, einer stärkeren, gewitzteren, zäheren, als es alle Gesundheiten bisher waren.*[448] Lou hat sie trotz ihres schlimmen »Bluthustens«, der Wartende am Anhalter Bahnhof besitzt sie auch jetzt nicht.

Orte, an denen zu viele Menschen sind, machen ihn krank. Der Anhalter Bahnhof macht ihn krank. Der Mann, der bald beginnen wird, *mit dem Hammer zu philosophieren* – von niemandem bestellt, von keinem abgeholt, allen im Wege.

Drei Monate zuvor haben sie sich kennengelernt, in Rom, im Petersdom. Nietzsche hatte sie und den Freund in einem besonders gut zum Licht stehenden Beichtstuhl gefunden, in dem sein Freund Rée zu arbeiten pflegte. Er entwarf dort eine große Studie über den ganz und gar ungöttlichen Ursprung des Gewissens. Nietzsche entschloss sich zu den Lou-Begrüßungsworten: »Von welchen Sternen sind wir hier einander zugefallen?« Eine Art kosmischer Heiratsantrag, im allerersten Satz. Dass Rée bereits vergebens versucht hatte, dieses Mädchen zu heiraten, wusste er nicht und weiß es in der Bahnhofsstunde noch immer nicht. Dass man ganz offen, also ganz gottlos mit ihm sprechen konnte, weiß er längst. Und Richard Wagner komponiert das Abendmahl.

In den »weiten Falten und Taschen des Gottesmantels« (Lou Andreas-Salomé) hat sie gewohnt. Bis das Kind plötzlich begriff, was Vergänglichkeit ist. Von einem Augenblick auf den nächsten war sie eine Himmelsheimatvertriebene, ganz von selbst auf Nietzsches Problemhöhe: Wie denke ich einen leeren Himmel? Einer ihrer Züricher Professoren erklärt das Wesen seiner Studentin so: Sie »ist ein Wesen ganz ungewöhnlicher Art: von kindlicher Reinheit und Lauterkeit des Sinns und zugleich wieder von unkindlicher, fast unweiblicher Richtung des Geistes und in beiden ein Demant.« Das letzte Wort hatte der Professor unterstrichen. Ein Diamant funkelt, aber kein Stein ist härter als er. Und mit einem Willen von solcher Konsistenz will der Denker des Willens zur Macht sich messen? »Der Wille zu ...« Was für ein Anlauf. Was für ein Entschluss, wollen zu wollen. Sie braucht keine Anläufe. Sie kommt nicht.

Als Friedrich Nietzsche das irgendwann an diesem 15. Juni 1882 einsieht, fährt er in den Grunewald, um sich vom Anhalter Bahnhof zu erholen. Bis auf Weiteres will er sich dort niederlassen, er hat Lou auch schon seine Adresse mitgeteilt – *Charlottenburg bei Berlin* – und seine weiteren Pläne, zu denen das Berliner Treffen nur der Auftakt sein sollte: *Mein Hintergedanke ist 1) – – – –,* will heißen: er beabsichtigt noch immer, sie zu heiraten, *und 2) daß ich in einigen Wochen Sie bis nach Bayreuth begleiten darf, vorausgesetzt, daß sie keine bessere Begleitung finden.*[449]

Nach Bayreuth mit Lou, eingeladen oder nicht eingeladen!

Mit Schrecken nimmt er wahr, dass der Grunewald fast noch voller ist als der Anhalter Bahnhof. Die Lage des bald folgenschwersten Philosophen weit und breit ist verzweifelt: *In Berlin war ich wie ein verlorener Groschen, den ich selber verloren hatte und dank meiner Augen nicht zu sehen vermochte, ob er mir schon vor den Füßen lag, so daß alle Vorübergehenden lachten.*[450]

Am nächsten Tag ist er *halbtodt* zurück in Naumburg.

Werdet hart!, wird sein Zarathustra gleich einem ganzen Zeitalter zurufen. Sein Autor aber, der von dem Buch, das er bald schreiben wird, noch gar nichts weiß, wird sehr weich. Er teilt Lou mit, seine *anscheinend sehr thörichte Reise* habe ihn sowohl über den Grunewald als auch über sich selbst durchaus aufgeklärt. Soll heißen: Er verzichtet jetzt und künftig auf ähnliche

Eigenmächtigkeiten. Es mache ihm große Freude, ihr zu gefallen, hatte er kurz vor seinem Berlin-Ausflug geschrieben. Jetzt hat er ihr augenscheinlich nicht gefallen. Es wird nicht mehr vorkommen. Soll sie nur sagen, was sie mit ihm vorhat. Noch lautet der gemeinsame Herbstplan: Wien, bereits ab September. Schon am Tag nach seiner Rückkehr aus der Hauptstadt des Deutschen Reichs klingt er so: *Mein Wunsch in Betreff Wiens ist jetzt, wie ein Paquetstück in ein Zimmerchen des Hauses abgesetzt zu werden, in welchem Sie wohnen wollen. Oder im Hause nebenan, als Ihr getreuer Freund und Nachbar F. N.*[451]

Aus Wien wird nichts werden, aus Bayreuth wird auch nichts, nicht für ihn. Lou fährt, mit Rées Karte. Nietzsche gibt vor, sehr einverstanden zu sein, froh, den »Parsifal« nicht hören zu müssen, *und doch, wenn ich ganz geisterhaft in Ihrer Nähe sein könnte, dies und jenes in Ihr Ohr raunend, so sollte mir sogar die Musik zum Parsifal erträglich sein. ... Ich möchte, daß Sie vorher noch meine kleine Schrift »Richard Wagner in Bayreuth« lesen; Freund Rée besitzt sie wohl. Ich habe so viel in Bezug auf diesen Mann und seine Kunst e r l e b t – es war eine ganze lange P a s s i o n : ich finde kein anderes Wort dafür.*[452] Ihr gegenüber hält er nichts zurück: Es war Entsagung und ein schmerzhaftes Mich-selber-Wiederfinden, es *gehört zu dem Härtesten und Melancholischsten in meinem Schicksal. Die letzten geschriebenen Worte W's an mich stehen in einem schönen Widmungs-Exemplare des Parsifal »Meinem theuren Freunde Friedrich Nietzsche. Richard Wagner, Ober-Kirchenrath. Genau zur gleichen Zeit – wenn man eine Vierteljahres-Frist so nennen will – traf, von mir gesendet, bei ihm mein Buch »Menschliches. Allzumenschliches« ein – und damit war Alles klar, aber auch Alles zu Ende. Wie oft habe ich, in allen möglichen Dingen, gerade d i e s erlebt: »Alles klar, aber auch Alles zu Ende«!*[453]

Er wird es wieder erleben.

Aber jetzt würde er es nicht glauben. Er hat das Gefühl, sowohl als Dichter als auch als Denker, *eine gewisse Vorahnung von Lou* gehabt zu haben. Er geht in einen kleinen Ort bei Jena, und Lou, sie verspricht es, wird zu ihm kommen. Gleich nach Bayreuth! Dortselbst gelangen in diesen Frühsommertagen des

Jahres 1882 Richard und Cosima Wagner zu der Auffassung, dass Friedrich Nietzsche »eigentlich keine Intelligenz hatte, aber zu magnetisieren war«[454].

Am Sonntag, dem 23. Juli, kommt der Mann ohne Intelligenz kurz nach Naumburg hinüber, Lou und seine Schwester fahren gleich los, er muss den Abreisenden eine kurze Einführung in den »Parsifal« geben.

Natürlich kennt er den Klavierauszug längst. Jetzt, beim Spielen *gieng es mir seltsam genug! Schließlich sagte ich: »meine liebe Schwester, ganz diese Musik habe ich als Knabe gemacht«* – er denkt an sein altes, zur Verheiratung von Malwidas Pflegetochter längst geplündertes Oratorium – *und nun habe ich die alten Papiere hervorgeholt, und nach langer Zwischenzeit, wieder abgespielt: die Identität von Stimmung und Ausdruck war märchenhaft! Ja, einige Stellen, z. B. »der Tod der Könige« schienen uns Beiden ergreifender als alles, was wir uns aus dem P vorgeführt hatten, aber doch ganz parsifalesk!*[455] Er gesteht dem Schöpfer der Oper »Scherz, List und Rache«, dass er wahrhaft erschrocken sei über diese Ähnlichkeit und *wie nah ich Wagner eigentlich verwandt bin.* Womit er Wagner *nicht gelobt* haben wolle! Und dann fallen die Worte, die er ab sofort unermüdlich bis an das Ende seiner bewussten Tage wiederholen wird: *Welche plötzliche décadence! Und welcher Cagliostricismus!*

Er schreibt dies am 25. Juli 1882, am Vorabend der »Parsifal«-Uraufführung in Bayreuth. Kein Monat mehr, und auch sein neues Werk ist in der Welt.

Richard Wagner und Familie auf der Gartentreppe von
Haus Wahnfried 1881. Vordere Reihe v.l.: Isolde Wagner
und Daniela von Bülow, Eva und Siegfried Wagner.
Hintere Reihe v.l.: Blandine von Bülow, Heinrich von Stein,
Cosima und Richard Wagner, Paul von Joukowsky.

Tod in Venedig. Auferstehung in Genua

Er geht in seinem Zimmer auf und ab, einem von fünfzehn Zim-
mern in seinem Flügel des Palazzo Vendramin. Cosima geht in
ihrem Zimmer auf und ab, sie hören einander. Es ist der 26. Oktober 1882.

Seit Mitte September sind sie in Venedig; am 29. August fand
die letzte von sechzehn »Parsifal«-Aufführungen statt. Überwäl-
tigender Erfolg. Überschuss: 140000 Mark. Jetzt, wo er alt ist,
macht Richard Wagner Gewinn statt Schulden. Aber was zählt
das? Sie haben schon wieder eine Todesnachricht erhalten. Diesmal ist es Arthur de Gobineau, der Freund, der Erzkatholik und

341

Denker der vollkommenen Ur-Rasse. Sie haben schon gestern von nichts anderem sprechen können als von diesem Sterben; abends spielte Wagner Siegfrieds Trauermusik.

Eben, am Vormittag waren sie auf dem Markusplatz, meist stumm, irgendwann hatte Wagner zu seiner Frau gesagt: »Du kannst schweigen, daß ich an der Menschheit irre werden könnte.« Und jetzt schweigt sie schon wieder, nein, immer noch, denn auch mit den Kindern hatte sie über diesen Tod nicht reden können. Und nun hören sie einander zu in ihrer stummen Ruhelosigkeit, bis sie zu ihm kommt. Wahrscheinlich schweigend. Bis er sie fragt – mehr sich selber als sie –, »wo wohl Nietzsche sich aufhalte«.⁴⁵⁶ Er hat wieder ein Buch geschrieben, das haben sie gehört. Es heißt »Die fröhliche Wissenschaft«.

Schon der Titel ist für ihn gemacht, genauer: gegen ihn. »Die fröhliche Wissenschaft«! Die Wissenschaft, fröhlich? Dieser Autor denkt an ihn, in allem, was er sagt. Er will ihn verhöhnen. Er weiß genau, wie Richard Wagner die Wissenschaft verachtet, wo sie sich selbst feiert, sich selbst genügt. Er verachtet ihren Dünkel. Aber der Meister ist zu traurig, um sich zu ärgern, er fragt sich einfach nur, wo der Mann, der einmal sein Freund war, jetzt sein mag.

Noch ist er in Leipzig. Aber da wollte Friedrich Nietzsche schon längst nicht mehr sein. Eigentlich schon in Wien. Oder in Paris, gemeinsam mit der russischen Generalstochter und Rée. Aber die fahren nach Berlin. Er kann nur warten. Wo ist man, wenn man wartet? Nirgendwo.

Im August, in Tautenburg hatte er sie zu seinem »Geschwistergehirn« ernannt, aber sie spürte den werbenden Mann und floh schließlich zurück zu Rée, der sich längst in die Rolle gefügt hatte, die sie Männern vorerst allein zugestand: in die Rolle eines Freundes, eines Bruders.

Wo er ist? Er weiß es selbst nicht. Aber solange er hier ist, in Leipzig, ist er ein Sitzengelassener, das spürt er bald, er, der größte Philosoph des Äons.

Am 7. November denkt Richard Wagner in Venedig darüber nach, wie sich am einfachsten und unwiderlegbarsten beweisen ließe, dass die Welt schlecht ist. Er weiß es bald: Weil »Menschen wie Nietzsche, die etwas versprechen, in ihr schlecht werden«[457], und zwar so rasend schnell. Nietzsche in Leipzig vermerkt fast zur gleichen Zeit ein ähnliches Unbehagen des In-der-Welt-Seins: *Ah, diese Melancholie! ... Wie seicht sind mir heute die Menschen! Wo ist noch ein Meer, in dem man wirklich noch ertrinken kann! Ich meine ein Mensch.*[458] Es sind Zeilen an Lou, vergebliche Zeilen.

Wo Nietzsche wohl sein mag? Am 15. November flieht er zurück nach Italien, zurück nach Genua. Allein.

Ab Mitte Dezember verlässt Richard Wagner öfter den Palazzo, ohne seiner Frau im mindesten mitzuteilen wozu. Sie bekommen Besuch vom Präsidenten des Städtischen Konservatoriums Graf Contin. Wozu? Die Kinder schweigen und lachen, lachen und schweigen; und sie gehen fast immer mit ihrem Vater.

Am Heiligen Abend verlassen drei Gondeln den Palazzo Vendramin; sie fahren zum Teatro Fenice. Richard Wagner hat das alte, schöne Theater gemietet. Graf Contin gibt einen festlichen Empfang, und dann erklingt Richard Wagners Symphonie in C-Dur. Es ist Cosima Wagners 45. Geburtstag. Die Symphonie ist genau fünf Jahre älter.

Friedrich Nietzsche schreibt am nächsten Morgen, an dem Tag, als er vor zwölf Jahren zum ersten Mal das Stück Musik hörte, das ihm immer das liebste auf Erden bleiben wird, an Franz Overbeck: *Lieber Freund, ... Dieser letzte Bissen Leben war der härteste, den ich bisher kaute und es ist immer noch möglich, daß ich daran ersticke. Ich habe an den beschimpfenden und qualvollen Erinnerungen dieses Sommers gelitten wie an einem Wahnsinn ... Es ist ein Zwiespalt entgegengesetzter Affekte darin, dem ich nicht gewachsen bin. Das heißt: ich spanne alle Fasern meiner Selbst-Überwindung an – aber ich habe zu lange in der Einsamkeit gelebt ... daß ich nun auch mehr als ein Anderer von dem Rade der eignen Affekte gerädert werde. Könnte ich nur schlafen! – aber die stärksten Dosen meiner Schlafmittel helfen mir eben so wenig als meine 6–8 Stunden Marschiren. Wenn ich nicht das Alchimisten-Kunststück erfinde, auch aus diesem – Kothe Gold zu machen, so bin ich verloren.*[459]

Er ist allein in einem kleinen unheizbaren Zimmer im »Hotel Poste« in Rapallo an der Ligurischen Küste. Er ist der einzige Gast. Er ist jenseits von Tribschen.

*

»Widerwärtig«![460], lautet der Befund. Der ganze Mensch, widerwärtig. Richard Wagner liest einen Artikel in Schmeitzners Monatsheften. Er handelt von Friedrich Nietzsches neuem Buch. Alles, was Wert hat, ist von Schopenhauer, sagt er zu Cosima. Und von mir, könnte er hinzufügen. Er ist schon wieder erregt. Dabei bleibt er manchmal auf seinem Zimmer und will niemanden sehen, nur um sich nicht aufzuregen. Es ist nicht gut für sein Herz. Die »Brustkrämpfe« kommen wieder. Und außerdem weht der Scirocco, seit zwei Tagen schon. Es ist der 3. Februar 1883. Der Scirocco und Nietzsche sind nicht gut für sein Herz.

Schade, dass er das Buch selbst nicht lesen kann, er hätte einen merkwürdigen Aphorismus darin gefunden: *Da ist ein Musiker, der mehr als irgend ein Musiker darin seine Meisterschaft hat, die Töne aus dem Reiche leidender, gedrückter, gemarterter Seelen zu finden und auch noch den stummen Thieren Sprache zu geben. Niemand kommt ihm gleich in den Farben des späten Herbstes, dem unbeschreiblich rührenden Glücke eines letzten, allerletzten, allerkürzesten Geniessens, er kennt einen Klang für jene heimlich-unheimlichen Mitternächte der Seele, wo Ursache und Wirkung aus den Fugen gekommen zu sein scheinen und jeden Augenblick Etwas »aus dem Nichts« entstehen kann; er schöpft am glücklichsten von Allen aus dem unteren Grunde des menschlichen Glückes und gleichsam aus dessen ausgetrunkenem Becher, wo die herbsten Tropfen zu guter- und böserletzt mit den süssesten zusammengelaufen sind; er kennt jenes müde Sichschieben der Seele, die nicht mehr springen und fliegen, ja nicht mehr gehen kann; er hat den scheuen Blick des verhehlten Schmerzes, des Verstehens ohne Trost, des Abschiednehmens ohne Geständniss; ja, als der Orpheus allen heimlichen Elends ist er grösser, als irgend Einer, und Manches ist durch ihn überhaupt der Kunst hinzugefügt worden, was bisher unausdrückbar*

und selbst der Kunst unwürdig schien, und mit Worten nament-
lich nur zu verscheuchen, nicht zu fassen war, – manches ganz
Kleine und Mikroskopische der Seele; ja, er ist der Meister des
ganz Kleinen.[461]

Kann einer, der ihn so erkennt, noch Gegner sein? Kommen
Kategorien wie Freund oder Feind hier überhaupt in Betracht?
Und welcher seiner Freunde hätte das so wahrnehmen können
und – selbst wenn – es auch so aussprechen können? Alles im
Älteren müsste dem Jüngeren entgegenkommen. Aber er liest
nicht, er kann es nicht. Also kann er den vorbeugenden Argwohn
nicht verlieren. Also kann ihn auch der nächste Satz nicht treffen, bei womöglich schon abgelegter seelischer Rüstung: *Aber er*
will es nicht sein. Richard Wagner besitze einen eitlen, dummen
Hang zum Monumentalen.

Mein Gott, er, Richard Wagner, komponiert Opern. Die besitzen nun mal einen Hang zum Monumentalen. Jede Tragödie von
Anbeginn ist so organisiert – wer weiß das besser als dieser unmögliche Autor? Und braucht nicht auch das Kleine, das Mikroskopische erst den Kontrastgrund, vor dem es sich abheben
kann? – Ja, es ist Gift darin. Jeder zweite Satz ist kontaminiert,
noch immer. Es ist ein grausames Spiel, sie verstehen sich beide
darauf, aber er, Richard Wagner ist jetzt nicht gesund genug, es
zu spielen. Es ist das Herz, immer wieder. Kürzlich erst war er
zum Markusplatz gegangen, hatte schon von Weitem seinen
»Lohengrin« gehört, war schneller gelaufen, da krampfte sich
ihm das Herz zusammen. Mit äußerster Not und nun ganz langsamen Schritts, bei dem er sich das Aussehen eines Flaneurs zu
geben zu suchte, schaffte er es in sein Lieblingscafé, rang nach
Luft. Vielleicht ist es doch gut, dass er »Die fröhliche Wissenschaft« nicht lesen kann. Es gibt die Regionen, in denen sie ganz
allein sind, in die die anderen nicht mehr folgen können.

Er sucht sich andere Gesellschaft für die Nacht. Er träumt von
Arthur Schopenhauer. Sie treffen sich, reden und lachen. So heiter wie in seinem Traum hat er Schopenhauer nie erlebt. Der
Philosoph ist vollkommen weiß, aber das stört Richard Wagner
nicht, im Gegenteil, der Mann habe Witz: »nein, wer solle sich
denken, daß das dieser große Philosoph sei«[462]. Der weiße Scho-

penhauer zeigt Wagner einen Schwarm Nachtigallen, nicht eine einzelne, sondern gleich einen ganzen Schwarm. Typisch Wagner, würde Nietzsche wohl sagen, wäre er Mitwisser dieses Traums. Aber das ist es eben: ein Traum, mit der typischen Logik des Traumes. Auch der schlafende Richard Wagner wundert sich durchaus über die Anzahl der Vögel, als ihm der ganzkörperbleiche Philosoph erklärt, dass er den Schwarm schon kenne. Sofort scheint Richard Wagner alles ganz plausibel. Ein heiterer Philosoph mit einer Nachtigallenherde, nur etwas zu weiß. Ein heiterer Träumer. Und als er aufwacht und Cosima von seiner nächtlichen Gesellschaft erzählt, ist er immer noch froh. Doch das währt nicht lang, denn dann fällt ihm wieder Friedrich Nietzsche ein. Er erinnert sich an eine frühere Fotografie, die ihnen beiden missfiel. Sie hätten es damals gleich auf dem Bild erkennen müssen: Er ist ein Geck, nichts weiter. Friedrich Nietzsche: ein Nichts. Schluss. Punkt. Aus.

Richard Wagner geht nicht aus wegen des Sciroccos. Gegen Abend kommt Hermann Levi, der Dirigent der »Parsifal«-Uraufführung. Es war einiges zusammengekommen, ihn dazu zu machen – und ein letztes Mal sei hier der untergründigen Verwandtschaft der Wahrnehmungen Ludwigs und Nietzsches gedacht –, denn nicht zuletzt war es ein Brief des Königs: »Daß Sie, geliebter Freund, keinen Unterschied zwischen Christen und Juden bei der Aufführung Ihres großen, heiligen Werkes machen, ist sehr gut; nichts ist widerlicher, unerquicklicher, als solche Streitigkeiten; die Menschen sind ja im Grunde doch alle Brüder, trotz der confessionellen Unterschiede.«[463] Ludwig weiß das nicht zuletzt aus seiner Musik. Und aus »Staat und Religion«.

Levi kommt gegen 16 Uhr. Nietzsche? Der Nietzsche, der ihm soeben einen »jungen Mozart« empfohlen habe? Bülow wollte nicht, aber Levi hat sich Heinrich Köselitz' »Scherz, List und Rache« angeschaut: Ein Nichtskönner, lautet der Befund des sonst doch so zurückhaltenden Kapellmeisters. Sie lachen. Der fatale Schelm kann selbst keine Musik machen, und er versteht nichts von der Musik anderer. Was, fragt man sich im Palazzo Vendramin, wäre dem noch hinzuzufügen? Vielleicht, dass er Richard Wagner liebt – liebte also. Doch wie soll dieser das interpretieren, schon hinsichtlich seines eigenen Stellenwertes, soll er überhaupt?

Es ist doch schade, dass Richard Wagner nur den Aufsatz über Nietzsches Buch, nicht dieses selbst lesen kann. Es würde ihm sagen, dass ein Mensch, der so viel über das Musik-Hören weiß, kein ganz Falschhörender sein kann: *Man muss lieben lernen. – So geht es uns in der Musik: erst muß man eine Figur und Weise überhaupt hören lernen, heraushören, unterscheiden, als ein Leben für sich isoliren und abgrenzen; dann braucht es Mühe und guten Willen, sie zu ertragen, trotz ihrer Fremdheit, Geduld gegen ihren Blick und Ausdruck, Mildherzigkeit gegen das Wunderliche an ihr zu üben: – endlich kommt ein Augenblick, wo wir ihrer gewohnt sind, wo wir sie erwarten, wo wir ahnen, daß sie uns fehlen würde, wenn sie fehlte; und nun wirkt sie ihren Zwang und Zauber fort und fort und endet nicht eher, als bis wir ihre demüthigen und entzückten Liebhaber geworden sind, die nichts Besseres von der Welt mehr wollen, als sie und wieder sie.*[464] Aber Richard Wagner kann nicht lesen. Er kommt zu dem etwas leichtfertigen Schluss, dass Nietzsche »gar keinen eigenen Gedanken« gehabt habe, kein »eigenes Blut«[465]. Ein Vampir. Sie spielen »Harlekin, du musst sterben«. Der Karneval liegt in der Luft.

Am nächsten Morgen denkt Richard Wagner trotzdem wieder an Friedrich Nietzsche. Gut, dass die Fastnacht beginnt. Die Kinder würden ihm nicht verzeihen, wenn er nicht mitkommt, also kommt er. Er sieht den Trauerzug des Prinzen Karneval nahen, von der Riva führt er nach San Marco. Dort muss der Prinz zwischen den beiden Säulen den Flammentod sterben, augenblicklich verlöschen alle Lichter. Dann nur noch die Glocken des Campanile. Es ist schön.

Aschermittwoch fahren sie nach San Michele, aber Richard Wagner gefällt es nicht auf der Friedhofsinsel, er hat sich bei der Beerdigung des Prinzen Karneval erkältet, sagt er, er muss liegen. Er hätte Zeit, in der »Fröhlichen Wissenschaft« zu lesen.

Wäre das Buch da, er würde es zur Hand nehmen. Es ist eine alte Gewohnheit.

Er könnte jenen Aphorismus lesen, der beginnt: *Die letzten*

Schönheiten eines Werkes zu sehen – dazu reicht alles Wissen und aller gute Wille nicht aus; es bedarf der seltensten glücklichen Zufälle, damit einmal der Wolkenschleier von diesen Gipfeln für uns weiche und die Sonne auf ihm glühe. Nicht nur müssen wir gerade an der richtigen Stelle stehen, diess zu sehen: es muß gerade unsere Seele selber den Schleier von ihren Höhen weggezogen haben und eines äusseren Ausdruckes und Gleichnisses bedürftig sein, wie um einen Halt zu haben und ihrer selber mächtig zu bleiben. Diess Alles kommt aber so selten gleichzeitig zusammen ... Müsste sein bester Leser nicht wissen, woran der Autor denkt, an welche Erfahrungen? *... Ich will sagen, daß die Welt übervoll von schönen Dingen ist, aber trotzdem arm, sehr arm an schönen Augenblicken und Enthüllungen dieser Dinge. Aber vielleicht ist dies der stärkste Zauber des Lebens: es liegt ein golddurchwirkter Schleier von schönen Möglichkeiten über ihm, verheissend, widerstrebend, schamhaft, spöttisch, mitleidig, verführerisch. Ja, das Leben ist ein Weib!*[466] Die Sache müsste Richard Wagner unbedingt interessieren, denn er arbeitet gerade an einem größeren Essay über das Weibliche und die Richtung, in die es uns zieht.

Wir waren Freunde und sind uns fremd geworden, beginnt ein anderer Aphorismus, es ist der 279te. Undenkbar, dass er nicht weitergelesen hätte: *Aber das ist recht so und wir wollen's uns nicht verhehlen und verdunkeln, als ob wir uns dessen zu schämen hätten. Wir sind zwei Schiffe, deren jedes sein Ziel und seine Bahn hat; wir können uns wohl kreuzen und ein Fest miteinander feiern, wie wir es gethan haben, – und dann lagen die braven Schiffe so ruhig in Einem Hafen und in Einer Sonne, daß es scheinen mochte, sie seien schon am Ziele und hätten Ein Ziel gehabt. Aber dann trieb uns die allmächtige Gewalt unserer Aufgabe wieder auseinander, in verschiedene Meere und Sonnenstriche und vielleicht sehen wir uns nie wieder, – vielleicht auch sehen wir uns wohl, aber erkennen uns nicht wieder: die verschiedenen Meere und Sonnen haben uns verändert! Daß wir uns fremd werden müssen, ist das Gesetz über uns: ebendadurch sollen wir uns auch ehrwürdiger werden! Ebendadurch soll der Gedanke an unsere ehemalige Freundschaft heiliger werden! Es*

giebt wahrscheinlich eine ungeheure unsichtbare Curve und Ster-
nenbahn, in der unsere so verschiedenen Strassen und Ziele als
kleine Wegstrecken einbegriffen sein mögen; – erheben wir
uns zu diesem Gedanken! Aber unser Leben ist zu kurz und un-
sere Sehkraft zu gering, als daß wir mehr als Freunde im Sinne
jener erhabenen Möglichkeit sein könnten. – Und so wollen wir
an unsere Sternen-Freundschaft glauben, selbst wenn wir ein-
ander Erden-Feinde sein müssten.[467]

Könnte Richard Wagner nein sagen? Ja, müsste er nicht wie früher auf der Stelle ein Telegramm schicken: So sei es! Ihr R. W. –?

Eine Woche nach seinem Aschermittwochs-Besuch auf San
Michele, der Friedhofsinsel von Venedig, ist Richard Wagner
tot. »Meine Uhr!«, war sein letztes Wort. Sie drohte dem Diener,
der ihn entkleidete, herunterzufallen.

*

Friedrich Nietzsche läuft durch Genua, unterm Arm einen nicht
allzu dicken Stoß Papiere. Er will zur Post. Was er da hat, wie
soll er es nennen? *Es handelt sich um ein kleines Werk (kaum*
hundert Druckseiten), dessen Titel ist

Also sprach Zarathustra.
Ein Buch für Alle und Keinen.

Und für Richard Wagner natürlich, hätte er hinzufügen können,
ja eigentlich ist es vor allem ein Buch für Richard Wagner, aber
er vertraut in den Dingen des höheren Adressatentums noch immer uneingeschränkt der Intelligenz des Meisters. *Es ist,* erklärt
er seinem Verleger weiter, *eine »Dichtung«, oder ein fünftes*
»Evangelium« oder irgend Etwas, für das es noch keinen Namen
giebt: bei weitem das Ernsteste und auch Heiterste meiner Er-
zeugnisse, und für Jedermann zugänglich.[468]

Der akut selbstmordgefährdete Philosoph hatte es geschafft.
Er hatte auch *aus diesem* – Kothe Gold gemacht, nein sagen wir
es weniger tellurisch, mehr solarisch: Er hat sich den offenen
Himmel geschaffen, den er so braucht. Er wurde hineingerissen

in einen Schaffensrausch ohnegleichen. Er bringt den »Zarathustra« zur Post, dieses Kultbuch von Generationen, das schließlich neben Hitlers »Mein Kampf« und Rosenbergs »Mythus des 20. Jahrhunderts« im Tannenbergdenkmal niedergelegt werden wird. Auch Bücher haben Schicksale, es hätte ihn nicht gewundert. Oder doch, es hätte ihn gewundert, es ist zu absurd, aber nichts schützt vor geistigem Missbrauch, er weiß es.

Mit Lou sollte seine »Rückkehr zu den Menschen« beginnen, doch sie wird sein endgültiger Abschied von den Menschen sein.[469] Alle Gewaltsamkeiten, Verhärtungen, Grausamkeiten in Nietzsches Werk lassen sich datieren: post Lou. Aber auch der Dichter Nietzsche beginnt erst jetzt zu reden, gültig zu reden.

Er muss heiraten oder eine Oper schreiben, hatte Wagner gesagt. Er hat es getan, Letzteres. Er hat es wie Wagner gemacht, er hat sich selbst überstanden. Es ist kein höheres Bonmot, dass er noch im »Ecce homo« fordern wird, den »Zarathustra« unter die Musik zu rechnen. Friedrich Nietzsche muss das Ergebnis nur noch abschicken. *Nun muß ich diesmal, teilt er seinem Verleger mit, auf Äußerlichkeiten besonderen Werth legen, weil dieses Buch an der Spitze meiner bisherigen Bücher erscheinen soll. Bei ganz gleichem Formate und Drucke bitte ich um eine schwarze Linie, welche den Text jeder Seite einfasst: so ist es einer Dichtung würdiger.*[470] Eine schwarze Linie. Aber es ist doch kein Trauerfall.

Wer ein Werk beendet hat, darf Ferien machen, einen Tag wenigstens. Darum ist er in Genua. Größere Städte haben die größeren Postämter, sie haben auch die größeren Zeitungen; die Abendnummer des »Caffaro« wird ausgerufen. Er kauft sie, *wider meine Gewohnheit. ... Mein erster Blick fällt auf das Telegramm aus Venedig.*

Woran starb Wagner?[471]

Wahrscheinlich liest er die wenigen Zeilen immer wieder. Er war dem Ende so nah, näher als je zuvor, aber am Ende stirbt nicht er, sondern Wagner stirbt. Sollte das – gesetzt den Fall, er überlebt diese Nachricht – kein Zeichen sein?

Zarathustra übersteht Parsifal. Ist es nicht so?

Aber das hat Zeit.

Langsamer siegen.

Zuerst muss diese Stunde die der Versöhnung sein, der postumen Versöhnung. Wenn er ihn rufen würde, wenn er ihn brauchen würde, würde er kommen. Er hat es oft gesagt: *Dies wäre meine Schwäche.* Jetzt kann Cosima nicht nach ihm rufen, jetzt muss er kommen. Würde Cosima ihn nun nicht brauchen, müsste sie ihn jetzt nicht verstehen, in dieser Stunde, wo alle Kleinlichkeit endet, und Erdenfeindschaften gehören dazu, die zuallererst?

Friedrich Nietzsche wird gewusst haben, dass Cosima nicht beabsichtigte, ihren Mann zu überleben. Sie waren drei, die ihren Abgrund immer bei sich trugen. Die Ersthörer der »Treppenmusik«. Jetzt sind sie nur noch zu zweit. Müssen sie sich jetzt nicht die Hände reichen, sich gegenseitig halten?

Cosima bleibt bei dem Toten, um nie wieder aufzustehen. Als ihre Kinder sie in der Nacht des 13. Februar mahnten, sie müsse schlafen, antwortete sie: »Wenn ihr wollt, daß ich zu Bett gehe, will ich es thun, nur legt ihn neben mich.« Isolde und Daniela halfen ihrer Mutter bei der Abendtoilette, der Tote wurde in sein Bett gebracht, Cosima legte sich neben ihn, küsste ihn, barg den Kopf an seine Schulter und hörte hinaus in den Sturmregen auf dem Canal Grande. Sie hoffte, sie würde mit untergehen. Und selbst wenn nicht: Sie würde bei ihm bleiben. Gemeinsam sterben. Niemand hat es so komponiert wie der Tote neben ihr. Sie kennt jede Note, es kann nicht schwer sein. Sie war bereit. Ein neuer Tag begann, entgegen all ihrem Empfinden für Schicklichkeit, ja für Wirklichkeit. Die Töchter baten sie aufzustehen. Richard Wagner verlassen? Niemals. Vielleicht liegt sie noch bei ihrem Mann, als Friedrich Nietzsche in Genua den »Caffaro« kauft.

Vielleicht richtet Friedrich Nietzsche seinen Brief genau an die Frau, die nicht mehr vorhat, Briefe zu lesen:

Sie haben Einem Ziele gelebt und ihm jedes Opfer gebracht; über den Menschen hinaus empfanden Sie das Ideal dieses Einen, und ihm, welches nicht stirbt, gehören Sie, gehört Ihr Name für immer. Wie der meine, könnte er anfügen. ... und über die Liebe jenes Menschen hinaus erfaßten Sie das Höchste, was s e i n e

Liebe und seine Hoffnung erdachten: Dem dienten Sie, Dem gehörten Sie und Ihr Name für immerdar – dem was nicht mit einem Menschen stirbt, ob es schon mit ihm geboren wurde.

So sehe ich heute auf Sie, und so sah ich, wenn gleich aus großer Ferne, immer auf Sie, als auf die bestverehrte Frau, die es in meinem Herzen giebt. Es sind Versuche zu einem Brief, die er da niederschreibt, sie werden immer mehr zu Bruchstücken, unverbunden und doch um so beredter:

weiß ich nicht anders zu thun als ich es früher that

...

bis zum letzten Blutstropfen sich vergeben und ohne Schonung so – – –[472]

Am Nachmittag des 14. Februar entfernt der Arzt Richard Wagners Witwe mit Gewalt von dem Toten. Er verspricht, sie zu rufen, wenn er mit dem Waschen und Einbalsamieren beginnen würde, und tut es nicht.

»Stelio Effrena, Daniele Glauro, Francesco di Lizo, Baldassare Stampa, Fabio Molza und Atimo della Bella« – zwei von ihnen hatten den ohnmächtigen Richard Wagner im November vom Schiff an das Ufer getragen – »warteten im Vorraum des Palastes. ... Sie warteten ohne zu sprechen und sich anzusehen ... Man hörte nichts als ein leises Plätschern auf den Stufen vor dem großen Portal ... Die Leiche lag ... in den gläsernen Sarg eingeschlossen; und daneben, zu seinen Füßen stand die Frau mit dem Gesicht von Schnee. Der zweite Sarg, aus poliertem Metall, stand offen auf dem Fußboden.«[473] Gabriele d'Annunzio beschreibt den Augenblick, als Cosima Wagner zum letzten Mal das Gesicht ihres toten Mannes sieht. Es der 16. Februar, nach ein Uhr am Nachmittag.

*

Der Erlöser ist gegangen. Cosima ist wieder aufgestanden, vorläufig, aber Friedrich Nietzsche muss sich ins Bett legen, kaum dass er Rapallo wieder erreicht hat; *es ist Alles krank an mir. ... Ws Tod hat mir fürchterlich zugesetzt.*[474] Er bemerkt auch ein anderes Gefühl in sich, etwas wie ein Leichterwerden? Er könnte auch sagen, er fühlt sich erlöst. Erlöst vom Erlöser. Aber so formuliert er es dann doch nicht. Erleichterung klingt schon hart genug: *Es geht schon wieder, und ich glaube sogar, daß der Tod Wagners die wesentliche Erleichterung war, die mir jetzt verschafft werden konnte. Es war hart, sechs Jahre lang Gegner dessen sein zu müssen, den man am meisten verehrt hat, und ich bin nicht grob genug dazu gebaut.*[475]

Vielleicht löst ihm die große Erschütterung über dieses Ende eines Unendlichen die Zunge, oder er erfährt erst jetzt, wie der teure Tote ihm einst helfen wollte. Vielleicht wirft auch diese Nachricht ihn so nieder. An Köselitz, genannt Peter Gast, wird Nietzsche am 21. April 1883 schreiben: *Wagner ist reich an bösen Einfällen, aber was sagen Sie dazu, daß er Briefe darüber gewechselt hat (sogar mit meinen Ärzten) um seine Überzeugung auszudrücken, meine veränderte Denkweise sei die Folge unnatürlicher Ausschweifungen, mit Hindeutung auf Päderastie.*[476] Nicht einmal dem nächsten Freund gegenüber kann er sich also ganz offen aussprechen – das Wort *Päderastie* soll wohl die Absurdität der Anschuldigung betonen, zugleich aber wäre selbst diese Unterstellung noch ehrenhafter, schließlich waren die alten Griechen bekennende Päderasten, und auch Friedrich Nietzsche ist davon überzeugt, dass die Knabenliebe ihnen als die höchste Art der Liebe galt. Doch selbst dann muss er als Motiv Rache nennen, um den Freund nicht etwa zu Reflexionen der Art zu veranlassen: Ja, denken wir doch einmal darüber nach!

Fraglos ist, dass Friedrich Nietzsche sehr allein bleibt mit seinem Wissen, dass er weiß. Er kann sich nicht wehren. Vielleicht hat diese Situation keinen unwesentlichen Anteil an der späteren so sorgsam befestigten Pose des Denkers als Krieger. Wenn wir voraussetzen, dass nichts an diesem Philosophen trivial ist – und wie trivial können gerade Philosophen sein! –, dann hat auch das Selbstporträt als Kämpfer mehrere noch näher zu betrachtende Nenner.

Overbeck, dem unerschütterlichen Freund, wird er schon am 22. Februar von der *tödtlichen Beleidigung* berichten, die zwischen ihnen stehe, *und es hätte furchtbar kommen können, wenn er noch länger gelebt haben würde.*[477] Anders als Gast gilt ihm

Overbeck, bürgerlich befestigt mit Familie und Professur, nicht als Leidensbruder, nicht als Schicksalsgefährte; die lange Ferne voneinander hat doch leise Abstände geschaffen. Overbeck gegenüber belässt er es bei der Andeutung.

Auch die Wagnerianerin der ersten oder zweiten Stunde Malwida von Meysenbug bekommt zur gleichen Zeit einen Brief von Nietzsche, geschrieben am Tag zuvor.

Auch dieser Brief enthält die Bemerkung, dass Wagner in Gefahr gewesen wäre, hätte er sein Sterben länger hinausgezögert: ..., *oh was hätte noch zwischen uns entstehen* können. Auch dieser Brief vermerkt die *tödliche Beleidigung,* berichtet dann aber nichts von den unteren Regionen, sondern wendet sich Glaubensdingen zu.

Der Brief an Malwida von Meysenbug fand sich 1980 im Nachlass von Romain Rolland, und für Dieter Borchmeyer, der den Dokumentenband »Nietzsche und Wagner. Stationen einer epochalen Begegnung« mitherausgegeben hat, ändert er alles. Und wer das nicht einsehen wolle, sei ein Voyeur. Was Borchmeyer nicht bedenkt, ist das Nächstliegende, die Scham. Eine mütterliche Freundin mag vieles verstehen, man mag ihr fast alles sagen können, aber dass ein Mann einer Frau mitteilt, ein anderer habe ihn der Onanie bezichtigt – das geht nicht nur etwas zu weit, das geht viel zu weit, genauer: es ist undenkbar. Andererseits besitzt ein Mensch in Friedrich Nietzsches Lage ein gewisses Mitteilungsbedürfnis, und gegenüber Malwida hat er nie ein Geheimnis aus sich gemacht, sie will ihm auch jetzt helfen, lädt ihn ein zu sich nach Rom, und ja, der erste Halbsatz ist ihm schon unterlaufen: *W. hat mich auf eine tödliche Weise beleidigt.*[478] An dieser Stelle hält der Autor inne, will schon abbrechen, entschließt sich jedoch anders und dokumentiert diesen Beinahe-Interruptus durch ein eingeschobenes – *ich will es Ihnen doch sagen! –,* das sich ohne Zweifel mehr an sich selbst als an die Freundin richtet, um bemerkenswert allgemeinplätzlerisch fortzufahren: Wagners Zurückschleichen zum Christentum habe ihm missfallen. Ja aber, das weiß sie doch!

Das ist doch keine neue Nachricht im Jahr 1883, schon gar

keine, zu der man einen solchen Anlauf nehmen müsste. Der Übersichtlichkeit halber sei der ganze Satz noch einmal im Zusammenhang wiedergegeben: *W hat mich auf eine tödtliche Weise beleidigt – ich will es Ihnen doch sagen! – sein langsames Zurückgehn und -Schleichen zum Christenthum und zur Kirche habe ich als einen persönlichen Schimpf für mich empfunden: meine ganze Jugend und ihre Richtung schien mir befleckt, insofern ich einem Geiste, der dieses Schrittes fähig war, gehuldigt hätte.*[479]

Ja, was für ein Fundamentalismus ist das denn? Was sollten die Muslime der Erde beginnen, würden sie die Existenz jedes einzelnen Christen als persönliche *tödtliche* Beleidigung nehmen? Zumal Richard Wagner nicht einmal zum Christ geworden ist, sondern einen christlichen Stoff komponiert hat. Nietzsche als Obertaliban der Atheisten? Brechen wir an dieser Stelle ab. Es passt nicht.

Wie antwortet man auf tödliche Beleidigungen?

Der Patient zweier Ärzte hat genau drei Möglichkeiten. Für die erste, Richard Wagner zum Duell zu fordern, ist es zu spät. Die zweite scheint den Heutigen gewiss am plausibelsten: das öffentliche Dementi dessen, der nichts zu verbergen hat. Sie steht dem Begutachteten nicht zur Verfügung.

Bleiben die indirekten Formen, die feineren, langsameren Gifte.

Färben sie seine Wahrnehmungen, sein schriftstellerisches Temperament? Auf niedrige Weise zu hassen, ist er nicht begabt. Er verachtet den Hass; er glaubt, dass die Schwachen, die Frauen also, aus dieser Quelle leben. Und er bekennt noch in diesem Frühjahr, Wagner nie gehasst zu haben, es auch jetzt nicht zu können, obwohl seine Perfidien jedes Maß – jedes Lou-Maß – bei weitem überstiegen hätten. Doch Friedrich Nietzsche ist aufmerksam geworden. Er wird dazu übergehen, Richard Wagners Musik vor allem hinsichtlich einer spezifischen Wirkung zu betrachten: auf die Gesundheit.

Und: Wer dürfte von ihm noch Maß verlangen? Sein Maß ist fortan die Maßlosigkeit. Aber in ihr, genau wie bei Wagner, höchste Präzision.

Richard Wagner schreitet vom Festspielhaus über die
»Rheingold«-Regenbogenbrücke nach Walhalla. Zeichnung
aus der Wiener »Bombe«.

Der Selbsterlöser und der Zauberer

Es gibt nicht nur Menschenrechte, wie die Schwachen meinen. Es
gibt vor allem Menschenpflichten.

Die Erlösung ist eine viel zu ernste Sache, um sie anderen zu
überlassen. Gar dem Christentum. Gar Frauen. Er muss lachen.
Erlöserinnen, diese im höchsten Grade Unerlösten? Kann man
durch etwas Geringeres erlöst werden? Darauf konnte nur Richard Wagner kommen; Wagner hätte am Ende noch Hunde zu
Helden seiner Opern gemacht, wenn er auf das Verständnis seines Publikums hätte rechnen dürfen.

Frauen kann man überleben, Erlöser auch. Wer Glück hat,
wer stark genug ist, überlebt sie, vielleicht. Friedrich Nietzsche
macht die seltsame Erfahrung, dass sich mit einem Toten leichter
reden lässt als mit einem Lebenden.

Erlösung ist grundsätzlich Selbsterlösung. Erst zu sich selbst
und dann darüber hinaus. Die Formel der neuen Zeit muss lau-
ten: Mein Erlöser bin ich! Ja, mehr noch: Jeder hat die Pflicht,

sich zu sich selbst zu erlösen. Von seiner Nurmenschlichkeit, von seiner Schwäche. Eine schwerere Last lag nie auf den Schultern der Menschen, und er darf sich rühmen, sie entdeckt und platziert zu haben.

Wer den »Zarathustra« liest, als ob er für Richard Wagner geschrieben sei, für, nein gegen ihn, gegen den Schöpfer des »Parsifal«, versteht ihn augenblicklich. Er versteht alles vermeintlich Dunkle darin und auch das Überhelle.

Zarathustra ist Friedrich Nietzsches Gegenfigur zu Parsifal.

Daher der immer wiederholte Appell an unsere Weltkindschaft: Schluss mit der Abwanderung ins Jenseits, *bleibt der Erde treu!*

Er porträtiert den idealen »Parsifal«-Hörer: *Da sind die Schwindsüchtigen der Seele: kaum sind sie geboren, so fangen sie schon an zu sterben und sehnen sich nach Lehren der Müdigkeit und Entsagung.*[480] Er porträtiert ihre Tugenden: *Wahrlich, ich mag sie nicht, die Barmherzigen, die selig sind in ihrem Mitleiden: zu sehr gebricht es ihnen an Scham.*[481] Parsifals frohe Botschaft ist die alte; Zarathustras frohe Botschaft ist die vom Tode Gottes. Er predigt das Evangelium des Diesseits: *Seit es Menschen giebt, hat der Mensch sich zu wenig gefreut: Das allein, meine Brüder, ist unsere Erbsünde.*[482] Nun ist Nietzsche nicht der Erste, dem das alles auffällt, im Gegenteil, man darf ihn beinahe schon unter die Letzten rechnen. Aber als Religionspsychologe, als Mitwisser des Menschen steht er, steht Zarathustra über den meisten:

Wehe allen Liebenden, die nicht noch eine Höhe haben, welche über ihrem Mitleiden ist!

Also sprach der Teufel einst zu mir: »auch Gott hat seine Hölle: das ist seine Liebe zu den Menschen.«

Und jüngst hörte ich ihn diess Wort sagen: »Gott ist todt; an seinem Mitleiden mit den Menschen ist Gott gestorben.« –[483]

Die Priester nennt er seine Feinde, doch man möge *still an ihnen vorüber* gehen und *mit schlafendem Schwerte!* Auch unter ihnen seien Helden, manche hätten zu viel gelitten: *so wollen sie andere leiden machen.*

Böse Feinde sind sie: Nichts ist rachsüchtiger als ihre Demuth. ... Ach, daß Einer sie noch von ihrem Erlöser erlöste![484]

Das ist deutlich. Auch kritisiert er den Sound der Erlösung: Wer den Priestern nahe lebe, *der lebt den schwarzen Teichen nahe, aus denen heraus die Unke ihr Lied mit süssem Tiefsinne singt.*
Bessere Lieder müssten sie mir singen, daß ich an ihren Erlöser glauben lerne und: erlöster müssten mir seine Jünger aussehen![485] Soweit der Musikkritiker der Erlösung. Friedrich Nietzsche wird immer glauben, dass es sich bei der Bosheit um ein Ingredienz der Vollkommenheit handele. Und Richard Wagner hat ihm gesagt, die deutsche Sprache tauge nicht zur Eleganz, zum Virtuosen? Und was wusste er vom Tanz? In seiner Musik: nichts. Was weiß Friedrich Nietzsche vom Tanz? Es ist schwer, ihn sich als Tänzer vorzustellen. Aber er ist ein Denker des Tanzes, schon aus Widerspruch zu Wagner. Der Tänzer erst bannt den Geist der Schwere.

Der Staat ist die bevorzugte Organisationsform der Nichttänzer, die härteste Verkörperung des Geistes der Schwere. Auch an seine Überwindung denkt der Autor des »Zarathustra«, aber in welchem Bild: *Dort, wo der Staat aufhört, – so seht mir doch hin, meine Brüder! Seht ihr ihn nicht, den Regenbogen und die Brücke des Übermenschen?*[486] Am Schluss des »Rheingoldes« ziehen die Götter so nach Walhall.

Und dann, im letzten Teil des »Zarathustra«, lässt Friedrich Nietzsche Richard Wagner persönlich auftreten, unter dem Namen, den er ihm schon längst gegeben hat. Er ist der Zauberer.

Doch man vergesse alle Spätporträts Wagners, man vergesse den Großkünstler, den Imperator, sonst erkennt man ihn nie. Auftritt Nietzsche, der Rächer:
Als aber Zarathustra um einen Felsen herumbog, da sah er, nicht weit unter sich, auf dem gleichen Wege, einen Menschen, der die Glieder warf wie ein Tobsüchtiger und endlich bäuchlings zur Erde niederstürzte ...[487] Auch Friedrich Nietzsche kann *tödtlich beleidigen,* auch er. *Als er aber hinzulief ... fand er einen zitternden alten Mann mit stieren Augen; und wie sehr sich Zarathustra mühte, daß er ihn aufrichte und wieder auf seine Beine stelle, es war umsonst.* Hat er denn nicht versucht, Richard Wagner wieder zu Richard Wagner zu machen, hat er nicht sogar

Bücher geschrieben für ihn? Aber der Unglückliche merkte gar nicht, *daß Jemand um ihn sei; vielmehr sah er sich immer mit rührenden Gebärden um, wie ein von aller Welt Verlassener und Vereinsamter. Zuletzt aber, nach vielem Zittern, Zucken und Sich-zusammen-Krümmen, begann er also zu jammern:*

> *Wer wärmt mich, wer liebt mich noch?*
> *Gebt heisse Hände!*
> *Gebt Herzens-Kohlebecken!*
> *Hingestreckt, schaudernd,*
> *Halbtodtem gleich, dem man die Füße wärmt –*
> *Geschüttelt, ach! von unbekannten Fiebern,*
> *Zitternd vor spitzen eisigen Frost-Pfeilen,*
> *Von dir gejagt, Gedanke!*
> *Unnennbarer! Verhüllter! Entsetzlicher!*
> *Darniedergeblinzelt von dir,*
> *...*
> *Von Dir, grausamster Jäger,*
> *Du unbekannter – Gott!*
>
> *Triff tiefer,*
> *Triff Ein Mal noch!*
> *Zerstich, zerbrich dies Herz!*
> *...*
> *Nicht tödten willst du,*
> *Nur martern, martern?*
> *Wozu – mich martern,*
> *Du schadenfroher unbekannter Gott? –*

Und so geht das weiter. Porträtiert der grausame Dichter Wagners Angst, verlassen zu werden, seine Begabung zum selbstquälerischen Genuss? Und zuletzt – seine Schwäche? Der Her- und Fortgerufene wendet sich tatsächlich ab, darauf der Zauberer:

> *Nein! Komm zurück,*
> *Mit allen deinen Martern!*
> *Zum Letzten aller Einsamen*

Oh komm zurück!
All meine Thränen-Bäche laufen
Zu dir den Lauf!
Und meine letzte Herzens-Flamme –
Dir glüht sie auf!
Oh komm zurück,
Mein unbekannter Gott! Mein Schmerz! Mein letztes –
Glück!

Ein Porträt des Künstlers als Antiheld. Und was macht Zarathustra, der Hörer dieses Klagelieds? Er prügelt den Alten. Da springt der geschlagene Zauberer – der Schauspieler! – auf und spricht: *Solcherlei gehört zu meiner Kunst, dich selber wollte ich auf die Probe stellen, als ich dir diese Probe gab.* ...

»*Schmeichle nicht, antwortete Zarathustra, immer noch erregt und finsterblickend, du Schauspieler aus dem Grunde! Du bist falsch: was redest du – von Wahrheit! Du Pfau der Pfauen, du Meer der Eitelkeit, was spieltest du vor mir, du schlimmer Zauberer, an wen sollte ich glauben, als du ... jammertest?*«

Der Zauberer sagt, er habe »den Büßer des Geistes«, eine Lieblingsfigur Zarathustras, gespielt. Alles was Friedrich Nietzsche gegen Schauspieler vorzubringen hat, sagt er dem armen Zauberer ins Gesicht – »*Deine Krankheit würdest du noch schminken, wenn du dich deinem Arzte nackt zeigtest*« –, um ihm am Ende zuzugestehen, dass er in einer Regung tatsächlich ein »Büßer des Geistes« sei. In seiner Müdigkeit und seinem Eingeständnis: »*ich bin nicht gross.*«

Auch diese Kritik wird Friedrich Nietzsche nun immer wiederholen. Richard Wagner sei unfähig gewesen, sich selbst zu begegnen, ohne Maske. Décadents seien sie beide, schon als Söhne ihrer Zeit, aber er, Nietzsche, habe es sich eingestanden.

Ich habe ihn geliebt und niemanden sonst[488], heißt es in seinen Aufzeichnungen dieser Monate.

Herbst 1884. Der »Zarathustra« ist fertig.

Nietzsche weiß, wo er das begehen will: in Venedig. Hier wo Wagner den zweiten Akt seines »Tristan« komponierte. Wo er starb. Er tritt seine Erbschaft an. Meint er. Venedig sei die einzige Stadt, die er liebe. Sie bekommt ihm nie, sie ist viel zu feucht. Aber diesmal will er sogar an den Canal Grande, obwohl die freiere Luft am Fondamenta Nove ihm zuträglicher ist. *Wenn ich ein anderes Wort für Musik suche, so finde ich immer nur Venedig.*[489] Was aber ist für ihn Musik? Gotteserfahrung. Das Sein des Seienden, das Leben des Lebens, Grund und Abgrund in eins. Von seiner Wohnung aus blickt er direkt auf die Rialto-Brücke, es wird weder am Tag noch in der Nacht still unter seinem Fenster. Er ist einverstanden. Doch plötzlich hegt er Zweifel an seiner Unterkunft, steht in höchster Erregung in Köselitz' Zimmer: »Ich glaube, ich wohne bei einer Hure!« Sie empfange Offiziere. Er begeht die Vollendung seines »Zarathustra« im Haus einer putana veneziana?, fragt er sich, fragt er den Freund und – bleibt.

In seiner letzten Nacht an der Brücke hört er unter Tränen ein Adagio, *als ob es noch kein Adagio vorher gegeben hätte.*

»Al Buso« – »Zum Loch« – heißt heute die Trattoria zwischen der Rialto-Brücke und dem Fondaco dei Tedeschi, mit dezentem Hinweis auf die Vergangenheit des Hauses.

Der Gralstempel. Bühnenbild der »Parsifal«-Uraufführung 1882
von Paul von Joukowsky.

»Parsifal« in Monte Carlo

*Neulich hörte ich zum ersten Male die Einleitung zum Parsifal
(nämlich in Monte Carlo!) ... Abgesehen übrigens von allen un-
zugehörigen Fragen (wozu solche Musik dienen kann oder dienen soll?) – unzugehörig nennt er sie! –, sondern rein ästhetisch
gefragt: hat Wagner je Etwas besser gemacht? Die allerhöchste
psychologische Bewußtheit und Bestimmtheit in Bezug auf das,
was hier gesagt, ausgedrückt, mitgetheilt werden soll, die kürzeste und direkteste Form dafür, jede Nuance des Gefühls bis
aufs Epigrammatische gebracht; eine Deutlichkeit der Musik als
descriptiver Kunst, ... und zuletzt ein sublimes und außerordentliches Gefühl, Erlebniß, Ereigniß der Seele im Grunde der Musik, das Wagnern die höchste Ehre macht, eine Synthesis von
Zuständen, die vielen Menschen, auch »höheren Menschen«, als
unvereinbar gelten werden, von richtender Strenge, von »Höhe«
im erschreckenden Sinne des Worts, von einem Mitwissen und
Durchschauen, das eine Seele wie mit Messern durchschneidet –*

und von Mitleiden mit dem, was da geschaut und gerichtet wird. Dergleichen gibt es bei Dante, sonst nicht. Ob je ein Maler einen so schwermüthigen Blick der Liebe gemalt hat als W mit den letzten Accenten seines Vorspiels?[490] – Sollte das die Stimme des gleichen Mannes sein, der ein Jahr später urteilen wird, Richard Wagner hätte, um des Verbrechens seines »Parsifal« willen nicht in Venedig, sondern im Zuchthaus sterben sollen? Sie ist es. Wir werden das aufklären.

Vorerst überlässt sich Friedrich Nietzsche ganz seinem Glück: *Vorspiel des P, größte Wohlthat, die mir seit langem erwiesen ist. Die Macht und Strenge des Gefühls, unbeschreiblich, ich kenne nichts, was das Christenthum so in der Tiefe nähme und so scharf zum Mitgefühl brächte.*[491] Und so ernennt er den »Parsifal« zum *größten Meisterstück des Erhabenen,* das er kenne. Welcher Macht und Strenge im Erfassen einer furchtbaren Gewissheit begegne er da. Ja, ihm ist, als ob seit vielen Jahren endlich einmal jemand zu ihm über die Probleme rede, die ihn bekümmern. Er meint eine starke Seele zu hören. Die Sache habe gleichwohl ihren Preis: *Man legt … beim Hören dieser Musik den Protestant wie ein Mißverständniß bei Seite: so wie die Musik Wagners in Montecarlo mich dazu brachte, wie ich nicht leugnen will, auch die sonst gehörte sehr gute Musik (Haydn Berlioz Brahms Reyers Sigurd-Ouvertüre) ebenfalls wie ein Mißverständnis der Musik beiseite zu legen. Sonderbar!*[492]

Er hat viel Verständnis für Missverständnisse. Er selbst ist schließlich auch eins. Und wahrscheinlich, das fürchtet er jetzt öfter, wird er so enden. Ein Missverständnis, von niemandem aufgelöst.

Und da geschieht es doch. Man will Vorträge über ihn halten! Auf dänisch, »om den tüzke Filosof Friedrich Nietzsche«. Ein Däne war auf kultureller Entdeckerreise im neuen »Reich«, und er hat ihn entdeckt, obwohl er gar nicht da ist. Und hält ihn für viel wichtiger als alle, die da sind. Endlich! Er will jetzt alle seine Bücher lesen. Er nennt ihn einen *aristokratischen Radikalisten.* Friedrich Nietzsche ist begeistert. Er ist ein Erkannter! Höchstens noch ein halbes Missverständnis. Am 2. Dezember 1887 lässt er diesen begabten Dänen wissen: *Der Ausdruck »aristo-*

kratischer Radikalismus«, dessen Sie sich bedienen, ist sehr gut. Das ist, mit Verlaub gesagt, das gescheiteste Wort, das ich bisher über mich gelesen habe.[493] Georg Brandes Abhandlung »Friedrich Nietzsche. Eine Abhandlung über aristokratischen Radikalismus« wird einmal so beginnen: »In der Literatur des gegenwärtigen Deutschlands scheint Friedrich Nietzsche mir der interessanteste Schriftsteller zu sein. Obgleich selbst in seinem Vaterlande wenig gekannt ...«[494] Ja, so ist es. Und woran liegt das wohl? An der Wagnerei. Schon seit Jahren beklagt er, dass der alte Zauberer ihm noch nach seinem Tode alle Menschen wegnimmt, auf die es Sinn hätte zu wirken.

Er erträgt die Nachsicht der Freunde, die ihm noch geblieben sind, längst nicht mehr. Seine Heftigkeiten gegen Wagner werden sich legen, wenn er erst einmal ganz zu sich gefunden habe. Dann werde er auch wieder ein unbefangeneres Verhältnis zu ihm gewinnen. Aber er ist der Überwinder Wagners! Dieser Däne hat das sofort begriffen.

Er hasst nicht Wagner, aber er hasst die Wagnerianer.

Mit ein wenig Abstand werde sich alles klären, meint Malwida, meint Overbeck. O ja, das wird es. Der aristokratische Radikalist wird ihnen zeigen, wie sich alles klärt. Ihm wird so kannibalisch zumute wie damals, als er seine »Manfred«-Meditation schrieb. Er ist ein Erkannter! Die Deutschen werden ihn noch fürchten lernen!

Nietzsche ist wider Erwarten im Nizzaer Winter nicht erfroren; am 26. Februar 1888 blättert er in einer eben erschienenen Sammlung von nachgelassenen Schriften Baudelaires, *und da, mitten unter unschätzbaren Psychologicis der décadence ... springt mir ein unedirter Brief Wagners in die Augen, bezüglich auf eine Abhandlung Baudelaire's in der Revue européenne, avril 1861.*[495] Wagner war damals 48 Jahre alt, Baudelaire 40. Nietzsche schreibt den Brief ab – *rührend, obschon in miserablem Französisch –,* er hält ein Beweisstück in der Hand.

Der Dichter der Fleurs du Mal war Wagnerianer; er wäre es gewesen, selbst wenn er Wagner gar nicht gekannt hätte. Friedrich Nietzsche meint, es schon immer gewusst zu haben, ohne es zu wissen. Jetzt weiß er noch mehr: Die europäische Décadence ist beisammen.

Aber die Décadence von Nizza missfällt ihm immer mehr; der aristokratische Radikalist will nach Turin gehen, die Luft soll dort noch besser sein als in Nizza. Sie brechen gemeinsam auf, sein Koffer, sein Handgepäck und der erkannte Philosoph. Dann trennen sich ihre Reisewege: *ich lag zwei Tage krank, wo? – in Sampierdarena. Glauben Sie ja nicht, daß ich dahin habe reisen wollen. Nur mein Koffer hatte die ursprüngliche Intention festgehalten; wir Andern, nämlich mein Handgepäck und ich, giengen in verschiedene Richtungen auseinander.*[496] Aber dann: Was für eine Stadt! In Kopenhagen beginnen die Vorträge »om den tüzke Filosof Friedrich Nietzsche«. In Turin beginnt Friedrich Nietzsche *ein kleines Pamphlet über Musik: Ich bin guter Laune, in Arbeit von früh bis Abend ... verdaue wie ein Halbgott, schlafe, trotz dem daß die Carossen Nachts vorüber rasseln: alles Zeichen einer eminenten Adaption von Nietzsche an Torino.*[497]

Es wird Mai, Wagners Geburtstagsmonat, einstmals sein eigener. Er schreibt »Der Fall Wagner. Turiner Brief vom Mai 1888«. Die Zeitangabe wird, da darf er sicher sein, nicht unbemerkt bleiben. Cannibalido – das ist seine Stimmung. Die Sache beginnt so: *Ich hörte gestern – werden Sie es glauben? – zum zwanzigsten Male Bizet's Meisterstück. Ich harrte wieder mit einer sanften Andacht aus, ich lief wieder nicht davon. Dieser Sieg über meine Ungeduld überraschte mich. Wie ein solches Werk vervollkommnet! Man wird selbst dabei zum »Meisterstück«. – Und wirklich schien ich mir jedes Mal, daß ich Carmen hörte, mehr Philosoph, ein besserer Philosoph, als ich sonst mir scheine: so langmüthig geworden, so glücklich, so indisch, so sesshaft ... Fünf Stunden Sitzen: erste Etappe der Heiligkeit! – Darf ich sagen, daß Bizet's Orchesterklang fast der einzige ist, den ich noch aushalte? Jeder andere Orchesterklang, der jetzt obenauf ist, der Wagnerische, brutal, künstlich und »unschuldig« zugleich und damit zu den drei Sinnen der modernen Seele auf Einmal redend, – wie nachtheilig ist mir dieser Wagnerische Orchesterklang! Ich heisse ihn Scirocco. Ein verdriesslicher Schweiss* bricht mir aus. *Mit meinem guten Wetter ist es vorbei.*[498] – Es ist seine Art, *tödtlich zu beleidigen.* Und er hat erst angefangen. »Nichts Verkehrteres kann man sich … denken, als die Eigenschaft, welche die Franzosen auf dem Grunde ihrer Sprache zu geistreichen Virtuosen macht, von deutschen Schriftstellern adaptirt zu sehen«, hatte Richard Wagner einst geschrieben, gegen ihn, Friedrich Nietzsche. Und: Die deutsche Sprache sei kein Instrument der Virtuosität. Warum eigentlich nicht?

Und was heißt hier Tiefe? Was taugt eine Tiefe, die nicht an der Oberfläche zu finden wäre? Er macht weiter: *Diese Musik scheint mir vollkommen. Sie kommt leicht, biegsam, mit Höflichkeit daher. Sie ist liebenswürdig, sie s c h w i t z t nicht.* »*Das Gute ist leicht, alles Göttliche läuft auf zarten Füßen*«: *erster Satz meiner Aesthetik. Diese Musik ist böse, raffinirt, fatalistisch: sie bleibt dabei populär – sie hat das Raffinement einer Rasse, nicht eines Einzelnen.*

Und da hat Richard Wagner gemeint, er lebe falsch, er achte zu wenig auf seine Gesundheit – aber er macht doch nichts anderes. Er ist noch immer bei Bizets »Carmen«: *Auch dieses Werk erlöst … Mit ihm nimmt man Abschied vom f e u c h t e n Norden, von allem Wasserdampf des Wagnerischen Ideals. Schon die Handlung erlöst davon. Sie hat von Mérimée noch die Logik in der Passion, die kürzeste Linie, die h a r t e Notwendigkeit; sie hat vor Allem, was zur heißen Zone gehört, die Trockenheit der Luft. … Ich beneide Bizet darum, daß er den Muth zu dieser Sensibilität gehabt hat, die in der gebildeten Musik Europa's noch keine Sprache hatte, – zu dieser südlicheren, bräuneren, verbrannteren Sensibilität … Wie die gelben Nachmittage ihres Glücks uns wohlthun! Wir blicken dabei hinaus: sahen wir je das Meer glätter? – … Wie in seiner lasziven Schwermuth selbst unsre Unersättlichkeit einmal Sattheit lernt! – Endlich die Liebe, die in die N a t u r zurückübersetzte Liebe! N i c h t die Liebe einer* »*höheren Jungfrau*«! *Keine Senta-Sentimentalität!* – Ein Aufsatz über Wagner, der auf den ersten vier Seiten – das Vorwort mitgezählt – von einem anderen spricht, ist das nicht geradezu französisch frivol? Und dabei urteilt er immer vom ärztlichen Standpunkt aus, immer unter streng hygienischem Gesichtspunkt. Ästhetik sei zuletzt nichts anderes als *angewandte Physiologie*[499]. Drittes Kapitel: *Sie sehen bereits, wie sehr mich diese Musik verbessert? ... Die Rückkehr zur Natur, Gesundheit, Heiterkeit, Jugend, Tugend!* Es folgt die Krankheitsgeschichte des Autors: *Ich war im Stande, Wagnern ernst zu nehmen ... Ah dieser alte Zauberer! ... Das Erste, was seine Kunst uns anbietet, ist ein Vergrößerungsglas: man sieht hinein, man traut seinen Augen nicht – Alles wird gross, selbst Wagner wird gross ... Aber Sie hören mich nicht? Sie ziehen selbst das Problem Wagner's dem Bizet's vor?* Nein, es ist einfach nicht wahr, dass die deutsche Sprache kein Instrument der Virtuosität sei. Sollte Friedrich Nietzsche hier noch etwas erläutern? In seiner kleinen Broschüre geht er jetzt dazu über, die Wagner-Opern nach den spezifischen Erlösungsvoraussetzungen, Erlösungsbedürftigkeiten sowie Erlösungseignungen der Mitwirkenden zu untersuchen: *Wer lehrte uns, wenn nicht Wagner, daß die Unschuld mit Vorliebe interessante Sünder erlöst? (der Fall im Tannhäuser) Oder daß selbst der ewige Jude erlöst wird, sesshaft wird, wenn er sich verheirathet? (der Fall im Fliegenden Holländer) ... Oder daß schöne Mädchen am liebsten durch einen Ritter erlöst werden, der Wagnerianer ist? (der Fall in den Meistersingern) ...* Und so geht das weiter. Friedrich Nietzsche erzählt auch die Geschichte des »Rings«, kommt endlich zu seinen bereits vertrauten Analysen der Décadence und des Wagner'schen Schauspielertums. Fazit: *Er hat die Musik krank gemacht.*

»Der Fall Wagner« ist großes Feuilleton, manchmal ist er auch kleines Feuilleton – *typisches Telegramm aus Bayreuth: bereits bereut –;* und er ist doch noch immer eine subtile Einführung in Wagner: denn wer alles glaubt, was ein Autor ihm sagt, ist ein schlechter Leser, und Friedrich Nietzsche verlangt gute. Vor allem ist »Der Fall Wagner« ein überwältigendes Zeugnis des Wohlbefindens des Autors, so konnte er glauben, was er schrieb: *Mein grösstes Erlebniss war eine Genesung. Wagner gehörte nur zu meinen Krankheiten.*[500]

Ist es so? Wirklich? Er wird gleich wieder krank werden. Einem Musiker gibt er die hermeneutischen Erläuterungen, die er dem allgemeineren Publikum verweigert. Was er über Bizet sage, dürfe er nicht so ernst nehmen: *so wie ich bin, kommt B Tausend Mal für mich nicht in Betracht. Aber als ironische Antithese gegen Wagner wirkt es sehr stark.*[501] Und dennoch ist es nicht Lüge, nicht Verstellung, was aus ihm spricht. Mit vielen Augen sehen lernen, radikaler Perspektivismus – das ist sein Ideal der Erkenntnis. Wäre er nur etwas anders: Seine Wahrnehmung, seine Intelligenz, sie würden zu seiner Seele passen.

Die Freunde wenden sich ab. Was er getan hat, scheint ihnen schmählich. So geht man nicht um mit einer alten Liebe. Selbst Cosima scheint von seiner Broschüre gehört zu haben; er schreibt schon wieder probeweise einen Brief an die Freundin von einst: *Sie erweisen mir die Ehre, mich auf Grund meiner Schrift, die die erste Aufklärung über W gab, öffentlich anzugreifen, – Sie machen selbst den Versuch, auch über mich aufzuklären. Ich bekenne, warum ich im Nachtheil bin: ich habe zuviel Recht, zu viel Vernunft, zu viel Sonne auf meiner Seite, als daß mir ein Kampf unter solchen Umständen erlaubt wäre. Wer kennt mich? – Frau Cosima am allerletzten. Wer kennt Wagner? Niemand außer mir, hinzugenommen noch Frau C welche weiß daß ich Recht habe ... Sie wissen sehr gut, wie sehr ich den Einfluß kenne den Sie auf W ausgeübt haben – Sie wissen noch besser, wie sehr ich diesen Einfluß verachte ...*[502] »Ich weiß es anders«, dürfte sie mit Tristan antworten; er selbst weiß es anders. Seit er in Turin ist, hat er keine Kopfschmerzen mehr, scheint er ganz gesund zu sein. Der Gedanke, dass diese große Gesundheit der Vorbote einer noch größeren Krankheit sein könnte, würde seinen Stolz beleidigen. Die Welt erweist ihm Ehre, sein Körper erweist ihm Ehre. Er empfindet das alles als sehr angemessen, und doch arbeitet er, als wüsste er, dass ihm nur noch dieser eine Sommer, dieser eine Herbst bleiben.

An seinem Geburtstag, dem 15. Oktober, beginnt er eine kleine Schrift. Er möchte sich selbst gratulieren, er hat keine Gäste, also hat er Zeit für sich. Doch schreibt er da nicht unversehens seinen eigenen Nachruf? *An diesem vollkommnen Tage, wo Alles reift und nicht nur die Traube braun wird, fiel mir eben ein Sonnenblick auf mein Leben: ich sah rückwärts, ich sah hinaus, ich sah nie so viel und so gute Dinge auf einmal. Nicht umsonst begrub ich heute mein vierundvierzigstes Jahr, ich durfte es begraben, – was in ihm Leben war, ist gerettet, ist unsterblich.*[503] Der »Ecce homo« entsteht, die etwas andere Wagneriana, seine Bekenntnisse. Der »Tristan« steht ihm wieder vor der Seele.

Zu Cosimas Geburtstag entwirft er einen Gruß: *Verehrte Frau, im Grunde die einzige Frau, die ich verehrt habe ... lassen Sie es sich gefallen, das erste Exemplar dieses Ecce homo entgegenzunehmen. Es wird darin im Grunde alle Welt schlecht behandelt. Richard W ausgenommen – ... Der Antichrist.*[504]

Friedrich Nietzsche,
Gemälde von Hans
Olde, um 1889.

An der Brücke stand/jüngst ich
in brauner Nacht ...

In den ersten Januartagen 1889 bekommt Cosima Wagner dreimal Post aus Turin; sie erfährt, *daß ein gewisser göttlicher Hans-*
wurst dieser Tage mit den Dionysos-Dithyramben fertig geworden
ist[505]. Und dann, noch rätselhafter: *Dies breve an die Menschheit*
sollst du herausgeben – du? wann hätte er »du« zu ihr gesagt? –,
von Bayreuth aus, mit der Aufschrift: Die frohe Botschaft.[506] Wieder keine Unterschrift. Die längste Information lautet:
    An die Prinzeß Ariadne, meine Geliebte.
    Es ist ein Vorurtheil, daß ich ein Mensch bin. Aber ich habe
schon oft unter den Menschen gelebt und kenne Alles, was Men-
schen erleben können, vom Niedrigsten bis zum Höchsten. Ich
bin unter den Indern Buddha, in Griechenland Dionysos ge-
wesen, – Alexander und Caesar sind meine Inkarnationen ... Zu-

letzt war ich noch Voltaire und Napoleon, vielleicht auch Ri-
chard Wagner … Dies Mal aber komme ich als der siegreiche
Dionysos, der die Erde zu einem Festtag machen wird … Nicht
daß ich viel Zeit hätte … Die Himmel freuen sich, daß ich da
bin … Ich habe auch am Kreuze gehangen … [507] Auch jetzt kein
Absender, dafür diese eigentümlichste Anrede: *An die Prinzeß*
Ariadne, meine Geliebte.

Er hofft, sich auf ihre mythologische Bildung verlassen zu
dürfen: Ariadne ist die Tochter des kretischen Königs Minos; sie
half Theseus, den Minotaurus zu besiegen und wird zur Braut
des Dionysos. Sie soll wissen, was auf sie zukommt, darum hat
er ihr auch die »Dionysos«-Dithyramben angekündigt. Die Klage
des Zauberers aus dem »Zarathustra«, jetzt ist es die der Ariadne. Er hat nicht viel geändert. Die erste Zeile lautet noch immer: *Wer wärmt mich, wer liebt mich noch?,* die letzte lautet
noch immer:

…
Oh komm zurück,
mein unbekannter Gott, mein Schmerz!
mein letztes Glück! …

Aber dann geht es weiter, zuerst mit einer Regieanweisung:
Ein Blitz. Dionysos wird in smaragdner Schönheit sichtbar.

Dionysos:
Sei klug, Ariadne!
Du hast kleine Ohren, du hast meine Ohren:
steck ein kluges Wort hinein! –
Muss man sich nicht erst hassen, wenn man sich lieben soll? …
Ich bin dein Labyrinth …[508]

Immerhin ist er taktvoll genug, ihr und der Öffentlichkeit zu verschweigen, wie er ihre Ehe mit Richard Wagner inzwischen beurteilt. Im Verhältnis zu ihm habe er sie immer nur als Ehebruch
interpretieren können, das Tristan-Problem, notiert er sich. Aber
auch die frankierten Botschaften werden seine einstige beste Le-

serin wohl nicht erreichen. Cosima Wagner liest diesen Autor nicht mehr.

Nicht nur die Witwe Richard Wagners erhält in diesen Tagen nicht ganz alltägliche Ankündigungen: *Die Welt ist verklärt, denn Gott ist auf der Erde. Sehen Sie nicht, wie alle Himmel sich freuen? Ich habe eben Besitz ergriffen von meinem Reich, werfe den Papst ins Gefängniß und lasse Wilhelm, Bismarck und Stoecker erschießen.*[509] Stoecker, fanatischer Antisemit, ist der Hofprediger des Reichs. Der Brief ist an Meta von Salis adressiert, diesmal ist der Absender genannt: *Der Gekreuzigte.* Wie dieser über das Deutsche Reich sowie die Lage Europas denkt, hatte er Ende Dezember und Anfang des Jahres schon einem Italiener und zwei Franzosen mitgeteilt: *Was geht uns Alle um des Himmels Willen der dynastische Wahnsinn des Hauses Hohenzollern an! ... Es ist ja keine nationale Bewegung, nichts als eine dynastische ... Fürst Bismarck hat nie ans »Reich« gedacht, – er ist ja mit allen Instinkten bloß ein Werkzeug des Hauses Hohenzollern! – und diese Aufreizung zur Selbstsucht der Völker wird als große Politik, als Pflicht beinahe in Europa empfunden und gelehrt! ... Damit muß man ein Ende machen – und ich bin stark genug dazu ...*[510]

Hans von Bülow erfährt, dass der »Löwe von Venedig« ihn fressen werde, schon weil er noch immer nicht daran denkt, Peter Gasts neue Oper aufzuführen. Kardinal Mariani in Rom und der König von Italien Umberto I werden davon in Kenntnis gesetzt, dass der Gekreuzigte *Dienstag nach Rom* kommen werde. Aber auch für die Polen hat er ein Wort, denn dass sein bürgerlicher Name – Nietzsche – polnischen Ursprungs ist, scheint ihm gewiss: *Den erlauchten Polen. Ich gehöre zu euch, ich bin mehr noch Pole als ich Gott bin, ich will euch Ehren geben, wie ich Ehren zu geben vermag ...*[511] Der Leipziger Verleger Constantin Georg Naumann wurde bereits am 2. Januar angewiesen, die *kleine Schrift Nietzsche contra W.* nicht zu drucken, sie sei *vollständig überholt.* Dennoch führt der Absender Beschwerde über Richard Wagner, und zwar beim Leipziger Reichsgerichtsrath Dr. Wiener: *Obwohl Sie mir die Ehre erwiesen haben, den »Fall Wagner« für Wagner vernichtend zu finden, wagt es besagter Wagner den-*

noch, seine décadence durch eine welthistorische Unzurechnungs-
fähigkeit ans Licht zu stellen – in lucem aeternam ... Dionysos[512].
Die Empfänger schweigen. Nur einer nicht, der letzte. Dabei
bekommt er einen geradezu bürgerlich langen Brief, den letzten,
den der Absender je schreiben wird, sehr bürgerlich unterzeichnet
mit *In herzlicher Liebe Ihr Friedrich Nietzsche*[513]. Er ist an den
alten Mitprofessor Jacob Burckhardt gerichtet und beginnt so:
    Lieber Herr Professor,
    zuletzt wäre ich sehr viel lieber Basler Professor als Gott; aber
ich habe es nicht gewagt, meinen Privat-Egoismus so weit zu
treiben, um seinetwegen die Schaffung der Welt zu unterlassen.
Sie sehen, man muß Opfer bringen, wie und wo man lebt. –
Doch habe ich mir ein kleines Studenten-Zimmer reservirt, das
dem Palazzo Carignano (– in dem ich als Vittorio Emanuele ge-
boren bin) gegenüber liegt und außerdem erlaubt, die pracht-
volle Musik unter mir, in der Galleria Subalpina, von seinem
Arbeitstisch aus zu hören. Ich zahle 25 fr. mit Bedienung, be-
sorge mir meinen Thee und alle Einkäufe selbst, leide an zerris-
senen Stiefeln und danke dem Himmel jeden Augenblick für die
alte Welt, für die die Menschen nicht einfach und still genug
gewesen sind. – Da ich verurtheilt bin, die nächste Ewigkeit
durch schlechte Witze zu unterhalten, so habe ich hier eine
Schreiberei ... Die Post ist 5 Schritt weit, da stecke ich selber die
Briefe hinein, um den großen Feuilletonisten der grande monde
abzugeben. ...
    Was unangenehm ist und meiner Bescheidenheit zusetzt, ist,
daß im Grunde jeder Name in der Geschichte ich bin ... Morgen
kommt mein Sohn Umberto mit der lieblichen Margherita, die
ich aber nur hier in Hemdsärmeln empfange. Der Rest für Frau
Cosima ... Ariadne ... Von Zeit zu Zeit wird gezaubert ...
    Ich gehe überall hin in meinem Studentenrock, schlage hier
und da Jemandem auf die Schulter und sage: siamo contenti? son
dio, ho fatto questa caricatura ...
    Ich habe Kaiphas in Ketten legen lassen; auch bin ich voriges
Jahr von deutschen Ärzten auf eine sehr langwierige Weise ge-
kreuzigt worden. Wilhelm Bismarck und alle Antisemiten abge-
schafft.

Sie können von diesem Brief jeden Gebrauch machen, der mich in der Achtung der Basler nicht heruntersetzt. –[514]

Aber wie soll er das tun? Jacob Burckhardt wendet sich sofort – mit Brief – an den Professor für neutestamentliche Exegese und Ältere Kirchengeschichte Franz Overbeck. Vielleicht liest dieser jetzt noch einmal, was Nietzsche ihm zuletzt schrieb, am zweiten Weihnachtsfeiertag: *Ich selber arbeite eben an einem Promemoria für die europäischen Höfe zum Zwecke einer antideutschen Liga. Ich will das »Reich« in ein eisernes Hemd einschnüren und zu einem Verzweiflungs-Krieg prociren. Ich habe nicht eher die Hände frei, bevor ich nicht den jungen Kaiser, sammt Zubehör in den Händen habe. Unter uns! Sehr unter uns! – Vollkommene Windstille der Seele! Zehn Stunden ununterbrochen geschlafen. N.*[515]

Hier ist kein Tag mehr zu versäumen.

*

Und dann tritt Franz Overbeck, einst Urheber des Titels »Afterphilologie« für Rohdes Streitschrift, in das Turiner Zimmer des Freundes: »Ich erblicke N. in einer Sofaecke kauernd und lesend ... entsetzlich verfallen aussehend, er erblickt mich und stürzt auf mich zu, umarmt mich heftig, mich erkennend, und bricht in einen Tränenstrom aus, sinkt dann in Zuckungen aufs Sofa zurück, ich bin auch vor Erschütterungen nicht imstande, auf den Beinen zu bleiben. Hat ihm sich in diesem Augenblick der Abgrund aufgetan, an dem er steht oder in den er vielmehr gestürzt ist?«[516]

Die Schrift, in der er las, war ihm in der Erregung aus der Hand geglitten, es ist der letzte Korrekturbogen von »Nietzsche contra Wagner«. Nietzsche las Nietzsche. Er las, dass nach Wagners »Kaisermarsch« nicht einmal der deutsche Kaiser marschieren könne – trotzdem hat er sich noch zuletzt geweigert, sein Exemplar des »Kaisermarschs« zu verkaufen, ihm von Wagner gewidmet, mit dessen Mannheimer Notizen darauf. Er las, dass man in Bayreuth nur als Masse ehrlich sei: *als Einzelner lügt man, belügt man sich. Man lässt sich selbst zu Hause ... Im Theater wird man Volk, Heerde, Weib, Pharisäer, Stimmvieh, Patronatsherr, Idiot – Wagnerianer.*[517] Musste er lachen, über sich? *Um Wagner zu hören, brauche ich Pastilles Gérandel.*[518] Aber jetzt lacht er nicht mehr. Stöhnen. Zuckungen. Jetzt helfen auch keine Pastilles Gérandel.

Der Untermieter hatte seine Wirtsfamilie nun schon drei Nächte durch Musik und Tanz wach gehalten, die schlaflosen Finos waren mit ins Zimmer getreten und reichen ihrem dionysischen Hausgast ein Glas Bromwasser. Beruhigung. Er setzt sich ans Klavier, er phantasiert, nein, er rast auf dem Instrument, um plötzlich innezuhalten und »in kurzen mit einem unbeschreiblichen Tone vorgebrachten Sätzen sublime, wunderbar hellsichtige und unsäglich schauerliche Dinge über sich als den Nachfolger des toten Gottes« zu sagen, »das Ganze auf dem Klavier gleichsam interpunktierend«[519].

Der Himmel steht blau und unendlich offen über dem Turiner Bahnhof, es ist der Himmel, den er liebt. Wahrscheinlich überkommt Friedrich Nietzsche das sichere Gefühl, eine Ansprache halten zu müssen, denn wären hier so viele Menschen, wenn nicht um ihn zu sehen, ihm zu huldigen, dem Nachfolger Gottes? Overbeck vermerkt eine »furchtbare halbe Stunde«. Dann, um 14:20 Uhr verlässt der Zug Richtung Basel den Turiner Bahnhof. Overbeck betäubt den Freund mit Chloral, denn wenn er nicht schläft, beginnt er, Musik zu machen. Aber Friedrich Nietzsche wacht trotz der Droge immer wieder auf, und er, der immer betont leise gesprochen hat, kann sehr laut singen durch die Alpennacht, es sei denn, das Liedgut fordert es anders. Overbeck hört eine Weise, die er nicht kennt, die ihn erstaunt, die ihn anrührt:

> An der Brücke stand
> jüngst ich in brauner Nacht.
> Fernher kam Gesang:
> goldener Tropfen quoll's
> über die zitternde Fläche weg.
> Gondeln, Lichter, Musik –
> trunken schwamm's in die Dämmrung hinaus …

Meine Seele, ein Saitenspiel,
sang sich, unsichtbar berührt,
heimlich ein Gondellied dazu,
zitternd vor bunter Seligkeit.
– Hörte Jemand ihr zu?[520]

*

Cosima Wagner schweigt. Für sie gibt es nur den Verfasser der
»Geburt der Tragödie«, alles Spätere ist Krankheit. Krankheit ist
die einzige Rechtfertigung für Verräter. Erst spät lässt sie sich
überreden, den »Zarathustra« überhaupt in die Hand zu nehmen, nur probeweise. Wahrscheinlich lässt sie ihn vor Widerwillen gleich wieder fallen: »Da ich von jeher den krankhaften
Zustand des Verfassers gekannt, war ich auf Wahnwitz und kon-
fuse Genialität gefaßt. Daß ich es aber bis zum Blödsinn dumm
finden würde, ist wider Erwarten.« Wenn sie diesem Buch einen
Titel geben sollte, sie wüsste einen: »Die Spasmen der Impotenz«.[521]

Am 14. August 1900 schreibt sie an ihren späteren Schwiegersohn Houston Stewart Chamberlain: »Daß noch keiner darauf
gekommen ist, sich zu sagen, daß ein Mensch, welcher diejenigen, die ihm nur Gutes getan, verleugnet, ja insultiert, der sein
Vaterland schmäht, seine Muttersprache verkennt, ohne irgend
etwas wirklich Großes geleistet zu haben, sich als Prophet hin-
stellt, entweder ein Monstrum oder ein Wahnsinniger sein muß,
zeigt uns die jämmerliche Beschaffenheit des Urteilsvermögens in
unserer jetzigen Jugend. Es wundert mich auch, daß niemand auf
den Gedanken kommt, zu zeigen, woher Nietzsche das alles
nahm ... Selbst das Wort Übermensch stammt von Goethe!« Das
mag so sein, doch es ist eine höchst genaue Übernahme. Bei Goethe steht es für die Ironie des Erdgeistes gegenüber Faust, bei
Nietzsche dagegen für die Notwendigkeit, Faust zu werden.
Auch hat keiner wie er über die Präposition »über« nachgedacht:
Wer sie *ganz begriffen hat, der hat den Umfang des menschlichen
Stolzes und Elends begriffen. Wer über den Dingen ist, ist nicht
in den Dingen – also nicht einmal in sich! Das letztere kann*

Stolz sein.[522] Für Cosima bleibt es Krankheit: »Der arme Mensch war bereits krank, als ich ihn kennenlernte. Er klagte fast beständig über Kopfweh. Wenn nur das Ganze nicht so traurig und in seinen Folgen erschreckend wüst wäre! Am besten, man blickt weg und vergißt.«[523]

Elf Tage später stirbt Friedrich Nietzsche in Weimar.

Im letzten Herbst seines bewussten Lebens verfasste er den kürzesten gemeinsamen Nachruf auf Richard Wagner und sich selbst:

Das, worin wir verwandt sind, daß wir tiefer gelitten haben, auch an einander, als Menschen dieses Jahrhunderts zu leiden vermöchten, wird unsere Namen ewig wieder zusammenbringen; und so gewiss Wagner unter Deutschen bloss ein Missverständnis ist, so gewiss bin ich's und werde es immer sein. – Zwei Jahrhunderte psychologische und artistische Disciplin zu e r s t , meine Herren Germanen! ... Aber das holt man nicht nach.[524]

Ihre gemeinsame Geschichte: eine Tragödie, beinahe eine griechische. Sie hätten es wissen können.

Nachbemerkung

Die Verfasserin bekennt sich zu dem Wagnis, immer wieder vorsätzlich aus der Perspektive der hier Porträtierten gesprochen zu haben. Sie hat dafür auch eine Entschuldigung: die Wirklichkeit. Kein Mensch existiert in der Faktizität seines äußeren Lebens. Überhaupt scheinen dies nur mitunter die Biographen anzunehmen. Viele andere wissen oft nicht einmal, welches Datum der Tag trägt, in dem sie sich gerade aufhalten. Vor allem aber gehen im Bewusstsein jedes Menschen jeden Tag und fast in jedem Augenblick Vergangenheit, Gegenwart und Zukunft beinahe nahtlos ineinander über. Die Verfasserin sah sich außerstande, auf die Adaption dieses Vorzugs der – inneren – Wirklichkeit zu verzichten.

Auch wurde es so möglich, dass die beiden Hauptpersonen schon zu ihrer ersten Begegnung ihre Vergangenheit mitbringen durften, ja, ganze unzerhauene gordische Lebensknoten, statt nur ihre großen, inzwischen vielleicht zu großen Namen.

Der nicht leicht fortzuwischende Einwand lautet: Was hat ein ernsthafter Biograph im Innern seiner Figuren verloren? Ist der Aufenthalt dort nicht unseriös? Aber das Leben ist unseriös. Und sollte Autoren, die sich noch nach Jahren des intimsten Umgangs ihrer Nichtbekanntschaft mit den Dargestellten rühmen, nicht vielleicht ebenso zu misstrauen sein?

In Nietzsches Sinne ließe sich vermuten, dass auch die Bescheidenheit mitunter eine Form der Anmaßung ist. Ja mehr noch, wer würde der vermeintlich »objektiven Darstellung« mehr misstrauen als gerade er? Denn sie betrügt sich um die Einsicht, dass es diese Objektivität gar nicht gibt – schon insofern es einen Autor gibt. Also eine Perspektive, viele Perspektiven, wenn möglich. Aber eben doch Perspektiven. Natürlich lässt sich die Suggestion der Objektivität durch die Abwesenheit von Stil stärken. Doch auch die Abwesenheit von Stil ist noch Stil, hätte Friedrich Nietzsche wohl geantwortet. Doch das alles ist Polemik, und wenn es einen Einwand gegen diesen Autor gibt, dann ist es nicht zuletzt das Übermaß des Polemischen.

Sagen wir es so: Die Verfasserin wusste sich Nietzsches Anliegen verpflichtet, den zu großen und missbräuchlichen Begriff der Wahrheit durch den der Redlichkeit zu ersetzen, gewissermaßen als höchste einem Autor mögliche Selbstverpflichtung.

Kerstin Decker
Berlin-Treptow, August 2012

Anmerkungen

Verwendete Abkürzungen siehe S. 401

1 Friedrich Nietzsche an Richard Wagner, 20. Mai 1873, in: Kritische Studienausgabe, hrsg. von Giorgio Colli und Mazzino Montinari (im Weiteren KSA), Sämtliche Briefe (im Weiteren SB), Bd. 4, S. 153.

2 Friedrich Nietzsche, Der Fall Wagner. Ein Musikantenproblem, KSA 6, S. 21.

3 Friedrich Nietzsche, Ecce homo, KSA 6, S. 291.

4 Friedrich Nietzsche an Erwin Rohde, 9. November 1868, KSA SB 2, S. 337.

5 *Alles erwogen, hätte ich meine Jugend nicht ausgehalten ohne Wagnerische Musik,* lautet das Bekenntnis in »Ecce homo«, KSA 6, S. 289.

6 Friedrich Nietzsche an Erwin Rohde, 27. Oktober 1868, KSA SB 2, S. 332.

7 Ebd.

8 Friedrich Nietzsche an Erwin Rohde, 9. November 1868, KSA SB 2, S. 337 f.; alle Zitate bis auf Weiteres ebd.

9 Friedrich Nietzsche an Paul Deussen im September 1868, KSA SB 2, S. 316.

10 Ebd.

11 Friedrich Nietzsche an Erwin Rohde, 9. November 1868, KSA SB 2, S. 339.

12 Ebd.

13 Notizen zur »Walküre«, Herbst 1866, in: Nietzsche und Wagner, Stationen einer epochalen Begegnung, hrsg. von Dieter Borchmeyer und Jörg Salaquarda (im Weiteren NW), Bd. I, S. 318.

14 Friedrich Nietzsche, Aufzeichnung vom Herbst 1866, NW I, S. 318 f.

15 Vgl. Friedrich Nietzsche, Jugendschriften 1854–1861, Historisch-Kritische Gesamtausgabe hrsg. von Hans Joachim Mette, S. 18.
16 Friedrich Nietzsche an Erwin Rohde, 8. Oktober 1868, KSA SB 2, S. 322.
17 Ebd.
18 Friedrich Nietzsche an Erwin Rohde, 9. November 1868, KSA SB 2, S. 339.
19 Ebd.
20 Richard Wagner an Cosima von Bülow, 5. November 1868, in: Richard Wagner und König Ludwig II., Briefwechsel V, (im Weiteren Briefwechsel), S. 81.
21 Ludwig II. an Richard Wagner, 22. Juni 1868, Briefwechsel II, S. 232 f.
22 Richard Wagner an Ludwig II., 4. November 1868, ebd., S. 250 f.
23 Ludwig II. an Richard Wagner, 9. Juli 1865, Briefwechsel I, S. 120.
24 Vgl. Carl Fr. Glasenapp, Das Leben Richard Wagners, Bd. 4, S. 116 f.
25 Richard Wagners Annalen, in: Briefwechsel II, S. 11.
26 Hans von Bülow an Jessie Laussot, zit. nach Glasenapp, Bd. 4, S. 190 f.
27 Ebd., S. 191.
28 Richard Wagner an Cosima von Bülow, 11. September 1865, in: Richard Wagner, Das Braune Buch, Tagebuchaufzeichnungen 1865 bis 1882, hrsg. von Joachim Bergfeld, S. 88.
29 Ebd., S. 88 f.
30 Ebd.
31 Richard Wagners Annalen, Briefwechsel II, S. 11.
32 Ebd., S. 11 f.
33 Richard Wagner an Ludwig II., 11. März 1865, Briefwechsel I, S. 72.
34 Ludwig II. an Richard Wagner, 11. März 1865, ebd., S. 73.
35 Richard Wagners Annalen, Briefwechsel II, S. 12.
36 Ebd.
37 Richard Wagner, Das Braune Buch, 22. August 1868, S. 184 f.
38 Ebd.
39 Ebd.
40 Friedrich Nietzsche an Erwin Rohde, 11. November 1869, KSA SB 3, S. 72.
41 Cosima von Bülow an Richard Wagner, 27. Oktober 1868, Briefwechsel V, S. 80.
42 Ebd.
43 Richard Wagner an Cosima von Bülow, Telegramm, 8. November 1868, ebd., S. 11.

44 Martin Gregor-Dellin, Richard Wagner. Sein Leben. Sein Werk. Sein Jahrhundert, S. 53.
45 Friedrich Nietzsche, Die Geburt der Tragödie, KSA 1, S. 135.
46 Friedrich Nietzsche, Jugendschriften, Bd. I, S. 91.
47 Richard Wagner, Mein Leben, Bd. I, S. 33.
48 Ebd., S. 59.
49 Ebd., S. 26.
50 Vgl. Glasenapp, Bd. 4, S. 26.
51 Ebd., S. 62.
52 Friedrich Nietzsche an Hermann Mushacke, November 1866, KSA SB 2, S. 181.
53 Friedrich Nietzsche, Morgenröthe, Aph. 296, KSA 3, S. 220.
54 Richard Wagner, Mein Leben, Bd. I, S. 66 f.
55 Richard Wagner an Cosima von Bülow, 10. November 1868, Briefwechsel V, S. 82.
56 Friedrich Nietzsche an Erwin Rohde, 9. Dezember 1868, KSA SB 2, S. 352 f.
57 Friedrich Nietzsche an Erwin Rohde, 10. Januar 1869, KSA SB 2, S. 357.
58 Ebd., S. 358.
59 Ebd., S. 358 f.
60 Friedrich Nietzsche an Erwin Rohde, 20. November 1868, KSA SB 2, S. 344.
61 Ebd.
62 Vgl. die Auskunft Friedrich Nietzsches im Brief an Hermann Mushacke, November 1866, ebd., S. 183.
63 Friedrich Nietzsche an Erwin Rohde, 9. November 1868, KSA SB 2, S. 337.
64 Vgl. den Brief Friedrich Nietzsches an Friedrich Ritschl vom 19. September 1868, KSA SB 2, S. 318.
65 Friedrich Nietzsche an Franziska und Elisabeth Nietzsche, Mitte Dezember 1868, KSA SB 2, S. 354.
66 Friedrich Nietzsche an Franziska und Elisabeth Nietzsche, zweite Februarhälfte 1869, KSA SB 2, S. 374.
67 Ebd., S. 373.
68 Friedrich Nietzsche an Carl von Gersdorff, 11. April 1869, KSA SB 2, S. 385.
69 Vgl. die im Rowohlt-Verlag erschienenen Interpretationen Joachim Köhlers, von »Zarathustras Geheimnis« bis zu »Friedrich Nietzsche und Cosima Wagner. Die Schule der Unterwerfung«.
70 Nach dem Zeugnis Cosimas, vgl. Cosima Wagner, Die Tagebücher I, 1869–1877, hrsg, von Martin Gregor-Dellin und Dietrich Mack, Eintrag vom 2. März 1870, S. 204.

71 Friedrich Nietzsche an Oskar Wunderlich, Ende Juni 1865, KSA SB 2, S. 67 f.

72 Ludwig II. an Richard Wagner, 10. Juni 1865, Briefwechsel I, S. 105.

73 Ebd.

74 Ludwig II. an Richard Wagner, 21. Juni 1865, Briefwechsel I, S. 109.

75 Richard Wagner an Ludwig und Malwine Schnorr von Carolsfeld, 30. Juni 1865, zit. nach Glasenapp, Bd. 4, S. 101.

76 Ebd., S. 198.

77 Ebd., S. 199.

78 Friedrich Nietzsche an Franziska und Elisabeth Nietzsche, 12. November 1865, KSA SB 1, S. 96 f.

79 Zit. nach Glasenapp, Bd. 4, S. 133.

80 Ludwig II. an Richard Wagner, 15. November 1865, Briefwechsel I, S. 212.

81 Ludwig II. an Richard Wagner, 16. November 1865, ebd., S. 213.

82 Zit. nach Gregor-Dellin, S. 557.

83 Ludwig II. an Richard Wagner, 7. Dezember 1865, Briefwechsel I, S. 237.

84 Friedrich Nietzsche, Ecce homo, KSA 6, S. 288.

85 Cosima Wagner, Die Tagebücher I, 5. April 1869, S. 81.

86 Ebd., 5. März 1869, S. 67.

87 Ebd., 9. Februar 1869, S. 53.

88 Ebd., 11. Januar 1869, S. 30.

89 Ebd.

90 Ebd., 10. Februar 1869, S. 54.

91 Ebd., 16. Januar 1869, S. 34.

92 Ebd., 1. Januar 1869, S. 21.

93 Cosima von Bülow an Friedrich Nietzsche, 20. Mai 1869, NW I, S. 11.

94 Friedrich Nietzsche an Erwin Rohde am 29. Mai 1869, KSA SB 3, S. 13.

95 Ebd.

96 Friedrich Nietzsche an Richard Wagner, 22. Mai 1869, KSA SB 3, S. 9.

97 Friedrich Nietzsche an Richard Wagner, 10. November 1870, NW I, S. 106.

98 Ebd.

99 Friedrich Nietzsche an Franziska und Elisabeth Nietzsche, 18. Oktober 1868, KSA SB 2, S. 326.

100 Richard Wagner an Friedrich Nietzsche, 3. Juni 1869, in: NW I, S, 13.

101 Ebd.

102 Cosima von Bülow an Friedrich Nietzsche, 7. Juni 1869, NW I, S. 14.

103 Friedrich Nietzsche an Franziska Nietzsche, Mitte Juni 1869, KSA SB 3, S. 15.

104 Friedrich Nietzsche an Erwin Rohde, 15. August 1869, KSA SB 3, S. 41.

105 Friedrich Nietzsche an Erwin Rohde, Mitte Juli 1869, KSA SB 3, S. 27 f.

106 Friedrich Nietzsche an Gustav Krug, 4. August 1869, KSA SB 3, S. 37.

107 Ebd., S. 38.

108 Richard Wagner, Der Virtuose und der Künstler, in: ders., Ein deutscher Musiker in Paris, S. 151.

109 Ebd., S. 173 ff.

110 Friedrich Nietzsche an Erwin Rohde, 15. August 1869, KSA SB 3, S. 42.

111 Richard Wagner, Über Staat und Religion. Dichtungen und Schriften 8, S. 245.

112 Ebd., S. 246.

113 Friedrich Nietzsche an Gustav Krug, 4. August 1869, KSA SB 3, S. 38.

114 Ludwig II. an Hofrat von Düfflipp, 30. August 1869, Neue Urkunden zur Lebensgeschichte Richard Wagners, KSA SB 5, S. 101.

115 Richard Wagner an Minna Wagner, 19. Oktober 1861. Briefe an Minna Wagner II, Berlin und Leipzig 1908, S. 218 f.

116 Richard Wagner, Mein Leben, 3. Teil, S. 381 f.

117 Richard Wagner an Cosima von Bülow, 10. März 1864, zit. nach Gregor-Dellin, S. 515.

118 Richard Wagner, Mein Leben, 3. Teil, S. 382.

119 Zit. nach Gregor-Dellin, S. 517.

120 Richard Wagner, Mein Leben, 3. Teil, S. 385.

121 Ebd.

122 Richard Wagner an Eliza Wille, 4. Mai 1864, in: Richard Wagner, Briefe, ausgewählt und herausgegeben von Hans-Joachim Bauer, S. 408.

123 Ebd.

124 Richard Wagner, Mein Leben, Bd. 3, S. 67 f.

125 Ludwig II. an Hofrat von Düfflipp, 31. August 1869, Briefwechsel, Nachtragsband V, S. 102.

126 Ebd., S. 619.

127 Friedrich Nietzsche an Erwin Rohde, 3. September 1869, KSA SB 3, S. 52.

128 Ebd.
129 Cosima Wagner, Die Tagebücher I, 7. Februar 1870, S. 196.
130 Friedrich Nietzsche an Carl von Gersdorff, 28. September 1869,
    KSA SB 3, S. 58.
131 Friedrich Nietzsche an Franziska und Elisabeth Nietzsche, Ende
    September 1869, KSA SB 3, S. 58.
132 Friedrich Nietzsche an Erwin Rohde, 7. Oktober 1869, KSA SB 3,
    S. 61 f.
133 Ebd., S. 63.
134 Cosima Wagner, Die Tagebücher I, 5. November 1869, S. 167.
135 Cosima von Bülow an Friedrich Nietzsche, 30. November 1969,
    NW I, S. 29.
136 Richard Wagner an Friedrich Nietzsche, 3. Dezember 1969,
    NW I, S. 31.
137 Friedrich Nietzsche an Franziska und Elisabeth Nietzsche, um
    den 20. Dezember 1869, KSA SB 3, S. 85.
138 Friedrich Nietzsche, Nachlass, KSA 7, S. 67.
139 Ebd., S. 73.
140 Ebd., S. 77.
141 Cosima von Bülow an Friedrich Nietzsche, 15. Dezember 1869,
    NW I, S. 36.
142 Richard Wagner an Friedrich Nietzsche, 19. Dezember 1869,
    NW I, S. 37.
143 Richard Wagner an Friedrich Nietzsche, 7. Februar 1870, NW I,
    S. 58 f.
144 Cosima Wagner, Die Tagebücher 1, S. 173.
145 Richard Wagner an Mathilde Wesendonck, 18. September 1858,
    in: W. Golther, Richard Wagner an Mathilde Wesendonck. Tage-
    buchblätter und Briefe 1853–1870, Leipzig 1904, S. 40.
146 Ebd.
147 Cosima Wagner, Die Tagebücher I, 19. März 1869, S. 73.
148 Ebd., S. 74.
149 Cosima Wagner an Friedrich Nietzsche, 4. Februar 1870, NW I,
    S. 55 f.
150 Ebd., S. 55.
151 Friedrich Nietzsche, Sokrates und die Tragödie, KSA 1, S. 533;
    alle Zitate bis auf Weiteres ebd.
152 Richard Wagner an Friedrich Nietzsche, 4. Februar 1870, NW I,
    S. 40 f.
153 Cosima Wagner an Friedrich Nietzsche, 5. Februar 1870, NW I,
    S. 57.
154 Richard Wagner an Friedrich Nietzsche, 4. Februar 1870, NW I,
    S. 49 f.

155 Cosima von Bülow an Friedrich Nietzsche, 5. Februar 1870, NW I, S. 52.
156 Friedrich Nietzsche an Paul Deussen, Februar 1870, KSA SB 3, S. 100.
157 Friedrich Nietzsche an Erwin Rohde, Ende Januar und 15. Februar 1870, KSA SB 3, S. 95.
158 Richard Wagner an Friedrich Nietzsche, 12. Februar 1870, NW I, S. 58.
159 Ebd., S. 59.
160 Friedrich Nietzsche an Erwin Rohde, Ende Januar und 15. Februar 1870, KSA SB 3, S. 95.
161 Friedrich Nietzsche an Erwin Rohde, 30. April 1870, KSA SB 3, S. 120.
162 Ebd., S. 119.
163 Richard Wagner an Ludwig II., 26. Mai 1870, Briefwechsel II, S. 308.
164 Richard Wagner an Wendelin Weißheimer, 10. Juli 1863, zit. nach Glasenapp, Bd. III, S. 432.
165 Friedrich Nietzsche an Richard Wagner, 21. Mai 1870, KSA SB 3, S. 122 f.
166 Friedrich Nietzsche an Cosima von Bülow, 19. Juni 1870, KSA SB 3, S. 125.
167 Richard Wagner an Friedrich Nietzsche, 4. Juni 1870, NW I, S. 87.
168 Friedrich Nietzsche, Das griechische Musikdrama, KSA 1, S. 516; alle Zitate bis auf Weiteres ebd., S. 515 ff.
169 Richard Wagner, Über die Benennung »Musikdrama«, in: ders., Ausgewählte Schriften, S. 250.
170 Ebd., S. 253.
171 Friedrich Nietzsche, Das griechische Musikdrama, KSA 1, S. 518.
172 Ebd., S. 529.
173 Richard Wagner, Über die Benennung »Musikdrama«, S. 253.
174 Ebd.
175 Friedrich Nietzsche, KSA 7, S. 78.
176 Cosima Wagner, Die Tagebücher I, 27. Juni 1870, S. 251.
177 Friedrich Nietzsche, Aufzeichnung vom Herbst 1866, NW I, S. 318 f.
178 Richard Wagner an Friedrich Nietzsche, 1. Juli 1870, NW I, S. 93.
179 Arthur Schopenhauer, Parerga und Paralipomena I, Stuttgart/Frankfurt a. M. 1986, S. 385 f.
180 Ebd., S. 386.
181 Cosima Wagner, Die Tagebücher I, 14. Juli 1870, S. 257.
182 Cosima Wagner an Friedrich Nietzsche, 16. Juli 1870, NW I, S. 93 f.

183 Friedrich Nietzsche an Erwin Rohde, 16. Juli 1870, KSA SB 3, S. 130 f.
184 Richard Wagner an Julius Fröbel, 11. April 1866 – im April der Tribschen-Entdeckung, zit. nach Glasenapp, S. 170.
185 Vgl. Cosima Wagner, Die Tagebücher I, Notiz vom 21. Juli 1870, S. 260.
186 Vgl. Glasenapp, Bd. I, S. 490.
187 Friedrich Nietzsche, Die dionysische Weltanschauung, KSA 1, S. 553; alle Zitate bis auf Weiteres ebd.
188 Ebd,, S. 554 f.
189 Friedrich Nietzsche an Wilhelm Vischer-Bilfinger, 7. März 1869, KSA, SB 2, S. 190.
190 Friedrich Nietzsche, Nachgelassene Fragmente Ende 1870–April 1871, KSA 7, S. 174.
191 Cosima von Bülow an Friedrich Nietzsche, 9. August 1870, NW I, S. 96.
192 Friedrich Nietzsche, Nachgelassene Fragmente Ende 1870–April 1871, KSA 7, 171 f.
193 Cosima von Bülow an Friedrich Nietzsche, 9. August 1870, NW I, S. 97.
194 Friedrich Nietzsche, Nachgelassene Fragmente Ende 1970–April 1871, KSA 7, S. 171 f.
195 Ebd.
196 Cosima von Bülow an Friedrich Nietzsche, 16. August 1870, NW I, S. 98.
197 Ludwig II. an Richard Wagner, 25. August 1870, Briefwechsel II, S. 312.
198 Cosima Wagner an Friedrich Nietzsche, 2. September 1870, NW I, S. 98 f.
199 Carl von Gersdorff an Friedrich Nietzsche, 10. Oktober 1870, zit. nach Janz, Friedrich Nietzsche I, S. 378 f.
200 Friedrich Nietzsche, Nachgelassene Fragmente, KSA 7, S. 121.
201 Cosima Wagner, Die Tagebücher I, 27. August 1870, S. 277.
202 Friedrich Nietzsche an Richard Wagner, 11. September 1870, KSA SB 3, S. 143.
203 Vgl. Entwurf eines Vorworts an Richard Wagner, Februar 1871, KSA 7, S. 354.
204 Friedrich Nietzsche an Richard Wagner, 11. September 1870, KSA SB 3, S. 143.
205 Cosima Wagner, Die Tagebücher I, 5. September 1870, S. 281.
206 Friedrich Nietzsche an Richard Wagner, 11. September 1870, KSA SB 3, S. 142.

207 Friedrich Nietzsche an Franziska Nietzsche, 11. September 1870, KSA SB 3, S. 139.
208 Richard Wagner, Dichtungen und Schriften IX, S. 52.
209 Friedrich Nietzsche an Richard Wagner, 10. November 1870, KSA SB 3, S. 156.
210 Friedrich Nietzsche an Richard Wagner, 10. November 1870, KSA SB 3, S. 157.
211 Cosima Wagner, Die Tagebücher I, 26. September 1870, S. 291.
212 Friedrich Nietzsche an Erwin Rohde, 15. Dezember 1870, KSA SB 3, S. 165.
213 Ebd., S. 165 f.
214 Cosima Wagner, Die Tagebücher I, 23. November 1870, S. 315.
215 Friedrich Nietzsche an Erwin Rohde, 8. Oktober 1868, KSA SB 2, S. 322.
216 Cosima Wagner, Die Tagebücher I, 25. Dezember 1870, S. 329.
217 Ebd., Die Tagebücher I, 26. Dezember 1870, S. 330.
218 E. T. A. Hoffmann, Der goldne Topf, in: Märchen, Leipzig 1989, S. 5, alle Zitate bis auf Weiteres ebd.
219 Cosima Wagner, Die Tagebücher I, 27. Dezember 1870, S. 331.
220 Mündliche Auskunft Düfflipps bei ihrem Treffen am 15. April 1871 in Augsburg, vgl. ebd., S. 378.
221 Ebd., 9. Oktober 1870, S. 297.
222 Friedrich Nietzsche an Carl von Gersdorff, 7. November 1870, KSA SB 3, S. 155 f.
223 Friedrich Nietzsche an Erwin Rohde, 27. November 1870, KSA SB 3, S. 160.
224 Otto von Bismarck an Richard Wagner, 21. Februar 1871, zit. nach Glasenapp, Bd. IV, S. 343 f.
225 Cosima Wagner an Friedrich Nietzsche, 1. Februar 1871, NW I, S. 116.
226 Friedrich Nietzsche an Erwin Rohde, 8. Februar 1871, KSA SB 3, S. 183 f.
227 Cosima Wagner an Friedrich Nietzsche, 18. Januar 1871, NW I, S. 156.
228 Friedrich Nietzsche an Erwin Rohde, 10. April 1871, KSA SB 3, S. 192 f.
229 Cosima Wagner an Friedrich Nietzsche, 12. Mai 1871, NW I, S. 124.
230 Richard Wagner an Hofrat von Düfflipp, 1. Mai 1871, Briefwechsel III, S. XIII.
231 Ebd.
232 Ebd.
233 Friedrich Nietzsche, KSA 7, S. 276.

234 Richard Wagner an Carl Landgraf, 11. Mai 1871, Bayreuther Briefe, Berlin und Leipzig 1907, S. 1.
235 Friedrich Nietzsche an Wilhelm Vischer-(Bilfinger), 27. Mai 1871, KSA SB 3, S. 95.
236 Cosima Wagner an Friedrich Nietzsche, 27. Februar 1871, NW I, S. 125.
237 Vgl. Cosimas Notiz vom 17. Juni 1871, Die Tagebücher I, S. 401.
238 Friedrich Nietzsche, Vorwort an Richard Wagner, KSA 7, S. 353.
239 Ebd.
240 Ebd.
241 Zit. nach Gregor-Dellin, S. 645.
242 E. T. A. Hoffmann, Der goldne Topf, S. 51.
243 Cosima Wagner an Friedrich Nietzsche, 18. Juni 1871, NW I, S. 127 f.
244 Cosima Wagner, Die Tagebücher I, 25. Juni 1871, S. 405.
245 Ebd., Die Tagebücher I, 20. Juli 1871, S. 417.
246 Ebd., 21. Juli 1871, S. 418.
247 Friedrich Nietzsche an Carl von Gersdorff, 18. November 1871, KSA SB 3, S. 244.
248 Friedrich Nietzsche an Richard Wagner, 18. November 1871, KSA SB 3, S. 246.
249 Glasenapp, Bd. IV, S. 374.
250 Cosima Wagner, Die Tagebücher I, 29. September 1871, S. 444.
251 Cosima Wagner an Friedrich Nietzsche, 26. November 1871, NW I, S. 144.
252 Friedrich Nietzsche an Franziska und Elisabeth Nietzsche, 3. Dezember 1871, KSA SB 3, S. 251.
253 Friedrich Nietzsche an Erwin Rohde, nach dem 21. Dezember 1871, KSA SB 3, S. 256 f.
254 Nach einer Schilderung Cosima Wagners vom November 1887, vgl. Curt Paul Janz, Friedrich Nietzsche I, S. 427 f.
255 Richard Wagner an Friedrich Nietzsche, 26. November 1871, NW I, S. 145.
256 Cosima Wagner, Die Tagebücher I, 3. Januar 1872, S. 476.
257 Notizen zu der nicht ausgeführten Schrift »Das Künstlertum der Zukunft«.
258 Friedrich Nietzsche an Richard Wagner, 2. Januar 1872, NW I, S. 149.
259 Friedrich Nietzsche an Carl von Gersdorff, 4. Februar 1872, KSA SB 3, S. 287.
260 Richard Wagner an Friedrich Nietzsche, 10. Januar 1872, NW I, S. 152 ff.

261 Ebd., S. 153.
262 Friedrich Nietzsche an Carl von Gersdorff, 24. Januar 1872, KSA SB 3, S. 275.
263 Friedrich Nietzsche an Erwin Rohde, 11. April 1872, KSA SB 3, S. 304.
264 Friedrich Nietzsche an Carl von Gersdorff, 1. Mai 1872, KSA SB 3, S. 317.
265 Friedrich Nietzsche an Theodor Muncker, 1. Mai 1872, KSA SB 3, S. 315.
266 Friedrich Nietzsche, Nachgelassene Fragmente Sommer 1875, KSA 8, S. 236.
267 Friedrich Nietzsche an Carl von Gersdorff, 3. Juni 1872, KSA SB 4, S. 6.
268 Friedrich Nietzsche an Erwin Rohde, nach dem 23. November 1871, KSA SB 3, S. 248.
269 Zit. nach Curt Paul Janz, Friedrich Nietzsche II, S. 469.
270 Friedrich Nietzsche, Geburt der Tragödie, KSA I, S. 98.
271 Ebd., S. 99 f.
272 Friedrich Nietzsche an Carl von Gersdorff, 3. Juni 1872, KSA SB 4, S. 5.
273 Friedrich Nietzsche an Erwin Rohde, 8. Juni 1872, KSA SB 4, S. 7.
274 Richard Wagner, Offener Brief an Friedrich Nietzsche, gedruckt in der Sonntagsbeilage der »Norddeutschen Allgemeinen Zeitung« vom 23. Juni 1872, NW I, S. 176 ff.; alle Zitate bis auf Weiteres ebd.
275 Friedrich Nietzsche an Richard Wagner, 24. Juni 1872, KSA SB 4, S. 15.
276 Ebd., S. 16.
277 Richard Wagner an Friedrich Nietzsche, 25. Juni 1872, NW I, S. 190.
278 Ebd., S. 191.
279 Friedrich Nietzsche an Hans von Bülow, 20. Juli 1872, KSA SB 4, S. 26.
280 Friedrich Nietzsche, Ecce homo, KSA 6, S. 189 f.
281 Ludwig II. an Richard Wagner, 27. August 1872, Briefwechsel III, S. 7.
282 Friedrich Nietzsche an Hans von Bülow, 20. Juli 1872, KSA SB 4, S. 26.
283 Ebd., S. 27.
284 Friedrich Nietzsche an Carl von Gersdorff, 20./21. Juli 1872, KSA SB 4, S. 28 f.
285 Hans von Bülow an Friedrich Nietzsche, 24. Juli 1872; zit. nach Curt Paul Janz, Friedrich Nietzsche I, S. 479.

286 Friedrich Nietzsche an Richard Wagner, 25. Juli 1872, NW I, S. 191.
287 Friedrich Nietzsche, zwischen Sommer 1872 und Anfang 1873, KSA 7, S. 437.
288 Friedrich Nietzsche an Richard Wagner, 15. Oktober 1872, NW I, S. 198.
289 Ebd., S. 197.
290 Friedrich Nietzsche an Hugo von Senger, 25. Juli 1872, KSA SB 4, S. 36.
291 Friedrich Nietzsche an Richard Wagner, Mitte November 1872, NW I, S. 206 f.
292 Friedrich Nietzsche an Erwin Rohde, 7. Dezember 1872, KSA SB 4, S. 98.
293 Friedrich Nietzsche an August von Loen, 7. Dezember 1872, KSA SB 4, S. 98.
294 Cosima Wagner, Die Tagebücher I, 31. Dezember 1872, S. 620.
295 Friedrich Nietzsche, Fragment »Oedipus. Reden des letzten Philosophen mit sich selbst«, KSA 7, S. 460 f.
296 Cosima Wagner an Friedrich Nietzsche, 23. Januar 1873, NW I, S. 213.
297 Friedrich Nietzsche an Carl Riedel, nach dem 27. Januar 1873, KSA SB 4, S. 115.
298 Friedrich Nietzsche, KSA 7, S. 445.
299 Friedrich Nietzsche an Friedrich Ritschl, 30. Januar 1872, KSA SB 3, S. 281 f.
300 Friedrich Ritschl an Wilhelm Vischer-Bilfinger, 2. Februar 1873, zit. nach Janz, Friedrich Nietzsche II, S. 511.
301 Friedrich Nietzsche, Ueber Wahrheit und Lüge im aussermoralischen Sinne, KSA I, S. 875.
302 Ebd., S. 877.
303 Ebd., S. 880 f.
304 Cosima Wagner an Friedrich Nietzsche, 12. Februar 1873, NW I, S. 213 f.
305 Friedrich Nietzsche an Carl von Gersdorff, 2. März 1873, KSA SB 4, S. 131 f.
306 Ebd., S. 131.
307 Friedrich Nietzsche an Carl von Gersdorff, 5. April 1873, KSA SB 4, S. 138.
308 Richard Wagner an Elisabeth Nietzsche, 8. April 1873, zit. nach Janz, Friedrich Nietzsche II, S. 531.
309 Friedrich Nietzsche, KSA 7, S. 587.
310 Richard Wagner an Ludwig II., 2. Juni 1873, Briefwechsel III, S. 14.

311 Ludwig II. an Richard Wagner, 21. Juni 1873, Briefwechsel III, S. 17.

312 Friedrich Nietzsche an Richard Wagner, 18. September 1873, KSA SB 4, S. 156.

313 Friedrich Nietzsche, Mahnruf an die Deutschen, zit. nach Luitpold Griesser, Wagner und Nietzsche, S. 35 ff.; alle Zitate bis auf Weiteres ebd.

314 Cosima Wagner, Die Tagebücher I, 28. Oktober 1873, S. 745.

315 Ebd., Die Tagebücher I, 31. Oktober 1873, S. 746.

316 Ebd., Die Tagebücher I, 2. November 1873, S. 747.

317 Richard Wagner an Friedrich Nietzsche, 1. November 1873, NW I, S. 233.

318 Richard Wagner an Ludwig II., Briefwechsel III, S. 24.

319 So Houston Steward Chamberlain, zit. nach Griesser, S. 39.

320 Friedrich Nietzsche, KSA 7, S. 783.

321 Friedrich Nietzsche an Paul Deussen, Februar 1870, KSA SB 3, S. 100.

322 Richard Wagner, Mein Leben I, S. 34; alle Zitate bis auf Weiteres 33 ff.

323 Friedrich Nietzsche, Nachlassaufzeichnungen über Richard Wagner, KSA 7, S. 756 ff.; alle Zitate bis auf Weiteres ebd.

324 Ludwig II. an Richard Wagner, 25. Januar 1874, Briefwechsel III, S. 29.

325 Ebd., S. 29 f.

326 Hofsekretär v. Düfflipp an Richard Wagner, 30. Januar 1874, ebd., S. 29.

327 Richard Wagner an Ludwig II., 3. Februar 1874, ebd., S. 32.

328 Friedrich Nietzsche an Malwida von Meysenbug, 4. April 1874, KSA SB 4, S. 216 f.

329 Richard Wagner an Friedrich Nietzsche, 6. April 1874, NW I, S. 242.

330 Ebd., S. 242 f.

331 Richard Wagner an Friedrich Nietzsche, 9. Juni 1874, NW I, S. 252 f.

332 Friedrich Nietzsche an Richard Wagner, 20. Mai 1874, KSA SB 4, S. 228 ff.

333 Friedrich Nietzsche an Carl von Gersdorff, 1. April 1874, KSA SB 4, S. 214.

334 Cosima Wagner an Friedrich Nietzsche, 20. April 1874, NW I, S. 243.

335 Friedrich Nietzsche an Carl von Gersdorff, 8. Mai 1875, KSA SB 5, S. 48.

336 Cosima Wagner, Die Tagebücher I, 8. August 1874, S. 843 f.

337 Friedrich Nietzsche, KSA 7, S. 831.
338 Ebd.
339 Ebd.
340 Ebd., S. 832.
341 Cosima Wagner an Friedrich Nietzsche, 16. Januar 1875, NW I, S. 266.
342 Friedrich Nietzsche an Elisabeth Nietzsche, 26. Januar 1875, KSA SB 5, S. 12 f.
343 Ebd.
344 Friedrich Nietzsche an Malwida von Meysenbug, 7. Februar 1875, KSA SB 5, S. 20.
345 Friedrich Nietzsche an Erwin Rohde, 28. Februar 1875, KSA SB 5, S. 27.
346 Friedrich Nietzsche an Erwin Rohde, 17. April 1875, KSA SB 5, S. 41.
347 Friedrich Nietzsche an Richard Wagner, 24. Mai 1875, KSA SB 5, S. 55.
348 Friedrich Nietzsche an Carl von Gersdorff, um den 26. Juni 1875, KSA SB 5, S. 65.
349 Friedrich Nietzsche an Franziska und Elisabeth Nietzsche in Naumburg, 17. Juli 1875, KSA SB 5, S. 80.
350 Friedrich Nietzsche, KSA 8, S. 235.
351 Friedrich Nietzsche, Vorstudien zu »Richard Wagner in Bayreuth«, KSA 8, S. 235.
352 Ebd., S. 227.
353 Ebd., S. 217.
354 Ebd., S. 189.
355 Ebd., S. 213.
356 Ebd., S. 212.
357 Ebd., S. 204.
358 Ebd., S. 275.
359 Richard Wagner an Friedrich Nietzsche, 21. Oktober 1874, NW I, S. 257.
360 Friedrich Nietzsche, Vorstudien zu »Richard Wagner in Bayreuth«, KSA 8, S. 203.
361 Ebd.
362 Friedrich Nietzsche an Franz Overbeck, 11. August 1875, KSA SB 5, S. 105.
363 Friedrich Nietzsche an Franziska und Elisabeth Nietzsche, 25. Juli 1875, KSA SB 5, S. 90.
364 Friedrich Nietzsche, KSA 8, S. 259 f.
365 Ebd., S. 260.
366 Ebd., S. 261.

367 Friedrich Nietzsche an Carl von Gersdorff, 26. September 1875, KSA SB 5, S. 104.
368 Friedrich Nietzsche, KSA 8, S. 261.
369 Richard Wagner an Friedrich Nietzsche, 13. Juli 1876, NW I, S. 285.
370 Friedrich Nietzsche an Malwida von Meysenbug, 11. August 1875, KSA SB 5, S. 104.
371 Friedrich Nietzsche an Erwin Rohde, 18. Juli 1876, KSA SB 5, S. 176.
372 Friedrich Nietzsche an Mathilde Trampedach, 11. April 1876, KSA SB 5, S. 147.
373 Friedrich Nietzsche an Elisabeth Nietzsche, 25. Juli 1876, KSA SB 5, S. 179.
374 Ebd., S. 180.
375 Ebd.
376 Ludwig II. an Richard Wagner, 21. Juli 1876, Briefwechsel III, S. 81.
377 Ludwig II. an Richard Wagner, 12. Juli 1876, ebd., S. 80 f.
378 Ludwig II. an Richard Wagner, 7. August 1876, ebd., S. 82.
379 Friedrich Nietzsche an Elisabeth Nietzsche, 1. August 1876, KSA SB 5, S. 181.
380 Cosima Wagner, Die Tagebücher I, S. 992.
381 Ebd., S. 995.
382 Ebd., S. 995 f.
383 Friedrich Nietzsche an Elisabeth Nietzsche, 6. August 1876, KSA SB 5, S. 182.
384 Friedrich Nietzsche, Ecce homo, KSA 6, S. 323.
385 Ludwig II. an Richard Wagner, 12. August 1876, Briefwechsel III, S. 82 f.
386 Friedrich Nietzsche, Ecce homo, KSA 6, S. 324.
387 Richard Wagner an Friedrich Nietzsche, 23. September 1876, NW I, S. 285.
388 Richard Wagner, Mein Leben I, S. 29 f.
389 Friedrich Nietzsche, Nachgelassene Fragmente Sommer-Herbst 1884, KSA 11, S. 250.
390 Cosima Wagner an Malwida von Meysenbug, 17. April 1877, NW II, S. 1238.
391 Friedrich Nietzsche an Malwida von Meysenbug, 1. Juli 1877, KSA SB 5, S. 250.
392 Friedrich Nietzsche an Cosima Wagner, 10. Oktober 1877, NW I, S. 293.
393 Friedrich Nietzsche an Malwida von Meysenbug, 27. Juli 1877, KSA SB 5, S. 260.

394 Friedrich Nietzsche an Cosima Wagner, 10. Oktober 1877, NW I, S. 294.

395 Der Wagner-Biograph Curt von Westernhagen entdeckte den im Richard-Wagner-Nationalarchiv Bayreuth begrabenen Briefwechsel zwischen Wagner und Georg Eiser und machte ihn 1956 zum ersten Mal öffentlich, vgl. Curt von Westernhagen, Richard Wagner. Sein Werk. Sein Wesen. Seine Welt, Zürich 1956; im Folgenden zitiert nach Gregor-Dellin, S. 750 ff.; alle Zitate bis auf Weiteres ebd.

396 Richard Wagner an Judith Gautier, 1. Oktober 1877, Die Briefe Richard Wagners an Judith Gautier, hrsg. von Willi Schuh, Zürich und Leipzig, S. 147 f.

397 Ebd., S. 148 f.

398 Friedrich Nietzsche, An Richard Wagner, Herbst 1884, KSA 11, S. 319.

399 Zit. nach Griesser, S. 67.

400 Friedrich Nietzsche an Richard und Cosima Wagner, Entwurf Anfang 1878, KSA SB 5, S. 298 f.

401 Friedrich Nietzsche, Menschliches, Allzumenschliches I, KSA 2, S. 10.

402 Friedrich Nietzsche an Ernst Schmeitzner, 3. Dezember 1877, KSA SB 5, S. 293.

403 Descartes, zit. nach Friedrich Nietzsche, Menschliches, Allzumenschliches I, KSA 2, S. 11.

404 Cosima Wagner am 28. Mai 1878, NW I, S. 196 f.

405 Friedrich Nietzsche, Chronik in Bildern und Texten, hrsg. von der Stiftung Weimarer Klassik, S. 430; Die Büste ist wahrscheinlich von Louise Ott, die Nietzsche in Bayreuth kennengelernt hatte.

406 Ebd.

407 Friedrich Nietzsche, Menschliches, Allzumenschliches I, KSA 2, Aph. 638, S. 362 f.

408 Cosima Wagner, Die Tagebücher II, 30. April 1878, S. 89.

409 Friedrich Nietzsche, Menschliches, Allzumenschliches I, KSA 2, S. 363.

410 Ebd., S. 179.

411 Ebd., S. 182.

412 Ebd.

413 Cosima Wagner, Die Tagebücher I, 11. Dezember 1870, S. 323.

414 Friedrich Nietzsche, Menschliches, Allzumenschliches I, KSA 2, S. 186.

415 Richard Wagner, Publikum und Popularität, Gesammelte Schriften und Dichtungen X, Leipzig 1907, S. 84 f.

416 Friedrich Nietzsche an Ernst Schmeitzner, 3. September 1878, KSA SB 5, S. 350.
417 Friedrich Nietzsche an Franz Overbeck, 3. September 1878, KSA SB 5, S. 351.
418 Friedrich Nietzsche an Ernst Schmeitzner, 3. September 1878, KSA SB 5, S. 350.
419 Friedrich Nietzsche an Ernst Schmeitzner, 16. Mai 1878, KSA SB 5, S. 328.
420 Erwin Rohde an Friedrich Nietzsche, 16. Juni 1878, in: Friedrich Nietzsche, Chronik, S. 431.
421 Friedrich Nietzsche, Nachgelassene Fragmente, KSA 8, S. 543.
422 Ebd., S. 548.
423 Cosima Wagner, 1. Oktober 1879, Die Tagebücher II, S. 419.
424 Cosima Wagner an Carl von Gersdorff, 6. Juli 1879, NW II, S. 1241.
425 Richard Wagner an Franz Overbeck, 19. Oktober 1879, NW II, S. 1241.
426 Friedrich Nietzsche, Menschliches, Allzumenschliches II, KSA 2, S. 450.
427 Ebd.
428 Ebd., S. 451.
429 Ebd.
430 Ebd., S. 452.
431 Richard Wagner, Einführung ins Jahr 1880, Ausgewählte Schriften, Leipzig 1982, S. 309.
432 Friedrich Nietzsche, Ecce homo, KSA 6, S. 335.
433 Friedrich Nietzsche an Heinrich Köselitz, 14. August 1881, KSA SB 6, S. 112.
434 Ebd.
435 Friedrich Nietzsche an Heinrich Köselitz, 28. November 1881, KSA SB 6, S. 144.
436 Friedrich Nietzsche an Heinrich Köselitz, 8. Dezember 1881, KSA SB 6, S. 148.
437 Friedrich Nietzsche an Franz Overbeck, 28. Dezember 1881, KSA SB 6, S. 153.
438 Friedrich Nietzsche an Heinrich Köselitz, 19. Januar 1882, KSA SB 6, S. 156.
439 Friedrich Nietzsche an Franziska und Elisabeth Nietzsche, 10. Februar 1882, KSA SB 6, S. 169.
440 Friedrich Nietzsche an Malwida von Meysenbug, 21. März 1882, KSA SB 6, S. 184 f.
441 Ebd., S. 185.
442 Die Verfasserin hat Nietzsches Jahr mit Lou von Salomé ausführ-

lich dargestellt in »Lou Andreas-Salomé. Der bittersüße Funke Ich«, Berlin 2010.

443 Friedrich Nietzsche an Lou von Salomé, 28. Mai 1882, KSA SB 6, S. 197.
444 Friedrich Nietzsche an Lou von Salomé, 15. Juni 1882, KSA SB 6, S. 204.
445 Ebd.
446 Friedrich Nietzsche, Die fröhliche Wissenschaft, Aph. 382, KSA 3, S. 637.
447 Lou Andreas-Salomé, Lebensrückblick, Grundriß einiger Lebenserinnerungen. Aus dem Nachlaß hrsg. von Ernst Pfeiffer, Frankfurt a. M. 1968, S. 10.
448 Friedrich Nietzsche, Die fröhliche Wissenschaft, § 382, KSA 3, S. 635.
449 Friedrich Nietzsche an Lou von Salomé, 15. Juni 1882, KSA SB 6, S. 204.
450 Friedrich Nietzsche an Paul Rée, 18. Juni 1882, KSA SB 6, S. 205.
451 Friedrich Nietzsche an Lou von Salomé, 18. Juni 1882, KSA SB 6, S. 207.
452 Friedrich Nietzsche an Lou von Salomé, 16. Juli 1882, KSA SB 6, S. 228 f.
453 Ebd., S. 229.
454 Cosima Wagner, Die Tagebücher II, 24. Juni 1882, S. 968.
455 Friedrich Nietzsche an Heinrich Köselitz, 25. Juli 1882, KSA SB 6, S. 207.
456 Cosima Wagner, Die Tagebücher II, 26. Oktober 1882, S. 1033.
457 Dies., ebd., 7. November 1882, S. 1040.
458 Friedrich Nietzsche an Lou von Salomé, vor dem 8. November 1882, KSA SB 6, S. 274.
459 Friedrich Nietzsche an Franz Overbeck, 25. Dezember 1882, KSA SB 6, S. 311 f.
460 Cosima Wagner, Die Tagebücher II, 3. Februar 1883, S. 1105.
461 Friedrich Nietzsche, Die fröhliche Wissenschaft, Aph. 87, KSA 3, S. 444 f.
462 Cosima Wagner, Die Tagebücher II, 4. Februar 1883, S. 1106.
463 Ludwig II. an Richard Wagner, 11. Oktober 1881, Briefwechsel III, S. 226.
464 Friedrich Nietzsche, Die fröhliche Wissenschaft, Aph. 334, KSA 3, S. 559.
465 Cosima Wagner, Die Tagebücher II, 4. Februar 1882, S. 1106.
466 Friedrich Nietzsche, Die fröhliche Wissenschaft, Aph. 339, KSA 3, S. 568 f.
467 Ebd., Aph. 279, KSA 3, S. 279.

468 Friedrich Nietzsche an Ernst Schmeitzner, 13. Februar 1883, KSA
SB 6, S. 327.

469 Lou von Salomés erster, allseits gelobter Roman »Im Kampf um
Gott« wird eine Nietzsche-Figur zum Helden haben. Ihre klugen
Nietzsche-Aufsätze – nachdem der Denker längst in geistiger Um-
nachtung lebte – öffnen ihr die geistigen Bühnen Deutschlands.

470 Friedrich Nietzsche an Ernst Schmeitzner, 13. Februar 1883, KSA
SB 6, S. 328.

471 Friedrich Nietzsche an Heinrich Köselitz, 14. Februar 1883, KSA
SB 6, S. 329 f.

472 Friedrich Nietzsche, Entwürfe zu einem Brief an Cosima Wagner,
Mitte Februar 1883, KSA SB 6, S. 330 f.

473 Gabriele d'Annunzio, Conductus, in: Über Wagner. Von Musikern,
Dichtern und Liebhabern. Eine Anthologie, hrsg. von Nike Wagner, Stuttgart 1995, S. 28 f.

474 Friedrich Nietzsche an Malwida von Meysenbug, 21. Februar
1883, KSA SB 6, S. 335.

475 Friedrich Nietzsche an Heinrich Köselitz, 19. Februar 1883, ebd.,
S. 333.

476 Friedrich Nietzsche an Heinrich Köselitz, 21. April 1883, KSA
SB 6, S. 365.

477 Friedrich Nietzsche an Franz Overbeck, 22. Februar 1883, KSA
SB 6, S. 337.

478 Friedrich Nietzsche an Malwida von Meysenbug, 21. Februar
1883, KSA SB 6, S. 335.

479 Ebd.

480 Friedrich Nietzsche, Also sprach Zarathustra, KSA 4, S. 55.

481 Ebd., S. 113.

482 Ebd., S. 114.

483 Ebd., S. 115.

484 Ebd., S. 117.

485 Ebd., S. 118.

486 Ebd., S. 64.

487 Ebd., S. 313. Alle Zitate bis auf Weiteres S. 313 ff.

488 Friedrich Nietzsche, Frühjahr 1885, KSA 11, S. 497

489 Friedrich Nietzsche, Ecce homo, KSA 6, S. 291.

490 Friedrich Nietzsche an Heinrich Köselitz, 21. Januar 1887, KSA
SB 8, S. 12 f.

491 Friedrich Nietzsche, Nachgelassene Fragmente, Frühjahr 1887,
KSA 12, S. 198 f.

492 Ebd., S. 199.

493 Friedrich Nietzsche an Georg Brandes, 2. Dezember 1887, KSA
SB 8, S. 206.

494 Georg Brandes, Friedrich Nietzsche. Eine Abhandlung über aristokratischen Radikalismus, in: Georg Brandes, Nietzsche, S. 25.
495 Friedrich Nietzsche an Heinrich Köselitz, 26. Februar 1888, KSA SB 8, S. 263.
496 Friedrich Nietzsche an Heinrich Köselitz, 7. April 1888, KSA SB 8, S. 284.
497 Friedrich Nietzsche an Heinrich Köselitz, 20. April 1888, KSA SB 8, S. 298 f.
498 Friedrich Nietzsche, Der Fall Wagner. Turiner Brief vom Mai 1888, KSA 6, S. 13 ff. – alle Zitate bis auf Weiteres ebd.
499 Friedrich Nietzsche, Nietzsche contra Wagner, KSA 6, S. 418.
500 Ebd., S. 12.
501 Friedrich Nietzsche an Carl Fuchs, 27. Dezember 1888, KSA SB 8, S. 554.
502 Friedrich Nietzsche an Cosima Wagner, Entwurf, vermutlich Anfang September 1888, S. 604.
503 Friedrich Nietzsche, Ecce homo, KSA 6, S. 263.
504 Friedrich Nietzsche an Cosima Wagner, Entwurf, etwa 25. Dezember 1888, KSA SB 8, S. 551.
505 Friedrich Nietzsche an Cosima Wagner, 3. Januar 1889, KSA SB 8, S. 572.
506 Ebd., S. 573.
507 Ebd., S. 572 f.
508 Dionysos-Dithyramben, KSA 6, S. 401.
509 Friedrich Nietzsche an Meta von Salis, 3. Januar 1889, KSA SB 8, S. 572.
510 Friedrich Nietzsche an Ruggero Bonghi (Entwurf), KSA SB 8, S. 569.
511 Friedrich Nietzsche an »die erlauchten Polen«, 4. Januar 1889, KSA SB 8, S. 577.
512 Friedrich Nietzsche an Heinrich Wiener, um den 4. Januar 1889, KSA SB 8, S. 576.
513 Friedrich Nietzsche an Jacob Burckhardt, 6. Januar 1889, KSA SB 8, S. 579.
514 Ebd., S. 577 ff.
515 Friedrich Nietzsche an Franz Overbeck, 26. Dezember 1888, KSA SB 8, S. 551.
516 Franz Overbeck an Heinrich Köselitz, 15. Januar 1889, in: Franz Overbeck. Erinnerungen an Friedrich Nietzsche, S. 10.
517 Friedrich Nietzsche, Nietzsche contra Wagner, KSA 6, S. 420.
518 Ebd., S. 419.
519 Franz Overbeck an Heinrich Köselitz, 15. Januar 1889, in: ders., Erinnerungen, S. 12.

520 Ebd., S. 421.
521 Cosima Wagner an Hugo von Tschudi, 27. Februar 1901, in: Das
    zweite Leben. Briefe und Aufzeichnungen 1883–1930, hrsg. von
    Dietrich Mack, München 1980, S. 572 f.
522 Friedrich Nietzsche, Nachgelassene Fragmente, Sommer 1876,
    KSA 8, S. 303.
523 Cosima Wagner an Felix Mottl, 9. September 1900, in: Das
    zweite Leben, S. 540 f.
524 Friedrich Nietzsche, Ecce homo, KSA 6, S. 290.

Abkürzungen

KSA   Friedrich Nietzsche, Sämtliche Werke, Kritische Stu-
             dienausgabe in 15 Bänden, hrsg. von Giorgio Colli und
             Mazzino Montinari, Berlin/New York 1988

KSA SB   Friedrich Nietzsche, Sämtliche Briefe, Kritische Stu-
             dienausgabe in 8 Bänden, hrsg. von Giorgio Colli und
             Mazzino Montinari, München 1986

NW   Nietzsche und Wagner. Stationen einer epochalen Be-
             gegnung, hrsg. von Dieter Borchmeyer und Jörg Sala-
             quarda, 2 Bde., Frankfurt a. M. und Leipzig 1994

Briefwechsel Richard Wagner und König Ludwig II. von Bayern,
             hrsg. vom Wittelsbacher Ausgleichs-Fonds und Wini-
             fred Wagner, Karlsruhe 1936

Zeittafel

1813	22. Mai Richard Wagner in Leipzig geboren
	Völkerschlacht bei Leipzig
1844	15. Oktober Friedrich Nietzsche in Röcken bei Lützen geboren
	Berliner Erstaufführung des »Fliegenden Holländers« und Hamburger Erstaufführung des »Rienzi« (beides unter Wagners Leitung)
	Aufstand der Schlesischen Weber
1868	am 8. November begegnet Friedrich Nietzsche zum ersten Mal Richard Wagner bei Hermann Brockhaus in Leipzig
1869	am 17. Mai besucht Nietzsche Wagner zum ersten Mal in Tribschen, zweiter Besuch Nietzsches am 5./6. Juni, als Siegfried geboren wird; Uraufführung von »Das Rheingold« in München (ohne Wagner), Nietzsche zu Weihnachten in Tribschen
	Gründung der Sozialdemokratischen Arbeiterpartei durch Bebel und Liebknecht, Eröffnung des Suezkanals
1870	28.–30. Juli Nietzsche mit Schwester Elisabeth in Tribschen, Uraufführung »Die Walküre« in München (ohne Wagner), Scheidung Cosimas von Hans von Bülow, Heirat mit Wagner (kirchlich-protestantisch)
	Deutsch-Französischer Krieg
	Der Kriegsfreiwillige Friedrich Nietzsche begleitet als Krankenpfleger Verwundetentransporte, erkrankt an Diphtherie und Ruhr, zu Weihnachten wiederum Besuch in Tribschen (erstmals das »Siegfried-Idyll« im Hause Wagner gespielt)
1871	Nietzsche mehrfach zu Besuch in Tribschen, Begegnung Cosima und Richard Wagners mit Nietzsche in Basel, Ver-

handlungen über ein Festspielhaus in Bayreuth, Weihnachten ohne Nietzsche in Tribschen, Nietzsche schenkt seine Komposition »Sylvesternacht« Cosima zum Geburtstag
Pariser Kommune, Wilhelm I. von Preußen wird deutscher Kaiser

1872 Grundsteinlegung fürs Bayreuther Festspielhaus, »Die Geburt der Tragödie aus dem Geiste der Musik« erscheint, Nietzsche Ostern in Tribschen, Wagners »Offener Brief« zur Verteidigung Nietzsches gegen Ulrich von Wilamowitz-Moellendorffs Polemik erscheint in der »Norddeutschen Zeitung«, Hans von Bülow dirigiert »Tristan und Isolde« in München (Nietzsche ist fasziniert)

1873 Besuch Nietzsches (begleitet von Rohde) in Bayreuth, Vorlesung von »Die Philosophie im tragischen Zeitalter der Griechen« im Kreis der Familie Wagner, Nietzsches »Mahnruf an die Deutschen« für die Festspiele in Bayreuth
Wiener Börsenkrach (»Gründerkrach«)

1874 Ludwig II. bürgt für den Bau des Bayreuther Festspielhauses, Einzug in die Villa Wahnfried, Beginn der Proben zu »Götterdämmerung« (unter Hans Richter), Nietzsche in Bayreuth
Kulturkampf in Preußen, Adolf Menzel malt das »Eisenwalzwerk«

1875 Wagners Konzertreise nach Wien (Aufführung von »Tannhäuser« und »Lohengrin«), Beginn der Proben zu »Ring des Nibelungen« in Bayreuth (Nietzsche fehlt krankheitsbedingt)
Gothaer Programm der SPD

1876 Nietzsches »Vierte Unzeitgemäße Betrachtung« erscheint: »Richard Wagner in Bayreuth«, Nietzsche zu den ersten Bayreuther Festspielen anwesend, »Flucht« aus Bayreuth wegen schlechter Gesundheit und Rückkehr zum ersten »Ring«-Zyklus, Wagners Affäre mit Judith Gautier, Wagner und Nietzsche treffen sich letztmalig im Spätherbst in Sorrent

1877 Nietzsche unter Onanieverdacht. Wagner korrespondiert mit dessen Arzt Otto Eiser

1878 Wagner schickt Nietzsche seine »Parsifal«-Dichtung, die diesem missfällt, weil er in ihr den »Geist der Gegenreformation« erkennt, Nietzsche schickt Wagner »Menschliches, Allzumenschliches«, was diesem missfällt (besonders Cosima), indirekte Polemik Wagners gegen Nietzsche in den »Bayreuther Blättern«
»Sozialistengesetz« in Deutschland

1879	Cosima unterbindet einen Versöhnungsversuch Elisabeth Wagners von Nietzsche mit Wagner, Nietzsche legt sein Professorenamt in Basel aus Krankheitsgründen nieder
1882	»Parsifal« wird bei den Zweiten Bayreuther Festspielen aufgeführt, Elisabeth Nietzsche und Lou von Salomé sind anwesend, Nietzsche nicht, Wagner bezieht in Venedig den Palazzo Vendramin
1883	Am 13. Februar stirbt Wagner in Venedig an einem Herzanfall und wird am 18. Februar im Garten der Villa Wahnfried beerdigt *Tod von Karl Marx, August Bebel veröffentlicht »Die Frau und der Sozialismus«*
1888	Nietzsches »Der Fall Wagner« erscheint, »Nietzsche contra Wagner« beendet
1889	Am 2. Januar verfügt Nietzsche, dass »Nietzsche contra Wagner« unveröffentlicht bleiben soll, am 3. Januar bricht er in Turin zusammen und schreibt seinen »Wahnsinnszettel« an Cosima
1900	Am 25. August stirbt Friedrich Nietzsche in Weimar

Literatur

Quellen

Friedrich Nietzsche. Chronik in Bildern und Texten, hrsg. von der Stiftung Weimarer Klassik, Raymond Benders, Stephan Oettermann, München 2000

Friedrich Nietzsche, Jugendschriften 1854–1861, hrsg. von Hans Joachim Mette, München 1994

Friedrich Nietzsche, Sämtliche Briefe, Kritische Studienausgabe in 8 Bänden, hrsg. von Giorgio Colli und Mazzino Montinari, München 1986

Friedrich Nietzsche, Sämtliche Werke, Kritische Studienausgabe in 15 Bänden, hrsg. von Giorgio Colli und Mazzino Montinari, Berlin/New York 1988

Richard Wagner, Ausgewählte Schriften, Leipzig 1982

Richard Wagner, Briefe, ausgewählt und hrsg. von Hans-Joachim Bauer, Stuttgart 1995

Richard Wagner, Das Braune Buch, Tagebuchaufzeichnungen von 1865 bis 1882, hrsg. von Joachim Bergfeld, München 1988

Richard Wagner, Dichtungen und Schriften, Jubiläumsausgabe in 10 Bänden, hrsg. von Dieter Borchmeyer, Frankfurt a. M. 1983

Richard Wagner, Ein deutscher Musiker in Paris, Novellen und Aufsätze, Berlin 1988

Richard Wagner, Mein Leben, München 1915

Richard Wagner, Sämtliche Briefe, hrsg. von Gertrud Strobel, Werner Wolf u. a., Leipzig 1967 f., ab Bd. X hrsg. von Andreas Mielke, Wiesbaden 2000 f.

Richard Wagner und König Ludwig II. von Bayern, hrsg. vom Wittelsbacher Ausgleichs-Fonds und Winifred Wagner, Karlsruhe 1936

Cosima Wagner, Das zweite Leben. Briefe und Aufzeichnungen 1883–1930, hrsg. von Dietrich Mack, München 1980

Cosima Wagner, Die Tagebücher 1869–1883, hrsg. von Martin Gregor-Dellin und Dietrich Mack, 2 Bde., München 1976/77

Carl Friedrich Glasenapp, Das Leben Richard Wagners, 6 Bde., Leipzig 1905

Nietzsche und Wagner. Stationen einer epochalen Begegnung, hrsg. von Dieter Borchmeyer und Jörg Salaquarda, 2 Bde., Frankfurt a. M. und Leipzig 1994

Weitere Literatur zu Richard Wagner und Friedrich Nietzsche (Auswahl)

Bélart, Hans, Friedrich Nietzsches Freundschafts-Tragödie mit Richard Wagner und Cosima Wagner-Liszt, Dresden 1912

Borchmeyer, Dieter, Nietzsche, Cosima, Wagner. Porträt einer Freundschaft, Frankfurt a. M. und Leipzig 2008

Brandes, Georg, Nietzsche, Berlin 2004

Buddensieg, Tilmann, Nietzsches Italien. Städte, Gärten und Paläste, Berlin 2002

Dieckmann, Friedrich, Richard Wagner in Venedig. Eine Collage, Leipzig 1983

Eberlein, Hermann-Peter, Flamme bin ich sicherlich! Friedrich Nietzsche, Franz Overbeck und ihre Freunde, Köln 1999

Figal, Günter, Nietzsche. Eine philosophische Einführung, Stuttgart 1999

Gregor-Dellin, Martin, Richard Wagner. Sein Leben. Sein Werk. Sein Jahrhundert, München 1991

Griesser, Luitpold, Nietzsche und Wagner. Neue Beiträge zur Geschichte und Psychologie ihrer Freundschaft, Wien/Leipzig 1923

Hilmes, Oliver, Herrin des Hügels. Das Leben der Cosima Wagner, München 2007

ders., Cosimas Kinder. Triumph und Tragödie der Wagner-Dynastie, München 2009

Janz, Curt Paul, Friedrich Nietzsche, 3 Bde., Frankfurt a. M., Wien 1994

Köhler, Joachim, Friedrich Nietzsche und Cosima Wagner. Die Schule der Unterwerfung, Reinbek bei Hamburg 2002

Ders., Der letzte der Titanen, Richard Wagners Leben und Werk, München 2001

Ders., Zarathustras Geheimnis. Friedrich Nietzsche und seine verschlüsselte Botschaft. Eine Biographie, Reinbek bei Hamburg 1992

Overbeck, Franz, Erinnerungen an Friedrich Nietzsche, mit Briefen an Heinrich Köselitz und mit einem Essay von Heinrich Detering, Berlin 2011

Wagner und Nietzsche. Kultur – Werk – Wirkung. Ein Handbuch, hrsg. von Stefan Lorenz Sorgner, H. James Birx, Nikolaus Knoepfler, Reinbek bei Hamburg 2008

Sämtliche weiterhin verwendete Literatur siehe Anmerkungen.

Bildnachweis

akg-images: S. 109, 141, 185, 195, 209, 233
bpk: S. 313
bpk/Kupferstichkabinett, SMB/Jörg P. Anders: S. 151, 263
Klassik Stiftung Weimar, Goethe- und Schiller-Archiv, GSA 101/9: S. 17; GSA 101/41: S. 55; GSA 71/369,4: S. 275
Lou Andreas-Salomé-Archiv, Dorothee Pfeiffer, Göttingen: S. 329
Nationalarchiv der Richard-Wagner-Stiftung, Bayreuth: S. 85, 95
Stadtarchiv Luzern: S. 65
ullstein bild: S. 27, 43, 71, 127, 161, 247, 287, 301, 341, 363, 371
Verlagsarchiv: S. 101, 217, 357
Vorsatz: akg-images
Nachsatz: Klassik Stiftung Weimar, Goethe- und Schiller-Archiv, GSA 71/BW 313

Vorsatz: Schluss zum Vorspiel von Tristan und Isolde, eigenhändige Abschrift Richard Wagners, Paris, 15. Dezember 1859.
Nachsatz: Geburtstagsbrief Friedrich Nietzsches an Richard Wagner vom 21. Mai 1870.

Personenregister

Adorno, Theodor W. 148
Aischylos 121 f., 208, 218
Alexander der Große 371
Alexander von
  Württemberg 223
Andreas-Salomé, Lou 329,
  334–340, 342, 350, 355
d'Annunzio, Gabriele 352
Apel, Theodor 306
Aristophanes 143, 148
Aristoteles 17, 187
Avenarius, Cäcilie (geb. Geyer)
  45, 52

Bach, Johann Sebastian 23, 113,
  118, 162, 265
Bakunin, Michail
  Alexandrowitsch 206
Baligand, Freiherr Max von 215,
  291
Baudelaire, Charles 365
Beethoven, Ludwig van 23,
  170 ff., 175, 185 ff., 205,
  209, 215, 223, 266
Bella, Atimo della 352
Bellini, Vincenzo 331
Benn, Gottfried 153, 324
Berlioz, Hector 23, 77, 101, 364

Bernhardt, Sarah 333
Betz, Franz 120, 203, 224
Bismarck, Otto von 165 f.,
  196 f., 204, 373 f.
Bizet, Georges 331, 366 ff.
Bloch, Ernst 14
Borchmeyer, Dieter 354
Brahms, Johannes 159, 272, 364
Brandes, Georg 364 f.
Brenner, Albert 297
Brockhaus, Friedrich Aronold
  86
Brockhaus, Friedrich Klemens
  (Pastor Brockhaus) 57
Brockhaus, Hermann 19, 29, 42,
  49, 53, 118
Brockhaus, Luise (geb. Wagner)
  50, 52, 86, 113
Brockhaus, Ottilie, (geb. Wagner)
  28, 42, 49, 52, 54, 118
Bülow, Blandine von (»Boni«)
  85, 87 f., 95 f., 103 f.,
  136 f.,153 f., 178 f., 275, 341
Bülow, Cosima von (→ Wagner,
  Cosima)
Bülow, Daniela (»Lulu«) von 85,
  87 f., 95 f., 103 f., 137, 153,
  166, 214, 275, 341, 351

Mozart, Wolfgang Amadeus 23
Mrazeck, Anna 112, 137 f.
Mrazeck, Franz 112, 137
Muncker, Theodor 220, 222 f.,
251

Napoleon I. 90, 372
Napoleon III. 182
Naumann, Constantin Georg
373
Nietzsche, Carl Ludwig 65, 99 f.,
258, 331
Nietzsche, Elisabeth (→ Förster-
Nietzsche, Elisabeth)
Nietzsche, Franziska (geb.
Oehler) 24, 52, 55 f., 59, 61,
65 f., 92, 99, 125, 129, 184,
238, 248

Ollivier, Blandine-Rachel (geb.
Liszt) 134, 136, 169
Ollivier, Émile 169
Overbeck, Franz 213, 277, 282,
288, 325, 343, 353 f., 365,
375 f.

Palestrina, Giovanni Pietro
Aloisio Sante da 326
Perfall, Karl August Franz Sales
Freiherr von 121, 142
Peter II. von Brasilien 296
Pfistermeister, Franz Seraph von
(»Pfi«) 74–80, 115, 121
Pfordten, Ludwig von der
(»Pfo«) 74–80, 121
Pindar 121 f.
Pinder, Wilhelm 271, 288
Pius IX. (Papst) 40, 42, 166 f.
Platon 106, 146 f., 149, 213,
217
Porges, Heinrich 291
Pythagoras 212

Rée, Paul 286, 297, 322, 324,
329, 334, 337, 339, 342
Reyer, Ernest 364
Richter, Hans 117 f., 120, 163,
166 f., 178, 181, 184, 189,
193 f., 216, 291
Riehl, Wilhelm Heinrich 159
Rilke, Rainer Maria 337
Ritschl, Friedrich 42, 56, 58, 66,
103, 226, 249 f.
Ritschl, Sophie 42, 103
Ritter, Karl 134 f., 306
Rohde, Erwin 25, 41, 53, 55–59,
88, 96, 98 f., 101, 121, 125,
149, 156, 161, 188, 197,
199 ff., 212, 215, 221, 225,
240, 250, 253, 255, 257,
324, 375
Rolland, Romain 354
Romundt, Heinrich 55, 250,
277 f., 282
Rosenberg, Alfred 350
Rossini, Gioachino Antonio 326,
331
Rubini, Giovanni Battista 105

Saint-Saëns, Camille 164, 171
Salis, Meta von 373
Sauter, Louis 195
Savonarola, Giralamo 247
Scheffsky, Josephine 293
Schelle, Eduard 171
Schiller, Friedrich 12, 264
Schleinitz, Alexander von 203
Schleinitz, Marie von 203 f.,
291
Schnorr von Carolsfeld, Ludwig
73 ff., 233
Schnorr von Carolsfeld,
Malwine 73 f., 233
Schopenhauer, Arthur 24, 49,
53, 56 f., 61, 92, 121 f., 130,
148, 152, 154, 156, 165,

Basel 21 Mai
1870.

Pater Seraphice,

wie es mir voriges Jahr nicht beschieden
war, Augenzeuge Ihrer Geburtstagsfeier
zu sein, so hält mich auch jetzt wieder
eine ungünstige Constellation davon ab; die
Feder drängt sich mir heute widerwillig
in die Hand, während ich gehofft hatte
eine Maienfahrt zu Ihnen machen zu
können.
Gestatten Sie mir, dass ich den Kreis
meiner Wünsche heute so eng und persönlich wie nur möglich fasse. Andere mögen im Namen der heiligen Kunst, im
Namen der schönsten deutschen Hoffnungen,
im Namen Ihrer eigensten Wünsche ihre
Gratulationen zu bringen wagen; mir
genüge der subjectivste aller Wünsche:
mögen Sie mir bleiben, was Sie mir im
letzten Jahre gewesen sind, mein Mystagog in den Geheimlehren der Kunst und